普通高等教育"十一五"国家

期货交易精要及案例（第二版）

The Essentials and Cases of Future Exchange

黄海沧 杨树林 赵巧英 胡 军 编著

ZHEJIANG UNIVERSITY PRESS
浙江大学出版社

图书在版编目（CIP）数据

期货交易精要及案例 / 黄海沧等编著. —杭州：浙江
大学出版社，2005.8（2020.1重印）
ISBN 978-7-308-04397-7

Ⅰ.期… Ⅱ.黄… Ⅲ.期货交易－基本知识
Ⅳ.F830.9

中国版本图书馆 CIP 数据核字（2005）第 088957 号

期货交易精要及案例（第二版）

黄海沧　等编著

责任编辑	曾　熙	
封面设计	卢　涛	
出版发行	浙江大学出版社	
	（杭州市天目山路 148 号　邮政编码 310007）	
	（网址：http://www.zjupress.com）	
排　　版	杭州中大图文设计有限公司	
印　　刷	虎彩印艺股份有限公司	
开　　本	787mm×1092mm　1/16	
印　　张	19	
字　　数	394 千	
版 印 次	2010 年 1 月第 2 版　2020 年 1 月第 8 次印刷	
书　　号	ISBN 978-7-308-04397-7	
定　　价	45.00 元	

期货市场需要更多具有操作性的案例分析
（代序）

　　最近我刚刚从南美考察归来，无论是在巴西、智利，还是阿根廷，在与有关国家的中央银行、经济学家交流时，对方都不约而同地提及中国经济的快速增长，以及由此带动的庞大的进出口规模为这些国家的经济增长所注入的活力。与此同时，中国日益庞大的经济规模以及迅速增长和变动的基础原材料消耗，本身就蕴涵了巨大的市场波动带来的风险，一些不能恰当运用期货等金融工具进行风险管理的中国公司先后遭受巨额损失甚至陷入经营绝境，同时也有一些公司充分利用期货工具获得巨额的利润。是否能够恰如其分地运用期货等金融衍生工具，开始成为公司竞争成败的一个关键性的因素。

　　尽管期货交易已有一百多年的历史，但它在中国的发展确实是一波三折。当年读研究生的时候，我曾经一度出于好奇，在一个由台湾商人创办的外盘期货公司兼职，姑且作为自己的一个实习机会。事实证明，当时的一些台湾商人创办的期货公司有不少存在欺诈客户的成分，但是，事后看来，这些台湾的期货公司也培养了一批具有初步市场经验的交易人员，我当时兼职的那个公司已经杳如黄鹤，不知去向，但是当时的一些业务人员有不少依然活跃在期货界。回到学校之后，我还利用当时的兼职实践编写了一本关于期货市场交易的著作并出版。

　　在我国，期货起步于20世纪90年代初期。随着我国市场经济的发展和全球经济一体化趋势的逐步形成，历经了整顿、规范等阶段的国内期货市场，终于迎来了近几年蓬勃发展的大好局面。棉花、燃料油和玉米期货三大新品种的相继上市和平稳运行，不仅标志着我国期货市场的品种创新战略取得了重大成果，也使期货市场的生存基础更加坚实，昭示我国期货市场正在稳步迈向成熟。现实的市场发展，对于理论的研究提出了更高的要求。

　　对于期货交易，在中国市场上确实有不少误解乃至错误的看法，直接制约了期货业的普及与扩张。有的人认为期货业就是毫无价值的投机，甚至流传过"如果你恨一个人，你就让他去做期货"这样错误的观点，殊不知正如诺贝尔经济学奖获得者默顿所说，"不做期货本身就是最大的投机"。有的人认为期货期权是金融市场的高级形式，目前市场条件不宜发展，殊不知，在遥远的农业文明时代，已经有不少精明的商人在机智地运用期货期权的智慧来管理风险和寻求利润。

1

在当今中国,期货交易不单是市场体制转变的需要,更是期货商品经营者改变传统经营理念、规避价格风险的重要手段,也是投资者改变传统理财思维、选择新的理财方式的突破点。因此,做好期货交易是化解风险、获取收益的重要渠道。然而,目前许多期货投资者并没有意识到这一点。从现有的书籍看,它们大多侧重于介绍基础性理论,缺乏对投资者的一般实战性指导。本书则采用了理论与案例相结合的撰写方式,全书的特色是收集、筛选了近130个生动而贴切的案例,通过它们去诠释期货的基本概念和基本原理,并对能使投资者少走弯路、多获利的交易模式进行了具体的探索。因而,本书具备了深入浅出的可读性和提高期货投资实战能力的参考价值,对投资者了解和研究期货市场有较大的帮助。

西谚云:"魔鬼在细节中,天使也在细节中。"在基础理论问题解决之后,操作的制度与细节变动就更为重要。黄海沧等同志编著的这本书,从期货市场与交易、期货价格与交易策略、金融期货与期权市场以及期货(期权)市场管理这四个方面进行了具体而详尽的介绍与分析,实用性强,具有很高的理论价值和实践价值。

是为序。

巴曙松[*]
2005 年 4 月 18 日
于国务院发展研究中心金融研究所

---

[*] 巴曙松:研究员,博士生导师,国务院发展研究中心金融研究所副所长,中国体改研究会公共政策研究所所长。

再版序

本书以期货交易为主线条，通过对期货交易基本概念、基本原理、运作机制和功能作用的研究，介绍期货交易流程、期货交易套期保值和投机交易等有效的模式，其间辅之以大量生动而贴切的分析案例及点评，期望读者在了解期货理论要点的同时，能迅速掌握期货交易技能，提高期货交易的盈利水平。

由于理论与实际衔接较好，内容简明扼要，文风别具一格，得到了业界的一致好评，受到了读者的广泛认可，甚至于被浙江大学的任课教师推荐为该校本科生期货课程教材。本书出版半年即再次增加印刷，并于 2008 年被指定为国家"十一五"规划教材。

期货在我国虽然起步较晚，但发展很快，特别是随着全球经济一体化的深入，期货影响着越来越多的企业经营方针的制定，影响着大多数投资者的投资理念乃至生活方式，并因此促使国内外期货市场自身体系不断地发展和完善。

鉴于期货市场的新变化，特别是新品种的不断推出，为使本书更贴近市场，新版做了一定的修改。在保持原书实用性较好、结构合理的基础上，新版针对新增的期货品种内容，辅之以一定程度的体制和投资理念内容。修改的具体内容如下：

第一，根据发展趋势，对金融期货尤其是股指期货部分增加有关内容；

第二，增加和替换部分案例。

本书由黄海沧副教授负责修订框架的构建、审核及协调工作，杨树林讲师做了大量具体的修订工作。本书修订过程中得到了浙江大学经济学院顾国达教授、戴志敏教授、李建琴教授及浙江天马期货田联丰先生的大力支持；浙江大学出版社徐婵老师为本书的修订也提出了很好的建议和帮助支持，在此一并致以深切的感谢！因时间及水平所限，新版的教材肯定还会存在诸多的不足之处，欢迎读者批评指正。

黄海沧

2009 年 12 月于杭州

目　　录

第一章

期 货 概 述

随着当今金融市场蓬勃发展,许多新兴的金融商品和投资工具继股票、债券之后应运而生,期货作为新兴投资工具的代表,越来越受到投资者的关注。众所周知,在金融市场多元化发展的过程中,投资领域复杂多变的风险层出不穷,市场孕育着越来越大的避险需求,而期货市场正是一个极好的避险场所。生产商、加工商和贸易商等实业投资者可以通过期货交易把风险限制在很小的范围内,维护各自的正常运转,发挥资金的最大效用。另外,期货交易以其特有的杠杆效应以及可能产生的高回报,吸引了一批又一批的投资者。期货日益成为投资者的一个重要投资工具。

第一节 期货交易概述

◆ 期货市场的问世

在日常生活中,总会有各种机会等待着人们去判断,如工种的选择、生活伴侣的寻觅、购货与否以及购买时机的抉择等等。在经济社会中,农作物因气候因素而有丰有歉,工厂企业会因行情波动而荣衰,某种消费偏好会一时风行也会转瞬烟消云散。因此,预测对人们而言是十分重要而又相当困难的。然而,现实要求人们做出明确的抉择。这种明确的抉择其实就是面向未来的"买""卖"决策。

因此,人们迫切需要有一个可以随时进行大量"买""卖"交易的市场,而且这个市场不仅可以从事现在实物的交易,还可以从事未来商品——期货的交易。于是,可以自由进行"买空"、"卖空"交易的期货市场体系就在远期合约交易的基础上产生并逐渐发展起来。

在农产品收获以前,城里的商人往往先向农民预购农产品,等收获以后,农民再交付产品,这是世界上比较原始的远期交易。13 世纪的比利时商人已经开展类似的交易,并在 14、15 世纪发展成为有组织的市场。随着交通运输条件的改善和现代城市的兴起,远期交易逐步发展成集中的市场交易。

▽ 英国的集中化远期交易

英国的商品交换起步较早,贸易也比较发达。公元 1215 年,《英国大宪章》正式规定允许外国商人到英国参加季节性的交易会,商人可以随时把货物运进或运出英国,从此开启了英国的贸易之门。在贸易过程中,出现了商人提前购买在途货物的做法。具体过程是,交易双方先签订一份买卖合同,列明货物的品种、数量、价格等,预交一笔订金,待货物运到时再交收全部货款和货物,这时交易才告完成。这种交易进一步发展,买卖双方为了转嫁价格风险,谋取更大的收益,往往在货物运到之前将合同转售——买者又将合同卖出,卖者又买到另外的合同,这就使交易进一步复杂化。其后,来自荷兰、法国、意大利和西班牙等国的商人进一步发展了这种交易方式,他们组成了一个公会,对会员买卖的合同提供公正和担保。此类远期交易的集中化和组织化,为期货市场的形成奠定了基础。

▽ 诞生于芝加哥的现代期货交易

较为规范的期货市场的产生以 1848 年美国芝加哥期货交易所(CBOT)的建立为标志。1833 年,芝加哥已成为美国国内外贸易的一个中心,南北战争之后,芝加哥由于其优越的地理位置而发展成为一个交通枢纽。到了 19 世纪中叶,芝加哥发展成为重要的农产品集散地和加工中心。随着农业生产的进一步发展,商品量越来越大,农产品供需矛盾日益突出,大量的农产品在芝加哥买卖,人们沿袭古老的交易方式在大街上面对面讨价还价进行交易。这样,价格波动异常剧烈——在收获季节,农场主都运粮到芝加哥,市场供过于求导致价格暴跌,使农场主常常连运费都收不回来;而到了第二年春天,谷物匮乏,加工商和消费者难以买到谷物,价格飞涨。在这种情况下,储运经销应运而生。当地经销商在交通要道设立商行,修建仓库,他们在收获季节从农场主那里收购谷物,存到来年春季再运到芝加哥去出售。本地经销商的出现,稳定了当地的产销关系,缓解了季节性的供求矛盾和价格的剧烈波动。但本地经销商为此将面临谷物过冬期间价格波动的风险。为了回避这种风险,本地经销商在购进谷物后就前往芝加哥,与那里的谷物经销商和谷物加工商签订来年交货的远期合同。

随着谷物交易的不断发展,1848 年,由美国 82 位商人在芝加哥发起组建了世界上第一个较为正规的期货交易所——芝加哥期货交易所。芝加哥期货交易所成立之初采用远期合同交易方式,交易的参与者主要是生产者、经销商和加工商,其特点是实买实卖,交易者利用交易所来寻找交易对手,在交易所缔结远期合同,待合同期满,双方进行实货交割,以商品货币交换了结交易,因此,它还不是一个真正现代意义上的期货交易所。当时的交易所对供求双方来说,主要起稳定产销、避免价格的季节波动等作用。对供给方来讲,提前卖掉产品可锁住生产成本,不受价格季节性波动的影响。对需求方来讲,能够保证稳定的货源,能够锁住经营成本,也能在一定程度上回避价格波动的风险。

后来,一些非谷物商看到转手谷物合同能够赚钱,便也进入交易所,按照"贱买贵卖"的商业活动原则买卖谷物远期合同,赚取买卖之间的利差,这部分人就是投机商。随着交易量的增加和交易品种的增多,合同转卖的情况越来越普遍。为了进一步规范交易,芝加哥期货交易所于 1865 年推出了标准化期货合约,以取代原先沿用的远期合同。同年,该交易所又实行了保证金制度,以消除交易双方由于不按期履约而产生的诸多矛盾。此外,为了更有效地进行交易,专门联系买卖双方成交的经纪业务日益兴隆,发展成为经纪行。为了处理日趋复杂的结算业务,专门从事结算业务的结算所应运而生。随着交易规则和制度的不断完善和发展,期货市场的性质、功能和运作方式等最终发生了质的飞跃,进入现代期货市场阶段。

◆ 期货交易的概念

期货是指按照期货交易所交易规则、双方当事人约定,同意在未来特定时间,依特定价格与数量等交易条件买卖交收商品,或到期结算差价的契约。

期货交易就是指交易双方交付一定数量的保证金,在期货交易所内,通过公开竞价的方式,买卖期货合约的交易行为。期货交易行为严格限制在规定的场所,交易的对象是标准化的合同,交易遵循"公开、公平、公正"的原则。

▽ 交易对象是标准化合约

期货交易的对象是期货合约,而期货合约是标准化。所谓标准化,是指合约中将最后要交易的商品的品级、数量、交货时间等都已规定好,只有价格一项未定,等待交易过程中通过竞价确定。期货合约标准化,大大简化了交易手续,并可以节约交易成本,最大程度地减少交易双方因对合约条款理解不同而产生的争议与纠纷。这是现货交易和其他金融交易所没有的。

▽ 以小博大的杠杆交易

期货交易最大的特征在于可以用较少的资金进行大宗交易。期货交易只需支付合约价值的一定比例(通常为 5%~15%)的保证金,即就可进行合约的买卖交易。例如,如果保证金比例为 10%,则以 10 万元的保证金,可完成 100 万金额的交易,交易金额是资金的 10 倍。但是,若其交易商品的价格有 10% 左右的波动,则本金就有可能变为零。所以说期货交易的风险很大,但一旦成功也可获得巨大利益,甚至可能出现"一夜暴富"的情况。

正是因为期货交易是一种可以以小资金做大买卖的商业活动,所以美国人通常将这种交易称为"杠杆交易",也有人称之为"保证金交易"。

▽ 固定的交易场所和统一化结算

期货交易必须在依法建立的期货交易所内进行的。期货交易所实行会员制,会员才能进场交易,场外非会员只能通过期货经纪公司代理交易。因此,期货市场是一个高度组织化的市场,这样便于对这个高风险市场实行严格的、统一的管理。统一的结算制度即为其中的管理制度之一。

期货交易是由结算所专门进行结算的。所有在交易所内达成的交易,必须到结算所进行结算,经结算处理后才算最后达成,才成为合法交易。交易双方互无关系,都只以结算所作为自己的交易对手,只对结算所负财务责任,即在付款方向上,都只对结算所,而不是交易双方之间互相往来款项。这种付款方向的一致性大大简化了交易手续和实物交割程序,也为期货交易者在期货合约到期之前通过作"对冲"操作而免除到期交割义务创造了可能。

▽ 可以自由地"倒买倒卖"

期货交易者交易的是未来的商品,在合约规定的交割期到来之前,交易者可以随时将买入的商品在市场上转卖出去,同样,卖出去的商品也可以随时购回来对冲,仅靠其购入价格与售出价格的差额结算就可了结交易。实际中,95%以上的期货交易通过这种转卖或回购来对冲了结,最后进行实物交割的比例不足5%。

正是因为可以自由地"倒买倒卖"及结算差额,期货交易可以摆脱实物交割的束缚,从普通实物商品贸易市场中分离出来,成为交易者保证商业价值或实现资本增值的金融市场。而其到期可以以实物交割方式来履约的交割制度又使得期货交易不能完全脱离实物市场,两者的价格必须保持一定的关联。

期货可以自由地"倒买倒卖"还使"不拥有实物也可以卖出"成为可能,交易者只要在交割期之前将卖出去的商品买回来对冲,结算差价即可。

[案例1-1]　不拥有实物为什么可以卖出?

早在法国大革命时期,拿破仑三世曾就证券及商品的"卖空"问题询问他的财政大臣。当时,财政大臣做了如下回答:"假定有人卖水,我们要买两担或三担水,但这个卖水人只有一担水,但他许诺明天送来。陛下您能因此而惩罚他吗?"

拿破仑三世当下说道:"塞纳河水无穷无尽,我怎么可能惩罚他呢?"

于是,财政大臣说:"诚为如此,商品、证券虽无塞纳河水之眼见滔滔,但确有流通之不绝。即使'卖空'也可随时取得实物。"拿破仑三世深以为然。

点评:正如案例1-1中所比喻的一样,现在不持有商品,如在将来约定的时间可以取得实物,交割就不成问题。何况,期货交易还允许通过相反的交易来对冲,抵消前面的交易。

◆ 现货交易、期货交易与远期交易

▽ 结算方式和合约形态不同

随着市场经济的发展,商品交易方式从现货贸易向远期交易、期货交易的方向发展,这些交易在货币与商品之间的交换形态上的区别主要表现为结算方式和合约形态不同(参见图1-1)。

从结算期来看,"现货交易"是指达成买卖协议后当时即完成现货的交割。这种形式与我们日常生活中的商场购物是一样的,只是在商人之间的交易中大约可延长到5天之内的现货交割。

　　"远期交易"是买卖双方签订合同,约定在今后 10 天、1 个月、3 个月或更长时间进行实物交割,而当期限到来之时有义务必须完成实物交割的一种交易。

　　"期货交易"也是约定在今后 1 个月、3 个月或更长时期进行结算的交易,但其结算方式、合约形态与前两者有截然不同的特点。期货交易的结算方式及合约形态是特定的、固定化的,如结算日期确定为交割月的月末等(参见期货合约),而且期货交易不必在期限到来时一定进行实物交割,而是可以在此期间进行对冲,即进行与前面交易相反的交易,然后进行差额结算即可。

　　也就是说,期货交易可在未来一定时期进行结算,这一点和远期交易是相同的。但在交割期到来之前,期货可以在期货市场上转卖出去或回购回来,依据价格的差额来结算,这一点则是期货交易所特有的。可见,如果有人交易的目的只是从商品价格波动中赚取差价利润,则从事期货交易较合适。

现货交易:

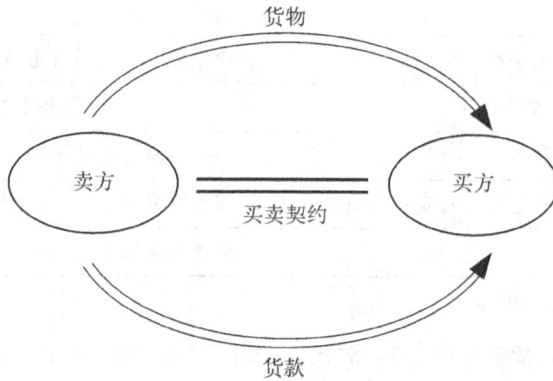

远期交易:

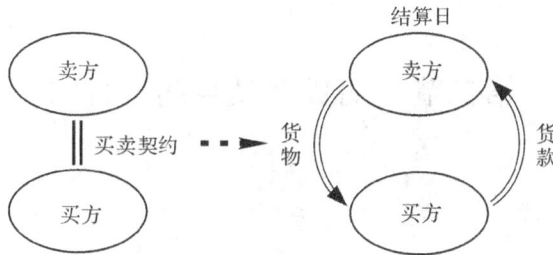

期货交易:

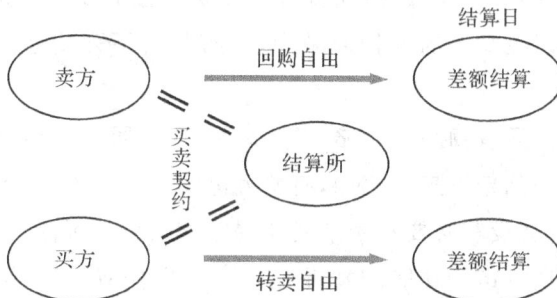

图 1-1　现货交易、远期交易与期货交易的区别

▽ **期货交易与远期交易**

期货交易是在远期交易的基础上,经由合约条款逐渐标准化、结算制度不断统一化而逐步演变而来的,所以两者之间有比较多的相似之处。为了更好地区别两者,表1-1将它们进行了较为详细的比较。

表 1-1　远期交易与期货交易的异同比较

	远期交易	期货交易
1	约定在未来一定时期交割的交易	约定在未来一定时期交割的交易
2	不能通过转卖或回购进行差额结算的现货交易	可以通过转卖或回购进行差额结算的期货交易
3	合约对象非标准化	合约对象标准化
4	到结算结束为止,债权债务关系一直持续	债权债务关系被切断,不再持续
5	交易为一对一的契约关系 不需要结算所	交易为会员对会员的关系 需要结算所
6	以交易对象信用为基础的无限责任	由全体会员构成有组织的集体担保
7	交易易于限定在朋友圈中	一般委托交易,极易于在朋友圈外进行
8	不必每日无负债结算	需要每日无负债结算
9	不一定需要交易所这样的特定机构管理	需要交易所这样的特定机构管理
10	以现货交割为主	以差额结算为主

注:第4、5条参见第二章第二节。

可见,远期交易在本质上属于现货交易,是现货交易在时间上的延伸。期货交易则是在远期交易的基础上发展起来的。

第二节　期货商品与期货合约

◆ **期货商品**

期货商品,即期货的交易品种,指期货合约交易的标的物。不是所有的商品都适于做期货交易,一般来说,在众多的实物商品中,只有具备下列属性的商品才能作为期货合约的上市品种:

一是价格波动大。只有商品的价格波动较大,有意回避价格风险的交易者才需要利用远期价格先把价格确定下来。比如,有些商品实行的是垄断价格或计划价格,价格基本不变,商品经营者就没有必要利用期货交易来回避价格风险或锁定成本。

二是供需量大。期货市场功能的发挥是以商品供需双方广泛参加交易为前提的,只有现货供需量大的商品才能在大范围内进行充分竞争,形成权威价格。

三是易于分级和标准化。期货合约事先规定了交割商品的质量标准，因此，期货品种必须是质量稳定的商品，否则，就难以进行标准化。

四是易于储存、运输。商品期货一般都是远期交割的商品，这就要求这些商品易于储存、不易变质、便于运输，保证期货实物交割的顺利进行。

根据交易品种，期货交易可分为商品期货和金融期货两大类。以实物商品如大豆、大米、玉米、小麦、铜、铝等作为期货品种的属于商品期货；以金融产品如汇率、利率、股票指数等作为期货品种的属于金融期货。金融期货品种一般不存在质量问题，交割也大部分采用差价结算的现金交割方式。目前，我国只进行商品期货交易，上市品种主要有铜、铝、天然橡胶、燃料油、大豆、小麦、白糖、棉花和玉米等。

不断开发适应市场需求的品种是期货市场兴旺发达的重要保证。上市品种选择得当，可以吸引更多的套期保值者和投机者参与到这个市场中来，并最终使期货市场成为套期保值投资者规避风险、普通投资者普遍参与的投资场所。

[**案例 1-2**] 鸡蛋及钻石能不能作为期货品种？

鸡蛋是人们生活的必需品，虽然它满足价格波动大、供需量大、易于分级和标准化等条件，但不易于储存，特别是不适合于运输，因此一般情况下，鸡蛋不宜作为期货品种。

钻石也不宜作为期货品种，其主要原因是难以达到"供需量大"之条件的相关要求。因为钻石是稀缺品。如果将它作为期货品种，对空方是不公平的。

点评：要成为成熟的期货品种，关键是该品种必须满足价格波动大、供需量大、易于分级和标准化，以及易于储存、运输等基本条件。

◆ 期货合约的概念

期货合约是指由期货交易所统一制定的、规定在将来某一特定的时间和地点交割一定数量和质量商品的标准化合约，是期货交易的对象。期货合约是在现货合同和现货远期合约的基础上发展起来的，同时与他们有着根本的区别。期货合约也称标准化了的期货合同，它对买卖标的物的数量、质量等级和交割等级、交割地点、交割日期等都以条款形式进行了标准化规定，只有价格是在交易时以公开竞价的方式产生的。

◆ 期货合约的主要条款

▽ 交易代码

为便于管理和交易，每一种期货商品品种都设有交易代码。目前，我国主要期货商品品种的交易代码设置如表 1-2 所示（具体的合约文本见附录）。

表 1-2　我国主要期货商品品种代码及上市交易所

上市交易所名称	商品品种	交易代码
上海期货交易所	阴极铜 铝 天然橡胶 燃料油	CU AL RU FU
郑州商品交易所	硬冬麦 强筋麦 棉花 白糖	WT WS CT SR
大连商品交易所	黄大豆 豆粕 豆油 黄玉米	A M Y C

▽ 交易单位

交易单位是指在期货交易所交易的每手期货合约代表的标的商品的数量。不同商品期货合约的交易单位往往是不同的,而不同的商品交易所对同一种商品期货合约的交易单位的规定也有不同。例如,郑州商品交易所规定 1 手绿豆期货合约的交易单位为 10 吨,上海期货交易所规定 1 手铜期货合约的交易单位为 5 吨,而伦敦金属交易所规定 1 手铜期货合约的交易单位为 25 吨。

确定期货合约交易单位的大小,主要应当考虑合约标的市场规模、交易者的资金规模、期货交易所会员结构以及该商品现货交易习惯等因素。

▽ 报价单位

报价单位是指在公开竞价过程中对期货合约报价所使用的单位,即每计量单位的货币价格。国内阴极铜、铝、天然橡胶、燃料油、硬冬麦、强筋麦、棉花、黄大豆、豆粕、黄玉米等期货合约的报价单位均以元(人民币)/吨表示。

▽ 交割月份

合约交割月份是指某种期货合约到期交割的月份。期货合约的交割月份由交易所规定,期货交易者可自由选择不同交割月份的期货合约进行交易。商品期货合约交割月份的确定,一般由生产、使用、消费等特点决定,同时还受期货商品品种的储藏、保管、流通、运输方式和特点的影响。

▽ 最小变动价位

最小变动价位是指在期货交易所的公开竞价过程中,对合约标的每单位价格报价的最小变动数值。最小变动价位乘以交易单位就是该合约价格的最小变动值。在期货交易中,每次报价必须是其合约规定的最小变动价位的整数倍。期货合约的最小变动价位,一般取决于该合约标的商品的种类、性质、市场价格波动情况和商业规范。

▽ 每日价格最大波动限制

每日价格最大波动限制,又称每日涨跌停板额限制,它是由期货交易所规定的某种期货合约价格在每个交易日的最大允许涨跌幅度。设置每日价格最大波动限制的主要目的是防止价格波动幅度过大,同时也是防止期货交易者在期货市场价格剧烈波动时遭受重大损失。我国目前上市交易的各个品种期货合约的每日价格最大波动幅度均为±3%,即每日价格不高于或不低于上一交易日结算价的3%。

▽ **最后交易日**

最后交易日是指某种期货合约在合约交割月份中进行交易的最后一个交易日,过了最后交易日仍未平仓的期货合约,必须进行实物交割。交易所根据期货商品品种的生产、消费和交易特点,确定其最后交易日。例如,大连商品交易所大豆合约中的最后交易日为合约月份第10个交易日。

▽ **交易时间**

期货合约的交易时间由各交易所统一安排,一般是固定不变的。如遇特殊情况需要调整交易时间,交易所都会临时公告。交易所的交易时间一般安排在周一至周五,分上午盘和下午盘。周六、周日及国家法定节假日休市。

▽ **交易手续费**

期货交易所按照成交合约金额的一定比例或按成交合约的手数收取费用,该费用即交易手续费,同期货商品品种的手续费的收取标准是不一样的。期货合约中的手续费是指交易所向会员收取的费用,而非会员通过会员在交易所进行交易,其给代理会员交纳的费用往往要高于期货合约中的交易手续费。

▽ **交易保证金比例**

为控制风险,期货交易所要求期货交易者在进行交易时必须缴纳保证金。保证金分为结算准备金和交易保证金。结算准备金是指尚未被合约占用的保证金,其最低额由交易所决定。交易保证金是已被持仓合约占用的保证金,交易所按照成交金额向交易双方收取一定比例的交易保证金。

期货合约的交易保证金标准一般是由期货交易所根据不同的期货商品品种确定,其金额通常为期货合约总值的5%～10%。一般来说,交易所主要根据期货商品的市场价格风险来制定保证金水平,市场价格风险越大,则交易所对其保证金水平的要求就越高。随着期货合约交割月份的临近或市场风险的增加,交易所还往往会临时提高某些期货合约的保证金。同理,交易所对于套期保值账户保证金标准的要求要低于投机交易账户。

▽ **交割日期**

交割日期是指合约标的物所有权进行转移,以实物交割方式了结未平仓合约的时间。未平仓合约在交割日期内必须进行实物交割,否则将受到交易所的处罚。

▽ **交割等级**

交割等级是指由期货交易所统一规定的、准许在交易所上市交易的合约标的物的质量等级。在进行期货交易时,交易双方无需对标的物的质量等级进行协商,发生实物交割时按交易所期货合约规定的标准质量等级进行交割。

为了保证期货交易顺利进行,许多期货交易所都允许用与标准品有一定等级差别的商品作为替代交割品。用替代品进行实物交割时,价格需要升贴水,升贴水的标准由交易所统一规定。

▽ **交割地点**

交割地点是指由期货交易所统一规定的,进行实物交割的指定交割仓库。期货交易所确定商品期货交割仓库主要考虑的因素有:指定交割仓库所在地区的生产或消费集中程度,储存条件、运输条件及质检条件等。选择负责金融交割的指定银行时主要考虑其必须具有良好的金融资信,较强的进行大额资金结算的业务能力,以及先进、高效的结算手段和设备。

▽ **交割方式**

商品期货交易的交割实行实物交割方式,各交易所采用的交割方式有所区别。

［案例 1-3］ 大连商品交易所黄大豆 1 号期货合约

交易品种	黄大豆 1 号
交易单位	10 吨/手
报价单位	元(人民币)/吨
最小变动价位	1 元/吨
涨跌停板幅度	上一交易日结算价的 3%
合约交割月份	1、3、5、7、9、11 月
交易时间	每周一至周五上午 9：00—11：30,下午 13：30—15：00
最后交易日	合约月份第 10 个交易日
最后交割日	最后交易日后 7 日(遇法定节假日顺延)
交割等级	标准品:三等黄大豆 替代品:一等黄大豆(升水 30 元/吨);二等黄大豆(升水 10 元/吨);四等黄大豆(贴水 100 元/吨)
交割地点	大连商品交易所指定交割仓库
交易保证金	合约价值的 5%
交易手续费	4 元/手
交割方式	集中交割
交易代码	A
上市交易所	大连商品交易所

点评:期货合约的商品品种、数量、质量、等级、交货时间、交货地点等条款都是既定的、标准化的,其中也包括了升贴水的标准。期货合约中唯一的变量是价格。标准化的期货合约方便了交易各个环节,也使交易能够更加顺利地进行。

我国的期货合约是由交易所设计,经国家监管机构审批后方可上市。

第三节　期货交易方法

◆ 期货交易相关概念

期货交易又称在期货市场上建立交易部位,其中买入期货合约称为"买空"或"多头",亦即建立多头部位或多头交易;卖出期货合约称"卖空"或"空头",亦即建立空头部位或空头交易。开始买入期货合约的交易行为称为"开仓"或"建仓",期货交易者手中持有合约称为"持仓",期货交易者了结手中的合约进行反向交易的行为称"平仓"或"对冲";如果到了交割月份,期货交易者手中的合约仍未对冲,那么,持空头合约者就要备好实货以供交割,持多头合约者就要备好资金准备接受实物。实际中,大多数合约都在到期前以对冲方式了结,只有极少数要进行实货交割。

[案例1-4] 孙先生以前是一位股票投资大户,近几年开始转向期货市场。由于是东北人,所以孙先生对大连商品交易所的大豆品种比较感兴趣。经过一段时间的认真观察和仔细研究,他认定大连商品交易所的大豆在前期小幅上涨的基础上还会有一定的涨幅,于是决定买入20手3月大豆合约。孙先生的交易很快达成,他的成交对手是一个粮食企业,该企业在半个月前买入20手大豆合约,现价格上涨已获利,由于企业生产需要资金,于是将其卖出。孙先生买入大豆合约后,大豆期货价格果然大幅上升。10天后,孙先生认为时机已成熟,遂将合约卖出,盈利收入囊中。

该例中,孙先生开始买入20手合约属于开仓(或建仓)行为,开仓后他的仓位中即有20手多头合约。10天后孙先生做了与前面开仓时的买入交易相反的卖出交易,目的是将前面的仓位了结,这种行为即为平仓。开仓后到平仓前这段时间,孙先生一直拥有20手多头合约,这种状态即为持仓。这里的粮食企业持仓时间是半个月,与孙先生成交时,它是在对冲手中的多头合约,做平仓交易。

点评:完整的期货交易包括开仓和平仓两笔交易。如果只有开仓而不平仓了结合约,就要负担履行合约的责任。另外,开仓也可以是卖出合约,这样在买入合约平仓前,就是持仓,持有的是空头仓位。

◆ 期货交易的方法

交易者进行期货交易的目的是转移价格风险或获取风险利润。根据交易者交易目的不同,可将期货交易行为分为三类:套期保值交易、投机交易和套利交易。

▽ **套期保值交易**

套期保值就是买入(卖出)与现货市场数量相当、但交易方向相反的期货合约,以期在未来某一时间通过卖出(买入)期货合约来补偿现货市场价格变动所带来的实际价格风险。套期保值的类型又可分为买入套期保值和卖出套期保值。买入套期保值是指通过期货市场买入期货合约以防止因现货价格上涨而遭受损失的行为;卖出套期保值则指通过期货市场卖出期货合约以防止因现货价格下跌而遭受损失的行为。

套期保值是期货市场产生的原动力。无论是农产品期货市场还是金属、能源期货市场,其产生都是源于生产经营过程中面临现货价格剧烈波动而带来风险时自发形成的买卖远期合同的交易行为。这种远期合约买卖的交易机制经过不断完善,例如将合约标准化、引入对冲机制、建立保证金制度等,形成了现代意义上的期货交易。企业通过期货市场为生产经营买了保险,保证了生产经营活动的可持续发展。可以说,没有套期保值,期货市场也就不成为期货市场了。

▽ **投机交易**

投机一词用于期货、证券交易行为中,并非"贬义词",而是"中性词"。投机交易指在期货市场上以获取价差收益为目的的期货交易行为。投机者根据自己对期货价格走势的判断,作出买进或卖出的决定,如果这种判断与市场价格走势相同,则投机者平仓出局后可获取投机利润;如果判断与市场价格走势相反,则投机者平仓出局后承担投机损失。如预计11月小麦期货价格上升,则投机者决定10月份买进11月小麦合约若干手,待小麦价格上升后,在合约到期时之前,卖出合约平仓,扣除手续费后获净利。若预计错了,则遭受损失,并支付手续费。如预计11月小麦期货价格下跌,则应做空头,然后待机补进以获利。由于投机的目的是赚取差价收益,所以,投机者一般只是平仓了结期货交易,而不进行实物交割。

进行投机交易的关键在于对期货市场价格变动趋势的分析预测是否准确。影响期货市场价格变动的因素很多,特别是投机心理等偶然性因素难以预测,作出正确判断的难度较大,因此,这种期货交易方法风险较大。

投机者是期货市场的重要组成部分,是期货市场必不可少的润滑剂。投机交易增强了市场的流动性,承担了套期保值交易转移的风险,是期货市场正常运营的保证。

▽ **套利交易**

套利交易是期货投机交易中的一种特殊方式,它利用期货市场中不同月份、不同市场、不同商品之间的相对价格差,同时买入和卖出不同种类的期货合约,来获取利润。正如一种商品的现货价格与期货价格经常存在差异,同种商品不同交割月份的合约价格变动也存在差异;同种商品在不同期货交易所的价格变动也存在差异。由于这些价格差异的存在,期货市场的套利交易成为可能。在进行套利时,交易者需注意的是合约之间的相互价格关系,而不是绝对价格水平。

套利交易一般可分为三类:跨期套利交易、跨市套利交易和跨商品套利交易。跨期套利交易是套利交易中最普遍的一种,是利用同一商品但不同交割月份之间正常价格差距出现异常变化时进行对冲而获利的。跨市套利交易是在不同交易所之间的套利交易行为。跨商品套利交易指的是利用两种不同的但相关联商品之间的价差进行交易。(后面章节中会有关于套利交易的详细内容。)

交易者之所以进行套利交易,主要是因为套利的风险较低,套利交易可以为避免始料未及的或因价格剧烈波动而引起的损失提供某种保护,但套利的盈利能力也较直接交易小。套利的主要作用一是帮助扭曲的市场价格回复到正常水平,二是增强市场的流动性。

套利交易丰富和发展了期货投机交易的内容,并使期货投机不仅仅局限于期货合约绝对价格水平变化,更多地转向期货合约相对价格水平变化。套利交易对期货市场的稳定发展有积极的意义,具体地讲,套利的作用主要表现在两个方面:一方面,套利提供了风险对冲的机会;另一方面,套利有助于合理价格水平的形成。

▽ **三种交易方法的关系**

套期保值交易、投机交易和套利交易作为期货市场交易的主要形式,具有相同的特点:首先,三者都是期货市场的重要组成部分,对期货市场的作用相辅相成;其次,三者都必须依据对市场走势的判断来确定交易的方向;第三,三者选择买卖时机的方法及操作手法基本相同。但三者又有一定区别:一是交易目的不同,套期保值的目的是回避现货市场的价格风险,投机的目的是赚取风险利润,套利的目的则是获取较为稳定的价差收益;二是承担的风险不同,套期保值承担的风险最小,套利次之,投机最大。保值量超过正常的产量或消费量就是投机,跨期套利、跨市套利如果伴随着现货交易,则也可以当作保值交易。

第四节　期货市场功能与作用

◆ 对期货市场功能与作用的认识

期货作为一种交易方式从一百多年前形成之日起,就带有利弊双重性,因此反对者有之,赞颂者亦有之。但今天各方面的情况显示其仍处在蓬勃发展之中。曾几何时,无论在美国、日本,还是在中国,期货交易都曾遭到责难。20世纪初,德国就通过一项法案,将谷物期货交易禁止了四年之久。在美国,期货交易曾被视为寄生虫们的赌博,当时的芝加哥交易所的理事曾为此遭到逮捕;国会还企图通过征税的方式来限制期货交易。直到1958年,美国国会还通过一项法案禁止洋葱期货交易,值得庆幸的是,另一项禁止马铃薯期货交易的法案未获通过。

在许多人看来,正因为有了期货市场的操纵行为和疯狂抛售,才使许多商品的价格波动剧烈,造成生产者和使用者的损失,而投机者却大发横财。中国在解放初就明确规定各类交易所只允许做现货交易,杜绝期货交易,后来为打击投机商人的投机倒把行为,上海市人民政府于1949年6月10日查封了上海证券大楼,1952年7月,天津证券交易所也宣布停业。至此,期货交易所在中国宣告消失。这与当时经济学界对期货市场的某种误解和偏见有很大关系,期货交易的一度消失,是一个很大的失误,严重地阻碍了中国期货市场的发育,给中国期货市场的发展史留下了近40年的真空,直到20世纪90年代,中国才出现"期货热"。

期货交易到今天能经久不衰,根本原因是市场经济离不开期货交易、期货对经济生活有多重功能作用。

◆ 规避风险的功能

在实际的生产经营过程中,为避免商品价格的千变万化导致成本上升或利润下降,可利用期货交易进行套期保值,即在期货市场上买进或卖出与现货市场上数量相等但交易方向相反的商品,使两个市场交易的损益相互抵补。即生产经营者通过在期货市场上进行套期保值业务来回避价格波动的风险。另外,期货也是一种投资工具。由于期货合约的价格波动起伏,交易者可以利用价差赚取风险利润。

◆ 发现价格的功能

期货交易是大量、集中的交易,交易所制订了严格、科学的交易规则,大量不同目的的交易者汇集到一起,通过公开竞价的形式,表达价格信息,因此形成的价格能真实地反映供求双方的意向和预测。期货交易所的一系列制度,如会员制、保证金制、公开叫价制、风险监督制等,保证了交易的公正性,这比其他方式形成的价格更合理,更有权威性,从而对于生产和经营有较强的指导性,可以使生产和经营者预先根据期货价格安排生产和锁定成本。因此,期货价格可以综合反映出供求双方对未来某个时间的供求关系和价格走势的预期。这种价格信息增加了市场的透明度,有助于提高资源配置的效率。

◆ 减缓价格波动

许多商品的生产周期较长,且一些中间产品从生产到消费要经过很多环节,还有些产品生产受自然气候的影响,因此,前一时期的价格影响后一时期的产量,没有一不个远期的价格指导会使供求经常失去平衡,造成该产品的季节性和区域性价格波动。如果有了合理的远期价格,当价格上升,生产者应增加生产,反之则减少生产,以此对生产起"事先调节"的作用,有助于减轻价格波动的影响。

◆ 减少经营成本和资金占用

期货交易是公开的集中交易,买者和卖者集中到一起,以最有利的价格成交,避免了市场分割和搜集信息的成本,且期货市场的交易信息是公开的、即时的,获取有些信息是无成本的。另外,期货转现货的交割是统一交割,交易所建立标准注册仓库,货物流动与期货合约的流动是分离的,这样会减少资金的占用以及货物重复运输的成本,这些成本的降低有助于企业效率的提高。在美国,生产者和经营者对购售的实物商品进行了套期保值,可以从银行获得高比例的贷款,如银行对已经做套期保值交易的商品,担保值认定为90%~95%,而对没有使用期货套期保值的商品,担保值只认定为50%。

◆ 吸引利用社会闲置资金

期货市场不仅是一个商品市场,还是一个沟通不同数额、不同时点上的货币交换的市场,换句话说,商品期货市场是一个金融市场、投资市场。因此,居民持有的货币现金,公司经营过程中还没使用的投资、各种养老金、投资基金等闲置资金都可以投入到期货市场,进行几天或几个月的风险投资,获取风险利润,同时也为期货合约交易增加流动性。当今世界著名的期货交易所都吸引了巨额的社会闲置资金,使闲置资金长期活用,大大扩展了社会游资的活动领域。

◆ 促使经济国际化

自20世纪80年代以来,期货市场在通讯技术、会员结构、交易时间等方面的革新,一些期货市场已不仅仅是某一国家的期货市场,而且成为国际性的期货交易中心,大量的外国企业和投资者参与国际性期货市场的交易,如美国芝加哥期货交易所集中了世界绝大部分的农产品期货贸易和大约40%的世界期货交易,所形成的价格成为国际农产品市场的基准价格,使国际农产品市场进一步国际化。在国际贸易谈判中,谈判价格是由国际著名期货交易所该商品合约的期货价格再加上一定的差价形成的。今后,随着全球24小时期货交易网络的形成,期货将进入一个新时代。

[案例1-5] 为何要推出玉米期货?

玉米是关乎国计民生的农产品。目前,我国已成为农业进出口大国,但农产品贸易却还处于从计划分配向完全市场化运营转型的时期。因为缺乏对国际期货市场的研究以及国内期货价格的引导,我国在玉米等大宗粮食贸易中往往出现廉价出口、高价进口的尴尬局面。

如2003年国际玉米价格处于偏低水平,同年我国玉米减产,但玉米出口高达1640万吨,创下历史最高纪录。在这一年的大部分时间,我国出口的玉米价格仅为每吨120美元左右,而且还要政府每吨补贴30美元左右。玉米配置的不合理,造成南方消费区玉米供应不足,国内玉米价格在第四季度一路飙升,广东港口一度涨到每吨1600元以上。2004年,中国大幅度降低了出口计划,但国际价格出现飙升,加上远洋运费创纪录,美国玉米到亚洲的成本价达到每吨210美元左右,而同期我国玉米到韩国的CNF价格

（成本加运费），仅为每吨 150 美元，并且由于企业没有出口计划，只能望洋兴叹，错失良机。

大连期货交易所玉米期货的推出，不仅使我国具有了参与国际玉米价格的定价权，还使国内粮食企业可以通过期货市场提前感受到国际市场的价格变化，缓解国内市场与国际市场接轨过程中产生的震荡，规避因现货市场的商品价格波动风险而可能造成损失。

点评：市场经济离不开期货交易，正处于市场经济发展阶段的我国同样离不开期货交易方式。玉米期货的推出，不但使我国具有了参与国际玉米价格定价的话语权，而且使国内相关企业可以利用期货交易锁定成本、规避价格波动风险。

思考题

1. 期货交易是怎样产生的？
2. 远期交易与期货交易的区别是什么？
3. 期货为何能规避市场风险？
4. 如钻石作为期货品种，对多方有利还是对空方有利？为什么？
5. 期货合约有哪些主要条款？
6. 什么是期货的套期保值交易，它和套利有什么区别？
7. 为什么期货市场有发现价格的功能？

第二章

期 货 市 场

　　期货市场是一个高度组织化的市场,它由期货交易所、期货结算所、期货经纪公司以及期货交易者四个部分组成。除了这些构成主体外,期货市场还有一系列的风险控制制度和相对独特的结算制度,在进行交易之前,对此需有一个清楚的认识。

第一节　期货交易所组织形式及其发展趋势

◆ 期货市场构成

　　期货市场基本上由四个部分组成,即期货交易所、期货结算所、期货经纪公司以及期货交易者(包括套期保值者和投机者)。

　　期货市场的组织结构是由交易所、会员、客户逐级构成的,是个分层化的市场结构。只有会员才能进场交易,交易所必须对会员的资信负责;非会员客户必须通过会员代理进行交易,会员是代理交易的主体,对其所代理的交易负全部责任,所以会员必须控制好所有客户的资金风险,如果因客户违约造成损失而不能履行赔偿责任时,会员必须代为履行赔偿责任并保留追偿的权利。与期货市场多层次组织结构相对应,结算管理体系也是分层次的。首先是交易所结算机构对会员公司的结算,这是第一级结算;其次是会员经纪公司对其代理的客户进行结算,称为第二级结算。最终,将逐笔交易风险分级对应到每个市场参与者身上。

◆ 期货交易所

　　期货交易所是从事期货交易活动的场所,是有组织的市场(Organized Market),是期货市场的象征。期货交易所不仅每天要进行大量的交易活动,而且在期货交易方面,整个市场组织都必须建立起结算、担保制度以确保交易双方履约。为此,交易所采取了统一制度,严格选定可信赖的交易者,建立了规范交易行为的规章制度。

　　因而,在期货交易所交易中,限定由严格选定的会员进行交易和结算,非会员要参加交易所交易,必须委托这些会员进行交易。而可以接受委托的会员必须由期货交易主管部门授予相应的资格。

◆ 期货交易所组织形式

期货交易所一般是非营利性的会员组织,由有一定资格的会员组成、运营。在第二次世界大战以前,交易所曾以营利性的"股份公司"为主流。而当前,"股份公司化"又成为世界交易所发展的潮流。

对于市场经济而言,所有的交易所都是必不可少的公共场所。在市场经济中,生产、流通、消费都是由"看不见的手"来操纵的。因而,对于形成价格的机构——交易所而言,"发现公正的价格"是其至高无上的使命。因此,如果交易所是以营利为目的的股份公司式的组织,则其公益性、公正性必将受到扭曲。因此,在许多国家中,交易所采用非营利性的会员形式来组织、运营。最早进行股份化运营的伦敦股票交易所也在 1876年为消除营利主义的弊病而采取了"股东的会员化"措施,即将股东转化为会员。

非营利性的会员式期货交易所依靠会员的会费来运营。会费包括"定额会费"和"定率会费"两种。定额会费指由会员平均负担的会费,如我国的郑州商品交易所对经纪会员和非经纪会员分别收取 2 万元和 1 万元年费;定率会费是指按会员的交易量和每一合约金额的一定比率征收的会费。通常,交易量大的交易所,以较低的定率会费就可以运营了,平均负担的会费也往往很少;而交易量小的交易所则压力较大。

目前我国期货交易所的会员只能是企业法人,其取得期货交易所的会员资格并缴纳会员资格费后成为期货交易所会员。交易所会员分为期货经纪公司会员和非期货经纪公司会员两种,期货经纪公司会员专门接受客户委托,为客户进行期货交易并收取佣金,不能从事期货自营业务。相反,非期货经纪公司会员只能从事期货自营业务,而不能进行委托业务。

◆ 会员制交易所的组织结构

▽ 会员大会

会员大会由期货交易所的全体会员组成,是期货交易所的最高权力机构。其主要职能是:制定和修改交易所章程,选举和罢免理事、监事,审议理事会的工作报告,审议批准财务预算和决算方案,决定期货交易所的合并和终止等重大事项。

我国目前对交易所的监控相当严格,期货交易所的一些重大事项仍由中国证监会决定。

▽ 理事会

理事会是会员大会的常设机构,由交易所全体会员通过会员大会选举产生,对会员大会负责。理事会设理事长一人,副理事长若干,由理事会选举和任免。

理事会的主要职能是:

(1)召开会员大会,并向会员大会报告工作;

(2)监督会员大会决议和理事会决议的实施;

（3）监督总经理履行职务行为；

（4）拟定总经理提出的财务预算方案、决算报告，提交会员大会通过；

（5）审议期货交易所合并、分立、解散和清算的方案，提交股东大会通过；

（6）决定专门委员会的设置；

（7）决定会员的接纳；

（8）决定对严重违规会员的处罚；

（9）决定期货交易所的变更事项；

（10）违规情况下采取临时处置措施的权力；

（11）异常情况下采取紧急措施的权力；

（12）审定根据交易规则制定的细则和办法；

（13）审定风险准备金的使用和管理办法；

（14）审定总经理提出的期货交易所发展规划和年度工作计划；

（15）期货交易所章程规定和会员大会授予的其他职权。

根据《期货交易管理暂行条例》规定，我国期货交易所理事长、副理事长由中国证监会提名，理事会选举产生。

▽ **专业委员会**

理事会下设各种专业委员会，负责处理相应的事宜。期货交易所理事会可以设立监察、交易、交割、会员资格审查、调解、财务等专业委员会。专业委员会的具体职责由理事会确定，专业委员会对理事会负责。

（1）会员资格审查委员会。主要负责会员入会的资格审查，调查申请人的有关情况并进行审核，在审核通过后提交理事会。

（2）交易行为管理委员会。主要负责监督管理交易所会员的交易行为，预防和制止一切违反国家法律法规和交易所规章制度的行为出现，以保证期货交易正常进行。

（3）交易规则委员会。负责起草交易规则，并按理事会提出的修改意见进行修改。

（4）仲裁委员会。负责通过仲裁程序解决会员之间、非会员与会员之间以及交易所内部的纠纷及申诉。

▽ **总经理及业务管理部门**

期货交易所设有总经理、副总经理及相关的交易、交割、研究发展、市场开发、财务等业务部门。总经理在理事会领导下负责期货交易所的日常管理工作，同时还负责具体组织实施会员大会、理事会通过的制度和决议等工作。总经理为期货交易所的法定代表人。由于目前我国期货市场的特殊性，《期货交易管理暂行条例》明确规定，期货交易所的总经理和副总经理由中国证监会任免。

业务管理部门中，交易部是管理交易和会员单位的核心部门。市场部是市场推介、宣传的核心部门。交割部是组织实物交割的核心部门。结算部是负责本所统一结算、保证金管理、风险准备金管理及结算风险防范的核心部门。研究部是进行新品种设计开发、交易制度及相关问题研究的核心部门。

[**案例 2-1**] 我国大连商品交易所组织结构图

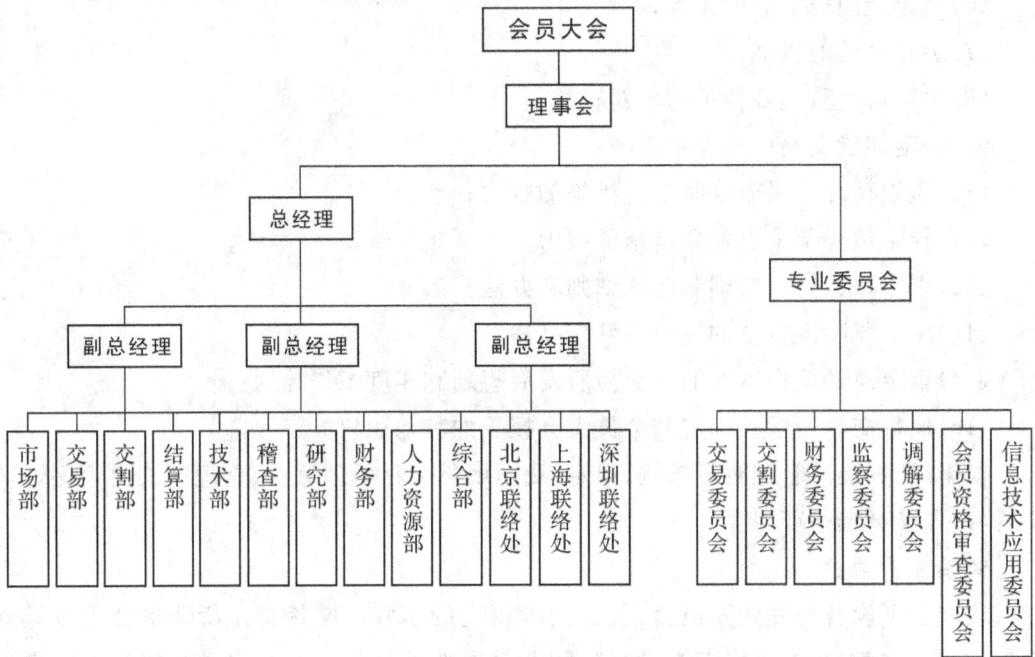

点评:该结构图将大连商品交易所的组织结构表示得非常清楚,会员大会是交易所的最高权力机构,理事会是其常设机构,对会员大会负责。理事会下有两个分支,一是总经理领导下的各个职能部门,分别负责交易所的各项具体事务,如交易、交割、结算、人力资源等;另一部分是专业委员会,主要负责各方面的制度建设及纠纷调解。

◆ 交易所股份公司化趋势

前面我们提到,在许多国家,交易所采用非营利的会员形式来组织、运营。但是,自1998 年 9 月 EUREX(欧洲金融期货交易所)实行股份公司化以来,世界各主要交易所纷纷倾向于实行股份化。2001 年,全美国的期货、证券交易所都实现了股份化。见表2-1。

表 2-1 主要证券、期货交易所的"股份化"动向

股份化交易所名称	股东构成
1998 年 9 月 EUREX	股东限定为会员
10 月 澳大利亚证券交易所	股东向非会员开放
11 月 美国证券交易所	除部分财产权外,均归入全美证券协会的席下

股份化交易所名称	股东构成
1999 年 4 月　伦敦国际金融期货交易所	股东向非会员开放
6 月　多伦多证券交易所	股东向非会员开放
7 月　伦敦证券交易所	股东向非会员开放
12 月　新加坡交易所（SGX）	股东向非会员开放
2000 年 11 月　芝加哥期货交易所（CBOT）	于 2000 年 11 月 13 日股份化
11 月　新加坡交易所的股票上市	股东向非会员开放
2001 年 4 月　大阪证券交易所	股东向非会员开放
11 月　芝加哥商业交易所（CME）	股东向非会员开放
11 月　东京证券交易所	股东向非会员开放

可见，在世界经济市场化、全球化、电子化浪潮中，各交易所为了自我生存都不惜一切向巨额资金加快速决策的组合方向发展。在信息技术革命的背景下，原有组织框架下依靠会员来筹集大量资金、通过会员大会进行决策的方式，已显得过于迟缓，因此，交易所舍弃了其公益性、公正性的使命，最终转向了股份化。

◆ 期货交易所的业务

▽ 制定标准化的期货合约并组织上市交易

标准化的合约作为交易的对象，是进行期货交易的前提条件。一方面，交易所根据市场动向，设计出标准化的期货合约，满足期货交易者的需求，推动期货市场的发展；另一方面，交易所制定的合约标准化条款能有效地减少交易纠纷，保证市场健康而有序地发展。

▽ 为期货合约买卖双方提供一个有组织的交易场所

期货交易所为期货交易提供了固定的场所、必要的设施、先进的通讯联络设备、现代化的信息传递和显示设备等硬件设施，制定了一整套严格的期货交易规则和业务管理细则，再辅之以必要的配套服务，使整个期货交易有序进行。

▽ 控制市场风险，保障合约的履行

期货市场是一个高风险的市场，为此，期货交易所制定了一整套严格的规章制度、风险控制制度和交易监管流程，从各个环节进行风险控制，保证市场有序、稳定地运作。同时通过对违约者处罚等办法，保证期货合约的履行。

▽ 收集、传播市场信息，提供参考价格

大量的交易者（包括生产者、经营者和消费者）集中在期货交易所进行期货交易，各种各样的信息汇集到期货交易所，期货交易所能敏捷地对各种期货价格信息作出反应，反映出全世界期货价格的变动情况和影响价格变动的因素。期货交易所内形成的期货价格也往往成为世界商品市场和金融市场中广为运用的参考价格。

▽ 监管指定交割仓库

交割环节作为联系期货市场与现货市场的纽带，是期货交易最重要的环节之一。

为此,交易所制定了严格的交割制度和程序,保证交割工作的规范运作,从而保障了期货市场功能的发挥。

◆ 我国的期货交易所

目前我国有上海期货交易所、大连商品交易所、郑州商品交易所和中国金融期货交易所四家期货交易所。

▽ 上海期货交易所

上海期货交易所是依法设立的、履行有关法规规定的职能、实行自律性管理的法人,并受中国证监会的监督管理。

交易所目前上市交易的有铜、铝、天然橡胶、燃料油、锌、黄金、螺纹钢等品种的标准合约。随着市场交易的持续活跃和规模的稳步扩大,市场功能及其辐射影响力显著增强,铜期货价格作为世界铜市场三大定价中心权威报价之一的地位进一步巩固;天然橡胶期货价格得到国内外各方的高度关注;燃料油期货的上市交易开辟了能源期货的探索之路。

上海期货交易所实行会员制,现有会员200多家,其中期货经纪公司会员占80%以上。

会员大会是交易所的权力机构,由全体会员组成;理事会是会员大会的常设机构,下设监察、交易、交割、会员资格审查、调解、财务、技术等七个专业委员会。详见案例2-1。

交易所实行保证金和每日无负债结算制度,通过指定的结算银行每天对会员的交易进行集中清算,会员负责对其客户交易进行清算。

交易所实行实物交割履约制度,合约到期须在规定期限内,以实物交割方式履约。交易所指定交割仓库为交割双方提供相关服务。客户交割须通过会员办理。

根据国务院颁布的《期货交易管理暂行条例》及中国证监会发布的《期货交易所管理办法》等法规,交易所建立了交易运作和市场管理规章制度体系。如图2-1。

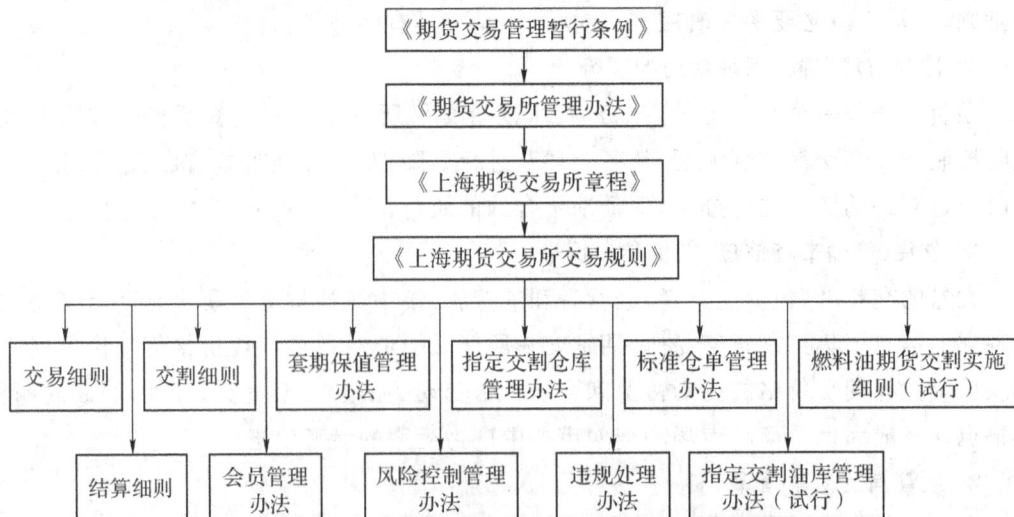

图 2-1　上海期货交易所市场管理规章制度体系

▽ **大连商品交易所**

大连商品交易所成立于 1993 年 2 月 28 日,是经国务院批准的四家期货交易所之一,是实行自律性管理的法人。

大连商品交易所(简称"大商所")目前正式上市交易的品种是玉米、黄大豆 1 号、黄大豆 2 号、豆粕、豆油、棕榈油、线型低密度聚乙烯和聚氯乙烯。其中,黄大豆 1 号是交易最为活跃的品种,按照美国期货业协会(FIA)全球农产品期货期权成交量排名,2008 年大商所大豆期货在全球前 20 个农产品中位居第二,是美国芝加哥商业交易所(CME)集团大豆期货的 23%,是东京谷物交易所的 13 倍,继续保持全球第二大大豆期货市场地位。

开业至 2008 年底,大商所累计成交期货合约 21.6 亿手,累计成交额 67.2 万亿元,总交割量为 1155 万吨,已发展成世界第二大农产品期货市场。

近年来,大连商品交易所国际交流与合作不断拓展,成为美国期货业协会(FIA)和英国期货与期权协会(FOA)成员,与芝加哥商业交易所(CME)等十多家境外期货交易所签署了合作谅解备忘录和合作意向书,在信息共享、市场开发等方面积极与国际期货机构展开全方位合作。

多年来,大连期货市场的玉米和大豆期货价格已成为国内玉米、大豆市场的权威价格,在保护农民利益、引导农产品生产与流通、为市场主体提供避险工具等方面,发挥了重要作用。

▽ **郑州商品交易所**

郑州商品交易所是我国第一家期货市场试点,由远期现货交易起步,于 1993 年 5 月 28 日正式推出标准化期货合约交易,实现了由现货市场起步向期货市场发展的目标。1998 年 8 月,郑州商品交易所被确定为全国当时三家期货交易所之一。它隶属于中国证券监督管理委员会,为期货合约的集中竞价交易提供场所、设施及相关服务,不以营利为目的,实行自律性管理。

郑州商品交易所实行会员制,按照其章程实行自律管理。现有会员 200 多家,分布于全国 27 个省、市、自治区。

郑州商品交易所实行保证金制、每日涨跌停板制、每日无负债结算制,通过指定的结算银行对会员每天的交易进行集中清算。会员负责对客户清算。

郑州商品交易所实行实物交割制度,未平仓合约到期须在规定的期限内履约,交易所指定交割仓库为交割双方提供相关服务。客户交割须通过会员办理。

郑州商品交易所利用交易风险实时监控系统和风险预警系统,对市场的资金、交易、持仓以及价格趋势进行定量分析预测,及时控制和化解市场风险。

▽ **中国金融期货交易所**

中国金融期货交易所是经国务院同意,中国证监会批准,由上海期货交易所、郑州商品交易所、大连商品交易所、上海证券交易所和深圳证券交易所共同发起设立的金融

期货交易所。中国金融期货交易所于 2006 年 9 月 8 日在上海成立,注册资本为 5 亿元
人民币。中国金融期货交易所的成立,对于深化金融市场改革,完善金融市场体系,发
挥金融市场功能,具有重要的战略意义。

中国金融期货交易所的主要职能是:组织安排金融期货等金融衍生品上市交易、结
算和交割;制订业务管理规则;实施自律管理;发布市场交易信息;提供技术、场所、设施
服务;中国证监会许可的其他职能。

中国金融期货交易所在交易方式、结算制度等方面充分借鉴了国际市场的先进经
验,并结合中国的市场实际,以高起点、高标准的原则建设中国的金融衍生品市场。

中国金融期货交易所实行结算会员制度,会员分为结算会员和非结算会员,结算会
员按照业务范围分为交易结算会员、全面结算会员和特别结算会员。实行结算会员制
度,形成多层次的风险控制体系,强化了中国金融期货交易所的整体抗风险能力。

中国金融期货交易所采用电子化交易方式,不设交易大厅和出市代表。金融期货
产品的交易均通过交易所计算机系统进行竞价,由交易系统按照价格优先、时间优先的
原则自动撮合成交。采用电子化交易方式体现了中国金融期货交易所的高效、透明、国
际化的发展思路。

中国金融期货交易所肩负着建立和发展中国金融期货市场的艰巨任务。中国金融
期货交易所坚持以科学发展观为指导,本着稳健发展、与时俱进的原则,打造一个健康
规范、高效透明、积极创新、技术先进的金融期货交易所,为提高经济的风险承受能力、
增加经济弹性以及促进经济增长发挥积极作用。

第二节　期货结算所和确保履约的制度

◆ 期货结算所

在交易所的期货交易中,有结算制度、担保制度来防止违约风险,即使交易对手破
产也不会引起呆账。

在通常的交易中,如果发生交易对方违约或拒付,只能通过法律方式请求赔偿。在
期货交易中,交易的买方和卖方的特定合约关系被切断,其债权债务关系也被切断,而
由特定的结算机构来充当每笔交易的交易对手(见图 2-2),结算机构采用每日结算、保
证金等结算和担保制度来防止违约行为、防范违约风险。有的国家在期货交易所之外
单独设立期货结算所来完成这些结算业务,如期货大国美国。也有的国家没有独立的
期货交易结算所,而是在期货交易所内设结算部门,履行结算所职能,如日本、中国。

如图 2-2 所示,在期货交易中,个别的买方、卖方之间由第三方机构介入,切断了单
个合约关系,使其合约关系转为"卖方对结算所"、"买方对结算所"的关系。

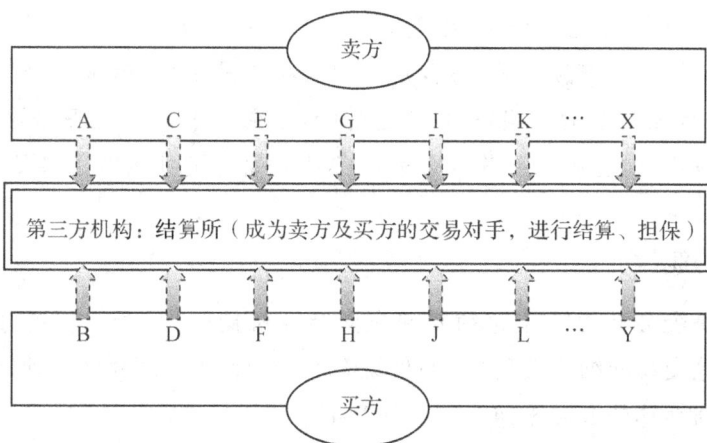

图 2-2 期货交易的合约关系

合约关系变为"卖方集团对买方集团",消除了交易中因倒买倒卖可能出现的链锁关系。这时,单个的买方与卖方的债务关系也被切断,而由结算所对每个交易进行清算、担保。

[**案例 2-2**] 投资者甲在 2 月 9 日卖出一手 8 月到期的玉米期货合约(每手 10 吨),成交价为 1000 元/吨,由投资者乙买进;3 月 10 日,投资者乙以 900 元/吨的价格将该合约转卖给投资者丙,平仓出局,亏损 1000 元(100×10);4 月 11 日,投资者丙将合约卖出平仓,交易对手恰好是投资者甲,交易价格为 950 元/吨,投资者甲和丙各盈利 500 元(50×10),他们的盈利之和正好是投资者乙的亏损。实际的期货交易中,这几笔交易并不在交易者甲、乙、丙之间直接进行,而是由结算机构充当每笔交易的对手,示意图如下。

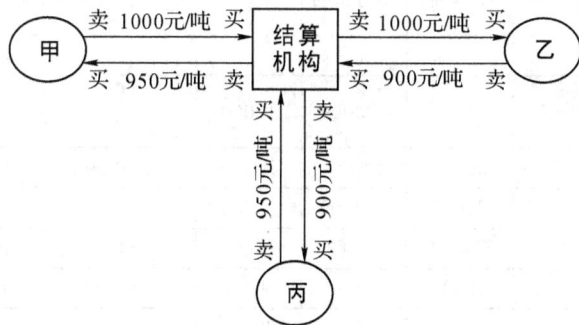

点评:该例中有三笔交易,第一笔交易是由甲卖出、乙买进,这笔交易实际是分为两步进行的,即:甲卖出,由结算所或交易所的结算部"买进";乙买进,由结算机构"卖出"。

第二笔交易是乙卖出平仓,由结算机构"买进",同时丙开仓买进,由结算机构"卖出"。乙平仓产生亏损 1000 元,结算机构盈利 1000 元。

第三笔交易是丙卖出平仓,由结算机构"买进",同时甲买进平仓,由结算机构卖出。交易中,甲和丙平仓分别产生盈利 500 元,结算机构则亏损 1000 元,恰好与前面的盈利相抵,当所有的合约都平仓了结后,结算机构的盈亏之和为零。

如果不是采用这种交易结算方式,则甲和丙在 4 月 11 日达成交易时,双方都盈利 500 元,这 1000 元来自乙的亏损,应向乙追索,而乙在 3 月 10 日已平仓出局。如果合约在中途转让过多次,则会涉及更多的交易者,跟踪结算未免也就太复杂繁琐。

◆ 确保履约的制度

交易所的每个会员为防止违约要预先向结算机构交纳"个人保证金"、"特别保证金",并对每一笔交易交纳相应的"交易保证金"。在此后发生价格变动时,对其价格差采用每日无负债结算的方法来防止呆账的产生。

每日无负债结算,就是对每天价格变动带来的价差进行结算。在期货交易中,每天的价格变动会给每个会员的账户带来浮动盈亏,即未实现的账面上的损益。对此,交易所、结算所将其视为已实现的损益每天加以结算,并从亏损方征收差额转给盈利方。当亏损方资金不够时,责令其追加保证金,否则将进行强制平仓,中止其交易。这样,一旦发生违约,仅是最后一天的亏损,而每天价格的波动又有涨跌幅限制,所以不会发生巨额坏账。

每日无负债的结算中要定一个计算标准价格,即结算价,一般取每日所有成交价格的加权平均值。

[案例 2-3] 持仓合约逐日结算方法

某投资者于 2 月 5 日买进一份 6 月到期的电解铜合约 2 手(每手 5 吨),成交价为 20000 元/吨,他已交纳交易用资金 10000 元,其持仓合约的逐日结算见下表(单位:元)。交易保证金比率 5%,维持保证金比率为 0.75。

日序	活动	成交价	结算价	合约面值	保证金 (5%)	每日账面盈亏	账户余额	追加保证金
1	存入资金						10000	
2	开仓买 2 手 (10 吨)	20000		200000	10000			
3	持仓		20100	201000	10050	+1000	11000	
4	持仓		20060	200600	10030	-400	10600	
5	持仓		20000	200000	10000	-600	10000	
6	持仓		19800	198000	9900	-2000	8000	可暂不追加
7	持仓		19500	195000	9750	-3000	5000	追加 4750
8	持仓		19700	197000	9850	+2000	11750	
9	持仓		20000	200000	10000	+3000	14750	
10	持仓		20200	202000	10100	+2000	16750	
11	持仓		20500	205000	10250	+3000	19750	
12	卖出平仓	20300		203000		-2000	17750	
合计						+3000		

持仓合约的保证金：

保证金＝持仓合约以结算价计算的面值×保证金比率

当合约账上结存的资金超过应交保证金的75％时，可暂时不追加保证金，如该例中的第5日。相反，当合约账上结存的资金小于应交保证金的75％时，则需要追加保证金，如该例中的第7日。

追加保证金＝保证金－账户余额

第7日追加保证金的数量为：$9750-5000=4750$（元）

持仓合约的账面盈亏：

当日账面盈亏＝$\sum$［（当日结算价－上日结算价）×（买进）持仓合约量］＋$\sum$［（上日结算价－当日结算价）×（卖出）持仓合约量］

点评：实行每日结算，能够确保投资者账户的余额能弥补投资者的亏损。在第7日，结算部向交易者发出追加保证金的通知，交易者必须在第二天（即第8日）开市前将追加保证金存入资金账户，否则结算部将对投资的持仓进行强制平仓，并用其账户的余额来弥补亏损。如果不这样，就有可能出现损失进一步扩大，而交易者无力支付甚至恶意拖欠的情况，最终形成巨额坏账。

第三节 期货经纪公司和委托交易

◆ 期货经纪公司

期货经纪公司，也称期货经纪商，是指依法设立的以自己的名义代理客户进行期货交易并收取一定手续费的中介组织。期货经纪公司是客户和交易所之间的纽带，客户参加期货交易只能通过期货经纪公司进行。

在代理期货交易的过程中，期货经纪公司的具体职能有：根据客户指令代理买卖期货合约、办理结算和交割手续；对客户账户进行管理，控制客户交易风险；为客户提供期货市场信息，进行期货交易咨询，充当客户的交易顾问。另外，综合类期货经纪公司还可以从事期货交易自营业务，但目前我国的期货经纪公司不允许从事期货自营业务。

由于期货经纪公司代理客户进行交易，向客户收取保证金，因此，期货经纪公司还有保管客户资金的职责。为了保护投资者利益，增加期货经纪公司的抗风险能力，各国政府期货监管部门及期货交易所都制定有相应的规则，对期货经纪公司的行为进行约束和规范。例如，如实、准确地执行和记录客户交易指令；不得挪用客户资金；为客户保守商业秘密；不得制造、散布虚假信息等进行信息误导；不得承诺与客户分享利益和共担风险;必须严格区分自有资金和客户资金;不得在交易所场外对冲客户委托的交易;等等。

在我国,期货经纪公司必须经中国证监会严格审核并领取《期货经纪业务许可证》,注册资本要求在 3000 万元以上。

◆ 经纪公司业务部门及其职能

各期货经纪公司虽然因规模大小、经营方式等的不同,内部组织结构会有所不同,但一般选择设置以下业务部门。

▽ 财务部

负责收取保证金,监督、审查客户的保证金账户,密切关注客户的一般财务状况的变动。

▽ 客户服务部

负责市场开发,在公司授权下与客户签订期货经纪合同等。向客户介绍、解释期货交易的规则、手续,和客户保持密切联系。

▽ 交易部

负责将客户指令下达到交易所场内,成交后将状况及时传达给客户。

▽ 结算部

负责与结算所、客户间交易记录的核对,客户保证金及盈亏的核算,风险控制。

▽ 现货交割部

负责期货合约的实物交收及货款的收付。

▽ 研究发展部

负责收集、分析、研究期货市场、现货市场的信息,进行市场分析、预测,研究期货市场及制定本公司的发展规划。

◆ 委托交易

除交易所会员外,其他人进行期货交易必须委托期货经纪公司代理,所以初入市者首先要选择一家期货经纪公司,并与之签订《期货经纪合约》。因为期货交易是高风险、高回报的交易,所以在委托人(客户)与经纪公司签订经纪合同之前,经纪公司有义务将期货交易的风险向客户说明,让委托人仔细阅读《期货交易风险说明书》并签名。期货交易的责任是要"自我负责",即使是初入市者也要承担交易的全部责任。

选择好经纪人之后,交易者就可以选择交易品种,并在有利的时机进行交易。首先要存入一定资金作为交易的保证金,然后再将交易意图以交易指令形式下达给经纪人。交易指令的内容具体包括:

$$\text{交易指令内容} \begin{cases} \text{期货品种:大豆、玉米、小麦、棉花、铜、铝、燃料油} \\ \text{交割期限(月份)} \\ \text{价格:市价(按市场价格成交)} \\ \qquad\quad \text{限价(按交易者指定的特定价格成交)} \\ \text{数量:手} \\ \text{买或卖} \\ \text{有效期限:当天、一周、指定时间} \\ \text{开仓或平仓} \end{cases}$$

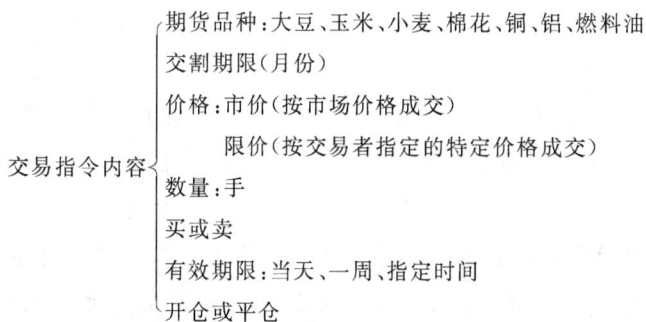

交易指令通过电话或电脑终端等方式传送给经纪公司,并进一步通过会员经纪公司的出市代表传送到交易所的交易厅参与竞价交易,整个交易过程见图2-3。

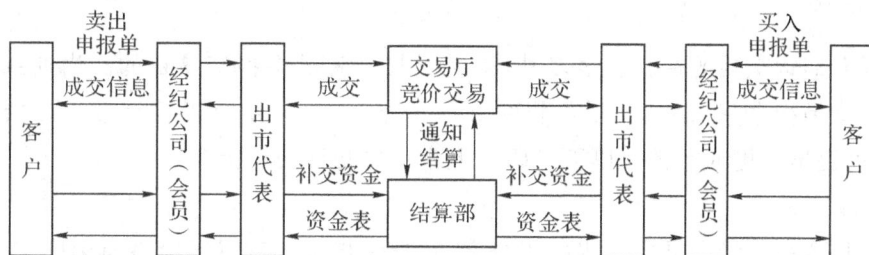

图 2-3 期货交易过程示意图

[案例 2-4] 投资者(委托人)金先生预测,由于气候原因使小麦减产,小麦的价格将从时价 1800 元/吨上涨到 2000 元/吨。因此,金先生向某期货经纪公司委托买入 10 手小麦合约。则金先生的这次交易活动要经过以下程序:

首先,由于金先生是初次进行期货交易,所以期货经纪公司的业务员要为金先生办入门手续。业务员会要求金先生仔细阅读《期货交易风险说明书》并签上金先生的大名,签名的目的是证明经纪公司已向金先生说明了期货交易的风险;然后,业务员代表公司与金先生签订《期货经纪合约》,确定两者之间的委托代理关系。

办理完入门手续后,金先生确认了小麦的价格,指定以 1800 元/吨价格在两天(今天和明天)内新开仓买入 10 手(每手 10 吨)小麦 8 月交割的小麦合约。这时,金先生必须交纳 10 手小麦合约的交易保证金(保证金比率为 5%)9000 元。

期货经纪公司的业务员将金先生的交易指令传给公司的交易部,再由交易部将指令统一传送给公司在郑州商品交易所的出市代表,由出市代表在交易所的交易厅报价参与竞价交易。

交易达成后,出市代表将成交信息反馈给经纪公司的交易部,交易部再将成交结果记录在交易单上由业务员报告给客户金先生。

一个月后,小麦的价格确实如金先生所料上涨到 2000 元/吨。于是,金先生向经纪公司发出"卖出平仓指令"。卖出交易在交易所成立后,经纪公司编制交易报告书、损益表给金先生。该交易中,金先生每吨盈利 200 元,共盈利 20000 元,利润为其投资的 2.2

倍,减去委托手续费后约为 2 倍。

点评:委托交易过程看起来比较复杂,但实际操作中经纪公司的业务员会提供周到的服务和咨询,所以对委托人来说不会有什么困难。入门手续是针对初次交易者的,基本上他只需按业务员的提示提供一些个人的信息资料即可完成。后面的交易委托,委托人最主要的是将自己的交易意图准确表达在交易指令中,并且认真核对交易报告单,避免因错误造成损失。在进行交易决策时,委托人可以向业务员咨询交易品种的信息资料。

◆ 交易指令

国际上期货交易的指令有很多种,以满足投资者的多种交易目的。当前我国期货交易所的交易指令只有两种:限价指令和取消指令,交易指令当日有效。在指令成交前,客户可提出变更或撤销。以下是国际上常用的几种交易指令:

▽ 市价指令

市价指令是期货交易中常用的指令之一,它是指按当时市场价格即刻成交的指令。客户在下达这种指令时不需指明具体的价位,而是要求期货经纪公司出市代表以当时市场上可执行的最好价格达成交易。这种指令的特点是成交速度快,一旦指令下达后,除非反方向无报价,否则不可更改或撤销。

▽ 限价指令

限价指令是指执行时必须按限定价格或更好的价格成交的指令。下达限价指令时,客户必须指明具体的价位。它的特点是可以按客户的预期价格成交,成交速度相对较慢,有时甚至无法成交。

▽ 止损指令

止损指令是指当市场价格达到客户预计的价格水平时即变为市价指令予以执行的一种指令。客户利用止损指令,既可以有效地锁定利润,又可以将可能的损失降至最低限度,还可以相对较小的风险建立新的头寸。

▽ 阶梯价格指令

阶梯价格指令是指按指定的价格间隔,逐步购买或出售指定数量期货合约的指令。买入时采取阶梯式递减价位的方式,而卖出时采取阶梯式递增价位的方式。此种指令可以起到平均买价或卖价的作用,适合稳健型投资者采用。

▽ 限时指令

限时指令是指要求在某一时间段内执行的指令。如果在该时间段内未被执行,则自动取消。

▽ 套利指令

套利指令是指同时买入和卖出两种期货合约的指令。一个指令执行后,另一个指令也立即执行。套利指令包括跨商品套利指令、跨月套利指令和跨市场套利指令等。

[**案例 2-5**] 根据气候预测,近期将出现对小麦生长十分不利的天气并会持续一个多星期,这将影响到小麦的收成。某投资商据此判断,小麦期货会出现短期价格上扬,于是决定把握时机买进小麦期货合约。投资商下达市价指令,买进 3 月、5 月小麦合约各 50 手。由于是市价指令,交易指令很快成交。第二天,由于陆续有一些交易商也得知了有关天气变化的消息,小麦期货开始温和上升。3 天后,不利于小麦生长的恶劣天气开始出现,小麦期货出现较大幅度上涨,该投资商将手上合约分批平仓,获利丰厚。

点评:该例中投资商能成功获利,主要是因为他较早获取了关于气候的信息,并且利用市价指令较快地把握住时机。由于其他交易商有可能也很快会获得关于气候的信息,所以这种情况下要抢占先机,尽快成交,这时运用市价指令最合适。

第四节　期货合约的交割

◆ 交割的种类

期货合约如果在到期前没有进行相反的交易予以平仓了结,则需要在到期日进行交割来履行合约。期货交易的交割方式分为实物交割和现金交割两种。

实物交割是指交易双方在交割日将合约所载商品的所有权按规定进行转移,了结未平仓合约的过程。

现金交割是指交易双方在交割日对合约盈亏以现金方式进行结算的过程。现金交割不进行实物交收,只是以交割时的现货价格作为交易盈亏和资金划拨的依据,金融期货中的股票指数期货一般采用现金交割。

在期货市场中,商品期货通常都采用实物交割方式,金融期货中有的品种(如外汇期货)采用实物交割方式,有的品种(如股票指数期货)则采用现金交割方式。我国期货市场目前只有商品期货交易,全部采用实物交割方式。

◆ 交割的作用

期货交割是促使期货价格和现货价格趋向一致的制度保证。当由于过分投机,发生期货价格严重偏离现货价格时,交易者就会在期货、现货两个市场间进行套利交易。当期货价格过高而现货价格过低时,交易者在期货市场上卖出期货合约,在现货市场上买进商品。这样,由于现货需求增多,现货价格上升,期货合约供给增多,期货价格下降,期货和现货的价差缩小。当期货价格过低而现货价格过高时,交易者在期货市场上买进期货合约,在现货市场卖出商品。这样,由于期货需求增多,期货价格上升;现货供给增多,现货价格下降,使期货和现货的价差趋于正常。以上分析表明,通过交割,期货、现货两个市场得以实现相互联动,期货价格最终与现货价格趋于一致,使期货市场真正发挥价格晴雨表的作用。

[案例 2-6]　10 月底,黑龙江省大豆批发市场的现货价格为 1800 元/吨,同时期货市场大豆 11 月份合约的价格为 1950 元/吨。黑龙江某粮食企业注意到这一现象,并对成本费用进行估算,认为做期货现货套利交易有利可图,于是决定在现货市场买入 1000吨大豆,同时在期货市场卖出 11 月份大豆合约 100 手,并打算在最后进行实物交割。

该粮食企业一直持有合约到最后进行交割,每吨获利 150 元。在此过程中产生的运输入库费、交易手续费及交割成本总共约为 30 元/吨,所以该企业最后净利润为 120元/吨,约 12 万元。

点评:该案例中的粮食企业注意到期货价格与现货价格之间的差额,通过成本估算,认为有利可图,于是进行期货现货套利交易。套利的结果是粮食企业获利,同时还对期货市场和现货市场的价格产生了影响。因为该套利行为在现货市场买入,并在期货市场卖出,这样一来增加了现货市场的需求和期货市场的供给,根据供求原理,必定使相对低的现货价格上升,而使相对高的期货价格下跌,结果是现货价格和期货价格趋于一致。

其实除了该粮食企业外,其他投资者也会注意到这一套利机会,也会进行相同的期现套利交易。大量的套利交易会使现货价格与期货价格最终保持在一个合理的水平。而之所以可以进行期货现货的套利交易,是因为期货的实物交割制度。

◆ 实物交割

根据期货合约的本意,履行期货合约时应按最初的成交价进行实物交割,但是由于期货合约可以自由转让,从最初成交(开仓)到最后交割中途会经过多次转手,这样最后进行实物交割的双方已不是最初的成交双方,双方最初的成交价也会不一致,如果仍然按最初的成交价进行实物交割,就会使交割结算十分复杂。

实际中,期货合约到期后按交割结算价进行统一交割。交割结算价通常为该期货合约最后交易日的结算价,或者为该合约到期月份所有交易日结算价的加权平均价。最后交易日结束后,交易所先确定出交割结算价,交割双方先按交割结算价虚拟平仓,结算盈亏,然后再统一按交割结算价进行实物交割。

实物交割的程序大致是:

(1)最后交易日收市后,交易所对所有还未平仓的交割月份持仓合约进行统计和交割配对。配对结果一经确定,买卖双方均不得变更。

（2）所有持仓合约中，卖方将现货运到交易所指定仓库入库生成标准仓单，买方则准备用于接货的货款。仓单是指交割仓库开出并经交易所认定的标准化提货凭证。到最后交割日，卖方将标准仓单交到交易所，买方将全部货款存入资金账户。

（3）最后交割日结算时，交易所将交割货款付给卖方，同时将标准仓单交给买方，交割完成。

如果在规定交割期限内，卖方未交付有效标准仓单，或者买方未缴付足额的货款，则构成交割违约，要受到违约处罚。交易所应先代替违约方履约，由此所产生的一切费用和损失均由违约方负责承担；同时，交易所对违约方还可处以支付违约金、赔偿金等处罚。

[案例 2-7]　2003 年 7 月，正是小麦收割时节，当时现货价只有 0.6 元/斤（合 1200 元/吨），而此时货价格被炒作到 1500 元/吨左右。某企业根据往年惯例，认为农产品价格在收获时节价格已处于低价区，而且看到其中存在的差价，决定在现货市场收购现货并在郑州商品交易所卖出小麦期货合约进行保值，具体操作如下：

现货市场操作：从当年 8 月开始到产粮区收购小麦，8～9 月间共计收购 9000 多吨，收购价大约为 0.61～0.62 元/斤，10 月份开始入库，最终以大约 1300 吨/元的成本价格入库生成仓单 890 张（每张 10 吨）。

期货市场操作：该客户在小麦仓单生成后选择 WT401、WT405、WT409、WT411 几种合约陆续卖出，共建立 890 手空头仓位，并最终实现了交割。

成交、交割明细清单

合约	开仓日期	开仓价格	平仓价（现货销售价）[①]	平仓日期	手数	平仓盈亏	手续费	交割名细
WT401	20031121	卖开 1535	买平 1470	20040112	30	19500（65×300）	240	交割 30 手
WT405	20031031	卖开 1701	买平 1523	20040512	446	793880（178×4460）	3568	交割 446 手
WT409	20031214	卖开 1878	买平 1650	20040901	210	478800（228×2100）	1680	交割 210 手
WT411	20040108	卖开 1703	买平 1552	20041029	204	308040（151×2040）	1632	交割 204 手
合计					890	1600220	7120	890 手

点评： 该例中，①即为交割结算价，它同时是合约虚拟平仓价和现货交割价。该客户的所持 890 手空头合约要进行交割，首先 890 手合约分别按相应的交割结算价虚拟平仓，计算平仓盈亏，总和为 1600220 元。

然后，所有 890 张现货仓单按交割结算价进行交割（现货销售），盈亏为：

$$1470×300＋1523×4460＋1650×2100＋1552×2040－1300×8900$$
$$＝2294660 元$$

此项交易中的交易手续费和交割成本（每吨 10 元）为：

7120＋8900×10＝96120 元

该客户此项交易,在期货市场实现盈利 1600220 元,在现货市场上实现利润 2294660 元,扣除费用成本 96120 元,最后实现净盈利 3798760 元。

思考题

1. 期货市场由哪几部分构成?

2. 交易所的组织形式有几种,发展趋势如何?

3. 期货结算所在期货交易中发挥什么作用,它采用哪些制度?

4. 简述期货交易中为保证履约所采用的制度。

5. 期货交易的程序是怎样的?

6. 期货交易指令有哪些?

第三章

套期保值交易及案例

规避价格风险是期货交易的基本功能之一,也是促使期货交易诞生的最主要原因。而要达到规避价格风险的目的,就需要通过套期保值交易来实现。

第一节　套期保值概述

期货交易是在现货交易、远期交易的基础上发展起来的。正是为了规避商品价格风险才需要进行期货交易,也就是说,建立期货市场的初衷是出于保值的需要。现货交易中交换的是实物商品,而期货交易中所交换的是代表一定商品所有权关系的期货合约。商品实物是商品所有权的物质承担者,期货合约是代表商品所有权的一种凭证。由于期货合约到了交割月份可用实物交割进行了结,因此,最终实现实物交割时的商品期货价格与现货价格应当是趋同的。

◆ 套期保值的概念

套期保值是指把期货市场当作转移价格风险的场所,利用期货合约作为将来在现货市场上买卖商品的临时替代物,对其现在买进准备以后售出的商品或对将来需要买进的商品的价格进行保险的交易活动。

期货市场的基本经济功能之一就是规避价格风险,而要达到此目的的手段就是套期保值交易。在经济活动中时时刻刻存在着风险,例如在农业生产中,自然灾害会使农作物减产,影响种植者的收益。同时,农作物的减产造成供求关系变化,使得粮食加工商在买进小麦、大豆等农产品时付出更高的价格,而这又会直接影响当地市场中粮食、食用油、肉、禽、蛋以及其他消费品的价格。对于制造业来说,原油、燃料等原材料的供给减少将会引起一系列制成品价格的上涨。对于银行和其他金融机构而言,利率的上升势必影响金融机构为吸引存款所付出的利息水平。因此,包括农业、制造业、商业和金融业在内的各经济部门都面临不同程度的价格波动,即价格风险。正确利用期货市场的套期保值交易,可以很大程度地减少这些因价格变动而引起的不利后果。

　　套期保值者转移出去的风险由每天在期货市场上进行大量交易的投机商承担,但这并不意味套期保值者就总是处于有利地位而投机商则总是处于不利地位。这是因为,套期保值的本质是将实物市场的价格波动风险转移到期货市场,即套期保值者是在实物市场和期货市场两个市场做完全相反的买、卖交易,从而实现盈亏的抵消。套期保值的结果,有的是以期货市场交易的盈利来弥补实物市场的亏损,有的则是以实物市场的额外收益来抵消期货市场的亏损。

　　投机交易是投机商为了追求差价利益而甘冒风险所进行的期货交易。投机商是风险的承接者,其之所以愿意承接风险,是因为投机成功可以获取巨大利益。如果不看其与实物市场的关系而仅就期货市场而言,套期保值与投机交易在结构上都是零和原理。

◆ 套期保值交易

　　套期保值的英文为"Hedge",有"两边下注"、"脚踩两只船"之意。"两边下注"就会盈亏相抵,让价格风险为零。套期保值的操作基本上是在期货市场进行与现货交易等量的反向交易。

　　套期保值的基本做法是,在现货市场和期货市场对同一种类的商品同时进行数量相等但方向相反的买卖活动。即生产经营者在现货市场上买进或卖出一定量的现货商品的同时,在期货市场上卖出或买进与现货品种相同、数量相当,但方向相反的期货商品(期货合约),以一个市场的盈利弥补另一个市场的亏损,达到规避价格波动风险的目的。

　　具体而言,在商业交易中,在"现货"市场中买到的货物,同时可在"期货"市场上卖出(卖期保值);反之,在"现货"市场上卖出的货物,同时也可在"期货"市场上买进(买期保值)。此后,不论发生什么价格风险都可以高枕无忧了。

　　[案例 3-1]　一家油脂厂计划在 2007 年 9 月前购买 30 万吨大豆,以满足第四季度的榨油需要。现在是 6 月份,该油脂厂预计原料价格在 9 月前会上涨。为了避免遭受价格上涨可能造成的损失,该油脂厂决定在大连商品交易所购买大豆期货合约。果然不出所料,在该油脂厂尚未购足第四季度生产所需要的全部大豆原料之前,价格开始上涨。但是因为这家工厂具有远见卓识,已在 6 月份购买了期货合约。期货合约的增值冲销了该油脂厂购买大豆所需支付的较高价格。

　　[案例 3-2]　某粮油公司计划从美国进口 5 万吨大豆,由于大豆需三个月到货,该进口商担心三个月后大豆价格会下跌,于是在大连商品交易所卖出大豆期货合约 5000 手。果然,进口大豆到货后,价格已比以前下跌 200 元/吨,不过没有关系,他在期货市场的利润抵消了现货市场较低价格销售的亏损。

点评：以上案例中的油脂厂、进口商都有一个共同点，即他们都做了套期保值交易。为了保障计划买卖的实物商品不因价格变化而受到影响，套期保值者都购买或出售了期货合约，这样，现货市场商品价格的波动便不再影响到他们。

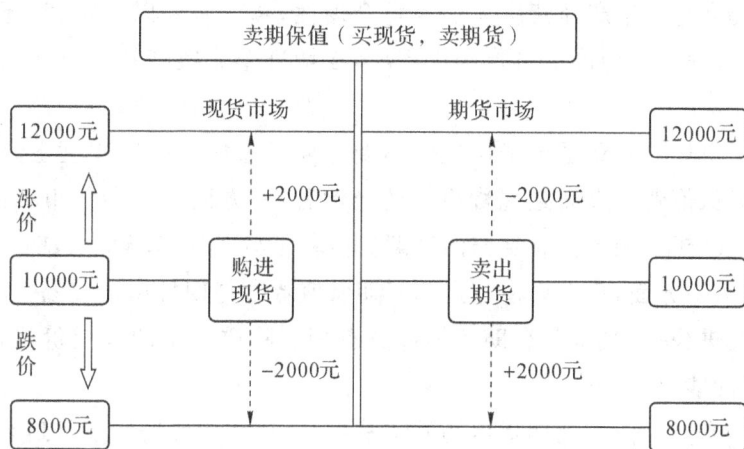

图 3-1　卖期保值图解

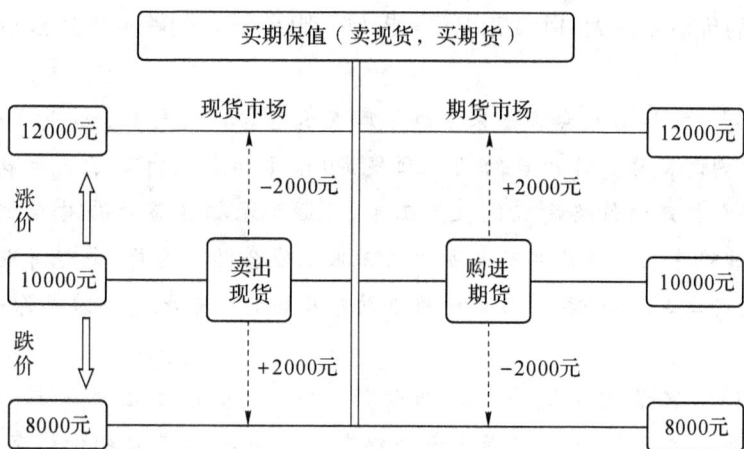

图 3-2　买期保值图解

◆ 套期保值者的作用

套期保值者（Hedger）是指那些把期货市场作为价格风险转移的场所，利用期货合约作为将来在现货市场上进行买卖商品的临时替代物，对其现在买进准备以后售出或对将来需要买进的商品进行保值的机构和个人。这些套期保值者大多是生产商、加工商、库存商、贸易商和金融机构，其原始动机是期望通过期货市场寻求价格保障，尽可能消除不愿意承担的现货交易的价格风险，从而能够集中精力于本行业的生产经营业务上，并以此取得正常的生产经营利润。

套期保值者的本性决定其具有以下特点:规避价格风险,目的是利用期货与现货盈亏相抵保值;经营规模大;头寸方向比较稳定,保留时间长。

第一,对于企业来讲,期货市场的建立,不仅使企业能通过期货市场获取未来市场的供求信息,提高企业生产经营决策的科学合理性,真正做到以需定产,还可以为企业通过套期保值来规避市场价格风险提供场所,在增进企业经济效益方面发挥着重要的作用。

第二,期货市场的建立是出于保值的需要。期货市场在一定程度上是以现货市场为基础的,套期保值者一方面是现货市场的经营者,一方面又是期货市场上的交易者,这种双重身份决定了,如果没有足够的套期保值者参与期货市场交易,期货市场就没有存在的价值。另一方面,只有规模相当的套期保值者参与期货市场交易,才能集中大量供求,才能够促进公平竞争,并有助于形成具有相应物质基础的权威价格,发挥期货市场的价格发现功能。

由此可见,套期保值者是期货市场的交易主体,对期货市场的正常运行发挥着重要作用。没有套期保值者的参与,就不会有期货市场。

套期保值者要有效地发挥其作用,必须具备一定的条件或特征:具有一定的生产经营规模;产品的价格风险大;风险意识强,能及时判断风险;能够独立经营与决策。

[案例 3-3]　吉林省九台市一家乡级粮库表示愿意从农民手中收购 50 万吨玉米,4个月后玉米收割时交货。作为合约的一项规定,粮库和农民商定了一个收购价格。为了能保证按一个特定的价格向农民收购玉米,并避免承担在签订合约至收割期间市价下跌的风险,该粮库在大连商品交易所出售玉米期货合约。这样,该粮库既可以向农民出一个固定的价格,又不必担心玉米价格在该粮库出售玉米之前下跌而影响盈利。

[案例 3-4]　黑龙江农垦局某农场估计 2006 年 9 月大豆的成本为 1.2 元/斤。2006 年 4 月,他们看到 2006 年 9 月大豆合约期货以每吨 2600 元的价格交易,就想利用这个有利的价格。该农场随即通过出售一个 9 月大豆期货合约而售出部分预计的大豆收成。大豆价格在收割前显著下跌。该农场在当地售出 5 万吨大豆,每吨低于成本 100元。但是,其期货合约的增值帮助冲销了他出售实物大豆所得到的较低价格。

点评:以上案例中的农场、粮库都有具备这几种条件或特征:相当大的生产经营规模;产品的价格风险大;风险意识强,能及时判断风险;能够独立经营与决策;善于通过套期保值规避市场价格风险。

◆ 套期保值的原理

套期保值之所以能够规避价格风险,是因为期货市场上存在以下基本原理:

▽ **同种商品的期货价格走势与现货价格走势一致**

现货市场与期货市场虽然是两个各自独立的市场,但它们的价格受相同的经济因素和非经济因素的影响和制约,因而一般情况下两个市场的价格变动趋势相同。套期保值就是利用这两个市场上的价格关系;分别在期货市场和现货市场作方向相反的买卖,以一个市场的盈利弥补另一个市场的亏损,以达到锁定生产经营成本的目的。

▽ **现货市场与期货市场价格随期货合约到期日的临近,两者趋向一致**

期货交易的交割制度,保证了现货市场与期货市场价格随期货合约到期日的临近,两者趋向一致。期货交易规定合约到期时,未平仓头寸必须进行实物交割。到交割时,如果期货价格和现货价格不同,例如期货价格高于现货价格,就会有套利者买入低价现货、卖出高价期货,以低价买入的现货在期货市场上高价抛出,在无风险的情况下实现盈利。这种套利交易最终使期货价格和现货价格趋向一致。

正是上述经济原理的作用,使得套期保值能够起到为商品生产经营者降低价格风险的作用,保障生产、加工、经营活动的稳定进行。

◆ 套期保值的操作原则

▽ **商品种类相同原则**

商品种类相同原则是指在做套期保值交易时,所选择的期货商品必须和套期保值者将在现货市场中买进或卖出的现货商品在种类上相同。只有商品种类相同,期货价格和现货价格之间才有可能形成密切的关系,才能在价格走势上保持大致相同的趋势,从而在两个市场上同时或前后采取反向买卖行动才能取得保值效果。在做套期保值交易时,必须遵循商品种类相同原则;否则,所做的套期保值交易不仅不能达到规避价格风险的目的,反而会增加价格波动的风险。若无相对应的该种商品的期货合约可用,就可选择另一种与该现货商品的种类不同但在价格走势互相影响且大致相同的相关商品的期货合约来做套期保值交易。一般地,选择作为替代物的期货商品最好是该现货商品的替代商品,两种商品的相互替代性越强,套期保值交易的效果就会越好。

▽ **商品数量相等原则**

商品数量相等原则是指在做套期保值交易时,所选用的期货合约上所载的商品的数量必须与交易者将要在现货市场上买进或卖出的商品数量相等。做套期保值交易之所以必须坚持商品数量相等的原则,是因为只有保持两个市场上买卖商品的数量相等,才能使一个市场上的盈利额与另一个市场上的亏损额相等或最接近。当然,结束套期保值时,两个市场上盈利或亏损额的大小,还取决于当时的基差与开始做套期保值时的基差是否相等。在基差不变的情况下,只有当两个市场上买卖的数量相等时,两个市场的亏损额和盈利额才会相等,进而才能用盈利额正好弥补亏损额,达到完全规避价格风险的目的。如果两个市场上买卖的商品数量不相等,两个市场的亏损额和盈利额就会不相等。

▽ **月份相同或相近原则**

月份相同或相近原则是指在做套期保值交易时,所选用的期货合约的交割月份最好与交易者将来在现货市场上实际买进或卖出现货商品的时间相同或相近。

在选用期货合约时,之所以必须遵循交割月份相同或相近原则,是因为两个市场上出现的亏损额和盈利额受两个市场上价格变动幅度的影响。只有使所选用的期货合约的交割月份和交易者决定在现货市场上实际买进或卖出现货商品的时间相同或相近,才能使期货价格和现货价格之间的联系更加紧密,增强套期保值效果。因为,随着期货合约交割期的到来,期货价格和现货价格会趋向一致。

▽ **交易方向相反原则**

交易方向相反原则是指在做套期保值交易时,套期保值者必须同时或在相近时间内在现货市场上和期货市场上采取相反的买卖行动,即进行反向操作,在两个市场上处于相反的买卖位置。只有遵循交易方向相反原则,交易者才能取得在一个市场上亏损的同时在另一个市场上必定会出现盈利的结果,从而才能用一个市场上的盈利去弥补另一个市场上的亏损,达到套期保值的目的。

如果违反了交易方向相反原则,所做的期货交易就不能称作套期保值交易,不仅达不到规避价格风险的目的,反而增加了价格风险,其结果是要么同时在两个市场上亏损,要么同时在两个市场上盈利。

套期保值交易的四大操作原则是任何套期保值交易都必须同时兼顾的,忽略其中任何一条原则都有可能影响套期保值交易的效果。

[**案例 3-5**]　3 月 1 日,小麦的现货价格为每吨 1200 元,某经销商对该价格比较满意,买入 2000 吨现货小麦。为了避免现货价格可能下跌,从而减少收益,决定在郑州商品交易所进行小麦套期保值交易。当时小麦 5 月份期货合约价格为每吨 1240 元,卖出 5 月份到期的小麦期货合约 200 手。4 月 1 日,该经销商在现货市场上以每吨 1170 元的价格卖出小麦 2000 吨。此时 5 月份小麦期货合约价格为每吨 1200 元,买入 200 手 5 月份小麦期货合约平仓。

点评:经销商对自己买进的现货小麦作套期保值,遵循了套期保值的四大操作原则:商品种类相同、商品数量相等、月份相同或相近、交易方向相反原则。最终实现规避价格风险的目的。

第二节　套期保值的应用及案例

企业面临的价格波动的风险最终可分为两种:一种是担心未来某种商品的价格上

涨,另外一种是担心未来某种商品的价格下跌。因此,期货市场上的套期保值有两种最基本的操作方式,即买入套期保值和卖出套期保值。

◆ 买入套期保值

买入套期保值,又称多头套期保值、买期保值,是指套期保值者先在期货市场上买入与其将在现货市场上买入的现货商品数量相等、交割日期相同或相近的该商品期货合约,即预先在期货市场上买空,持有多头头寸。然后,在该套期保值者在现货市场上买入现货商品的同时,在期货市场上进行对冲,卖出原先买进的该商品的期货合约,进而为其在现货市场买进现货商品的交易进行保值。因为套期保值者首先在期货市场买入方式建立多头的交易部位,故又称多头套期保值。

▽ 适用对象及范围

对于在未来某一时间准备购进某种商品但担心价格上涨的交易者来说,为了避免价格上涨的风险,保证购买成本的稳定,可以采取买入套期保值的方式。这种方式通常为加工商、制造业者和经营者所采用。买入套期保值一般可应用于如下一些领域:

(1)加工制造企业为了防止日后购进原料时价格上涨的情况。如饲料厂购进玉米与豆粕,担心玉米、豆粕的价格上涨等。

(2)供货方已经跟需求方签订好现货供货合同,将来交货,但供货方此时尚未购进货源,担心日后购进货源时价格上涨。

(3)需求方认为目前现货市场的价格很合适,但由于资金不足或者缺少外汇或一时找不到符合规则的商品,或者仓库已满,不能立即买进现货,担心日后购进现货,价格上涨。大量库存不仅占用资金和空间,而且需要较多的利息、仓储费等。对此,可在期货市场进行买期保值交易。

[案例3-6]　如某一进出口公司5月底跟外商签订了8月底给外商提供3000吨小麦,价格为1400元/吨,5月底小麦的现货价格为1350元/吨,预计将有50元/吨的利润,但由于货款或库存方面的原因,跟外商签订合同时,尚未购进小麦,担心8月初到现货市场购进小麦时,小麦价格上涨,造成利润减少或亏损,此时,应进行买期保值。

点评:进行买期保值可以避免8月份价格上涨给公司造成亏损。

▽ 买入套期保值的操作方法

交易者先在期货市场上买入期货合约,其买入的商品品种、数量、交割月都与将来在现货市场上买入的现货大致相同,以后如果现货市场价格真的出现上涨,他虽然在现货市场上以较高的现货价格买入现货商品,但由于此时他在期货市场上卖出原来买入的期货合约进行对冲平仓而获利,这样,用对冲后的期货盈利来弥补因现货市场价格上涨所造成的损失,从而完成了买入保值交易。

[**案例 3-7**]　2007 年 8 月份,某油厂预计 11 月份需要 100 吨大豆作为原料。当时大豆的现货价格为每吨 3600 元,该油厂对此价格比较满意。据预测,11 月份大豆价格可能上涨,因此该油厂为了避免将来价格上涨,导致原材料成本上升的风险,决定在大连商品交易所进行大豆套期保值交易。交易情况如下表:

	现货市场	期货市场
8月份	大豆价格 3600 元/吨 (目标价格)	买入 10 手 11 月份大豆合约 价格为 3640 元/吨
11月份	买入 100 吨大豆 价格为 3800 元/吨	卖出 10 手 11 月份大豆合约 价格为 3840 元/吨
结果	亏损 200 元/吨	盈利 200 元/吨
	盈亏:100×200-100×200=0 元	

注:1 手＝10 吨。

从该例可以得出:第一,完整的买入套期保值同样涉及两笔期货交易:第一笔为买入期货合约,第二笔为在现货市场买入现货的同时,在期货市场上卖出对冲原先持有的合约。第二,因为在期货市场上的交易顺序是先买后卖,所以该例是一个买入套期保值。另外,该例只用于说明买入套期保值原理,具体操作中应当考虑交易手续费用等。

点评:通过这一套期保值交易,虽然现货市场价格出现了对该油厂不利的变动,价格上涨了 200 元/吨,因而原材料成本提高了 20000 元;但是在期货市场上的交易盈利了 20000 元,两个市场综合起来,原材料的有效购买价格为 2800 元/吨的目标价格,可见消除了价格不利变动的影响。

如果该油厂不做套期保值交易,现货市场价格下跌,它就可以得到更便宜的原料,但是一旦现货市场价格上升,它就必须承担由此造成的损失。相反,它在期货市场上做了买入套期保值,虽然失去了获取现货市场价格有利变动的盈利,可同时也避免了现货市场价格不利变动的损失。因此可以说,买入套期保值规避了现货市场价格变动的风险,同时失去了获得更便宜的原料、节约进货成本的机会。而在实际操作中需要支付的交易手续费用等,则可认为是规避价格风险的保险费。

▽**买入套期保值的利弊分析**

(1)买入套期保值能够回避价格上涨所带来的风险。如在案例 3-7 中,油厂通过买入保值,用期货市场上的盈利弥补了现货市场上多支付的成本,回避了价格上涨的风险。

(2)提高了企业资金的使用效率。由于期货交易是一种保证金交易。因此,只用少量的资金就可以控制大批货物,加快了资金的周转速度。如在本例中,根据交易所 5％ 的交易保证金要求,该油厂只需运用 2840×100×5％＝14200 元,最多再加上 5％的资金作为期货变易抗风险的资金,其余 90％的资金在 3 个月内可加速周转,不仅降低了仓储费用,而且减少了资金占用成本。

(3)对需要库存的商品来说,节省了一些仓储费用、保险费用和损耗费。

(4)能够促使现货合同的早日签订。如在案例 3-7 中,面对大豆价格上涨的趋势,供货方势必不会同意按照 8 月初的现货价格签订 11 月份的供货合同,而是希望能够按照 11 月初的现货价格签约,如果买方一味坚持原先的意见,势必会造成谈判破裂。如果买方做了买入套期保值,就会很顺利地同意按照供货方的意见成交,因为如果价格真的上去了,买货方可以用期货市场的盈利弥补现货市场多支付的成本。

事实上,买入套期保值付出的成本是:一旦采取了套期保值策略,即失去由于价格变动而可能得到的获利机会。也就是说,在回避对己不利的价格风险的同时,也放弃了可能出现的对己有利的价格机会,即如果不做买入套期保值,反而能够获取更大的利润。比如在案例 3-7 中,如果大豆价格下跌,该油厂做买入套期保值反而再现亏损,用现货市场少支付的成率来弥补期货市场的亏损,同时,还必须支付交易成本(主要是佣金和银行利息)。

◆ 卖出套期保值

卖出套期保值,又称空头套期保值、卖期保值,是指套期保值者先在期货市场上卖出与其将要在现货市场上卖出的现货商品数量相等、交割日期也相同或相近的该种商品的期货合约,然后在该套期保值者在现货市场上实际卖出该种现货商品的同时或前后又在期货市场上进行对冲,买进与原先所卖出的期货合约,结束所做的套期保值交易,进而实现为其在现货市场上卖出现货保值。因其在期货市场上首先建立空头的交易部位,故又称为空头保值或卖空保值。

▽ 适用对象与范围

那些准备在未来售出实物商品的生产经营者,为了日后售出的实际商品价格仍能维持在当前水平上,他们最大的担心就是卖出现货商品时价格下跌。为此,应当采取卖期保值。卖期保值的目的在于回避日后因价格下跌而带来的亏损风险。它通常为农场主、矿业主等生产者和仓储业主等经营者所采用,主要目的是保护尚在种植、生产或库存的商品的价值。具体说来,卖期保值主要用在下面几种情况中:

(1)直接生产商品期货实物的生产厂家、农场、工厂等手头有库存产品尚未销售或即将生产、收获某种商品期货实物,担心日后出售时价格下跌。

(2)储运商、贸易商手头有库存现货尚未出售或储运商、贸易商已签订将来以特定价格买进某一商品但尚未转售出去,担心日后出售时价格下跌。

(3)加工制造企业担心库存原料价格下跌。

▽　**卖出套期保值的操作方法**

交易者先在期货市场上卖出期货合约,其卖出的品种、数量、交割月份都与将来在现货市场卖出的现货大致相同,如果此后现货市场价格真的出现下跌,他虽然在现货市场上以较低的价格卖出手中的现货商品,但是他在期货市场上买入原来卖出的期货合约进行对冲平仓,用对冲后的盈利弥补因现货市场出售现货所发生的亏损,从而实现保值的目的。

粮食生产者在播种时、在施肥中就在想象着秋后的收获。但是,靠天吃饭的农业,时丰时歉。有时,丰收了,价格下降,反而出现了"丰收变穷"的情况;有时,歉收了,价格上升,反而赚得额外收益。因此,粮食生产者自播种时起就应时刻关注期货市场,一旦出现"满意的价格",就以此价格在期货市场上卖期保值其产量范围内的粮食。这样,即使秋后价格下降,也不必担心,因为期货市场的利润可以弥补现货市场上的降价部分。

这种做法不仅适用于粮食生产者,以粮食为原料的面包、饲料、食用油等生产厂家或进出口企业也是同样的。例如,进口公司 A 以 3000 元/吨的价格进口了 5 万吨大豆,到大豆完全销售之前,为防止价格下降,可在进口的同时以 3000 元/吨的价格在期货市场上卖出 5 万吨大豆来卖期保值。这样,假设当大豆价格下降 200 元变成了 2800 元/吨,其损失额 1000 万元可由卖期保值来弥补。

日本明治末期,大阪的一个糖商在台湾以 1 担(100 斤)12 日元的价格购买了大批砂糖,运到当时最大的砂糖市场大阪时,每担价格已降到 10 日元。由于当时信息传递并不快捷,他凭直觉认为,运到下关也许还来得及。于是,直接转道下关。可是,到底还是信息先到了。等他到了下关,糖价已下降到一担 7.5 日元。于是,这个糖商破产了。如果他在期货市场上进行卖期保值,就可避免这个悲剧性的结局。

[**案例 3-8**]　2006 年 6 月份,大豆的现货价格为每吨 2500 元,某农场对该价格比较满意,但是大豆 9 月份才能出售,因此该单位担心到时现货价格可能下跌,从而减少收益。为了避免将来价格下跌带来的风险,该农场决定在大连商品交易所进行大豆期货交易。交易情况如下表所示:

	现货市场	期货市场
6 月份	大豆价格 2500 元/吨 (目标价格)	卖出 10 手 9 月份大豆合约 价格为 2580 元/吨
9 月份	卖出 100 吨大豆 价格为 2300 元/吨	买入 10 手 9 月份大豆合约 价格为 2380 元/吨
结果	亏损 200 元/吨	盈利 200 元/吨
	盈亏:100×200－100×200＝0 元	

注:1 手＝10 吨。

从该例可以得出:第一,完整的卖出套期保值实际上涉及两笔期货交易:第一笔为卖出期货合约,第二笔为在现货市场卖出现货的同时,在期货市场买进对冲原先持有的合约。第二,因为在期货市场上的交易顺序是先卖后买,所以该例是一个卖出套期保值。另外,该例只用于说明卖出套期保值原理,具体操作中应当考虑交易手续费用等。

通过这一套期保值交易,虽然现货市场价格出现了对该农场不利的变动,价格下跌了 200 元/吨,因而少收入了 20000 元;但是在期货市场上的交易盈利了 20000 元,从而消除了价格不利变动的影响,最后大豆实际有效的销售价格实现了 2500 元/吨的目标价格。

如果 9 月份大豆价格没有下跌反而上涨,现货市场和期货市场的价格都上涨了 100 元/吨,则该农场的交易情况如下表所示:

	现货市场	期货市场
6 月份	大豆价格 2500 元/吨 (目标价格)	卖出 10 手 9 月份大豆合约 价格为 2580 元/吨
9 月份	卖出 100 吨大豆 价格为 2700 元/吨	买入 10 手 9 月份大豆合约 价格为 2380 元/吨
结果	亏损 200 元/吨	盈利 200 元/吨
	盈亏:100×200－100×200＝0 元	

这种情况下,该农场虽然在期货市场上每吨亏损 200 元,但现货市场上卖出的价格比 6 月份的价格高了 200 元/吨,两个市场综合起来,大豆的实际有效的销售价格仍然是 2500 元/吨。

点评:卖出保值能够使保值者在价格发生变动(不管是上升还是下跌)时,仍然能实现其目标价格,达到转移价格风险的目的。同时卖出保值所付出的代价则是,保值者放弃了日后价格发生有利变动时获得更高利润的机会,正所谓"有得必有失"。另外,做套期保值交易还必须付出交易费用及资金成本,这部分支出则可被视为规避价格风险的保险费。

▽ 卖出套期保值的利弊分析

卖出保值对套期保值者的好处:

(1)卖出保值能够回避未来现货价格下跌的风险。如在上例 3-8 中,该农场成功地回避了大豆现货价格下跌的风险。

(2)通过卖出保值,可以促使企业强化管理、认真组织货源,顺利完成销售计划,如上例 3-8 中,农场将其销售计划订在 2500 元/吨。

(3)有利于现货合约的顺利签订。企业由于做了卖出保值,就不必担心对方要求以日后交货时的现货价为成交价。这是因为在价格下跌的市场趋势中,企业由于做了卖出套期保值,就可以用期货市场的盈利来弥补现货价格下跌所造成的损失。反之,如果价格上涨,企业趁机在现货市场上将货物卖个好价钱,尽管期货市场上出现了亏损,但该企业还是实现了自己的销售计划。卖出套期保值所付出的代价是保值者放弃了日后出现价格有利对获得更高利润的机会,如在上例 3-8 中,如果现货市场价格上涨,同时不参与期货套期保值,该企业将获得 2700 元/吨的销售价;但如果做了卖出套期保值,该企业必须减去期货市场损失的 200 元/吨,另外,该企业需支付交易费用和损失一部分银行利息。

◆ 套期保值的适用类型

套期保值是对现货交易中的价格风险采取的一种回避方法。这种价格风险因生产者、流通工业者、需求者的性质不同而异,因而其套期保值方式也各有特色。

就生产者而言,第一产业的生产者与第二产业的生产者之间就存在着差异。因为,粮食生产者将农作物播种下去等到收获,当期货市场上出现"所希望的价格"的采用"卖期保值"即可。但是,与粮食生产者不同,工业品生产者处于"原料与产品"双重关系中。"原料与产品"是指棉花与布、玉米与饲料、大豆与豆油之间的关系。同类的关系还存在于养鸡厂、养牛场等地方,它们的原料是饲料,产品是鸡蛋、牛奶、肉用牛等。

在通常情况下,原料价格与产品价格是大致平行的。因而,将其中的一个套期保值,基本上就可以消除风险了。但是,如果两者向背离方向变动,就麻烦多了。例如第一次石油危机时期,恰逢气象异常,使得全球物价激增,经济陷入严重萧条。在这前所未有的"滞胀"危机之中,企业被夹在"原料昂贵"、"产品低廉"的夹板之中,财务状况陷入困境。

美国克罗拉多州的饲养业从业者困境就处于气候失常导致的饲料价格暴涨和萧条导致的市场不振、家畜价格下降的困境之中。整个行业平均每头牛损失 65 美元。对此,考瑞斯·兰德公司采用了套期保值的方法,对饲料作物购买采用 6 个月期买期保值,对家畜进行卖期保值,使每头牛的利润从 15 美元提高到了 25 美元。但是,奶酪经营商因库存过多却没有期货市场可以套期保值而蒙受了巨大损失。仅卡菲契科公司一家,就亏损 1530 万美元。

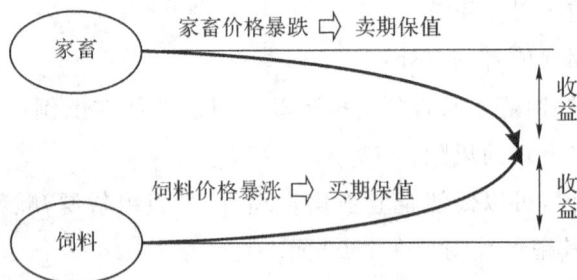

图 3-3　考瑞斯·兰德公司的套期保值

◆ 不同类型客户的套期保值方法——农产品

农产品的套期保值交易者,主要是农产品的生产者和农产品的加工者。农产品的生产者进入期货市场,目的是对其种植的农产品的价格进行套期保值,消除价格下跌的风险,其保值方式就是卖期保值。

农产品的加工者进行期货套期保值交易的情况就不一样,他面临的风险有两种:一是将要购买农产品作为原材料,相应有原材料价格上涨的风险;二是要对农产品原材料进行加工,然后出售,所以又面临着加工产品价格下跌的风险。在这个意义上,农产品的加工者在期货市场上,应相应地作出两种套期保值,即对原材料的进价进行买期保值,对其加工产品的销售价进行卖期保值。

▽ 生产企业参与套期保值的主要办法

具体可以分为三种情况:

(1)在没有找到现货市场买主之前,对未来产量可以在期货市场进行卖出套期保值。如果以后找到现货买主,可将相应部分产量平仓。如果直至合约到期时仍未找到现货买主,可以进行交割或将期货持仓合约平仓,并在现货批发市场销售产品,方式的具体选用以成本最低为准则。

(2)已经找到现货买主,签订了远期合约,但签订的是浮动价格,即按交货时的现货价格进行交易。为防止未来价格下跌,需要进行卖出套期保值,到期时将期货平仓同时履行现货合同。

(3)已经找到现货买主,签订了远期合同,而且已经确定了远期价格,此时由于已经消除了未来价格的不确定性,可以不进行期货交易。但如果签订远期合约时嫌价格过低,或者防止交割时价格上升,可以买入远期合约到期月份的期货合约。远期合约到期进行现货交割时,如果价格上涨,带来盈余。如果现货交割时,价格不涨反而下跌,就会带来价格下跌的亏损。

[案例3-9] 1999年中国农业发展银行规定,粮食收购储备单位在确保资金安全回笼的情况下,可以采用先发粮后付款的办法促进粮食销售。这样一来,很多粮食局、粮管所主动找到面粉加工企业、食品企业促销小麦。1999年4月1日,山东某粮管所与郑州某食品公司签订1万吨小麦的销售合同,约定1999年11月以当时郑州现货价作为双方结算价。

为了避免在11月份结算时价格下跌,该粮管所当即在郑州商品交易所卖出11月小麦合约1000手(每手10吨),价格为1076元/吨,当时小麦现货成本价为为960元/吨。到了该年11月份,小麦现货价跌到900元/吨,期货价格也跌为1001元/吨。该粮管所的交易及盈亏情况见下表:

	现货市场	期货市场
1999 年 4 月	买入 10000 吨小麦 价格 960 元/吨	卖出 1000 手 11 月小麦合约 价格为 1076 元/吨
1999 年 11 月	卖出 10000 吨小麦 价格为 900 元/吨	买入 1000 手 11 月小麦合约 价格为 1001 元/吨
结果	亏损 60 元/吨	盈利 75 元/吨
	盈亏：75×10000－60×10000＝150000 元	

点评：该粮管所和食品企业签订了销售的远期合同，但结算价格取决于合同到期时的现货市场价格。由于粮管所的小麦进货成本已确定，如果合同到期时的现货价格低于其进货成本价，则粮管所肯定会亏损，为避免这种风险，粮管所进行了期货的卖出保值交易。结果是，现货市场上粮管所亏损了 60 万，但期货市场上盈利了 75 万，完全弥补了现货市场上的亏损，还获得了良好的经济效益。

▽ 加工企业参与套期保值的主要办法

（1）在没有找到原料供应商之前，对未来所需原料可以在期货市场进行买入套期保值。如果以后找到原料供应商，可将相应部分原料平仓；如果直到期货合约到期时仍未找到原料供应商，可以进行期货交割，或将期货持仓合约平仓并在现货批发市场买入原料，方式的具体选用以成本最低为准则。

（2）如果已经找到原料供应商，签订了远期合同但签订的是浮动价格，即按交货时的现货价格进行交易。为防止未来价格上涨，需要进行买入套期保值；到期时，将期货平仓同时履行现货合同。此时，期货市场上卖出，现货市场上买入，方向相反。

（3）如果已经找到原料供应商，签订了远期合同，而且已经确定了远期价格，此时由于已经消除了未来价格的不确定性，可以不进行期货交易。但如果签订远期合同时嫌价格过高或者防止交割月的价格下跌，可以卖出现货到期月的期货合约。远期合同到期时，如果价格下跌，带来盈余，原料成本就会下降。如果现货交割时，价格不跌反而上涨，就会带来价格上涨的亏损，原料成本上升。

［**案例 3-10**］　蚌埠兴旺面粉厂近年来一直从事套期保值业务。1998 年 6 月初，小麦现货价格为 1.20 元/千克，但是现货市场有价无市，各供求单位都在观望，实际现货成交价格为 1.27 元/千克，且价格上扬趋势明显。这时郑州商品交易所小麦 7 月份期货合约价格为 1300 元/吨，由于担心价格上涨，兴旺面粉厂以 1330 元/吨的均价买入 7、9 月份小麦期货 2640 吨。到了 7 月份，由于政策性原因，小麦期价大幅上扬，于是该厂以 1450 元/吨的均价全部平仓出局，获利 31 万元。但在现货市场上，由于现货价也上涨到 1.4 元/千克，该厂在现货市场购买小麦每吨亏损约 130 元，但是期货市场的盈利弥补了现货市场的大部分亏损。

	现货市场	期货市场
1998 年 6 月	小麦价格 1270 元/吨（目标价格）	买入 2640 吨 7、9 月小麦合约价格为 1330 元/吨
1998 年 7 月	买入 2640 吨小麦价格为 1400 元/吨	卖出 2640 吨 7、9 月小麦合约（平仓）价格为 1450 元/吨
结果	亏损 130 元/吨，合计 34.32 万	盈利 120 元/吨，合计 31.68 万

点评：该例中，兴旺面粉厂在小麦价格上扬趋势明显的情况下，对未来所需原料小麦在期货市场进行了买入套期保值。结果小麦价格大幅上涨，该面粉厂以期货市场的盈利弥补了现货市场的大部分亏损。

[案例 3-11]　1999 年底，南方蛇口某港资面粉厂拟购买东北春小麦 1 万吨，为回避风险，该厂利用郑商所小麦期货与现货价格变化趋势非常一致这一规律，在与东北一家农垦企业签订合同时，坚持交货价格参照郑商所小麦价格制定，将 2000 年 10 月份的交货价格定为郑商所 WT007、WT009、WT011 合约在 2000 年 6 月份的加权平均价。随后该面粉厂又在深圳某期货公司开户，分别买入 WT007、WT009、WT011 合约共 1000 张，从而达到锁定成本，实现预期利润的目的。

点评：案例中，该港资面粉厂已经找到原料供应商并签订了 1 万吨的远期合约，签订的是浮动价格，即按 2000 年 6 月份三种小麦合约的加权平均价进行交易。为防止未来价格上涨，面粉厂进行了买入套期保值；到 2000 年 6 月交易价格确定时，面粉厂即可将期货平仓，如果交易价格上涨，则期货市场会盈利，用期货市场盈利弥补现货进货成本的增加。

▽ **收储企业参与套期保值的主要办法**

贸易商和储运企业既可以向甲客户买现货又可以向乙客户卖现货。如果签订的买卖数量不等、时间不一致，就会有风险存在，应根据每月的现货净暴露情况决定如何进行套期保值。

[案例 3-12]　在国内众多的粮食企业中，河南粮食储运公司是最早和期货市场结缘的企业之一。从 1993 年郑州商品交易所推出期货交易起，河南粮储就一直在利用期货市场进行期现结合、套期保值运作方面开展长期的富有成效的探索。河南粮储是一家大型国有粮食流通企业，粮食现货贸易是其主营业务，虽然有地处粮食主产省和现货贸易网络广泛的优势，但它也不得不面对现货市场波动带来的经营风险。河南粮储作为郑商所的第一批会员介入期货市场也是基于公司的实际需求，因为现货市场

的风险是难以消除的,如果能够有效地利用期货市场的功能,则有助于提高公司的经营利润。公司数年的探索实践证明,正确利用期货市场发现价格、套期保值的功能,完全能够达到锁定利润、规避现货市场风险的目的,并且能够为粮食流通体制改革服务。

对于参与期货市场,河南粮储形成了一套良好的决策机制,即进入市场前,要由现货部门和期货部门各自分析现货市场和期货市场的情况,并结合相关政策,制订出完整的套期保值计划。2003年初,郑商所推出了新国标小麦期货合约。由于当时新国标刚刚制订,市场上对新国标小麦合约的定位分歧很大。河南粮储基于对现货市场的判断认为,虽然小麦现货市场经过了近三年的下滑,2003年又大幅度减产,已出现止跌的迹象,但小麦库存量大、需求增长不旺,因此小麦现货市场的整体走势应是小幅回升,并不具备大幅上扬的条件。

同时,公司派人深入小麦主产区进行广泛的调研。通过对调查结果的分析,公司认为,新国标小麦是一种介于普通小麦和优质小麦之间的品种,而当时期货价格已超过了优质小麦的价格。通过调研,公司对究竟有多少麦子符合新国标,可以用于期货交割有了底。于是公司于2003年初便制订了当年的套期保值计划,并开始有计划地实施。从5月份开始,公司开始逐步在WT101合约上建立空头保值头寸,平均建仓价位在1350元/吨。同时,去年小麦收获一开始,河南粮储便在小麦主产区以保护价0.57元/斤(1140元/吨)大批量收购新小麦,加上各种费用,其成本大约在0.62元/斤(1240元/吨),远远低于当时的期货价格。其后虽然小麦期货价格大幅上涨至1500元/吨以上,但到交割结束时,储运公司的1700张保值头寸不但未亏损,还实现了近300万元的利润,成功实现了顺价销售。

通过在期货市场的长年运作,河南粮储已摸索出了一套富有成效的期现结合的经营模式,成为公司锁定成本,提高利润的增长点。如今,在现货贸易方面,公司也成功摸索出一套"公司+农户"的经营模式。这种模式类似于订单农业,即公司与农科院、种子公司签订合同,由他们向农民发售种子,指导生产,建设小麦种植基地。等到收获时,公司负责以保护价收购符合标准的小麦,同时公司参与期货市场进行套期保值,利用期货市场规避风险,并且顺利实现顺价销售的目的。通过参与期货市场,公司不仅仅锁定了成本,提高了利润,更优化了经营机制。

点评:河南粮食储运公司从事粮食现货储运和贸易业务,通过进行小麦期货的套期保值,不仅为自身创建了一套锁定成本、提高利润的稳健经营模式,还与农户提前签订粮食订单,引导农户利用期货市场规避风险,提前锁定种植收益,达到了公司与农户双赢的效果。

◆ 不同类型客户的套期保值方法——能源产品

能源期货主要是原油和原油产品,其中原油占 65.6%,取暖用油 15.6%,无铅汽油 18.4%,其他仅占 0.4%左右。能源期货的交易量也逐年上升。

能源期货交易量的增长主要源于石油产品价格的波动。20 世纪 70 年代以前,石油供给主要被石油输出国组织的几个大跨国石油公司控制,虽然属于垄断,但价格比较稳定。70 年代末期以后,石油输出国组织丧失了它的垄断地位,加上各国开放了原来冻结的能源价格,石油的价格开始大幅波动。为了避免价格上下波动的风险,能源期货合约便在 1978 年开始出现,其交易量平均每年递增 10%以上。

能源期货价格的主要特点是:期货价格低于现货价格,到期日越远的期货合约,其价格越低。形成这一特点的原因是,储存需要付出大量的储存保管费用。一般用户都只购买刚好满足自己需要的数量的期货合约,目的是少付一些保管储存费,但往往由于突然的需求增加,造成现货价格或近期期货合约的价格大于远期期货合约的价格。

另外,能源期货价格有很强的周期性。与农产品的生产不一样,能源可以常年生产,不受季节的约束,但能源的需求却有一个明显的周期。生产用油主要受经济活动的影响,周期性不甚明显,但在西方国家,居民冬季取暖主要是烧油,对取暖用油的需求量很大。这种对石油产品的消费周期也反映在能源的期货价格上:从每年 8 月储存原油开始,到 12 月价格上涨,而 12 月到次年 2 月,价格开始下跌,这样周而复始地发生变化。

▽ 产油商和炼油厂的卖期保值

向市场提供原油的产油商和提供成品油的炼油厂是社会原油商品的供应者,它们为了保证其已经生产出来准备提供给市场,或尚在生产过程中将来要向市场出售的商品的合理经济利润,防止正式出售时因价格下跌而遭受损失,可采用相应商品期货的卖期保值来减小价格风险,即在期货市场以卖主的身份售出数量相等的期货,等到要销售现货时再买进期货头寸对冲作为保值手段。

[案例 3-13]　7 月份,某油田了解到原油价格为 34 美元/桶,它对这个价格比较满意,因此该油田加紧生产;同时,它担心现货市场上的过度供给会使得原油价格下跌,从而减少收益。为避免将来价格下跌带来的风险,该油田决定在美国纽约商品交易所进行 WTI 原油期货(轻质低硫原油期货合约)的卖期保值交易。一个月后,该油田加紧生产的 10000 桶产品上市时,原油价格已下跌了 4 美元/桶,同时其持有的期货合约价格也下跌了 4 美元/桶。

点评:通过这一套期保值交易,虽然现货市场价格出现了对该油田不利的变动,价格下跌了 4 美元/桶,因而少收入了 40000 美元;但是在期货市场上的交易盈利了 40000 美元,从而消除了价格不利变动的影响。

▽ 石油产品加工企业和成品油消费企业的买期保值

对于以原油等为原料的石化企业、炼油厂和航空公司等成品油消费企业来说,它们担心原油或成品油价格上涨,为了防止其需要进原料时,石油价格上涨而遭受损失,可采用买期保值的交易方式来减小价格风险,即在期货市场以买主的身份买进数量相等的期货合约,等到要进石油现货时再卖出期货头寸对冲作为保值手段。

[案例 3-14] 6 月 1 日,一个炼油厂和当地分销商达成一份数量为 2 万桶的远期合约,同意在 9 月份供应交货。炼油厂根据当时 WTI 原油期货价格 36 美元/桶,给分销商提出了固定价格。炼油厂目前并没有货,也还没有用于提炼的原油的货源保证或定价,为了锁定成本从而锁定利润,该炼油厂决定在美国纽约商品交易所买入 2 万桶 WTI 原油期货进行套期保值。8 月底,炼油厂为了交货要从现货市场购入原油,此时原油价格相比 6 月初已上涨了 3 美元/桶,同时其持有的期货合约价格也上涨了 3 美元/桶。

点评:通过这一套期保值交易,虽然现货市场价格出现了对该炼油厂不利的变动,该厂在现货市场损失了 60000 美元;但是在期货市场上的交易盈利了 60000 美元,从而消除了价格不利变动的影响。

▽ 石油贸易商、储运商等石油产品经营者的套期保值

贸易商、储运商等石油产品经营者既向甲客户买现货又可以向乙客户卖现货。如果签约的买卖数量不等、时间不一致,就会有风险存在。应根据每月的现货净暴露情况决定如何进行买期或卖期保值。

[案例 3-15] 2004 年 10 月间,国际原油价格涨势迅猛,带动了国内燃料油价格上涨。杭州＊＊燃料油公司是一家专门从事燃料油贸易的油品经营企业,在油价不断上涨的过程中企业囤积了近千吨货物,当石油价格再次达到历史最高价时,企业已获利颇丰,为保住胜利果实,决定在期货市场进行相关产品的卖出套期保值。具体操作如下:

杭州＊＊燃料油公司成交明细清单

合约	开仓日期	开仓价格	平仓价格	平仓日期	手数	平仓盈亏	手续费
Fu0501	20041011	卖开 2334	买平 2282	20041011	50	26000(52×500)	200
Fu0501	20041011	卖开 2290	买平 2281	20041011	150	13500(9×1500)	600
Fu0501	20041011	卖开 2300	买平 2280	20041011	100	20000(20×1000)	400
Fu0501	20041012	卖开 2290	买平 2280	20041012	150	15000(10×1500)	600
Fu0501	20041012	卖开 2298	买平 2249	20041012	100	49000(49×1000)	400
Fu0501	20041012	卖开 2276	买平 2260	20041012	150	24000(16×1500)	600
Fu0501	20041012	卖开 2285	买平 2278	20041018	100	7000(7×1000)	800
Fu0501	20041018	卖开 2285	买平 2277	20041018	96	7680(8×960)	384
Fu0501	20041025	卖开 2241	买平 2234	20041026	100	7000(7×1000)	800
Fu0501	20041018	卖开 2285	买平 2227	20041026	50	29000(58×500)	400
Fu0501	20041018	卖开 2285	买平 2248	20041027	50	18500(37×500)	400
Fu0501	20041026	卖开 2246	买平 2244	20041027	100	2000(2×1000)	800
Fu0501	20041104	卖开 2256	买平 2231	20041103	50	12500(25×500)	400
Fu0501	20041105	卖开 2256	买平 2193	20041103	50	31500(63×500)	400
Fu0501	20041118	卖开 2159	买平 2155	20041118	150	6000(4×1500)	600
合计					1446	268680	7784

点评:该企业囤积的现货燃料油和上海期货交易所挂牌交易的燃料油在品质上并不完全相同,因此不能将手中的现货直接做成仓单在期货市场销售。但该企业较好地利用了相关产品联动性,在期货市场选择关联性较高的产品卖出保值,等到现货销售时再对期货持仓作对冲处理,同样体现了套期保值的作用。

◆ 金属产品的套期保值

金属期货分为两大类:一是贵金属期货(黄金、白银、铂、钯),二是工业金属期货(铜、铝、铅、锌、镍、锡)。这两者的性质和价格特征都不一样,因而在期货交易中,常常把它们区分开来。不过,银在其中所占的地位比较特殊,有时候把它当作贵金属交易,有时又把它当作工业金属交易,取决于当时的经济条件。

一般来说,贵金属期货合约的价格,到期日越远,其价格越高;到期日越近,价格越低。工业金属期货合约的价格,则不遵循此规律,常常不可预测,也没有农产品期货或能源期货那样的季节性变动。工业金属期货合约的价格主要受社会的宏观经济状况、经济周期和通货膨胀的影响。在经济活动活跃时,贵金属期货合约的价格一般上涨;反之,在经济低潮时,价格一般趋于下跌。就每一种具体的工业金属而言,它的期货价格的变化也不规则,有时到期日越远的期货合约,价格越高,而有时又相反,一切视当时的具体情况而定。

[**案例 3-16**] 一个铜材加工厂,1月份签订了6月份交货的加工合同,加工期为一个月,需买进原材料 2500 吨。合同签订时铜原料价格较低,为 28500 元/吨,工厂欲以此为进货成本。但如果该厂现在购进原材料,势必占用大量资金,并耗费高额仓库费,所以决定 5 月份再买进原材料加工。由于担心到 5 月份时原材料价格上涨,于是在期货市场进行买入套期保值交易。交易情况如下表所示:

	现货市场	期货市场
1 月份	铜价:28500 元/吨 (目标价格)	买进 6 月份铜期货 2500 吨 价格:28700 元/吨
5 月份	铜价:28800 元/吨 购买铜原料 2500 吨	卖出 6 月份铜期货 2500 吨 价格:29000 元/吨
结果	亏损 300 元/吨	盈利 300 元/吨
	盈亏:300×2500－300×2500＝0 元	

点评:利用套期保值交易,该加工厂实现了目标成本价格 28500 元/吨,达到了既定的保值目标,又避免了库存及占用资金,降低了费用。

第三节　基差与套期保值

在套期保值交易中,如果现货市场和期货市场价格变动的幅度完全相同,那么无论进行买入套期保值还是卖出套期保值,均能够使两个市场盈亏完全相抵,实现完全的套期保值。在实际操作中,两个市场的变动趋势虽然相同,但变动幅度在多数情况下是不相同的,在这种情况下,两个市场的盈亏不会完全相抵,可能出现净盈利或净亏损的情况,这会影响到套期保值的效果。套期保值可以大体抵消现货市场中价格波动的风险,但不能使风险完全消失,这个角度上看,套期保值交易也是有风险的。主要原因是存在"基差"这个因素,要深刻理解并运用套期保值,避免价格风险,就必须掌握基差及其基本原理。

◆ 基差的含义

基差是指某一特定地点某种商品的现货价格与同种商品的某一特定期货合约价格的价差。

可以用简单的公式表示为:基差＝现货价格－期货价格。

若不加说明,基差所指的现货商品的等级应该与期货合约规定的等级相同,并且基差所指的期货价格通常是最近的交割月的期货价格。基差可以是正数也可以是负数,这主要取决于现货价格是高于还是低于期货价格。现货价格高于期货价格,则基差为正数,称为远期贴水或现货升水;现货价格低于期货价格,则基差为负数,称为远期升水或现货贴水。

[**案例 3-17**]　2007 年 8 月 16 日，郑州的白糖现货价格为 3700 元/吨，当天郑州商品交易所的 9 月白糖期货合约价格是 3850 元/吨，则基差是—150 元/吨。

点评：该例中，基差为负数，说明期货价格高于现货价格，白糖远期升水。

理论上，基差包含着两个成分，即现货与期货两个市场之间的运输成本和持有成本。前者反映现货与期货市场间的空间因素，这也正是在同一时间里，两个不同地点的基差不同的基本原因；后者反映两个市场间的时间因素，即两个不同交割月份的持有成本，具体包括储藏费、利息、保险费和损耗费等，其中利率变动对持有成本的影响很大。由此可知，各地区的基差因运输费用相异而不同。但就同一市场而言，不同时期的基差在理论上应充分反映持有成本，而持有成本是随着时间而变动的，离期货合约到期的时间越长，持有成本就越大，当非常接近合约的到期日时，持有成本几乎为零。

◆ 正向市场与反向市场

基差可以用来反映市场所处的状态，它是现货价格与期货价格之间实际运行变化的动态指标。对于同种商品来说，市场基本上存在两种状态。

▽ 正向市场

一种商品在现货商品供应充足、库存量大的正常供给的情况下，期货价格高于现货价格（或者近期月份合约价格低于远期月份合约价格），其基差是负值，这种市场称为正向市场或正常市场，也称为具有报偿关系，即近期的期货价格将高于现货价格，使储存者有一定的报偿。

正常情况下，期货价格通常要高于现货价格，这是因为期货价格中要包含持仓费用。持仓费是为拥有或保留某种商品、有价证券等而支付的仓储费、保险费和利息等费用总和。如果期货价格与现货价格相同，很显然企业都会选择在期货市场而不愿意在现货市场买入商品，这会造成期货市场的需求增加，现货市场的需求减少，从而使期货价格上升，现货价格下降，直至期货合约的价格高出现货价格的部分与持仓费相同。这时，企业选择在期货市场还是在现货市场买入商品是没有区别的。因此在正向市场中，期货价格高出现货价格的部分与持仓费的大小有关，持仓费体现的是期货价格形成中的时间价值。持仓费的高低与持有商品的时间长短有关，一般来说，距离交割的期限越近，持有商品的成本就越低，期货价格高出现货价格的部分就越少。当交割月到来时，持仓费将降至零，期货价格和现货价格将趋同。

▽ 反向市场

相反，当供求关系中出现现期短缺现象时，持有成本将消失，甚至反过来形成负的持有成本，现货价或近期的期货价高于远期的期货价格，基差为正值，此种市场称为反向市场或逆转市场,也称为具有折价关系。

这种市场状态的出现有两个原因:一是近期对某种商品的需求非常迫切,远大于近期产量及库存量,使现货价格大幅度增加,高于期货价格;二是预计将来该商品的供给会大幅度增加,导致期货价格大幅度下降,低于现货价格。

◆ 基差的变化

在一般情况下,期货价格和现货价格表现出同升同降的趋势。但由于供求因素对现货市场、期货市场的影响程度不同以及持仓费等因素,两者的变动幅度也可能不尽相同,因而所计算出的基差也在不断的变化中,我们常用"强"或"弱"来评价基差的变化。

▽ 基差走强

如果基差为正且数值越来越大,或者基差从负值变为正值,或者基差为负且绝对数值越来越小,我们称这种基差的变化为"走强"。例如,当基差从"-50元/吨"变为"-20元/吨"时,表示市场处于正向市场状态;基差为负,但绝对数值在减小,表明基差向正的方向趋近,或者说,"负"的程度在减小,因而称之为"走强"。

我们可以借助基差变动图来理解基差的强弱。如前所述,基差的变化为"走强"可具体分为三种情况:在正向市场上基差走强、在反向市场上基差走强、从正向市场变为反向市场的走强。

▽ 基差走弱

相反,如果基差为正且数值越来越小,或者基差从正值变为数值,或者基差为负值且绝对数值越来越大,我们称这种基差的变化为"走弱"。如果基差从"30元/吨"变为"10元/吨"时,表示市场为反向市场;基差为正,但数值在变小,这表明向负的方向趋近,或者说,"正"的程度在减小,因而称为"走弱"。如果基差从"10元/吨"变为"-10元/吨"则表示市场从反向市场变为正向市场,基差从正值变为负值,基差"走弱"。

基差的变化为"走弱"可具体分为三种情况:在正向市场上基差走弱、在反向市场上基差走弱、从反向市场变为正向市场的走弱。

如果使用基差变动图来进行判断会比较直观、简单,凡是向上的箭头表明基差走强,向下的箭头表明基差走弱。

◆ 基差的作用

基差在期货交易中是一个非常重要的概念,是衡量期货价格与现货价格关系的重要指标。

▽ 基差是套期保值成功与否的基轴

套期保值者本着"两面下注,反向操作,均等相对"的原则,同时在现货市场和期货市场上反向操作,利用一个市场的盈利来弥补另一个市场的亏损,在两个市场之间建立一种"相互冲抵"机制,从而达到转移价格风险的目的。可见,套期保值是利用期货的价差来弥补现货的价差,即以基差风险取代现货市场的价差风险。

基差的变化对套期保值者来说至关重要,因为它是现货价格与期货价格的变动幅度和变化方向不一致所引起的,所以,只要套期保值者随时观察基差的变化,并选择有利的时机完成交易,就会取得较好的保值效果,甚至获得额外收益。套期保值的效果主要是由基差的变化决定的。从理论上说,如果交易者在进行套期保值之初和结束套期保值之时,基差没有发生变化,结果必然是交易者在这两个市场上盈亏相反且数量相等,由此实现规避价格风险的目的。但在实际的交易括动中,基差不可能保持不变,这就会给套期保值交易带来不同的影响。

▽ **基差是价格发现的标尺**

期货价格是成千上万的交易者在交易所公开竞价达成的,较之现货市场上买卖双方私下达成的现货价格,不失为公开、公平、公正的价格。同时,期货价格还具有预期性、连续性、权威性等特点,使那些没有涉足期货市场的生产经营者也能根据期货价格确定正确的经营决策。在国际市场上,越来越多的有相应期货市场的商品,其现货报价就是以期货价格减去基差或下浮一定百分比的形式报出。例如,伦敦金属交易所(LME)的期货价格就成为国际有色金属市场的现货定价基础。

▽ **基差对于期、现套利交易很重要**

基差对于投机交易,尤其是期货、现货套利交易也很重要。如果在期货合约成交后,在正向市场上现货价格和期货价格同时上升,并一直持续到交割月份,基差的绝对值始终大于持仓费,就会出现无风险的套利机会,促使套利者在卖出期货合约的同时买入现货并持有到期货交割月,办理实物交割。同理,期货合约成交后,期货价格与现货价格同时下跌,并持到交割月份,且基差始终小于持仓费,套利者就会采取与上述操作方式相反的无风险套利交易。在反向市场上,套利者也可利用期货价格与现货价格的价差进行套利交易,这样都有助于矫正基差与持仓费之间的相对关系,对维持期货价格与现货价格之间的同步关系、保持市场稳定,具有积极的作用。

◆ **基差与套期保值效果**

在商品实际价格的运动过程中。基差总是在不断变动,基差变化是判断能否完全实现套期保值的依据。期货合约到期时,现货价格与期货价格会趋于一致,而且基差呈现规律的季节性变动,因此,套期保值者利用基差的有利变动,不仅可以取得较好的保值效果,还可以通过套期保值交易获得额外的盈余。一旦基差出现不利变动,套期保值的效果就会受到影响,套期保值者则会蒙受一部分损失。

▽ **基差不变与卖出套期保值**

[**案例 3-18**]　2007 年 9 月大豆现货价格为 3500 元/吨,2008 年 1 月份到期的大豆期货合约价格 3600 元/吨。某大豆种植公司预计未来几月大豆价格会下降,决定为其

即将收获的 50000 吨大豆进行保值。做如下操作：卖出 2007 年 1 月期货合约。到 2008 年初，大豆现货、期货价格没有下跌，均有上涨，分别为 4100 元/吨、4200 元/吨。以 3600 元/吨的价格卖出 5000 手 1 月份大豆合约，此时基差为－100 元/吨。到了 1 月份，大豆现货价格变为 4100 元/吨，期货价格变为 4200 元/吨。该农场将收获的大豆卖出，同时买入 5000 手 1 月份大豆合约将原有合约对冲，此时基差为－100 元/吨。

预期错误	现　货	期　货	基　差
2007 年 9 月初	3500 元/吨	3600 元/吨、5 万吨	－100 元/吨
2008 年 1 月初	4100 元/吨	4200 元/吨	－100 元/吨
结果	现货平均多卖 600 元/吨	期货对冲亏损 600 元/吨	

点评：从该套期保值操作看，基差没有变化。从该例可以得出：第一，完整的卖出套期保值实际上涉及两笔期货交易。第一笔为卖出期货合约，第二笔为在现货市场卖出现货的同时，在期货市场买进对冲原先持有的部位。第二，因为在期货市场上的交易顺序是先卖后买，所以该例是一个卖出套期保值。第三，通过这一套期保值交易，虽然现货市场价格出现了对该公司有利的变动，价格上涨了 600 元/吨，因而多收入了 3000 万元；但是，在期货市场上的交易亏损了 3000 万元，最终盈亏相抵。

▽ **基差不变与买入套期保值**

[**案例 3-19**] 2006 年 3 月铝材的现货价格为 18900 元/吨，某一铝型材厂 2 个月后需要 600 吨铝材，该厂认为 2 个月后铝材要涨价。所以 3 月初以 19200 元/吨的价格买入 600 吨 5 月份到期的期货合约。到 5 月初该厂在现货市场上买铝材时价格已上涨至 20900 元/吨，而此时，期货价格也已涨到 21200 元/吨。此时基差为－300 元/吨。到了 5 月份，该厂以 20900 元/吨的价格在现货市场买入 600 吨铝材，与此同时按照 21200 元/吨的价格卖出 60 手 5 月份的铝合约，将原有的多头头寸对冲平仓，此时基差－300 元/吨。从套期保值操作角度看，基差没有变化。

预期正确	现　货	期　货	基　差
2006 年 3 月初	18900 元/吨	19200 元/吨，买 600 吨期货合约	－300 元/吨
2006 年 5 月初	20900 元/吨，买 600 吨	21200 元/吨，卖 600 吨期货合约	－300 元/吨
结果	5 月比 3 月多付成本 2000 元/吨	期货对冲盈利 2000 元/吨	不变

点评：从该例可以得出：第一，完整的买入套期保值同样涉及两笔期货交易。第一笔为买入期货合约，第二笔为在现货市场买入现货的同时，在期货市场卖出对冲原先持

有的头寸。第二,因为在期货市场上的交易顺序是先买后卖,所以该例是一个买入套期保值。第三,通过这一套期保值交易,虽然现货市场价格出现了对该厂不利的变动,价格上涨了300元/吨,因而原材料成本提高了18万元;但是,在期货市场上的交易盈利了18万元,从而消除了价格不利变动的影响。如果该厂不做买入套期保值交易,现货市场价格下跌时可以得到更便宜的原料,而一旦现货市场价格上升,就必须承担由此造成的损失。相反,由于其在期货市场上做了买入套期保值,虽然未能获取现货市场价格有利变动的盈利,可同时也避免了现货市场价格不利变动的损失。因此,买入套期保值规避了现货市场价格变动的风险。

▽ 基差走强与卖出套期保值

如前分析,基差走强具体可分为三种情况:第一,正向市场的基差走强;第二,反向市场的基差走强;第三,正向市场转向反向市场。下面我们以第一种情况为例,分析基差走强与卖出套期保值的关系。

[案例3-20] 2007年3月1日,小麦的现货价格为每吨1635元,某经销商对该价格比较满意,买入100吨现货小麦。为了避免现货价格下跌,决定在郑州商品交易所进行小麦套期保值交易。而此时小麦5月份期货合约的价格为每吨1685元。4月2日,他在现货市场上以每吨1545元的价格卖出小麦100吨。此时5月份小麦合约价格为每吨1585元。

	现货市场	期货市场	基差
3月1日	小麦价格1635元/吨	卖出10手5月小麦合约价格1685元/吨	−50元/吨
4月2日	卖出100吨,价格1545元/吨	买入10手5月小麦合约价格1585元/吨	−40元/吨
	亏损90元/吨	盈利100元/吨	缩小10元/吨
套保结果	净盈余100×100−100×90＝1000元 卖出套期保值,基差走强,卖出套期保值者得到完全保护,并有可能盈利		

点评: 在该例中,现货价格和期货价格均下降,但现货价格的下降幅度小于期货价格的下降幅度,基差走强,从而使得经销商在现货市场上因价格下跌卖出现货蒙受的损失小于在期货市场上因价格下跌买入期货合约的获利,盈亏相抵后净盈利1000元。如果现货价格和期货价格不降反升,经销商则在现货市场获利,期货市场损失。但是,只要基差缩小,现货市场的盈利不仅能弥补期货市场的全部损失,而且仍有净盈利。

在正向市场中进行卖出套期保值交易时,只要基差走强,无论现货价格和期货价格上升还是下降,均可使保值者得到完全的保护,而且出现净盈利。我们可以使用同样的方法,对另外两种情况(即反向市场上基差走强以及从正向市场转为反向市场)进行分析,得到的结果是相同的。由此我们可以得出以下结论:基差走强(包括以上三种情况)可使卖出套期保值者得到完全的保护,并且会出现净盈利。

▽ **基差走弱与卖出套期保值**

同样地,基差走弱也分为三种情况:正向市场的基差走弱、反向市场的基差走弱和从反向市场转为正向市场。下面我们以第三种情况为例分析基差走弱对卖出套期保值效果的影响。

[**案例 3-21**]　2009 年 2 月 4 日,大豆的现货价格为每吨 3500 元,某经销商对该价格比较满意,买入 100 吨现货大豆。为了避免现货价格下跌,决定在大连商品交易所进行大豆套期保值交易。而此时大豆 5 月份期货合约价格为每吨 3550 元。4 月 1 日,他在现货市场上以每吨 3450 元的价格卖出大豆 100 吨。此时 5 月份大豆合约价格为每吨 3530 元。

	现货市场	期货市场	基差
2 月 4 日	大豆的现货价格为每吨 3500 元,买入 100 吨现货	卖出大豆 5 月份期货合约有价格为每吨 3550 元,10 手	−50 元/吨
4 月 2 日	在现货市场上以每吨 3450 元的价格卖出小麦 100 吨	5 月份小麦合约每吨 3530 元,买入平仓	−80 元/吨
套保结果	−50 元/吨	20 元/吨	走弱 30 元/吨
	净盈余 100×20−100×50＝−3000 元 卖出套期保值者不能得到完全保护,会出现净亏损。		

点评:在该例中,市场状态为正向市场基差走弱,现货价格下降幅度大于期货价格的下降幅度,基差走弱。从而使得经销商在现货市场上因价格下跌卖出现货蒙受的损失大于在期货市场上因价格下跌买入期货合约的获利,盈亏相抵后仍损失 3000 元。

同样,如果现货市场和期货市场的价格不是下降而是上升,经销商在现货市场获利,在期货市场损失。但是,只要基差走弱,现货市场的盈利只能弥补期货市场的部分损失,结果仍是净损失。由此我们可以得到的结论是:在进行卖出套期保值交易时,市场状态从反向市场转为正向市场,无论现货、期货价格上升还是下降,保值者都只能得到部分保护,只能弥补部分价格变动造成的损失。使用同样的方法,我们可以分析基差走弱的另外两种情况(正向市场基差走弱和反向市场基差走弱),可以得到相同的结果。因此,概括地说,当基差走弱时(包括以上三种情况),进行卖出套期保值只能得到部分保护,存在净亏损。

▽ **基差走强与买入套期保值**

[**案例 3-22**]　2009 年 6 月 2 日,铜的现货价格为每吨 40275 元,某加工商对该价格比较满意,于是买入现货铜。为了避免现货价格可能上升,决定在上海期货交易所进行铜期货交易。而此时铜 9 月份期货合约的价格为每吨 40300 元,基差—25 元/吨。该加工商于是在期货市场上买入 20 手(这里 1 手＝5 吨)9 月份铜合约。7 月 2 日,他在现货市场上以每吨 40850 元的价格买入铜 100 吨,同时在期货市场上以每吨 40300 元卖出 20 手 9 月份铜合约,来对冲 6 月 2 日建立的空头头寸,基差为 550。基差从 6 月 2 日的—25 元/吨变为 7 月 2 日的 550 元/吨,市场从正向市场转变为反向市场,基差走强。

点评:在该例中,现货价格和期货价格均上升,但现货价格的上升幅度小于期货价格的上升幅度。市场从反向市场转变为正向市场,基差走强,从而使得加工商在现货市场上因价格上升买入现货蒙受的损失大于在期货市场上因价格上升卖出期货合约的获利,盈亏相抵后仍亏 47500 元。

▽ **基差走弱与买入套期保值**

下面我们以基差走弱中的第三种情况,即从反向市场转变为正向市场为例,来分析买入套期保值的效果。

[**案例 3-23**]　2009 年 3 月 2 日,铜的现货价格为每吨 28900 元,某加工商对该价格比较满意,希望能以此价格在三个月后买进 100 吨现货铜。为了避免现货价格上升,决定在上海期货交易所进行铜期货交易。而此时铜 5 月份期货合约的价格为每吨 27750 元,基差 1150 元/吨,该加工商于是在期货市场上买入 20 手(这里 1 手＝5 吨)。4 月 2 日,他在现货市场上以每吨 35700 的价格买入 100 吨,同时在期货市场上以每吨 34750 元卖出 20 手,来对冲 3 月 2 日建立的多头头寸,此时基差为 950 元/吨。从基差的角度看,基差从 3 月 2 日的—1150 元/吨变为 4 月 2 日的 950 元/吨,基差走弱。

点评:在该例中,现货价格和期货价格均上升,但现货价格的上升幅度小于期货价格的上升幅度,基差走弱,从而使得加工商在现货市场上因价格上升买入现货蒙受的损失小于在期货市场上因价格上升卖出期货合约的获利,盈亏相抵后仍盈利 115000 元。

根据以上分析,基差的变化与套期保值效果的关系可以概括如下:

表 3-1 基差的变化与套期保值效果的关系

基差变动情况	套期保值种类	套期保值效果
基差不变	买入与卖出	两市盈亏完全相抵
基差走强	卖出套期保值	完全保护并有盈利
	买入套期保值	不能完全保护并存在亏损
基差走弱	卖出套期保值	不能完全保护并存在亏损
	买入套期保值	完全保护并有盈利

◆ 基差交易

套期保值的本质是用基差风险取代现货价格的波动风险。由于影响基差的因素非常多且富于变化,要对基差的变化进行准确的判断是很困难的。这会在一定程度上影响套期保值交易的避险效果。

套期保值者在结束交易时,如果基差对自己不利,只能接受损失的结果。经过不断的实践,国外市场上出现了一种以基差为轴心的交易方式——基差交易。采取这种交易方式,无论基差如何变化,都可以在结束套期保值交易时取得理想的保值效果。

基差交易是指以某月份的期货价格为计价基础,以期货价格加上或减去双方协商同意的基差来确定双方买卖现货商品的价格的交易方式。这样,不管现货市场上的实际价格是多少,只要套期保值者与现货交易的对方协商得到的基差,正好等于开始做套期保值时的基差,就能实现完全套期保值,取得完全的保值效果。如果套期保值者能争取到一个更有利的基差,套期保值交易就能盈利。

由于期货价格现在已被视为反映现货市场未来供求的权威价格,现货商更愿意运用期货价格加减基差作为远期现货交易的定价依据。特别是在一些大型交易所中,许多会员都有现货经营业务,他们参加期货交易的主要目的就是套期保值,在会员之间进行基差交易已有可能。基差交易大都是和套期保值交易结合在一起进行的。

根据确定具体时点的实际交易价格的权利归属划分,基差交易可分为买方叫价交易和卖方叫价交易。如果确定交易时间的权利属于买方,则称为买方叫价交易;若权利属于卖方,则为卖方叫价交易。

上面的基差交易是在进货商做了卖期保值的前提下,由双方确定到期日的基差。由于以哪一天的期货价为现货买卖基准价由买方决定,故属于基差交易中的买方叫价交易,它一般与卖期保值配合使用,即现货商已经为其将要出售的商品做了卖期保值,并已确定买进时的基差,事后无论价格怎么变化,该卖期保值都可稳定地实现盈利性保值。

反之,如果买方为了防止以后价格上涨,事先做了买期保值并确定了买进期货时的基差,同时积极在现货市场上寻找货源,由双方协商以买方买进的套期保值的交割月某一天的期货结算价为基准上下浮动一定的价格,确定平仓时基差,然后卖方决定以哪一天的结算价为期货买卖的基准价,即为卖方叫价交易。不论价格如何变化,该买入期货保值者均可以实现盈利性保值。卖方叫价交易的基本方式跟买方叫价交易相似。

第四节　套期保值的策略

◆ 套期保值的一般策略

为了更好地实现套期保值目的,在进行套期保值交易时,必须注意以下策略。

第一,要了解所交易商品。

要掌握商品的性质、生产特点、市场供需、价格波动特点等情况。选择有一定风险的现货交易进行套期保值,如果市场价格较为稳定,那就不需进行套期保值,毕竟进行套期保值交易是需要支付一定费用的。

第二,应了解所选择的期货合约的内容、标准化的规定。

期货合约都是"标准规格"的商品,质量方面的要求非常严格,这和现货交易有很大的区别。

第三,比较净风险额与保值费用,最终确定是否要进行套期保值。

利用价格分析手段,估计价格变动的可能性和变动的可能幅度,并由此计算出净风险额。另外,计算保值的各项成本费用,然后比较净风险额与保值费用,当净风险额大于保值费用时才进行套期保值。

第四,进行套期保值操作时应严格遵循交易的四个基本原则,即交易方向相反、商品种类相同商品数量相同、月份相同等。

第五,关注基差的变化。

要计算出进行套期保值交易时的基差,并随时关注基差的变化,在基差有利时结束套期保值交易。灵活运用基差的变化,采取期货平仓与实物交割结合的做法,进行期货与现货套做的操作还能收到只赚不赔的效果。

第六,要认识到套期保值的保值功能是有限的。

基差的变化,期货商品的数量无法完全与需要进行保值的商品数量完全相等,替代商品期货价格和现货商品价格之间相互关联程度不很强,等级差别对现货商品的价格影响很大而对期货合约的价格影响甚微,等等,这些都会影响套期保值的效果。所以,一旦预期到套期保值的效果将会受到影响,不妨做基差交易来进一步加强套期保值的效果。

第七,要认识到套期保值交易的防御性特征,不要企图用套期保值来获取厚利。

套期保值者最大的目标是保值,是在转移价格风险后而致力于经营,获取正常经营利润。

第八,要认清期货市场潜在的投机风险,合理分配资金。

期货市场是一个具有金融性质的市场,期货价格有超常变动的可能。因此,长期从事现货交易的企业应充分认识现货市场和期货市场的不同。在进行期货交易时,企业应详细地考虑到期货市场潜在的投机风险,做好在期货价格发生超常波动时的思想准备、资金准备。另外,在进行套期保值业务时,应对价格的波动区域有一个清醒认识,留足周旋余地,看准价格发展趋势后,选择合适价位入市。

第九,要关注经济动向,做到心中有数。

现货经营企业在关注自身经营的现货市场情况的同时,也应预测相关产品价格变化对人们所造成的心理影响,尽量避免价格波动时所产生的短期风险,做到心中有数。

◆ 企业参与套期保值的操作策略

商品价格的巨幅波动,使相关企业的生产经营出现巨大风险,企业参与期货套期保值的需求越来越迫切。事实上,越来越多的企业已经开始积极进行套期保值的操作。为了使套期保值交易成功,企业还应注重以下策略。

▽ 清楚套期保值对企业的作用

企业必须清楚套期保值对企业生产经营的作用,只有这样才能真正确立其在企业生产经营中的正确地位。企业进行套期保值相当于为企业的原材料、产成品买了保险,企业规模越大越需要这种保险,原材料或产成品的价格波动越大越需要这种保险。企业参与期货市场是为了转移和抛售风险,对于企业来讲,期货市场就是一个风险管理工具(切记,它是一个工具,不是现货批发市场)。

▽ 明确套期保值成功与否的标准

套期保值要成功,首先应清楚评判套期保值成功的标准是什么。

对于原材料买入者来讲,套期保值成功与否的标准是:企业的原材料买入价是否低于市场平均价。只有原材料的买入价低于市场平均价才能说企业的套期保值操作是成功的,否则其套期保值操作肯定就是失败的。

对于产成品卖出者来讲,即卖出套期保值来讲,评判成功与否的标准是:企业的商品卖出价是否高于市场平均价,只有高于市场平均价才能说企业的套保是成功的,否则就意味着套期保值失败。

套期保值并不能保证企业在任何情况下都盈利,但只要企业的商品卖出价比市场平均价高(对于卖方来讲)或比市场平均价低(对于买方来讲),就是成功的,因为这样企业在行业中就已经处于有利的竞争地位了。

如果买方的买入价低于市场平均价,卖方的卖出价高于市场平均价,那么谁来贡献中间价呢? 答案就是市场投机者,企业参与套期保值的好处就是有投机者来为其承担风险,这也就是套期保值为什么对企业具有帮助的根本原因。

▽ 企业套期保值操作策略

第一,分析市场。

套期保值操作绝不是简单地在买入现货后马上在期货市场做一笔卖出交易,也不是发现未来需要现货时就立即在期货市场的远期合约上买入。套保操作能否成功最关键的因素是分析市场,弄清楚市场所处的状态,在此基础上才能形成相应的套保决策和策略,是买入还是卖出,或者暂时不需要入市等。如果市场处于牛市状态,企业就应该尽量多做买入套期保值,而尽量控制卖出套期保值;如果市场处于熊市状态,则相反。

需要说明的是,分析市场并不意味着投机,区分投机与套期保值的关键是期货头寸是否有相对应的现货存在或需求,而不是是否进行市场分析。只要期货头寸有相对应的现货存在或需求,期货交易就是保值交易。

第二,分析市场后,寻找对企业不利的情况。

若担忧价格上涨对企业不利,则计划考虑做买入保值;若担忧价格下跌对企业不利,则计划做卖出保值;若没有对企业不利的情况,即市场价格处于平衡状态,则企业就没有必要入市做套期保值交易。

第三,套期保值操作只需要关注价格运行的方向和趋势,而不必过分关注价格的每天波动。

企业担心的应是市场价格的运行方向对企业是否有利,而不是每天的价格波动。市场价格每天都会上下波动,若企业过分关注这种日内的波动,将难以贯彻套期保值计划。

第四,套期保值交易最好用对冲的方式了结。

除非期货价与现货价出现很大的背离才采取实物交割的方式。因为若期货合约到期时与现货价接近,企业就没有必要在期货市场接现货或卖现货,而可以采取对冲的方式了结企业的期货头寸,这样既可以省去交割程序又不影响与现货业务伙伴的关系。

当然,若期货价格背离现货价,则交割是个不错的选择。这样,企业就可以在期货市场以高于现货的价格卖货物,或者是在期货市场以低于现货的价格买到货物。

第五,始终保持现货和期货头寸的相对应。

比如,企业计划在未来某个时期需要一定数量的现货,若通过分析认为未来价格上涨的可能性较大,则可以先在期货市场买入相当的期货头寸,当购进一批现货后,就必须同时减持相应的期货头寸,即做到现货与期货对冲,始终保持期货头寸不要超出现货需求,只有这样才能避免套期保值操作转化为投机操作。套期保值转化为投机是所有套期保值业务的大忌,企业必须避免这种现象的出现。

思考题

1. 什么是套期保值,套期保值的原理是什么? 套期保值有哪几种类型?

2. 哪些经济主体适合做套期保值交易?

3. 什么是基差,基差的作用是什么? 对套期保值有什么影响?

4. 结合本章中套期保值的案例,谈谈对套期保值的理解。

5. 企业参与套期保值应注意哪些方面？

6. 期货交易成本包括哪些？

7. 什么是持仓费？

8. 基差走强如何影响买入（卖出）套期保值的效果？

9. 基差走弱如何影响买入（卖出）套期保值的效果？

10. 什么是基差交易，它的特点是什么？

第四章

投机与套利交易及案例

套期保值者之所以要进行期货交易,其目的是要把正常经营活动所面临的价格风险转移出去。投机者能够吸收套期保值者厌恶的风险,成为价格风险的承担者,除此之外,投机者还能够提高市场的流动性。若要正确认识期货市场运行机制及经济功能,必须正确认识与理解期货投机。投机者在期货市场中的交易行为包括投机和套利,这两者是期货交易中的重要业务。

第一节 投机交易及案例

◆ 期货投机

期货投机是在期货市场上以获取价差收益为目的的期货交易行为。

在期货市场上,投机者试图低价买进高价卖出或高价卖出低价买进来赚取差价利润,他们的根本目的是获利,这与套期保值有根本的区别。虽然投机的目的仅仅是赚取差价利润,但其对期货市场却发挥了非常重要的作用。期货市场上因为有大量的投机者频繁进行交易,大大增加了市场的流动性,也使套期保值交易更容易成交,从而实现保值。另外,有一部分投机者不是单独利用单个期货品种价格波动进行投机,而是利用价格具有高度相关性的期货合约之间、现货和期货之间的反常的价格关系进行投机,也就是套利。这种套利投机行为可以促进相关市场和相关商品的价格调整,改善它们之间不合理的价格关系,使其趋于合理化,同时也促使合理价格水平的形成。

◆ 期货投机的作用

在期货市场,期货投机交易必不可少,它起到了增加市场流动性和承担套期保值者转嫁风险的作用,还有利于期货交易的顺利进行和期货市场的正常运转,它是期货市场套期保值功能和发现价格功能得以发挥的重要条件之一。

▽ **承担价格风险**

期货市场的一个主要功能是为生产者、加工者和经营者等提供价格风险转移工具。

要实现这一目的,就必须有人愿意承担风险。扮演这一角色的就是投机者。如果没有这些风险承担者,只有套期保值者参与期货交易,那么只有在买入套期保值者和卖出套期保值者的交易数量完全相符时,交易才能成立,风险才能得以转移。但从实际来看,买入套期保值者和卖出套期保值者之间的不平衡是经常存在的。投机者的加入恰好能抵消这种不平衡,促使套期保值交易的实现。由此可见,如果没有投机者的加入,套期保值交易活动就难以进行,期货市场规避风险的功能也就难以发挥,期货市场具有一种把价格风险从保值者转移给投机者的机制。

▽ **促进价格发现**

期货市场几乎汇集了所有供给者和需求者,包括生产商、加工商、经销商和投机商。其中,套期保值者在市场中的期货合约持仓方向很少改变。持仓时间较长,他们的交易动机和行为对形成权威价格具有一定的作用。投机者的交易目的不是实物交割,而是利用价格波动获取利润,这就要求投机者必须利用各种手段收集整理有关商品价格变动的信息,分析市场行情。期货市场把各式各样的投机者集中在交易所内进行公开竞价,由于买卖双方彼此竞价所产生的互动作用使得价格趋于合理。当价格上涨的时候,投机者经过分析认为价格不久便会回跌,而在市场上采取做空的方式进行交易。相反,如果价格下跌,市场上自然有人承接,以缓和下跌趋势。正是如此,他们所反映的是相对准确、比较真实的价格趋势。期货市场的价格发现机制正是由所有市场参与者对未来市场价格走向预测的综合反映体现的。交易所每天向全世界传播市场行情和信息,那些置身于期货市场之外的企业也能充分利用期货价格作为制定经营战略的重要参考依据。

▽ **减缓价格波动**

投机者进行期货交易,总是力图通过对未来价格的正确判断和预测赚取差价利润。投机者在价格处于较低平时买进期货,使需求增加,导致价格上涨,在较高价格水平卖出期货,使需求减少,这样又平抑了价格,使价格波动趋于平稳,从而形成合理的价格水平。适度的投机能够减缓价格波动。可见,期货投机对于缩小价格波动幅度发挥了很大作用。

当然,减缓价格波动作用的实现是有前提的。一是投机者要理性操作。违背市场规律进行操作的投机者最终会被期货市场淘汰。二是适度投机。操纵市场等过度投机行为不仅不能减缓价格波动,而且会人为拉大供求缺口,破坏供求关系,加剧价格波动,加大市场风险。因此,遏制过度投机,打击操纵市场行为是各国期货市场监管机构的一项重要任务。

▽ **提高市场流动性**

市场流动性即市场交易的活跃程度。期货交易是否成功,在很大程度上取决于市场流动性的大小,这一点主要取决于投机者。投机者频繁地建立部位,对冲手中的合约,增加期货市场的交易量,这既能使套期保值交易容易成交,又能减少交易者进出市场而引起的价格波动。投机者的介入,就像润滑剂一样,为套期保值者提供了更多的交易机会,扩大了交易量,使套期保值者无论是买进还是卖出都能很容易地找到交易伙伴,自由地进出期货市场,从而提高了市场流动性。

◆ 投机交易的类型

▽ 按操作方法的不同分:多头投机、空头投机

多头投机,也称买空投机,指投机者预测期货行情会上涨时买入期货合约,希望等其上涨后平仓获利的交易行为。这种投机由于在期货市场上处于多头部位被称为多头投机。

空头投机,也称卖空投机,指投机者预测期货价格将下跌时开仓卖出期货合约,希望等价格下跌后再买入平仓获利的交易活动,这种投机在期货市场上处于空头部位。

[**案例 4-1**]　某投机者预测国内黄金价格将受国际金价趋势的带动而上涨,于是入市做多头投机,在上海期货交易所以 213 元/克的价格开仓买入 au0806 合约 5 手(每手1000 克)。一个星期后,铜价上涨,该投资者以 220 元/克平仓获利,共获利:

$$(220-213) \times 1000 \times 5 = 35000 \text{ 元}$$

[**案例 4-2**]　某投机者对国内大豆期货交易进行分析预测,认为大豆价格即将从高位下跌,于是果断入市做空头投机,在大连商品交易所以 4100 元/吨的价格开仓卖出大豆合约 20 手(每手 10 吨)。半个月后,巴西大豆喜获丰收,引起了全球大豆市场价格下跌,该投资者以 4000 元/吨的价格平仓获利,共获利:

$$(4100 - 4000) \times 10 \times 20 = 20000 \text{ 元}$$

点评:案例 4-1 中投资者预测价格上涨而开仓买入,建立多头仓位,是多头投机交易;案例 4-2 中投资者预测价格下跌而开仓卖出,是空头投机交易。这两个案例中投资者因为预测准确,都成功获利。对于投机者来说,要取得成功,最重要的是能对价格进行准确的判断和预测。

▽ 按持仓时间的长短分:一般投机、当日交易、"抢帽子"交易

一般交易,又称部位交易,投机者在买进或卖出期货合约后,通常持仓数日或数周、数月以上,待价格变化有利时,再将合约平仓。这是大部分投机者通常采用的办法。

当日交易,即投机者的持仓时间为一天,当天买进并卖出的期货合约的交易。投机者只关心当日行情的变化,随时将期货合约平仓。这一般是在对商品价格趋势摸不太清时采用的方法。

"抢帽子"交易,即利用价格频繁波动赚取微利的交易。这类交易中,投机者很少将

手中的合约保留到第二天。

在变化莫测的期货市场中,任何想从事当日交易的人都应小心谨慎。当日交易要求充足的时间和精神高度集中,一心两用必然导致失败。另外,当日交易代价会较大,短线交易交纳的手续费会很高。可是,尽管存在较大的开支和风险,越来越多的期货投机者更愿意从事当日交易而不是长线交易。

[**案例 4-3**] 投机交易案例

2007 年 9 月 20 日,2008 年 1 月强麦合约(WS801)和 2008 年 5 月强麦合约(WS805)价格相同时,均为 2050 元/吨。投机者 A 认为种种迹象显示 WS801 价格会下来,于是做了一笔卖出 WS801 合约的空头投机交易;投机者 B 认为 WS805 的价格也必将同 WS801 一样下降,于是也做了一笔卖出 WS805 合约的投机交易。到 12 月 6 日,两位投机者均将手中合约平仓,其中 WS801 价格为 2130 元/吨,WS805 价格为 1945 元/吨,A 投机者亏损巨大,B 投机获得丰厚收益。

点评:该例中两位投资者根据对市场的判断,均选择做 2008 年强麦合约的卖空投机交易。投机结果却完全相反,B 投机者每吨获利 105 元(2050－1945),A 投机者每吨亏损 80 元(2130－2050),投机者对市场评判的准确与否,决定其投机交易结果是获利还是亏损。

第二节　套利交易概述

◆ 套利

套利,又称套期图利,是指利用不同市场、不同月份、不同品种之间的价格变化,在相关合约上进行交易方向相反的交易,以期价差发生有利变化而获利的交易行为。

正如一种商品的现货价格与期货价格经常存在差异,同种商品不同交割月份的合约价格之间也存在差异;同种商品在不同交易所的交易价格变动也存在差异。这些差异的存在,使期货市场的套利交易成为可能。

我国学术界一般将套利视为投机交易中的一种特殊方式,这一交易方式丰富了期货投机交易的内容,并使期货投机不再局限于期货合约绝对价格的水平变化,更多地转向期货合约相对价格的水平变化。

◆ 套利的特点

▽ 风险性较小

进行套利时,由于所买卖的对象是同类商品,所以价格在运动方向上是一致的,盈亏会在很大程度上被抵消。因此,套利可以为避免价格剧烈波动而引起的损失提供某种保护,其承担的风险较单方向的普通投机交易小。以跨期套利为例,由于不同交割月份的两张期货合约受相同因素的影响,在价格走势上大致相同,基于此进行的套利交易,就可为不可预知的意外风险(如政策风险)提供相应的保护机制。

▽ 成本较低

一般来说,套利包含了两笔交易,并且这两笔交易是同时发生的,为鼓励不同期货合约间的套利,国外的交易所规定套利的佣金支出比一个单盘交易的佣金费用要高,但又不及一个回合单盘交易的两倍。同时,由于套利的风险较小,在保证金的收取上小于单纯投机交易,大大节省了资金的占用。套利交易充分发挥了杠杆特性,能使交易者以较少的保证金水平获取较为稳定的预期收益。所以,套利交易的成本较低。

◆ 套利的作用

套利在本质上是利用期货市场的一种投机,但与一般单方面的投机交易相比,套利者的风险是有限的。套利行为的存在对期货市场的正常运行起到了非常重要的作用,它有助于使扭曲的期货市场价格重新恢复到正常水平。

▽ 有助于价格发现功能的有效发挥

由于影响期货市场价格和现货市场价格的因素存在一定的差异,套利者就会时刻注意市场动向,发现不正常的价格关系,利用不同期货合约价格之间的差价变化或者期货市场与现货市场之间的价格变化,随时进行套利。他们的交易结果则客观上使期货市场的各种价格关系趋于正常,促进市场公平价格的形成。

▽ 有助于市场流动性的提高

套利行为的存在增大了期货市场的交易量,承担了价格变动的风险,排除了市场垄断,提高了期货交易的活跃程度,保证了交易者的正常进出和套期保值操作的顺利实现,有效地降低了市场风险,促进了交易的流畅化和价格的理性化,起到了市场润滑剂和减震剂的作用。

◆ 套利与普通投机交易的区别

套利是从不同合约彼此之间或不同之间的相对价差套取利润;在进行套利时,交易者注意的是合约之间或不同市场之间的相互价格关系而不是绝对价格水平。当预计两张期货合约之间的正常价格差距会出现变化时,交易者有可能利用这一价差,在买进(卖出)一种合约的同时,卖出(买进)另一种合约,以便日后市场情况对其有利时将在手合约对冲。

套利与普通投机交易的区别主要体现在:

普通投机交易只是利用单一期货合约价格的上下波动赚取利润,而套利是从不同的两个期货合约之间或不同市场之间的相对价格差异套取利润。普通投机者关心和研究的是单一合约的或不同市场之间涨跌,而套利者关心和研究的则是不同和约或不同市场之间的价差。

普通投机交易是在一段时间内只作买或卖,而套利则是在同一时间在不同合约之间或不同市场之间进行相反方向的交易,同时扮演多头和空头的双重角色。

◆ 价差交易

价差交易是指利用期货市场上不同合约之间的价差进行的套利行为。价差交易关注相关期货合约之间的价差是否在合理的范围之内。如果价格不合理,交易者利用不合理的价差关系对相关合约进行方向相反的交易,等价差趋于合理时再同时将两个合约平仓来获取收益。由于这种交易是根据相关的期货合约的价差来进行的,所以这种交易被称为"价差交易"。

▽ 价差交易的价差

价差是指两种相关的期货合约价格之差,它是价差交易中非常重要的概念。

在价差交易中,交易者要同时在相关合约上进行方向相反的交易,也就是说要同时建立一个多头部位和一个空头部位,这是套利交易的基本原则。如果缺少了多头部位或空头部位,就像一个人缺了一条腿一样无法正常行走,因此,套利交易中建立的多头和空头部位被形象地称为套利的"腿"。为便于分析,我们统一用建仓时价格较高的一"边"减去价格较低的一"边"来计算价差。价差计算一般统一用建仓时,价格较高的一边减去价格较低的一边;平仓时仍用建仓时的顺序计算价差。

[案例 4-4] 某套利者买入 3 月份大豆期货合约的同时卖出 5 月份的大豆期货合约。价格分别为 3700 元/吨和 3650 元/吨。因为 3 月份价格高于 5 月份价格,因此价差为 3 月份价格减去 5 月份价格,即 50 元/吨。为了便于对价差的变化进行比较,在计算平仓时的价差时也要用建仓时价格较高合约的平仓价格减去建仓时价格较低合约的平仓价格来进行计算。例如,在前面的例子中,套利者建仓之后,3 月份价格大幅度下降,跌至 3600 元/吨,5 月份价格跌幅较小,为 3580 元/吨。如果套利者按照此价格同时将两个合约对冲了结该套利交易,则平仓时的价差仍应该用 3 月份的价格减去 5 月份的价格,即为 20 元/吨。

点评:价差计算一般统一用建仓时价格较高的一边减去价格较低的一边,这里是 50元/吨;平仓时仍用建仓时的顺序计算价差,价差应该是 20 元/吨,而不是 -20 元/吨。因为只有计算方法一致,才能恰当地比较价差的变化。

▽ 价差的扩大与缩小

由于套利交易是利用相关期货合约间不合理的价差来进行的,价差能否在套利建仓之后"回归"正常,会直接影响到套利交易的盈亏和套利的风险。具体来说,套利者若认为目前某两个期货合约的价差过大时,他会希望在套利建仓后价差能够缩小;同样地,如果套利者认为价差过小时,他会希望套利建仓后价差能够扩大。通过比较建仓时与平仓时价差数字的变化来判断价差到目前为止是扩大还是缩小。

价差的扩大和缩小,指的不是绝对值的变化,而是按照用建仓时价格较高的一"边"减去价格较低的一"边"所计算的价差,通过比较建仓时和当前(或平仓时)价差数值的变化,来判断价差到目前为止(或套利结束)是扩大还是缩小。如果当前(或平仓时)价差大于建仓时价差,则价差是扩大的;如果相反,则价差是缩小的。

[案例 4-5] 某套利者 5 月 8 日在郑州商品交易所买入 7 月 PTA 期货合约的同时卖出 9 月 PTA 期货合约,价格分别为 8122 元/吨、8228 元/吨,假设到了 6 月 8 日,7 月和 9 月价格分别为 8175 元/吨、8258 元/吨,则价差如何变化,计算建仓时的价差:用 9 月价格减去 7 月价格,为 106 元/吨。到 6 月 8 日的价差应为 9 月价格减去 7 月价格,为 83 元/吨。价差从 106 元/吨缩小到 83 元/吨。

	7 月 PTA 合约	11 月 PTA 合约	价差
5 月 8 日	8122 元/吨	8228 元/吨	106 元/吨
6 月 8 日	8175 元/吨	8258 元/吨	83 元/吨(缩小)

点评:比较价差是扩大还是缩小应比较带正负号的数字的大小,而不是单纯地比较数字。

[案例 4-6] 在 1 月 15 日,3 月份和 7 月份的小麦期货的价格分别变为 1750 元/吨和 1820 元/吨,该套利者以该价格分别买入 3 月份期货合约、卖出 7 月份的期货合约。2 月 1 日,3 月份和 7 月份的小麦期货的价格分别变为 1720 元/吨和 1810 元/吨,该套利者以此价格将两合约平仓。根据前述的计算方法,价差应该是 7 月份价格减去 3 月份的价格,因此建仓价差为 70 元/吨,平仓价差为 90 元/吨,价差是扩大的。

	3 月小麦合约	7 月小麦合约	价差
1 月 15 日	1750 元/吨	1820 元/吨	70 元/吨
2 月 1 日	1720 元/吨	1810 元/吨	90 元/吨(扩大)

[案例 4-7] 在 1 月 20 日,3 月份和 7 月份的小麦期货的价格分别变为 1780 元/吨和 1750 元/吨,该套利者以该价格分别卖出 3 月份期货合约、买入 7 月份的期货合约。由于某种特殊原因导致近期合约价格大幅度下跌,在 2 月 1 日,3 月份和 7 月份的小麦

期货的价格分别变为 1700 元/吨和 1740 元/吨,则套利者面临的价差变化是:建仓时价差为 3 月份价格减去 7 月份价格,等于 30 元/吨。至 2 月 1 日,仍按 3 月减去 7 月价格计算,价差变为 -40 元/吨,价差应该是缩小了(注意:不能根据绝对值来判断)。

	3 月份小麦合约	7 月份小麦合约	价差
1 月 20 日	1780 元/吨	1750 元/吨	30 元/吨
2 月 1 日	1700 元/吨	1740 元/吨	-40 元/吨(缩小)

点评:价差的扩大和缩小,指的不是绝对值的变化,而是按照用建仓时价格较高的一"边"减去价格较低的一"边"所计算的价差,通过比较建仓时和当前(或平仓)时价差数值的变化,来判断价差到目前为止(或套利结束)是扩大还是缩小,类似于基差的强弱判断。

◆ 买进套利和卖出套利

套利的相关期货合约的价格往往是不同的,存在价格较高一边和价格较低一边。那么套利者开始究竟是在买入价格较高一"边"的同时卖出较低一"边",还是相反?这取决于套利者对相关期货合约价差变化趋势的预期。

▽ 买进套利

如果套利者预期不同交割月份的期货合约的价差将扩大,他将买入价格较高的一边,同时卖出价格较低的一边来套利。这种套利为买进套利。如果价差变动方向与套利者预期相同,套利者就可以同时平仓获利。

期货价格上涨时价格高的一边的涨幅大于价格较低一边的涨幅,出现价差扩大,如果实施买进套利,即买进价格较高的一边卖出价格较低一边,这样价格较高一边的期货合约盈利会大于价格较低一边的亏损,套利结果是盈利的。同样,期货价格下跌时价格低的一边跌幅大于价格较高一边的跌幅,出现价差变大,套利结果也是盈利的。

所以,只要价差变大,不管期货价格上涨还是下跌,进行买进套利都会盈利。

[**案例 4-8**]   在 1 月 15 日,3 月份和 7 月份的小麦期货的价格分别变为 1750 元/吨和 1820 元/吨,该套利者以该价格分别卖出 3 月份期货合约、买入 7 月份的期货合约。2 月 1 日,3 月份和 7 月份的小麦期货的价格分别变为 1720 元/吨和 1810 元/吨。该套利者以此价格将两合约平仓。根据前述的计算方法,价差应该是 7 月份价格减去 3 月份的价格,因此建仓价差为 70 元/吨,平仓价差为 90 元/吨,价差是扩大的。

	3 月小麦合约	7 月小麦合约	价差
1 月 15 日	1750 元/吨	1820 元/吨	70 元/吨
2 月 1 日	1720 元/吨	1810 元/吨	90 元/吨(扩大)

分别计算两合约的盈亏：

3 月小麦合约盈亏状况：1750－1720＝30 元/吨

7 月小麦合约盈亏状况：1810－1820＝－10 元/吨

总盈亏：30 元/吨－10 元/吨＝20 元/吨

点评：价差从 1 月 15 日的 70 扩大到 2 月 1 日的 90，进行买进套利会盈利 20 元/吨。

▽ **卖出套利**

如果套利者预期不同交割月份的期货合约的价差将缩小，他将卖出价格较高的一边，同时买入价格较低的一边来套利。这种套利为卖出套利。如果价差变动方向与套利者预期相同，套利者就可以同时平仓获利。

期货价格上涨时价格较低的一边的涨幅大于价格高一边的涨幅，出现价差缩小，如果进行卖出套利，即卖出价格较高的一边，同时买入价格较低的一边来套利。这样价格较低一边的期货合约盈利会大于价格较高一边的亏损，套利结果是盈利的。同样，期货价格下跌时价格高的一边跌幅大于价格较低一边的跌幅，出现价差缩小，套利结果也是盈利的。

所以，只要价差缩小，不管期货价格上涨还是下跌，进行卖出套利都会盈利。

[**案例 4-9**]　10 月 1 日，次年 3 月份玉米合约价格为 2.15 美元/蒲式耳，5 月份合约价格为 2.24 美元/蒲式耳。交易者预测玉米价格将上涨，3 月与 5 月的期货合约的价差将有可能缩小。到了 12 月 1 日，3 月和 5 月的玉米期货价格分别上涨为 2.23 美元/蒲式耳和 2.29 美元/蒲式耳。假设交易量为 10 手(1 手为 5000 蒲式耳)。

	期货市场	期货市场
10 月 1 日	买入 10 手次年 3 月份玉米合约，价格为 2.15 美元/蒲式耳	卖出 10 手 5 月份合约，价格为 2.24 美元/蒲式耳
12 月 1 日	卖出平仓 3 月的玉米期货，价格上涨为 2.23 美元/蒲式耳	买入平仓 5 月的玉米期货，价格上涨为 2.29 美元/蒲式耳
套利结果	＋4000 美元	－2500 美元
	－2500＋4000＝1500 美元(盈利)	

点评：该交易者同时卖出 5 月玉米合约(空头)和买入 3 月玉米合约(多头)各 10 手，最后在空头 5 月合约上亏损 0.05 美元/蒲式耳，但在多头 3 月合约上盈利 0.08 美元/蒲式耳，最终盈利 1500 美元。

▽ **套利交易的类型**

套利交易是利用价格具有高度相关性的期货合约之间的差价来进行，因此期货市场的套利主要有三种形式,即跨期套利、跨市场套利及跨商品套利。另外,还有一种在期货市场和现货市场之间进行的期现套利也被认为是期货套利的一种。

第三节　跨期套利

◆ 跨期套利的概念

跨期套利,又称跨月份套利,是投机者在同一市场利用同一种商品不同交割期之间的价格差距的变化,在买进某一交割月份期货合约的同时,卖出另一交割月份的同类期货合约,以期在有利时机再进行对冲平仓而获取差价利润。跨月套利与商品绝对价格无关,而仅与不同交割期合约之间价差变化趋势有关。

[案例 4-10] 2007 年 4 月 26 日,铜期货的 7 月份合约价格为 71000 元/吨,9 月合约价格为 71500 元/吨,前一合约价格比后者低 500 元。套利者根据历年 4 月底 7 月份合约和 9 月份合约间的价差分析,认为 7 月合约的价格相对较低,或者 9 合约价格相对较高,价差大于正常年份的水平,如果市场运行正常,这两者之间的价差会恢复正常。于是,套利者决定在买入 20 手 7 月份铜合约的同时卖出 20 手 9 月份铜合约,期望在未来某个有利时机同时平仓获取利润,交易情况如下表所示。(注:1 手=5 吨)

4 月 26 日	买入 20 手 7 月铜合约 价格 71000 元/吨	卖出 20 手 9 月铜合约 价格 71500 元/吨	价差 500 元/吨
5 月 26 日	卖出 20 手 7 月铜合约 价格 71300 元/吨	买入 20 手 9 月铜合约 价格 71700 元/吨	价差 400 元/吨
套利结果	盈利 300 元/吨	亏损 200 元/吨	
	盈亏:300×100−200×100=10000 元		

点评:该例中,套利者买入 7 月(近期)合约,同时卖出 9 月(远期)合约,属于牛市套利。当两种月份不同合约的价格差由原先的 500 元/吨恢复到正常的 400 元/吨时,套利结束交易,每吨获利 100 元,共获利 10000 元。

◆ 跨期套利成本

在实际的套利交易中,交易费用、资金成本等套利成本直接影响到套利最后的收益,套利者往往要将套利成本与套利可能的收益进行权衡比较,然后才决定是否进行套利交易。

套利的成本主要包含交易手续费和资金利息,如果最终选择交割了结,则还涉及交割手续费、仓储费、增值税等。不同的期货品种,其各项费用的标准不同。

[**案例 4-11**]　玉米期货合约跨期套利成本计算

1. 费用成本

交割手续费:1 元/吨

仓储及损耗费:0.5 元/吨·天(5~10 月:0.6 元/吨)

2. 资金利息:年息 7.47%

3. 增值税:价差为 50 元/吨的增值税是 6.5 元;价差为 100 元/吨的增值税是 13 元

假设玉米价格为 1800 元/吨,则:

A. 跨两个月套利:(例如在 5 月合约和 7 月合约之间套利,价差为 50 元/吨)

总费用(每吨)＝交割手续费＋仓储及损耗费＋资金利息＋增值税＋交易手续费

　　　　　　　＝1×2＋1＋61×0.6＋1800×7.47%×61/365＋增值税＋交易手续费

　　　　　　　＝61.5＋交易手续费

B. 跨四个月套利:(例如在 7 月合约和 11 月合约之间套利)

总费用(每吨)＝交割手续费＋仓储及损耗费＋资金利息＋增值税＋交易手续费

　　　　　　　＝1×2＋1＋121×0.5＋1800×7.47%×121/365＋增值税＋交易手续费

　　　　　　　＝120＋交易手续费

点评:玉米期货合约两个月的跨期套利成本约为 61.5 元/吨,即价差至少为 62 元/吨时才有利可图;四个月的跨期套利成本为 120 元/吨,即价差至少为 120 元/吨时才有利可图;其余以此类推。

[**案例 4-12**]　大豆期货合约跨期套利分析

2007 年 3 月,9 月合约比 5 月合约高出 190 元以上。根据以上跨期套利的成本分析,四个月大豆合约的合理持仓成本为 147.9 元,存在套利机会。

假设买进一手近期 805 合约,价格为 X,同时卖出一手远期 809 合约,价格为 $X+G,G$ 为两者的价格差。则可以计算:

1. 开仓手续费(按单边手续费 8 元/手):16 元;

2. 初始保证金:(按价格为 3026 元/吨及 3216 元/吨计算,每手保证金 3026×10×8%＝2420.8,3216×10×8%＝2572.8)估算为 4993 元,约为 5000 元;占用资金利息按月息 0.6%计算。下面分两种情况进行讨论:

情形一	情形二
差价缩小,平仓了结交易 假设:经过一个月时间,差价缩小到 g	经过交割了结交易 假设:操作时间跨度两个月

续表

	情形一	情形二
	1. 平仓手续费:16 元 2. 资金成本:5000×0.6‰=30 元 3. 月收益率: [(G−g)×10−60−30]/4993 =20%(设 G−g=50,即价差缩小 50)	1. 交割手续费:80 元 2. 四个月仓储费:600 元 3. 主要资金成本估算: 10×3026×5.31‰×4/12=536 元 4. 年收益率=(10×G−1216)/3026×10 =9.16%(设 G=190)

两种操作方式的比较:

操作方式	平仓了结	交割了结
操作过程	平仓过程难度比较大,时间跨度可能很短	操作过程较简单,但时间跨度较长
资金占用及成本	只有保证金,数量较少,时间较短,成本小	主要是仓单占用大量资金,时间较长,成本大
交易费用	只有开、平仓手续费,较少	仓储费和交割手续费较大
风险	较大	较小
收益率	较高	较低

两种操作方式的选择:

如开始时所述,我们进行了跨月双向开仓的交易之后,如何选择下一步该平仓了结还是交割了结交易呢? 显然如果:

$(G−g)×10−19.2/2000 > 10×G−650/20000×2 >0$(简化为 $G−g>0.05G+4.67$)

我们可以毫不犹豫地选择平仓了结。

从上式推导出的简单的表达方式是:

若 $G=100$,则可以简化成 $G−g>9.67$,也就是说,只要价格差缩小 10 个点以上就应该选择平仓了结交易,而不必去交割。就以 $G−g=10$ 为例,此时平仓了结的月收益率为 1.04%,而若进行交割,收益率只有 0.875%。

这个结果告诉我们,由于交割操作的占用资金、资金成本和交易费用太大,收益率较低,交易者实际上一般都选择平仓了结交易。交割操作只是在远近差价不断扩大,平仓面临亏损时不得以而为之。因为只要能够满足 $G>150$,交割操作就不会亏损。

也就是说,当四个大豆合约间的价格差达到 150 以上时,就可以放心地进行买近卖远的跨期套利操作。开仓后,当价格差缩小超过一定点数时就可以考虑平仓出场,否则就坚持到最后进行交割。

在实际操作中,我们要善于找到两个合约的价格差从不断增大到趋向缩小的转折点。在这时开仓,我们就可能在较短的时间内获利平仓,减少保证金占用时间,增加资金利用效率。

[**案例 4-13**]　2006 年 2 月份开始,随着国际铝、铜及其他有色金属价格的不断上涨,我国上海交易所铝的交易也开始出现一段缓慢上涨的慢牛走势。由于我国是铝的生产大国,铝的现货供应量非常大,压制了期货铝近月合约的涨势。至 3 月中旬,铝期货合约形成了明显的近弱远强的格局。某专业期货公司敏锐地感觉到这是一个极佳的投资机会,撰写了一份关于铝跨期套利的投资报告。杭州＊＊投资管理有限公司在仔细阅读投资报告后,果断参与了交易。

附 1:沪铝跨月套利投资方案

一、跨月套利成本项目

A. 交易手续费:20 元/吨×2＝40 元/吨,跨月套利成本为 80 元/吨(如进行交割,只收单边手续费,成本为 40 元/吨)

B. 交割手续费:10 元/吨

C. 仓储费:0.25 元/吨·天,合计 7.5 元/吨·月

D. 利息:(期货持仓占用资金利息忽略不计)

交割资金占用利息:6 个月以内月息 4.5‰计算

E. 增值税:增值额(按结算价计算销售价)×17%(注:此项成本存在不确定因素,但可以规避)

二、套利成本计算公式

A＋B×2＋C×月份＋D×月份＋E

三、买入 0403 卖出 0408 投资方案

假设 0603 合约 19000 元/吨(2 月 21 日)买入仓单,0608 合约 20000 元/吨卖出

1. 套利成本:

增值税:(20000－19000)×17%＝170 元

仓储费:7.5×5＝37.5 元

利息成本:19000×4.5‰×5＝427.5 元

总成本:40＋20＋37.5＋427.5＋170＝695 元/吨

2. 利润测算:

卖出价－买入价－成本＝20000－19000－695＝305 元/吨

四、资金占用

1. 全程最大资金占用:发生在 3 月份最后交易日。

资金占用量为全部货款 19000 元/吨＋3 月合约持仓保证金(按 20%计)3800 元/吨＋8 月合约持仓保证金(按 8%计)1600 元/吨。

2. 前期一般占用资金:

3 月合约持仓保证金(按 8%计)1520 元/吨＋8 月合约持仓保证金(按 8%计)1600 元/吨。

3. 后期一般占用资金:

已接全部货款 19000 元/吨＋8 月持仓保证金(8%)1600 元/吨。

◆ 跨期套利的类型

跨期套利是套利交易中最常用的一种,根据所买卖的交割月份及买卖方向的差异,跨期套利可以分为牛市套利、熊市套利、蝶式套利和跨作物年度套利四种。

▽ 牛市套利

套利操作中,如果买进近期合约,同时卖出远期合约,则称为牛市套利;对于大多数商品期货来说,当市场是牛市或者熊市时,较近月份的合约价格变动幅度往往要大于较远期的合约。

具体来说,当市场是牛市时,较近月份的合约价格上涨幅度往往要大于较远期合约价格的上涨幅度。如果是正向市场,远期合约价格与较近月份合约价格之间的价差往往会缩小;而如果是反向市场,则近期合约与远期合约的价差往往会扩大。无论是正向市场还是反向市场,买入较近月份的合约同时卖出远期月份的合约进行套利盈利的可能性比较大,我们称这种套利为牛市套利。

[案例 4-14] 4 月 1 日,7 月份铜期货合约价格为 68710 元/吨,9 月合约价格为 68790 元/吨,前一合约价格比后者低 80 元。套利者根据历年 4 月底 7 月份合约和 9 月份合约间的价差分析,认为 7 月合约的价格相对较低,或者 9 月合约价格相对较高,价差大于正常年份的水平,如果市场运行正常,这两者之间的价差会恢复正常。于是,套利者决定买入 20 手 7 月份铜合约同时卖出 20 手 9 月份铜合约,期望未来某个有利时机同时平仓获取利润,交易情况如下表所示。(注:1 手＝5 吨)

4 月 1 日	买入 20 手 7 月铜合约 价格 68710 元/吨	卖出 20 手 9 月铜合约 价格 68790 元/吨	价差 80 元/吨
5 月 1 日	卖出 20 手 7 月铜合约 价格 68770 元/吨	买入 20 手 9 月铜合约 价格 68800 元/吨	价差 30 元/吨
套利结果	盈利 60 元/吨	亏损 10 元/吨	
	盈亏:60×100－10×100＝5000 元		

点评:该例中套利者买入 7 月(近期)合约,同时卖出 9 月(远期)合约,属于牛市套利。当两种月份不同合约的价格差由原先的 80 元/吨恢复到正常的 30 元/吨时,套利结束交易,每吨获利 50 元,共获利 5000 元。

在该例中,也可以使用买进套利或卖出套利的概念进行判断。该交易者在 4 月 1 日卖出 9 月份的价格要高于买入 7 月份的价格,因而可以被视为卖出套利,价差缩小 50 元/吨。因此,可以很容易判断出该套利者是盈利的,总盈利为 5000 元。从该例子中可以判断,套利是在正向市场进行的,如果在反向市场上,近期价格要高于远期价格,牛市套利是买入近期合约同时卖出远期合约。在这种情况下,牛市套利可以归入买进套利这一类中,只有在价差扩大时才能够盈利。

在进行牛市套利时,需要注意的一点是:在正向市场上,牛市套利的损失相对有限而获利的潜力巨大。因为在正向市场进行牛市套利,实质上是卖出套利,而卖出套利获利的条件是价差要缩小。如果价差扩大的话,该套利可能会亏损,但是由于在正向市场上价差变大的幅度要受到持仓费水平的制约,因为价差如果过大,超过持仓费,就会产生套利行为,会限制价差扩大的幅度。而价差缩小的幅度则不受限制,在上涨行情中很有可能出现近期合约价格大幅度上涨并远远超过远期合约价格的可能性,使正向市场变为反向市场。价差可能从正值变为负值,价差会大幅度缩小,使牛市套利的获利巨大。

▽ **熊市套利**

当市场是熊市时,一般来说,较近月份合约价格下降幅度大于远期月份的下降幅度。套利者在正向市场进行熊市套利,往往是预期不同交割月份之间的期货价格差距会扩大;反向市场上,近期月份合约与远期月份的价差会缩小。

通过卖出近期合约、买入远期合约来套取利润进行盈利,称为熊市套利。正向市场的熊市套利相当于买入套利;反向市场熊市套利相当于卖出套利。

[**案例 4-15**] 7月1日,9月份大豆期货合约价格为2310元/吨,11月合约价格为2340元/吨,前一合约价格比后者低30元/吨。套利者根据历年9月份合约和11月份合约间的价差分析,认为9月合约的价格相对较高,或者11月合约价格相对较低,价差小于正常年份的水平,如果市场运行正常,这两者之间的价差会恢复正常。于是,套利者决定卖出10手9月份大豆合约同时买入10手11月份大豆合约,以期望未来某个有利时机同时平仓获取利润,交易情况如下表所示。(注:1手=10吨)

	期货市场	期货市场	价差
7月1日	卖出10手9月大豆,价格为2310元/吨	买入10手11月大豆,价格为2340元/吨	30元/吨
8月1日	买入10手9月大豆,价格为2280元/吨	卖出10手11月大豆,价格为2320元/吨	40元/吨
套利结果	盈利30元/吨	亏损20元/吨	扩大10元/吨
	1000元		

点评:该例中套利者卖出9月(近期)合约,同时买入11月(远期)合约,进行的是熊市套利。当两种月份不同合约的价格差由原先的40元/吨缩小到正常的10元/吨时,套利结束交易,每吨获利10元,共获利1000元。

▽ **蝶式套利**

蝶式套利是跨期套利的又一种常见的形式。它是由两个方向相反、共享居中交割月份的跨期套利组成。蝶式套利与跨期套利的相似之处是,套利者都认为同一商品但不同交割月份之间的价差出现了不合理的情况。其不同之处在于,跨期套利只涉及两个交割月份合约的价差,而进行蝶式套利的交易者认为中间交割月份的期货合约价格与两旁交割月份合约价格之间的相关关系将会出现差异。蝶式套利所涉及的三个交割月份的合约可分别称为近期合约、居中合约和远期合约。蝶式套利的具体操作方法是:买入(或卖出)近期月份合约,同时卖出(或买入)居中月份合约,并买入(或卖出)远期月份合约,其中,居中月份合约的数量等于近期月份和远期月份数量之和。这相当于在近期与居中月份之间的牛市(或熊市)套利和在居中月份与远期月份之间的熊市(或牛市)套利的一种组合。

蝶式套利＝1个牛市套利＋1个熊市套利(或1个熊市套利＋1个牛市套利)

可见,蝶式套利是两个跨期套利的互补平衡的组合,可以说是“套利的套利”。

其特点是:

(1)蝶式套利实质上是同种商品跨交割月份的套利活动。

(2)蝶式套利由两个方向相反的跨期套利构成,一个卖空套利和一个买空套利。

(3)连接两个跨期套利的纽带是居中月份的期货合约。在合约数量上,居中月份合约等于两旁月份合约之和。

(4)蝶式套利必须同时下达三个买空、卖空、买空的指令,并同时对冲。

从理论上看,蝶式套利与普通的跨期套利相比,其风险和利润都较小。

[案例 4-16]　2月1日,3月份、5月份、7月份的大豆期货合约价格分别为3850元/吨、3930元/吨和3975元/吨,某交易者认为3月份和5月份之间的价差过大,而5月份和7月份之间的价差过小,预计3月份和5月份的价差会缩小而5月份与7月份的价差会扩大,于是该交易者以该价格同时买入5手3月份合约、卖出15手5月份合约,同时买入10手7月份大豆期货合约。到了2月18日,三个合约的价格均出现不同幅度的下跌,3月份、5月份和7月份的合约价格分别跌至3650元/吨、3710元/吨和3770元/吨,于是交易者同时将三个合约平仓。在该蝶式套利操作中,套利者的盈亏分析如下表所示。

	3月份合约	5月份合约	7月份合约
2月1日	买5手,3850元/吨	卖15手,3930元/吨	买10手,3975元/吨
2月18日	卖5手,3650元/吨	买15手,3710元/吨	卖10手,3770元/吨
各合约盈亏状况	亏200元/吨,总亏损 200×5＝1000元	盈220元/吨,总盈220 ×15＝3300元	亏205元/吨,总亏205 ×10＝2050元
净盈亏	净盈利＝－1000＋3300－2050＝250元		

点评:该例中套利者买入5手3月份合约、卖出15手5月份合约,同时买入10手7月份大豆期货合约,5手3月份合约＋10手7月份大豆期货合约＝15手5月份合约,属于蝶式套利,最终盈亏相抵,净盈利250元。

第四节　跨市套利

◆ 跨市套利的概念

跨市套利是在不同交易所之间进行的套利交易行为。当同一期货商品合约在两个或更多的交易所进行交易时,由于区域间的地理差别,各商品合约间存在一定的价差关系。在某一交易所买入(或卖出)某一交割月份的某种商品合约的同时,在另一交易所卖出(或买入)同一交割月份的同种商品合约,以期以后分别对冲获利。例如伦敦金属交易所(LME)与上海期货交易所(SHFE)都进行阴极铜的期货交易,每年两个市场间会出现几次价差超出正常范围的情况,这为交易者的跨市套利提供了机会。

当同一商品在两个交易所中的价格差额超出了将商品从一个交易所的交割仓库运送到另一交易所的交割仓库的费用时,可以预计,它们的价格将会缩小并在未来某一时期体现真正的跨市场交割成本。比如说小麦的销售价格,如果芝加哥交易所比堪萨斯城交易所高出许多而超过了运输费用和交割成本,那么就会有现货商买入堪萨斯城交易所的小麦并用船运送到芝加哥交易所去交割。例如当 LME 铜合约价格低于 SHFE 时,交易者可以在买入 LME 铜合约的同时,卖出 SHFE 的铜合约,待两个市场价格关系恢复正常时再将买卖合约对冲平仓并从中获利,反之亦然。

[案例 4-17]　SHFE 与 LME 之间的期铝跨市套利案例

在通常情况下,SHFE 与 LME 之间的三月期铝期货价格的比价关系为 10∶1。(如当 SHFE 铝价为 15000 元/吨时,LME 铝价为 1500 美元/吨)但由于国内氧化铝供应紧张,国内铝价出现较大的上扬至 15600 元/吨,两市场之间的三月期铝期货价格的比价关系变为 10.4∶1。但是,某金属进口贸易商判断:随着美国铝业公司的氧化铝生产能力的恢复,国内氧化铝供应紧张的局面将会得到缓解,这种比价关系也可能会恢复到正常值。于是,该金属进口贸易商决定在 LME 以 1500 美元/吨的价格买入 3000 吨三月期铝期货合约,并同时在 SHFE 以 15600 元/吨的价格卖出 3000 吨三月期铝期货合约。一个月以后,两市场的三月期铝的价格关系果然出现了缩小的情况,比价仅为 10.2∶1(分别为 15200 元/吨、1490 美元/吨)。于是,该金属进出口贸易商决定在 LME 以 1490 美元/吨的价格卖出平仓 3000 吨三月期铝期货合约,并同时在 SHFE 以 15200 元/吨的价格买入平仓 3000 吨三月期铝期货合约。

交易情况如下表所示:

	SHFE 市场	LME 市场	比价关系
1 月初	以 15600 元/吨的价格卖出 3000 吨	LME 以 1500 美元/吨的价格买入 3000 吨	10.4∶1
一个月后	以 15200 元/吨的价格买入平仓 3000 吨	以 1490 美元/吨的价格卖出平仓 3000 吨	10.2∶1
结果	盈利 120 万元	亏损 3 万美元	
	盈利：[(15600－15200)－(1500－1490)×8.3]×3000＝95 万元		

注：该例旨在说明跨市套利交易原理，忽略交易手续费等成本费用。

点评：该金属进出口贸易商完成了一个跨市套利的交易过程，这也是跨市套利交易的基本方法，通过这个交易，该金属进出口贸易商共获利 95 万元（不计手续费和财务费用）。

在进行跨市套利时应注意影响各市场价格差的几个因素，如运费、关税、汇率等。在操作中应特别注意以下几方面因素：

(1)运输费用。

运输费用是决定同一品种在不同交易所间价差的主要因素。一般来说，离产地越近的交易所期货价格较低，离产地远则价格较高，两者之间的正常差价为两地间的运费。投资者在进行跨市套利时，应着重考虑两地间的运输费用和正常的差价关系。

(2)交割品种的等级差异。

跨市套利虽然是在同一品种间进行，但不同交易所对交割品的品质级别有不同的规定。以大豆期货为例，各交易所对可交割大豆的标准品级的各项指标（如纯粮率、出油率、水分、杂质）等的规定都不尽相同，这在一定程度上造成了该品种在各交易所间价格的差别。同时，各交易所对替代品的升贴水标准也有很大差异。投资者在进行跨市套利时，应对各交易所间交割品级的差别有充分的了解。

(3)交易单位与汇率波动。

投资者在进行跨市套利时，可能会遇到不同交易单位和报价体系问题，将会在一定程度上影响套利的效果。如果在不同国家的市场进行套利，还要承担汇率波动的风险。

(4)保证金和佣金成本。

跨市套利需要投资者在两个市场缴纳保证金和佣金。只有两市间套利价差高于上述成本之时，投资者才可以进行跨市套利。由于跨市套利是在两个市场进行交易，其交易成本一般要高于其他套利方式。

第五节　跨商品套利

◆ 跨商品套利概念

跨商品套利是指利用两种不同的，但是相互关联的商品之间的期货价格的差异进行套利，即买进（卖出）某一交割月份某种商品的期货合约，而同时卖出（买入）另一种相同交割月份、相互关联商品的期货合约，以期在有利时机同时将这两种合约对冲平仓获利。

跨商品套利必须具备以下条件：

一是两种商品之间应具有关联性与相互替代性；

二是交易价格受一些相同的因素制约；

三是买进或卖出的期货合约通常应在相同的月份交割。

根据商品之间关系的不同，可以将跨商品套利分为相关商品间的套利、原料与成品间套利两类。

◆ 相关商品间的套利

相关商品间的套利就是利用两种不同品种，但价格又相互关联的期货之间的价差变动进行套利。比较流行的一种跨商品套利是小麦/玉米套利，小麦和玉米均可用作食品加工及饲料，合约有同升同降的趋势。具体做法是：买入（或卖出）小麦期货合约，同时卖出（或买入）与小麦期货合约交割月份相同的玉米期货合约。由于小麦价格通常高于玉米价格，两者之间价差一般为正数。小麦、玉米价差变化有一定的季节性，通常在冬小麦收割后的 6、7 月份，小麦价格相对较低，而玉米价格相对较高，两者之间价差趋于缩小；另一方面，在 9、10、11 月份玉米收获季节，玉米价格相对较低，小麦价格相对较高，两者之间价差会进一步扩大。在已知小麦/玉米之间的正常价差关系后，套利者就可利用出现的异常价差进行套利。另外，谷物中的大豆和玉米，金属中的铜和铝，它们之间都存在可替代性和套利关系。又比如燃料油、取暖油、天然气等可替代商品之间，存在一定的合理价差，当价差脱离了它们之间的合理价差时，就出现了套利空间。如果现行价差偏大，预期会缩小，则可买入低价合约、卖出高价合约进行套利。

[**案例 4-18**]　LV 套利机会分析

PVC 与 LLDPE 共同位于五大合成树脂之列，作为重要的工业原料，二者在包装、注塑等领域存在替代关系。在高油价时代，PVC 的"双行业"概念使其与原油及其他石化下游产品的走势并不紧密，但始于 2008 年的金融危机，使国际油价重新回归低价时代,而且随着人们对 PVC 包装膜及管材等领域诸多缺点的愈发重视,LLDPE 对 PVC 的替代效应也日趋显著,因此 PVC 期货上市以后,将形成与 LLDPE 期货价格趋同的走势,价格短期的背离将为投资者提供可靠的套利机会。

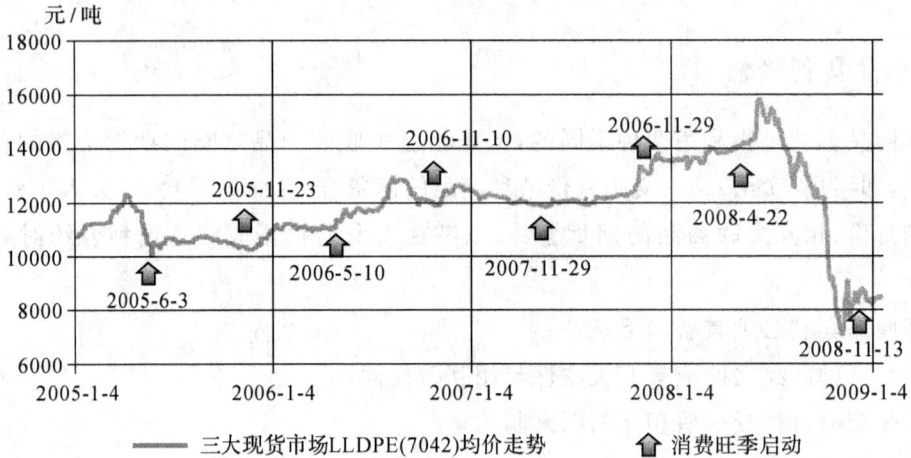

图1　三大现货市场 LLDPE(7042)均价走势

众所周知,LLDPE 价格走势与农膜生产季节紧密相关,具有很强的周期性。回顾 2005 年以来的 LLDPE 现货价格走势,这种消费的季节性特征将年度消费的高峰和低谷完美地勾勒出来:4、5 月份加工企业的停产期使原料价格年内触底,6、7 月份棚膜生产备料期引领季节涨势行情的启动,随着棚膜及大蒜地膜生产旺季接近尾声,塑料原料价格于 9 月中下旬出现回调,并在 11 月中下旬迎来年内次低点,而自 12 月份开始,棚膜生产备料期逐渐到来,由此触发年底翘尾行情,并一直延续至来年春节后。

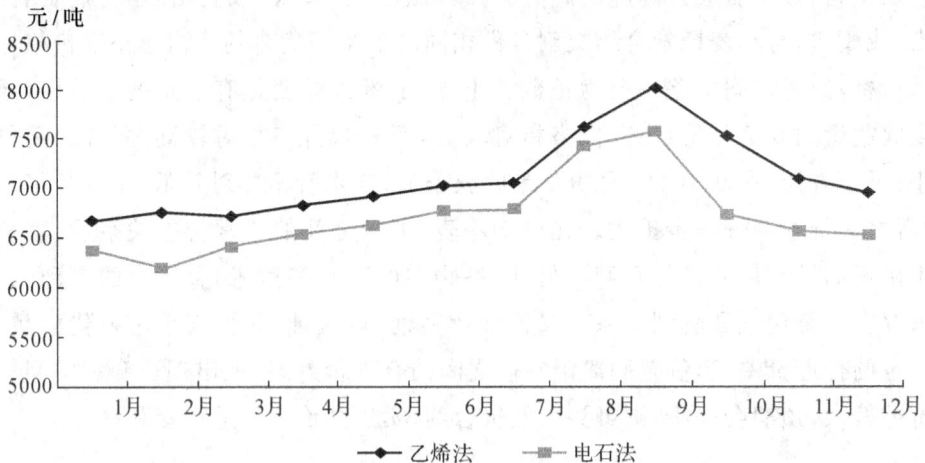

图2　2006 年 PVC 现货价格走势

反观 PVC 现货价格走势,其季节性特征同样明显。我们以图中的 2006 年 PVC 现货价格走势为例,7、8 月份的涨势应当归结于 5、6 月份电石法 PVC 生产厂家集中检修引起的局部地区市场货源短缺,而与 LLDPE 不同的是,PVC 的年底翘尾行情由于其自身需求淡季的原因而并不明显。如果说 2007/2008 年度市场的牛熊更替使很多工业品种价格走势的季节性特征纷纷埋没,那么当前正处于复苏阶段的世界经济不可能再为大宗商品提供暴涨暴跌的温床。因此,由 PVC 与 LLDPE 消费季节性特征步调差异产生的短期价格背离,是较为可靠的套利机会。

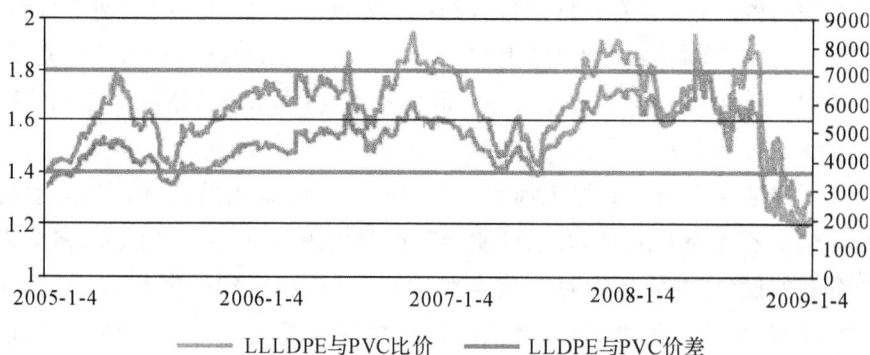

图 3　LLLDPE 与 PVC 的比价和价差

从比价的运行区间来看,LLDPE 与 PVC 比价一般运行于 1.4～1.8 之间,且存在一定的周期性,即比价的年内低点往往出现在 7、8 月份,而年内高点却一致的出现在 12 月份,并一举冲破 1.8 的常态区域上沿,套利机会由此产生;而从价差的走势来看,其常态区间则在 4000～7000 元/吨之间,波动规律性显著,且比价的季节周期性在价差的走势中同样有效,只是在 2008 年的大宗商品恐慌性下跌中,LLDPE 和 PVC 的价差走势才出现阶段性的常态偏离,而且这种现象进入 2009 年后开始逐渐修正,套利机会再度显现,相信随着 PVC 期货上市,期货价格的权威性将使得 LLDPE 与 PVC 比价和价差的走势更具规律性,该套利组合的风险收益比也将更加令人期待。

点评:以上只是对 PVC 与 LLDPE 套利进行简单介绍,由于 2008 年的大宗商品恐慌性下跌发生了巨大的变化,因此必须根据季节周期性和市场波动的新特点不断调整入市时机。

◆原料与成品间套利

原料与成品间的套利,即利用原材料商品和它的制成品之间的价格关系进行套利。最典型的是大豆及其两种产品——豆粕和豆油之间的套利交易。大豆经压榨后,生产出豆粕和豆油。在大豆与豆粕、大豆与豆油之间都存在一种天然联系能限制它们的价格差异。大豆与豆油、豆粕之间存在着"100％大豆＝17％(19％)豆油＋80％豆粕＋3％(1％)损耗"的关系,同时也存在"100％大豆×购进价格＋加工费用＋利润＝17％(19％)豆油×销售价格＋80％豆粕×销售价格"的平衡关系。

进行三种商品之间的套利,有两种做法:大豆提油套利和反向大豆提油套利。

▽ **大豆提油套利**

大豆提油套利是大豆加工商在市场价格关系基本正常时进行的,目的是防止大豆价格突然上涨,或豆油、豆粕价格突然下跌而引起损失,或使损失降至最低。由于大豆加工商对大豆的购买和产品的销售不能同时进行,因而存在着一定的价格变动风险。大豆提油套利的做法是:购买大豆期货合约的同时卖出豆油和豆粕的期货合约,并将这些期货交易头寸一直保持在现货市场上,购入大豆或将成品最终销售时才分别予以对冲。这样,大豆加工商就可以锁定产成品和原料间的价差,防止市场价格波动带来的损失。

▽ **反向大豆提油套利**

反向大豆提油套利是大豆加工商在市场价格反常时采用的套利。当大豆价格受某些因素的影响出现大幅上涨时,大豆可能与其产品出现倒挂,大豆加工商将会采取反向大豆提油套利的做法:即卖出大豆期货合约,买进豆油和豆粕的期货合约,以同时缩减生产,减少豆粕和豆油的供给量,三者之间的价格将会趋于正常,大豆加工商在期货市场中的盈利将有助于弥补现货市场中的亏损。

原油与成品油之间可以进行这种形式的套利。正常情况下,作为原料的原油和其炼制品成品油之间存在一定的价格差异。当这种价格差异偏离了正常范围时,就可以进行原油与成品油之间的套利。即如果预期价差会缩小,则买入低价合约、卖出高价合约进行套利。

在进行跨商品套利时,应注意这些期货商品的价格变动的关系。例如,小麦和玉米均可用作食品加工和饲料,它们的价格变动方向是一致的。由此看来,从其中一种商品合约获利必然在另一商品合约中产生亏损。虽然两种相关商品期货合约的价格变动朝同一方向,但是它们的波动幅度并不相同。也就是说,其中一种商品合约价格的上升速度或下跌速度会比另一商品合约价格来得快,决定这种套利活动成功与否的关键因素在于这两种商品合约的价差变化程度。

[**案例 4-19**]　某个人客户长期从事农产品期货交易,对大连商品交易所大豆、豆粕期货品种有较深入的研究,2007 年 5 月至 6 月间,大豆、豆粕价格波动较大,该客户根据以往的经验认为两品种之间的价格差偏离了正常范围,遂选择了买豆抛粕的跨品种套利交易,成交明细清单如下:

合约	开仓日期	开仓价格	平仓价格	平仓日期	手数	平仓盈亏	手续费
a0709	20070508	买开 3111	卖平 3183	20070608	100	72000	1600
m0709	20070508	卖开 2530	买平 2512	20070608	100	18000	1200
合计					200	90000	2800

点评:从成交明细可以看出,该个人投资者进行了大豆和豆粕的套利交易,交易情况分别见下表。交易是在豆和粕的价差较小时开仓,在买大豆的同时卖豆粕,当价差扩

大后平仓获利。

	大豆	豆粕	价差(豆一粕)
5月8日 (开仓)	买0709豆100手 价格:3111元/吨	卖0709粕100手 价格:2530元/吨	581元
6月8日 (平仓)	卖0709大豆100手 价格:3183元/吨	买0709粕100手 价格:2512元/吨	671元
结果	盈利:72元/吨	盈利:18元/吨	变动90元
	盈利:(72+18)×1000=90000元		

第六节　期现套利

◆ 期现套利的概念

期现套利交易就是在同一市场中利用同一种商品现货和期货合约价格变化的不同,分别建立相反交易头寸,从而利用价差变化获利的行为。这种方式在套利行为中应用得较为广泛。

例如,如果到期玉米期货价格比现货高50元/吨,手续费和交割费为20元/吨,投机商就可在期货市场卖出玉米期货,在现货市场买入玉米,并用现货市场购买到的玉米进行实物交割,即获得30元/吨的无风险收益。现货、期货市场间的套利,有利于平抑期货市场的过度投机,有助于保持期货市场和现货市场之间合理的价格关系。可以说,期现套利是跨市套利的扩展,把套利行为发展到现货与期货两个市场。无风险期现套利是一种买近卖远的套利操作。当现货和期货合约价差大于两个合约的套利成本时,就会出现套利操作的机会。

在发达国家期货市场,期货交割一般都是由套利形成的,当某一期货合约的价格出现偏离时,就会出现大量的无风险套利机会。

当期货价格明显高于现货价格时,就会有套利者进行期现套利,买进现货并用于期货交割。期现套利有助于现货价格与期货价格的趋同。

◆ 期现套利案例

[案例4-20]　天胶的期现套利

一、天胶期现套利的成本分析

首先我们需要简单计算一下从天胶产地海南接货后到上海期交所交割所需的费用。由于上海期交所在海南省海口市设有异地交割库,这样就可以方便地从产地海南购入现货,然后转抛上海期交所里。经过简单计算,从海南购入现货,然后转抛上海期交所的基本费用为 785 元/吨左右（包括运价贴水、仓储费、交易费、增值税等），就是说，上海天胶期货价格只要高于海南胶 785 元以上，理论上就会出现低风险的期现套利机会。

二、实例分析

2006 年 2 月初，由于多头主力一路拉高上海天然胶期货价格，而主产地海南的现货报价却没有同步上涨，2 月 18 日，上海胶 5 月合约的价格为 23055 元/吨，而海南橡胶批发市场的报价为 20000 元/吨，上海天胶远远高于海南橡胶，价差达 3055 元/吨，根据上面的估算结果，市场中出现一次极佳的期现套利机会。

假设 2 月 18 日投入 1000 万元资金，其中 500 万元以 20000 元的价格在海南购入现货 300 吨；同时，另外的 400 万元在上海期交所以 23055 元卖出 5 月天胶 40 手（200 吨），当时的价差为上海天胶高出海南橡胶 3055 元/吨。5 月中旬，将 300 吨现货进行实盘交割，其成本为 785 元/吨，这样，可计算出本次套利交易的利润为：

$$3055-785=2270 \text{ 元/吨}$$

总利润：$2270 \times 200 = 45.4$ 万元

利润率：$45.4 \div 1000 = 4.54\%$

三、进行期现套利的注意事项

1. 必须有良好的现货渠道，若是进口的话还必须有进口配额，而且能在短短 2～3 个月内收购到足量的符合交割品质的现货。

2. 期货市场的建仓头寸必须与现货量基本一致，若期货头寸远大于现货量，则超量部分成为投机盘，容易被多头主力逼仓而造成套利的失败。

3. 注册渠道上的库容风险。目前，上海期交所最新公布的交割库的库容为 15 万吨，若库容不够，现货可能因此不能注册成仓单而不能交割，从而直接导致套利失败。

[**案例 4-21**]   期现套利计算

以上海黄金期货合约近期机会为例：

1. 在现货市场买进 1 手黄金和卖出 1 手 0806 黄金合约。

2. 可能会出现操作情况有两种：

A. 期现差价缩小，则按跨期套利的方法，直接在现货和期货市场中平仓了结，实现目标利润。

B. 通过实物交割完成交易，通过接仓单的方式，实现套利利润。

2008 年 1 月 11 日，上海黄金交易所黄金现货价格为 208.32 元/克，而上海期货交易所 0806 合约为 219.18 元/克，价差 11.48 元/克，这时存在着期现套利机会，即买入 1000 克黄金现货，同时卖出 0806 黄金合约。

名称	费用
1. 仓储费	0.0018 元/克·天×1000×150＝270 元
2. 交割手续费	0.06 元/克×1000＝60 元
3. 交易手续费	0.18 元/克×1000＝180 元
4. 出入库费用	0.004 元/克×1000＝4 元
5. 出入库调运费用	0.11 元/克×1000＝110 元
6. 资金利息	(208320＋219.18×1000×10％)×7.47％×150/360＝7166.16 元
7. 总成本	7790.15 元
8. 利润	219180－208320－7790.15＝3069.85 元
9. 利润率	3069.85/(208320＋219.18×1000×10％)＝1.3％

点评：由于我国的期货市场正处于发展的起步阶段，期货品种少，有时大量的投机资金集中在某一个期货小品种上，出现逼空行情，从而使期货价格在短时期内与现货价格出现较大偏差。这种非正常的不合理偏差固然给投资带来了不可预见的风险，但同时也给投资者提供了一定条件下风险极低的获利机会。只要留心观察、充分准备，就可以获取这种风险极低的套利收益。

思考题

1. 投机与套期保值有什么区别？

2. 什么是套利，套利有哪几种类型？

3. 跨期套利成本主要有哪些？它对套利交易有什么影响？

4. 什么是跨市套利，其理论依据是什么？

5. 什么是跨商品套利？它分为哪两种类型？

6. 谈谈套利交易与投机交易、套期保值交易有什么区别与联系。

7. 什么是牛市套利、熊市套利、蝶式套利？如何运用这些方法？

8. 套利在期货市场起什么作用？

第五章

期货价格分析及案例

在期货交易中,无论是套期保值交易,还是投机套利交易,都需要交易者根据已知信息对市场未来走势进行预测。可以说,正确的预测是交易成功的关键。然而,如何才能做到预测正确呢? 这就需要了解期货价格基本理论,并掌握期货价格的分析方法。

第一节 期货价格形成理论

期货的价格一般由商品生产成本、现货正常利润、期货交易费用、期货商品流通费用和期货收益五部分构成。它们的来源、数量和组成状况不同,影响程度也不相同。

◆ 商品生产成本

商品生产成本是指生产商品时所耗费的物质资料的价值和支付给劳动者的报酬的总和。一般情况下,生产成本是商品期货价格的最低经济界限。如果商品期货价格低于生产成本,生产者就不愿生产和出售这些商品,期货交易也就失去了它的现实依托而无法进行。因此,生产成本通常与期货价格成正比关系,是决定各种商品期货价格的最基本因素。

◆ 期货交易费用

期货交易费用是在期货交易过程中发生和形成的费用,主要包括佣金、交易手续费、结算费和保证金的利息。

▽ 佣金和交易手续费

佣金是期货交易者支付给期货经纪公司的报酬,佣金只与交易者的交易量以及所规定的佣金比率有关。交易手续费是期货交易者通过期货经纪公司向交易所支付的期货交易手续费。无论期货交易盈亏,交易者都必须按规定的标准交付佣金和交易手续费。

▽ 保证金的利息

在进行期货交易时,期货交易者并不需要支付期货合约的全部款项,而只需向期货经纪公司或期货交易所缴付一定的保证金,金额通常为期货合约总额的 5%～10%,但如果因市场波动出现账面亏损,则需要追加保证金。期货交易过程中因占用资金而应付的利息,就是期货交易的资金成本。资金成本通常以银行利息率来计算,它与期货交易金额、期货合约持有的时间成正比。资金成本作为期货交易必须支付的费用理应得到补偿,是构成期货价格的重要因素之一。

◆ 期货商品流通费用

在期货市场上有部分商品期货合约会进行实物交割,这样就必然要耗费商品流通费用,从而影响商品期货的价格。期货商品流通费用包括商品运杂费和商品保管费。

商品运杂费是期货交易的卖方在合约的交割日期前将商品运抵指定交割仓库所发生的运费、装卸搬运费、杂费等费用。商品运杂费的存在,使不同交易所的同一商品期货价格存在一定的差异。

商品保管费是指从期货交易开始到实物交割之间的一段时间内,因保管商品而发生的费用,包括仓库租赁费、检验管理费、保险费和商品正常的损耗等。

◆ 期货收益

期货交易者在期货市场上合约建仓价格与合约平仓价格之间的差额或者合约建仓价格与实物交割时现货价格之间的差额即为盈利或亏损。不论是套期保值者还是投机者,从事期货交易的目的就是要获得一定的经济收益,因此,预期利润也是期货价格的重要构成要素。从理论上讲,期货交易的预期利润包括两部分:一是社会平均投资利润,二是期货交易的风险利润。应该指出的是,期货交易中的预期利润,并不是均等地分配在各种期货价格或不同时间的期货价格之中的。对于每个期货交易者而言,能否获得预期利润或超额利润,主要取决于他的市场判断能力和操作技巧。

[**案例 5-1**] 国内电解铝行业因生产成本高昂而步履艰难

国内电解铝是一个高耗能行业,受国家宏观紧缩政策和能源短缺的影响,电解铝行业举步维艰。2004 年我国电解铝行业实现利润大幅下降,国内市场一半以上的电解铝企业经营亏损,约 150 万吨产能的扩产计划被迫放弃,另有近 100 万吨的扩产计划被推迟。产能在 1 万吨以下的 26 家企业及产能在 1 万吨至 5 万吨的 65 家企业,都有可能倒闭。那些已具规模的大企业,也纷纷减产。

点评:电价上涨是导致电解铝企业利润下降的最主要因素。电解铝行业属于高耗能行业,1 吨铝平均耗电高达 15200 千瓦时,国家调整电价前,用电成本就占电解铝生产成本的 35% 以上,因此,电价上涨对电解铝行业的影响尤为严重。电价每上涨一分钱,生产 100 万吨电解铝的利润就要减少 1.5 亿元。而且,从 2004 年下半年开始,企业自建电厂也要向国家交费。所以,仅电价提高一项,电解铝成本每年就要增加不少于30亿元。另外,作为电解铝生产原料的氧化铝价格居高不下,也加剧了电解铝企业利润的下滑。

由于电解铝行业属于高耗能行业,属国家产业政策限制的范畴。所以,国家还动用了信贷限制、原料进口限制和税率调整(如将铝出口退税税率从原来的15%下降到8%限制铝产品出口)等产业限制政策。如电解铝企业已很难获得新的银行贷款,电解铝项目资本金比例也由20%及以上提高到35%及以上。电解铝企业还被要求在年底前偿付短期银行贷款,许多企业流动资金周转困难,难以维持正常的生产经营。在各种因素的综合作用下,电解铝企业经营举步维艰,该行业大面积亏损。

[案例5-2]   大豆和豆粕之间的成本关系

大豆是大商所主要的交易品种,而豆粕次之,但近来后者之量仓规模开始显著放大。我们可以对大豆和豆粕之间的成本关系作一定的探究,以利于日后的跨品种套利。

我们知道,大豆可以压榨出豆油和豆粕。国产大豆按18%的出油率和78.5%的出粉率计,存在如下平衡关系:100%大豆=17%(19%)豆油+80%豆粕+3%(1%)损耗

因此也存在如下平衡关系:

100%大豆×购进价格+加工费用+利润=17%(19%)豆油×销售价格+80%豆粕×销售价格

点评:近来,国内养殖业对饲料的需求消费渐趋旺盛,国内豆粕供需呈现双双增长态势。在此背景下,大连豆粕日成交量由10多万手逐渐增至30多万手,创出豆粕近期成交天量。由于连豆日成交量扩增相对平稳,致使豆粕日成交量与连豆的相对比例显著上升。大连豆粕吸引了外围增量资金的积极进驻。特别是随着南方榨油行业和饲料行业的发展,经济发达的华东地区已成为国内豆粕主要集散地和销售区域,由此将吸引以南方豆粕加工商、消费商为代表的多方期现套利资金进驻连粕期市;加之豆粕交割细则新规定允许跨月交割,使得实物交割更加便利,豆粕交易渐趋活跃,豆粕与大豆之间的跨品种套利机会逐渐形成。由于大豆与豆油、豆粕之间存在如上平衡关系,当大豆、豆油、豆粕价格对比关系失衡之际,即可在大豆、豆粕跨品种套利。

第二节   基本分析法

◆ 基本分析法的概念

基本分析法是根据商品的估计产量、库存量和预计需求量,即根据商品的实际供给

和需求关系以及影响供求关系变化的种种因素来预测商品价格走势的一种分析方法。它以西方经济学中的供求理论为理论基础,利用市场供求关系等各种因素来解释和预测商品期货价格的变化趋势。在众多影响期货价格的因素中,供求因素是最基本也是最重要的因素,其他因素对期货价格的影响最终都是通过影响市场的供求因素来实现的。

期货价格的波动不但受到这些因素的影响,而且对期货交易者的收益起着直接的制约作用。因此,研究和掌握期货价格的影响因素,有助于期货交易者预测价格走势和制订可获利的交易计划和战略。

◆ 影响期货价格的因素

在期货市场中,基本分析方法是利用供求关系的变化来预测未来市场价格走势的变化,以决定买卖策略。它所分析的影响商品价格的因素,主要是供求因素,还有货币政策因素、经济波动周期因素、政治因素、自然条件因素以及投机心理等其他因素。这些因素最终都是通过供求影响期货市场价格的。

▽ 市场供求因素

商品的供求与价格是相互影响、相互制约的。从短期看,市场上商品的供求决定价格,从长期来看,价格决定着市场上的商品供给和需求。

● 影响供求变化的因素

一般而言,商品的供应量是本期可供市场的商品的数量,而它是由这一时期的生产量和净进口量因素决定的。从长期来看,影响商品供给的一般因素有:生产者人数、生产设备利用率、产品的特性(包括自然特性)、同类可替代产品的相对生产成本及供求情况、社会习惯、法规与政策影响等。需求量是指购买者在特定的地点、时间和价格上愿意购买并有能力购买一种商品或服务项目的数量。一般而言,购买者对某种商品或服务的需求量取决于如下因素:购买者的购买能力、人口的增长、消费偏好的转变、新用途的出现、替代品的供求情况、政府的库存增减、商品结构的变化等。

● 分析方法

了解某种商品的供求特点及其影响因素后,就要把有关因素组合起来,进行综合分析,以判断它们对价格的综合作用。研究商品供求变化关系最基本的方法是收集供给和需求数据后绘制供需平衡表。

1. 需求法则

对一种商品的需求量是由许多因素决定的,这些因素可以划分为五类:

(1)这种商品的价格。在一般情况下,价格越高,对它的需求量越小;价格越低,需求量越大。

(2)消费者的收入。一般而言,收入增加会导致对商品需求量的增加。

(3)消费者的偏好。如果消费者的偏好发生变化,如对咖啡的偏好程度变大,则他对咖啡的需求量就会增加。

(4)相关商品价格的变化。相关商品可分为相互替代的商品和相互补充的商品。在互补商品的场合中,一种商品价格的上升会引起另一种商品的需求量减少;在替代商品的场合中,一种商品价格的上升会引起另一种商品需求量的增加。

(5)消费者预期的影响。当消费者预期这种商品的价格不久将会上涨时,这种商品的需求量就会增加。

一般说来,在其他条件不变的情况下,商品价格越高,人们对它的需求量就越小;反之,商品价格越低,人们对它的需求量就越大。这就是一般商品的"需求法则"。

2. 需求弹性

需求的价格弹性是指需求量对价格变化的反应程度,或者说价格变动百分之一时需求量变动的百分比。当价格稍有下降即造成大量需求时,称之为需求有弹性;反之,当价格下跌很多但仅造成需求的少量增加时,则称之为需求缺乏弹性。

需求的价格弹性随着各种商品和劳务的不同而有很大的差别,就是同种商品和劳务,其弹性在不同的时间长度内也是不同的。这些差异主要基于三种因素:

(1)该商品是否有可接受的替代品。若存在替代品的商品,其需求弹性较大。

(2)消费者收入中花在该商品上的比重。如果比重大,需求就有弹性;如果比重小,需求就会缺乏弹性。

(3)消费者适应新价格所需时间。时间越长,越有弹性。

3. 需求量构成

商品市场的需求量通常由国内消费量、出口量和期末结存量三部分组成。

(1)国内消费量。它主要受消费者的收入水平或购买能力、消费者人数、消费结构变化、商品新用途发现、替代品的价格及获取的方便程度等因素的影响。一般来说,这些因素的变化对期货商品需求及价格的影响要大于对现货市场的影响。

(2)出口量。在产量一定的情况下,某种商品出口量的增加会使对国内市场的供应量减小;相反,出口量减少,会增加国内市场供应量。因此,它是影响国内需求总量的重要因素之一。分析其变化应综合考虑影响出口的各种因素的变化情况,如国际、国内市场供求状况,内销和外销价格比,本国出口政策和进口国进口政策变化,关税和汇率变化等。

(3)期末结存量。它是分析期货商品价格变化趋势最重要的数据之一。一般来说,当本期商品供不应求时,期末结存将会减少,商品价格往往就会上升,此时投资者就可以考虑买入期货合约;反之,若期末结转增加,则意味着当年的供应量大于需求量,商品价格一般会处于下跌趋势,此时投资者就可以考虑卖空期货合约。因此,分析本期期末存量的实际变动情况,即可从商品实物运动的角度看出本期商品的供求状况及其对下期商品供求状况和价格的影响。

4. 供给法则

厂商的目的是追求利润,而利润不过是收益和成本之间的差额。影响厂商收益和成本的因素很多,而且,也正是这些因素决定着一种商品的供给量。除了随机因素之外,决定一种商品供给的主要因素包括以下几种:

(1)该种商品的价格。一般而言,价格上涨,生产者就会设法增加供给量;价格下降,就会减少供给量。

(2)生产技术水平。一般而言,技术水平低,供给量少;技术水平高,供给量就多。

(3)其他商品的价格水平。如果某个生产者的商品价格没有变化而其他商品价格上涨,或者其商品价格的涨幅远远小于其他商品价格的涨幅,那么,生产者就会转而生产其他商品。结果,这种商品的供给量减少,其他商品的供给量增加。

(4)生产成本。如果生产要素的价格上升导致成本上升,利润就会减少,供给量就会缩小;反之,成本下降致使利润增加,就会促使供给量扩大。

(5)预期。这也是影响商品供给量的一个重要因素。

一般说来,市场价格越高,卖方愿意为市场提供较多的产品数量:价格越高,供给量越大;价格越低,供给量越小。这就是"供给法则"。

5. 供给弹性

供给法则说明了供给量与价格间的变动方向,但没有显示出变动的幅度。不同商品的供给量对价格的反应敏感性可用供给弹性说明。供给弹性是指价格变化引起供给量变化的敏感程度,即价格变动百分之一时供给量变动的百分比。

一般来说,大多数商品在短期内的供给都相当缺乏弹性,因为生产者对于价格上涨的反应有时间上的滞后性,生产者或厂商不可能仓促地依据价格短时间内的变化而频繁地改变生产计划。所以,大多数商品在短期内的供给价格弹性较低。

然而,影响某一商品供给量变动的因素除了价格之外,还有其他因素,如生产成本的增加、竞争性商品价格的变化等。

6. 供给量构成

供给方面主要考察本期商品供给量的构成及其变化。本期商品供给量主要由前期库存量、本期产量和本期进口量三部分组成。

(1)前期库存量是指前期积存下来可供社会消费的商品实物量,它是构成总供给量的重要部分。根据存货持有者身份的不同,可分为生产者存货、经营者存货和政府存货。前期库存量的多少,体现着供应量的紧张程度,供应短缺将导致价格上涨,而充裕的供应将导致价格下跌。因而,对于能够储藏的小麦、玉米、大豆等农产品以及能源、金属矿产品等,研究前期库存是非常重要的。

(2)本期产量是指当期商品的生产量,是市场商品供给量的主体。期货合约所交易的商品是在合约成交时刚投产或即将投产的产品,与前期库存量不同,商品生产者可能受各种因素的影响而改变实际的产量,因此本期产量是个变量。这一点在受自然因素影响较大的农产品上表现得尤为明显。对于农产品期货,必须注意分析研究播种面积、气候情况和作物生产条件、生产成本以及政府政策等因素的变动情况,这样才能较好地把握本期生产量。

(3)本期进口量是对国内生产量的补充,通常会随着国内市场供求平衡状况的变化而变化。同时,进口量还会因受到国际国内市场价格差、汇率、国家进出口政策以及国际政治因素的影响而发生变化。

[**案例 5-3**]   铜:出现重演历史的迹象

LME 铜库存从 2007 年底的 197450 吨下降至 2008 年 1 月末的 170650 吨,COMEX 库存从 15604 吨小幅下降至 13978 吨,上海的铜库存也从 25597 吨下降至 20245 吨。全球显性库存在 2008 年 1 月份下降了将近 35000 吨,同时,LME 注销仓单回升至极高的水平,库存的下降趋势在短期内仍有望延续。这一方面表明因铜矿品位下降及加工费过低导致产量的下降,另一方面也表明美国等西方发达国家需求的下降数量仍远低于中国、印度等发展中国家需求强劲增长的数量。也就是说,尽管西方发达国家的需求因经济增长速度的放慢而出现下降,但是实际上精铜供应紧张的状况在较长时间内仍然很难得到缓解;而一旦美国等国家的经济渡过难关,精铜供应很可能将再次呈现高度紧张的状态。

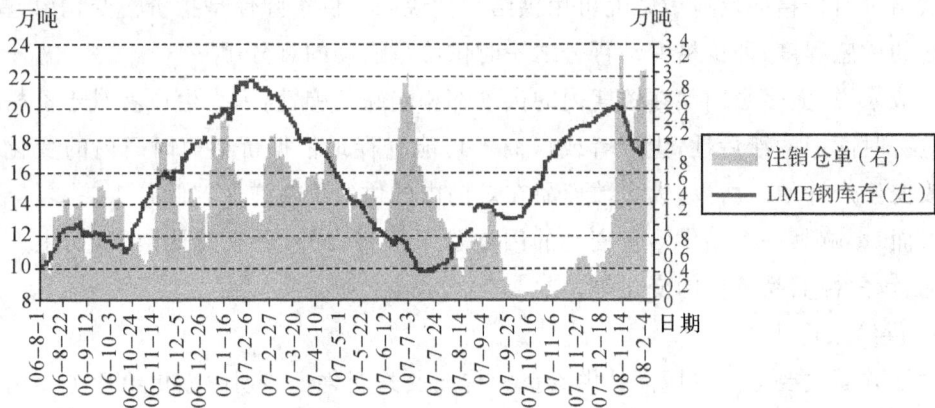

资料来源:国际铜业研究小组(ICSG)。

根据国际铜业研究小组(ICSG)最新统计数据显示,铜的供求情况已经由 2006 年以前的供不应求逐步转变为过剩,并且供求过剩将继续扩大。

2006 年全球精炼铜的供应过剩 23 万吨。预计 2007 年全球精炼铜供应过剩量为 11 万吨(约占铜总消费量的 0.6%);而 2008 年全球铜供应过剩量扩大到 25 万吨(约占铜总消费量的 1.3%)。到 2009 年,全球铜供应过剩将继续扩大。

市场分析师普遍认为市场会出现供应过剩的压力,但是从实际情况看,一方面如果铜,尤其是精炼铜供应过剩,那么铜精矿加工费必然会出现明显的回升;另一方面维持低水平、甚至仍有可能进一步下降的库存表明,供应紧张的状况仍将在较长时间内持续存在。

点评:虽然铜价出现回升走势,但市场仍面临着宏观经济前景堪忧的困扰。中国、印度等国的强劲需求仍将支持铜价不至于出现下跌,在 LME 注销仓单数量大幅增加的情况下,重新紧张的供应状况仍有望支持铜价回升,而回升的力度主要取决于中印等国的需求能否保持强劲。

[案例 5-4]　从西方世界原铝供需结转状况验证其价格的变化

（单位:千吨）

项　目	1998 年	1999 年	2000 年	2001 年前 10 个月
年初存货	2591	3130	3351	2722
全年产量	16643	17214	17654	14161
净进口量	2620	2551	2118	2227
总供应量	21854	22895	23123	19110
全年消费量	18724	19544	20401	16112
总需求量	18724	19544	20401	16112
期末库存	3130	3351	2722	2998
LME 三月铝均价(美元/吨)	1379	1389	1567	1305

点评:从以上原铝实物运动的角度看,2000 年期末库存大量减少,市场价格相应较高,与前所述相吻合。1998、1999 两年期末库存相差约 8%,但价格几乎相同,与前所述不大吻合;2001 年的结果也与前所述不相吻合。这就要从影响商品价格的其他因素去分析具体原因了。

▽ **政策因素**

政策因素包括经济政策因素和货币政策因素。两者的调整比较频繁,因而对期货价格影响也很大。

● 经济政策因素

各个国家为了维护自身的政治和经济利益,常常会制订和修改某些政策和措施,有些政策和措施会对期货价格产生不同程度的影响。除了国内政策措施的变化外,国际性商品协定和组织机构的政策变化也会对期货市场价格产生影响。世界上一些大宗商品如石油、铜、橡胶、咖啡、可可等的主要生产国和消费国,大都订立了贸易协定,成立了国际性行业组织,例如石油输出国组织、国际锡生产国协会、天然橡胶生产国协会等。这些国际性商品协定和国际组织,为维护其利益,经常采取一致的政策措施来影响国际市场的商品供求关系和市场价格,例如,削减产量、出口管理制、限制价格波幅等。这些政策措施对期货市场商品价格产生不同程度的影响,如石油输出国组织经常召开部长级会议,经协商规定各成员国最高日产量,以防止因生产过剩而造成油价下跌。

[案例 5-5]　对转基因大豆的进口实行新管理规定引起国内大豆期货价格的波动

2002 年 1 月 7 日,我国宣布自 2002 年 3 月 20 日起对转基因大豆的进口实行新的管理规定,并将对转基因大豆进口实行申报制。此消息一经公开,大连商品交易所大豆价格连续出现两个半涨停板,由 1984 元/吨暴涨至 2124 元/吨,升幅达到 7%。

点评:对转基因大豆的进口实行新的管理规定,无疑会对我国大豆的进口产生较大的影响。这类政策对经济生活影响很大,也必然会对期货价格产生较大的影响。

- 货币政策因素

在期货市场中,货币政策因素对期货价格的影响主要表现在货币供应量、贴现率、利率和汇率等方面。美元、欧元、日元、英镑等主要国际流通货币的利率或汇率的波动,对期货市场价格有着极为明显的制约作用。货币量的多少决定商品期货价格的大体走势,因此在分析期货市场的价格走势时,必须注意各国金融货币变动的情况及其对商品价格可能带来的影响。

1. 货币供应量

货币供应量的多少决定商品期货价格的大体走势。当货币供应量增加时,商品价格随之上升;反之亦然。货币供应量与商品价格成正比关系。货币供应量对金融期货的影响最大,货币供给量的多寡直接影响金融期货的价格。如股指期货,货币供应量增加,股指期货价格上扬,反之则下跌。因为货币供应量增加,说明社会上的游资相应增加,股价则随之上扬,处于牛市的股指期货价格自然会向上攀升。

2. 利率

当银根紧缩时,利率上升,加重了期货交易商的利息负担,增加了交易成本,迫使一些交易商尽早平仓或退出市场,使期货价格趋跌;当银根放松时,利率降低,又会刺激投资者积极参与期货交易,使市场活跃,期货价格趋升。

3. 汇率

世界贸易中绝大部分农产品、主要工业原材料和能源的价格,是根据世界各地相应的商品交易所的成交价格确定的。随着汇率的调整,国际商品的价格也会上下波动。根据测算,美元相对日元贬值 10%,则日本谷物交易所的进口大豆价格也会相应下跌10%。因此在期货交易中,考虑所选用的计价货币及其他货币的汇率变动对期货价格的影响是相当重要的。

[案例 5-6]　利率与期货价格之反比关系

在 2001 年 9 至 11 月份，伦敦金属交易所 3 个月铜价已经下跌至 1972 年以来的最低点 1336 美元/吨，但是受到美联储利率的大幅下调刺激，投资者对经济前景以及消费驱动、商业库存消耗等的态度发生改变，促使铜价大幅反弹，至 2002 年 2 月，伦敦金属交易所 3 个月铜价已经反弹至 1637 美元/吨，升幅超过 20％。

点评：货币政策因素对期货价格产生影响，但是，利率的影响又是一个重要因素，利率降低，会刺激投资者积极参与期货交易，使市场交易活跃，期货价格上升。

[案例 5-7]　美元升值引发商品期货价格下跌

如果某国的货币贬值，即美元升值，那么贬值国商品在美国商品交易所中的期货价格因美元升值而下跌，而在国内商品交易所本币表示相应商品的期货价格则上升。1976 年 11 月 11 日英镑被迫贬值 143％，1968 年 3 月份羊毛的期货价格在纽约商品交易所由原来的每单位羊毛 114 美元下降至每单位羊毛 102 美元，而在伦敦商品交易所由原来的每单位羊毛 97 英镑上升至贬值后的每单位羊毛 103 英镑。

[案例 5-8]　美联储升息导致美元汇率变化引起期铜价格走高

2004 年 2 月初美联储如期升息 25 个基点，使得美元兑欧元等主要汇率出现大幅反弹。美国商务部公布的美国 2004 年贸易赤字扩大至创纪录水平的 6177 亿美元，则成为了近期美元走低的转折点。美元兑欧元的走强导致国际铜市争相结清多头期铜部位。铜等金属本身强劲的基本面因素，加上美元的走软，增强了以美元计价的商品对其他货币消费者和投资者的吸引力，从而刺激了基金对铜等金属进一步的购买兴趣。伦敦金属交易所等国际铜市继而创出了新高。

点评：从近期铜价上涨以及背后影响的因素来看，铜市本身基本面状况固然是支持铜价上涨的主要原因，但美元走弱再度引发基金买盘，则是主导市场交投的关键因素。技术以及市场结构导致的基金挤仓也推动了铜价上涨。

4. 贴现率

贴现率提高，则从事期货交易的成本提高，市场利率的提高，经济趋于紧缩，期货价格下跌；贴现率调低，则资金成本变低，且经济趋于扩张，期货价格上涨。

▽ **经济波动周期因素**

经济形势的好坏与社会总供求状况、期货商品供求关系存在着密切的联系。期货市场是与国际市场紧密相连的开放市场,因此,期货市场价格波动不仅受国内经济波动周期的影响,而且还受世界经济态势的影响。经济周期一般由四个阶段构成,即危机、萧条、复苏、高涨。

在危机阶段,由于需求萎缩、供给大大超过需求,库存增加导致了价格的猛烈下降;在萧条阶段,价格下跌停止,但这一阶段社会购买力仍然很低,商品销售仍然困难,因此,价格仍处于低水平上;进入复苏阶段,由于生产的恢复和发展以及需求的增加,价格逐渐回升;到了高涨阶段,由于商品需求不断增加,而供应量满足不了日益增长的需求,价格可能迅速上涨至较高水平。

商品价格在经济周期各个阶段的变化会导致期货市场出现短期的价格上涨或下跌。因此,当我们分析较长时期期货价格走势时,应该密切注意国内外经济形势的变化。我们一般可以通过各国的经济增长率、国民生产总值等指标判断经济的繁荣与萧条,通过货币供应量、各种物价指数的高低判断通货膨胀的情况。

[案例 5-9]　经济波动周期影响大宗商品期货价格走势

经济波动周期是影响大宗商品期货价格的重要因素之一,美国次贷危机引发全球风暴,形成了波及全球金融经济的金融危机,也冲击了全球商品期货市场,导致全球主要大宗商品价格暴跌,市场价格剧烈波动,市场风险加大。WTI 原油期货价格由 2008 年 7 月份的最高 147.47 美元/桶跌至 2008 年 11 月 21 日的 50 美元/桶以下,跌幅超过一半以上;铜、大豆等主要商品期货价格也在 2008 年内由高位下跌 50% 以上。

点评:经济波动周期对商品现货价格产生直接影响,它还通过现货价格的作用使期货价格跟着产生波动,经济波动周期的传导作用对期货价格有重要影响。

▽ **政治因素**

政治与经济历来都是密不可分的,一个地区、一个国家乃至世界的政治局势,对经济的影响都是很大的。期货市场对政治局势的变化异常敏感,政治性事件的发生常常对价格产生不同程度的影响。当政局动荡时,经济整体受到影响,期货市场受到冲击,期货价格也会剧烈动荡。国内重大政治事件,例如政变、内战、罢工、大选、劳资纠纷等;国际重大事件,例如战争、冲突、经济制裁、政坛重要人物逝世或遇刺……所有这些因素都会导致期货价格的波动。

[案例 5-10]　战争对商品期货市场走势的影响

1989 至 1990 年发生的伊拉克入侵科威特战争,因可能导致原油产量供应减少的预期,使国际市场原油价格由战前的 16 美元/桶激升至 35 美元/桶以上,涨幅达到 120%。

著名的"9·11"事件及由此引发的阿富汗战争,也引发了商品期货价格的大幅波动:2001年9月11日当天伦敦铜价上扬1.8%,随后即出现下跌走势,该波下跌行情引致的低点达到1336美元/吨;亚洲橡胶价格在2001年9月12日对"9·11"事件做出剧烈反应,胶价大幅度上扬,但是随着事件的持续以及美国发动对阿富汗战争,胶价随即止住上扬的势头,步入下跌通道,直至2001年11月29日创下本轮下跌行情低点62日元才重新步入上扬轨道。

点评: 重大政治事件的发生常常对商品期货价格造成不同程度的影响。期货市场受到冲击,期货价格也会剧烈动荡。一些投机商往往利用局势的变化,在期货市场中进行投机交易活动,有时甚至扰乱市场的正常交易,使得期货价格涨跌无常。

▽ **自然条件因素**

自然条件主要是指气候条件、地理变化及自然灾害等,具体包括洪涝灾害、干旱、台风、霜冻、虫灾、地震等方面因素。由于期货商品大多为初级大宗物资,如大豆、小麦、铜、铝以及橡胶等,其生产消费与自然条件密切相关。有时候自然条件出现的变化,会对这些产品的正常生产和消费带来较大影响。此外,一些商品的产地与交易所交割仓库相距较远,若气候条件变化耽误正常运输,造成短期供应紧张,也会对期货价格产生明显影响。自然因素对期货交易商品,尤其是受自然因素影响大的农产品,具有相当的制约性:当自然条件不利时,农作物的产量就会受到影响,从而使供给趋紧,刺激期货价格上涨;反之,如气候适宜,又会使农作物增产,增加市场供给,促使期货价格下跌。例如,巴西灾害性天气的出现,对国际上咖啡和可可的价格影响很大。

由此可见,自然因素对期货价格形成的刺激作用往往既是剧烈的,又是短暂的,除非因自然条件的改变对商品的长期供求产生深远影响,否则价格原先的趋势一般会慢慢恢复。

▽ **投机和心理因素**

在期货市场中有大量的投机者,他们参与交易的目的就是利用期货价格的上下波动来获利。当价格看涨时,投机者迅速买进合约,以期价格上升时抛出获利,而大量投机性的抢购,又会促进期货价格的进一步上升;反之,当价格看跌时,投机者迅速卖空,当价格下降时再补进平仓获利。而大量投机性的抛售,又会促使期货价格进一步下跌。在期货市场中,大投机商经常利用某些消息或价格的波动,人为地进行买空和卖空,从而对期货价格的变动起推波助澜的作用。

[**案例 5-11**] 美国白银大王纳尔逊·亨特炒作白银案例

从1979年开始,纳尔逊·亨特和他的兄弟在纽约商品交易所(NYMEX)和芝加哥期货交易所(CBOT)以每盎司6~7美元的价格大量收购白银,到当年年底已控制纽约商品交易所53%的存银和芝加哥商品交易所69%的存银,共拥有1.2亿盎司的现货和

0.5 亿盎司以上的期货。在亨特的操纵下,至 1980 年 1 月 17 日,银价已涨至 48.7 美元/盎司,半年期间银价上涨了 4 倍。到 1 月 21 日,在黄金市场的刺激下,白银价格达到 50.35 美元/盎司的历史高峰,比一年前上升了 8 倍多。在此期间,由于美国紧缩银根,联邦利率大幅上升,经济危机波及全球,投资者纷纷退出期货市场,导致白银价格从高峰直泻。到 3 月底,银价已跌至 10.8 美元/盎司,致使白银市场几乎陷入崩溃的境地,亨特兄弟在这场白银投机大风潮中损失高达数亿美元。

点评: 这种疯狂的投机行为造成白银价格和实际需求完全脱节,制造出了一种虚假的投机性需求。实际上,由于银价的狂升,引起工业需求量的急剧缩减。亨特兄弟利用某些消息或价格的波动进行投机性买空与卖空,存在巨大的风险,结果是给自己带来巨额亏损。

期货交易者的心理因素有时对期货价格有很大程度的影响。当人们对市场信心十足时,即使没有什么利好消息,价格也可能上涨;反之,当人们对市场失去信心时,即使没有什么利空因素,价格也会下跌。

在心理因素分析中,我们着重需要分析的是市场大众参与者的心理因素,俗称市场散户人气,这是衡量市场态势的重要参考指标。大众心理往往更能够客观反映广大期货交易者对期货价格走向的看法,我们可以借用一些调查工具来进行动态跟踪。

◆ 基本分析与交易决策

为了更好地把握进行期货交易的有利时机,交易者在利用上述各项因素对商品期货价格走势进行定性分析的同时,还应利用统计技术进行定量分析,提高预测的准确度,甚至还可以通过建立经济模型,系统地描述影响价格变动的各种供求因素之间相互制约、相互作用的关系。计算机的应用,使基本因素分析中的定量分析变得更加全面和精确。利用计量经济模型来分析各经济要素之间的制约关系,已成为基本因素分析法的重要预测手段之一。

在基本分析的领域中,涵盖着一系列交织的信息网。这些信息不属于技术分析的范畴,它的组成是以导致行情变动的基本因素为主的。价格的涨跌往往是某些基本因素综合作用的结果,若中央银行公布消费者物价指数过高,则投资人便会有一个预期的心理,即央行将于未来某时调高利率,作为防止通货膨胀继续升高的阻力。此时,心理因素和货币政策因素起了主要的作用。因此,在做交易决策时,若能了解基本因素对价格的影响,使市场行情明朗化,就可以做出正确的交易决策,提高获利能力。

当然,投资者应当将基本分析作为交易决策的工具之一,不可以过度坚持基本面的看法。一个有效的交易决策必须结合基本面与技术面的分析,具体原因如下:

▽ 市场可能不会真实反映基本面情况

市场会反映所有已知的信息。但是,由基本面所引发的重大价格走势也往往会发生在实际价格走势之前。

[**案例 5-12**]　公布原油增减产消息与价格涨跌不同步

在能源市场上经常发生如下情形,如 OPEC 公布原油减产,价格将于下一季开始调涨。此时在市场上,一些与石油相关类股的价格,会因为受到原油价格将要调涨及投资人的预期心态而有所变动。虽然当时原油价格尚未调整,随着时间的推移,消息与价格涨跌幅度会出现较大变化,之所以出现这一状况,是因为消息与原油实际调整有一段相当长的落差,并且一波行情经常让价格远离基本面的均衡水准,之后再出现折返走势。

点评: 本案例反映的是,基本面的变化并不一定引起价格的相应波动。反之,市场上也经常出现价格大幅波动但基本面并没有显著变化的情况。一个较合理的理论应该是:价格有时会落后或领先既有的信息所隐含的市场价格水准。事实上,当市场受到基本面的影响,使得价格远离均衡水准,而这时又出现类似的基本面消息,价格将会朝反向调整。如利空消息出现后市场价格反而涨了。

▽ **基本面的发展也分长期与短期两方面**

长期发展,它的简易解释是:假设其他条件维持不变,则利多消息有助于价格的上涨。而短期发展的解释就有所不同了。它主要考虑的是市场对消息面的反应。因而,将重点放在了基本面上的消息与价格之间的背离。由此,也可以解释为何利多(利空)的基本面发展反而造成了价格的下跌(上涨),或价格上涨(下跌)不如预期强势的状况。投资者在操作过程中要因地制宜,具体问题具体分析。

如在一波上涨的行情中,低利率、景气复苏等基本面的因素开始显现了,可是,当这些基本面因素明朗化时,价格已经上涨了一段。为减少决策的误差,投资人就应将利多的基本面行情适当做空平仓。所谓"利好出尽是利空"即如此。因此,投资者在做决策时应结合基本面的背景等综合考虑相关因素,以提升交易的绩效。

[**案例 5-13**]　影响天然橡胶价格之基本因素分析

2004 年 3 月中下旬,沪胶期货在经历了几周的横盘整理后,因东京市场胶价从高位回落,触发主力 7 月合约多头平仓,价格连续下跌。但现货市场上,胶价却仍在高位横盘整理,泰国 RSS3 号胶出口报价仍在 1330 美元/吨以上,同时国内现货市场价格也同样处于高位,产区价格在 15000 元/吨附近波动,销区价格基本在 14800 元/吨左右。

影响天然橡胶价格波动的主要因素,大致可以归纳为以下七点:

(1)国际天然橡胶市场供求情况及主要产胶国的出口行情。

(2)我国天然橡胶的生产和消耗情况。我国天然橡胶生产的数量、成本直接关系到国内胶市的价格。同时,国内天然橡胶使用量的变化和加工企业对天然橡胶价格的接受能力也影响天然橡胶的价格水平。

（3）我国对天然橡胶的税率水平。从 2000 年 1 月 1 日起，国家正式设立进口天然橡胶的"配额内税率"这一项目，此类税率是全额完税类，国家不限制其流向和用途，不进行跟踪，可以进入流通市场及参与期货市场的交割。

（4）合成胶的生产及应用情况，包括合成胶的上游产品原油的市场情况。天然橡胶与合成胶在某些产品上可以互为替代使用，因此当天然橡胶供给紧张或价格趋涨时，合成胶用量则会上升，两者的市场地位存在互补性。另外，由于合成胶是石化类产品，石油价格会影响合成胶的价格水平。

（5）主要用胶行业的发展情况，如轮胎及相关的汽车工业。天然橡胶的主要用于制造轮胎，轮胎行业的景气度直接影响天然橡胶市场。

（6）自然因素：季节变动和气候变化。橡胶树整年都可采割，但其产量呈季节性变动。

（7）政治因素：政策和政局的变动。各国政府对天然橡胶生产和进出口的政策会影响天然橡胶价格走势；天然橡胶是重要的军用物资，对重大政治事件的发生有较敏锐甚至强烈的反应，在发生战争时，各国必须最大限度地确保橡胶的应有库存数量。

点评：期货交易价格受多方面因素影响，案例从基本面方面对影响天然橡胶价格波动的主要因素进行了较为详细的分析，认为市场供求情况、市场交易行情、我国现货市场情况、政策因素、自然因素、政治因素等因素不同程度对天胶期货价格造成影响，这些因素也是投资者判断期价的基础因素。

第三节　技术分析法

基本分析方法虽然是预测价格走势的一种很重要的方法，但即使交易者掌握了所有影响价格的信息，也难以十分准确地把握价格走势。技术分析法可以弥补基本分析的不足。

◆ 技术分析法的概念

技术分析是通过对市场行为本身的分析来预测市场价格的变动方向，即根据期货合约价格的历史数据，在图表上有条理地记录下来，通过归纳分析来推测未来价格的趋势。其基本理由是：能够影响期货价格的各种外来因素，最终都会通过交易者的各种心理反应（如担忧、兴奋等）以及由此引起的买卖行为在市场中发生作用。其作用的方向和力度可以在价格、成交量和未平仓合约的变化上体现出来。因此，只要掌握了市场本身提供的资料，并采用图形、图表等工具作辅助，即可有效地预测未来价格的走势。

◆ 技术分析法的三大假设

一是市场行为反映一切，这是技术分析的基础。技术分析者认为，市场的投资者在决定交易行为时，已经充分考虑了影响市场价格的各项因素。因此，只要研究市场交易行为就能了解目前的市场状况，而无需关心背后的影响因素。

二是价格呈趋势变动，这是进行技术分析最根本、最核心的因素。"趋势"概念是技术分析上的核心。根据物理学上的动力法则，趋势的运行将会继续，直到有反转的现象产生为止。事实上价格虽然上下波动，但终究是朝一定的方向前进的，这当然也是牛顿惯性定律的应用，因此技术分析法希望利用图形或指标分析，尽早确定目前的价格趋势及发现反转的信号，以掌握时机进行交易获利。

三是历史会重演，这是从人的心理因素方面考虑的。期货投资无非是一个追求利益的行为，不论是昨天、今天或明天，这个动机都不会改变。因此，在这种心理状态下，人类的交易将趋于一定的模式，而导致历史重演。所以，过去价格的变动方式，在未来可能不断发生，值得投资者研究。投资者可以运用统计分析的方法，从中发现一些有规律的图形，整理出一套有效的操作原则。

技术分析法可划分为图形分析和指标分析两大类。图形分析是将历史价格按时间序列数据绘成图形，从图形表现的价格波动形态和趋势来判断未来价格走势。图形分析主要运用 K 线图、趋势线、形态等进行分析。指标分析则主要运用移动平均线（MA）、相对强弱指标（RSI）、随机指标（KD）、平滑异同移动平均数（MACD）、人气指标（OBV）等进行分析。

◆ 图形分析

▽ K 线图

K 线图源于日本江户时代的米市，因其图形类似于蜡烛状而又称蜡烛图。K 线图的构造为：上影线、下影线以及实体，分别代表了最高价、最低价、开盘价及收盘价。按不同的内容，K 线图可分为价格 K 线图和成交量 K 线图；按不同的时间，K 线图又可以分为日 K 线图、周 K 线图、月 K 线图、年 K 线图以及 1 分钟、5 分钟、15 分钟、30 分钟及 60 分钟 K 线图表等。周 K 线图、月 K 线图和年 K 线图一般适合于中、长线交易分析，其余的 K 线图则适用于短线交易。

K 线图是以单位时间的开盘价、收盘价、最高价和最低价用蜡烛形连接起来的图形。在 K 线坐标图上，竖轴代表期货合约的价格，水平轴记录对应的时间项，时间标在图表的底部。我们主要以日 K 线图作为研究对象。

• K 线图的绘制及其含义（见图 5-1）

（1）开盘价与收盘价之间以实体表示。收盘价比开盘价低，为阴实体，用黑色表示；收盘价比开盘价高，为阳实体，用红色表示（本书中用空白代替）。

(2)最高价高于实体的上限,称为上影线,用细线表示,其颜色与实体的颜色一致;若最高价等于收盘价或开盘价,则无上影线。

(3)最低价低于实体的下限,称为下影线,用细线表示,其颜色与实体的颜色一致;若最低价等于开盘价或收盘价,则无下影线。

(4)收盘与开盘价相等,则称为特殊型K线。包括T字型K线、倒T字型K线、十字型K线和一字型K线。具体颜色由当日收盘价决定,如其低于前一日收盘价,则特殊型K线的颜色以黑色表示;反之,则用红色表示(本书中用空白代替)。

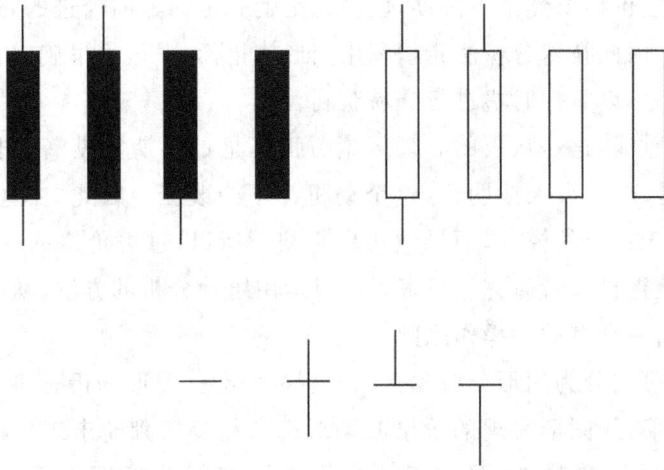

图 5-1　K线图(12类)

按以上规则,单根K线图可以细分为12个种类,即光头光脚阴(阳)K线、含上影线的光脚阴(阳)K线、含下影线的光头阴(阳)K线、含上下影线的阴(阳)K线以及T字型、倒T字型、十字型和一字型K线。前八类K线图的含义一般是指当日空方(阴线)和多方(阳线)势力占优,势力的强弱具体由实体长短决定。实体越长,势力越强。后四类K线图一般表示价格走势可能面临转势,当然,具体还得参照成交量等指标加以判断。

• 主要K线组合图的含义及其应用

虽然通过单根K线图能对未来走势作一定的判断,但在具体操作中,往往会有失误。而应用K线组合后进行行情分析,准确性则会大幅提高。以下是几种经典的K线组合图及其应用法则。(阳线用斜线实体表示,阴线用阴影实体表示。)

1. 两阳夹一阴(见图 5-2)

图 5-2

形态特征:

上升途中两根阳线夹一根阴线,阴线被包含在里面。

分析要诀:

上升趋势中出现两阳夹一阴,短线看涨。

2. 两阴夹一阳(见图 5-3)

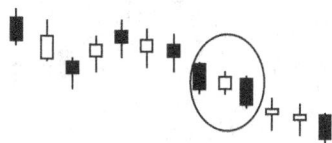

图 5-3

形态特征:

下跌途中两根阴线夹一根阳线,阳线被包含在里面。

分析要诀:

下跌趋势中出现两阴夹一阳,短线看跌。

3. 早晨之星(见图 5-4)

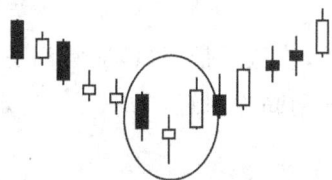

图 5-4

形态特征:

早晨之星由三根 K 线组成,表示可能见底回升。

第一日:在连续跌势中出现一根长阴 K 线。

第二日:出现实体较短的 K 线,可以是阴 K 线或阳 K 线。

第三日:中阳线,回升到第一根 K 线实体的一半之上。

分析要诀:

(1)早晨之星底部反转形态出现在长期下跌之后、暴跌之后、上升回调后,准确率很高。

(2)成交量相应放大,是重要的验证信号。

(3)谨慎的投资者可以把早晨之星形态看成一个提示信号,待价格突破下跌趋势线或出现其他验证信号时再采取行动。投资者可把止损位设在早晨之星的最低处,有效跌破最低价应止损。

4. 黄昏十字星(见图 5-5)

形态特征:

黄昏之星由三根K线组成,形态刚好与早晨之星相反,表示可能见顶回落。

第一日:在升势中出现一根长阳线。

第二日:出现实体较短的K线,可以是阴K线或阳K线。

第三日:中阴线,回落到第一根K线实体的一半之下。

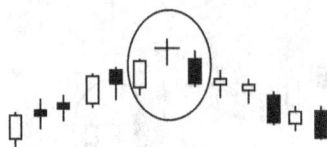

图 5-5

分析要诀:

(1)黄昏之星经常出现在上升趋势中,预示上涨行情可能好景不长,即将发生反转;如果黄昏之星出现在横向整理区域的顶部,通常也具有看淡的迹象。

(2)一般情况下第三根阴线与星线之间没有价格跳空,但如果出现了价格跳空,更增加了黄昏之星形态的看跌迹象。

(3)第三根K线实体扎入第一根阳线实体的位置,一般来说超过得越多,看跌的迹象越强。

(4)如果星线的上影线较长,或星线带巨量,通常都是见顶信号。

(5)黄昏之星出现在突破前期高点附近,几乎可以肯定是反转信号。

5.乌云盖顶(见图 5-6)

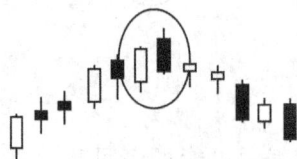

图 5-6

形态特征:

乌云盖顶由两根K线组成,是一种见顶回落的形态。

第一日:一支强劲的阳K线。

第二日:开市价高于第一日最高价,收市于当日底部且深入第一支阳K线的内部。

分析要诀:

(1)第二根K线(即阴线)应高开于第一根K线的最高价之上,但收盘价大幅回落,深入的幅度越大,信号越强烈。

(2)第二根K线在开市阶段曾经向上突破明显的阻力位然后掉头向下,说明多头上攻乏力,大势见顶的迹象已经显露。

(3)第二根K线的成交量明显放大,说明市场主力高位派发的意愿已很强烈。

6. 穿头破脚(见图 5-7)

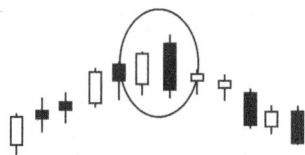

图 5-7

形态特征：

穿头破脚由两根 K 线组成,表示行情将要转向。

穿头破脚第二根 K 线实体部分长于第一根 K 线且 K 线颜色相反;若是上升行情,第一根 K 线为阳线,若是下跌行情,第一根 K 线为阴线。

分析要诀：

(1)穿头破脚用于分析股市大盘的可靠程度要高于个股。因为个股中出现这种形态不排除市场主力的刻意而为,并非市场逻辑的必然。

(2)形成穿头破脚形态必须在事先有明显的上升或下跌趋势。

(3)穿头破脚实体部分必须完全包含前一根 K 线的实体部分,而上下影线可能不考虑。

(4)伴随成交量的急剧放大,量比应在 3 倍以上,若能达 8～10 倍,几乎肯定会发生反转。

(5)穿头破脚 K 线包含的 K 线数目越多,说明反转越强烈。

7. 红三兵(见图 5-8)

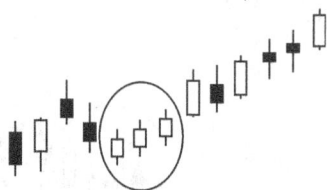

图 5-8

形态特征：

红三兵由三根阳 K 线组成,表示可能见底回升。

红三兵的三根阳 K 线每日收市价格均往上移。

分析要诀：

(1)红三兵一般出现在市场见底回升的初期,因而升幅不大,动作缓慢,但升势相当稳定。此阶段逢低建仓可以来得相当从容,且风险不大。

(2)成交量方面也相当平稳,与前期缓慢下跌时的量差不多持平,但在随后的突破飙升阶段,成交量会成倍放大。红三兵一般预示市场见底,并在稍后阶段产生"井喷"式上升的机会甚大。

(3)如果红三兵的阳线实体过长,短期震荡指标显示有超买迹象,应引起注意。

(4)上涨趋势持续一段时间后出现前方受阻形态就采取保护性措施。

8. 三乌鸦(见图 5-9)

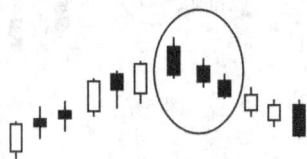

图 5-9

形态特征:

三只乌鸦由三根 K 线组成,表示可能见顶回落。

三只乌鸦由三根阴 K 线组成,且每日收市价都下移。

分析要诀:

(1)三根阴线相连,且每天的收盘价均低于上一日的收盘,表明多方已经实力不济,有大厦将倾的忧虑。

(2)每天的开盘价都在上一日 K 线的实体部分,但收市价接近每日的最低价,下跌的节奏较为平和。

(3)成交量温和放大,市场的杀跌能量开始有节制地释放,表明市场随后可能有加速下滑之虞。

(4)三只乌鸦 K 线组合中,一般都有机会在第一时间平仓离场,因而暂时离场观望是上策。

9. 上升三部曲(见图 5-10)

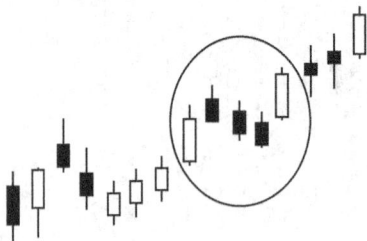

图 5-10

形态特征:

上升三部曲一般由五根 K 线组成,表示行情将要上升。

第一日:一根长阳 K 线。

第二、三、四日:三根实体短小、收市价不规则的阴 K 线,高低幅度在第一日幅度内。

第五日:一根强劲的阳 K 线,收市价超过第一日收市价。

分析要诀:

(1)上升三部曲表明升势将延续,可以考虑建仓或者加码买进。

（2）在第一部分,成交量应较大,而第二部分(第二、三、四日)休整时,成交量应萎缩。第三部分的成交量也要明显放大,否则应再加观察。

（3）第三部分应是对前两部分高点的突破,市价创出上升以来的新高。对于喜欢在市场突破时买入的交易者来说,机会不可错过。

（4）上升三部曲应当出现在大阳线之后,表示多头快速上攻,然后通过三根小的阴线进行休整。第五天的阳线跳空开盘,并一举攻上第一天形成的桥头堡。

（5）休整的时间可能不止三天,但小阴线的价格范围应始终保持在第一天大阳线的价格范围之内。

（6）调整的三根阴线对应的成交量应有可辨认的缩量趋势。

10. 下降三部曲(见图 5-11)

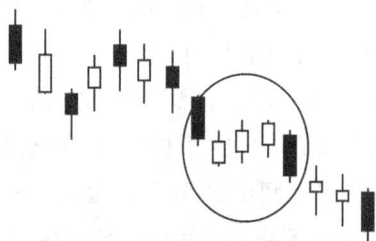

图 5-11

形态特征:

下跌三部曲由五根 K 线组成,表示行情将要下跌。

第一日:一根长阴线。

第二、三、四日:三根实体短小、收市价不规则的阳 K 线,高低幅度在第一日幅度内;

第五日:一根强劲的阴 K 线,收市价低于第一日收市价。

分析要诀:

（1）分析要诀与上升三部曲相反。

（2）下跌过程中对成交量的强调并不如上升三部曲那样突出,阳线的成交量可以比第二部分反弹出现的阳线的成交量小,即使是无量空跌的市场,其杀伤力也相当大。

• 价格、交易量和持仓量

在技术分析中要注意两个重要信息,即交易量和持仓量。

成交量指的是在一定的交易时间内某种商品期货在交易所成交的合约数量。一般在日 K 线图的底部上,对应于每一个交易日,有一根竖直线段,居于当日价格线之下,代表当日的交易量。这根线段越高,说明当日交易量越大。我们知道,期货交易有"买"方也有"卖"方,每一个多头头寸必定对应于一个空头头寸。国外期货市场基本上以"买"方或"卖"方单边的数目来计算成交量和持仓量,国内期货市场则一般按照买入与卖出量之和来计算成交量。

持仓量指的是买入或卖出后尚未对冲及进行实物交割的某种商品期货合约的数

量,也被称为未平仓合约量或空盘量,未平仓合约的买方和卖方是相等的。

如果买卖双方均为新开仓,那么持仓量增加 2 个合约量。如果其中一方为新开仓,另一方为平仓,那么持仓量不变。如果买卖双方均为平仓,那么持仓量减少 2 个合约量。当下次开仓数与平仓数相等时,持仓量也不变。

持仓量是从该种期货合约开始交易起、到计算该持仓量止这段时间内尚未对冲结算的合约数量,因此持仓量越大,该合约到期前平仓交易量和实物交割量的总和就越大,成交量也就越大。

分析持仓量的变化可推测资金在期货市场的流向。持仓量增加,表明资金流入期货市场;反之,则说明资金正流出期货市场。

成交量和持仓量的变化会对期货价格产生影响,同时期货价格的变化也会引起成交量和持仓量的变化。分析三者的变化,有利于正确预测期货价格走势。

在研究市场的方向特别是合约的走势时,交易量和持仓量的信息价值是比较高的。一般在进行交易时,期货交易者都应该选择那些成交活跃、持仓量较高的合约,尽量避开不活跃的合约。另外,在期货交易中,期货成交量、持仓量和期货价格是一个有机的系统,我们可以通过表 5-1 将它们之间的关系表达出来。一般会存在成交量、持仓量和期货价格增加(减少)或价格上升(下降)的六种情形。在这里,我们制作了一个表格,以"+"表示量增加或价格上升,以"-"表示量减少或价格下降。前边述及的六种情形以 A、B、C、D、E 和 F 来表示,要判定每种情形第④栏"未来的走势",只需将①②③三栏相乘即可。于是,我们对合约未来的走势可以做出简明的判断。

表 5-1　技术分析的几种情形

情形	①期货成交量	②持仓量	③期货价格	④未来的走势
A	+	+	+	+
B	-	-	+	+
C	+	-	+	-
D	+	+	-	-
E	-	-	-	
F	+	-	-	+

情形 A:成交量、持仓量增加,价格上升,表示新的做多交易者大量增加,近期内价格还可能继续上涨。

情形 B:成交量、持仓量减少,价格上升,表示空方大量补货平仓,价格短期内向上,不久将可能回落。

情形 C:成交量增加、持仓量减少,价格上升,表示多方利用空方补货平仓推动价格上升的机会,继续平仓以前购入的期货合约,故价格马上会下跌。

情形 D:成交量、持仓量增加,价格下跌,表明空方大量开仓,短期内价格还可能下跌,但如抛售过度,反可能使价格上升。

情形 E:成交量、持仓量减少,价格下跌,表明大量多方急于平仓,短期内价格将继续下降。

情形 F:成交量增加、持仓量和价格下降,表明空方利用多方卖货平仓导致价格下跌之际陆续补货平仓获利,故价格很可能转为回升。

当然,在实践中还必须根据具体情况做进一步的详细分析。分析成交量、持仓量和价格三者之间的关系,可以获取许多有用的信息,如资金流进、流出及其变化量的大小,大户大致的建仓成本及做多做空的动向等。

▽　**趋势线**

趋势线反映的是期货价格的基本走势,它是图形分析中所使用的最简便、最有价值的基本技术工具之一。趋势线主要有两种,即上升趋势线和下降趋势线。

无论是上升趋势线还是下降趋势线,均具有由支撑线和压力线构成的一组平行线。高点与高点连接而成的趋势线也称压力线,低点与低点连接而成的趋势线也称支撑线。压力线对以后价格的上涨有一定的压制作用,支撑线对以后价格的回档有一定的支撑作用。构成压力线或支撑线连接的点越多越好,点越多,上升趋势线或下跌趋势线的支撑与反压讯号也越明显。压力线或支撑线都必须是直线,并且这两条直线必须非常平行,如图 5-12 所示。

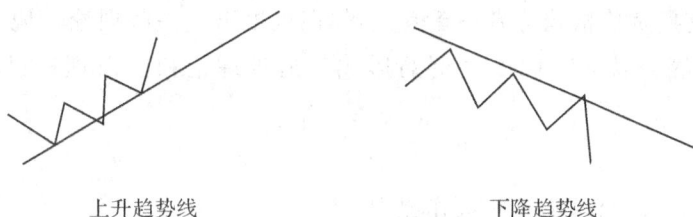

上升趋势线　　　　　　　　下降趋势线

图 5-12　趋势线

以趋势线方法分析预测价格走势,首先应了解价格处于上升趋势还是下降趋势。其次要分清主要趋势和次要趋势,当一条趋势线,在时间上涵盖了长达数月之久,可以称之为主要趋势线或长期趋势线,较短时间的趋势线,则称之为次要趋势线或短期趋势线。

在实际运用过程中,如期货价格跌破上升趋势的支撑线,就是卖出信号。而没有跌破之前,上升趋势的支撑线处就是较好的买入点;如期货价格向上突破下降趋势的压力线,则是买入信号。而在没有突破下降趋势的压力线之前,价格每一次回升至压力线都是比较好的卖点。由此推论,一旦某个趋势如其趋势线所示,具备了一定的坡度或演变速率之后,通常将继续保持同样的坡度。因此趋势线不仅可以确定在市场调整阶段价格运行的极限位置,还可以提示我们在何种情况下趋势正在发生变化。

按以上方法操作时,要特别注意:

第一,价格突破趋势线的可信度。

实际操作时,其可信度可从以下几个方面去判断:(1)假如在一天交易时间里突破过趋势线,但收市价并没有突破趋势线,这并不是真突破,可以忽略它,而这条趋势线仍然有用;(2)如果收市价突破了趋势线,必须要超越3%,或者连续三天的收市价均站上趋势线才为有效;(3)当突破趋势线出现缺口,这种突破将是有效的,且是强有力的。

第二,趋势线与水平线形成的角度。

一般来说,此角度愈陡,愈容易被其他趋势(如一个短的横向整理)所破坏替代。如果期货价格随着固有的趋势线移动的时间愈久,则该趋势线愈加有效。期货价格一旦突破趋势线,并配合以成交量的增加,则爆发力更强,往往预示着反转行情的出现。

第三,期价的上升与下跌。

在各种趋势的末期,均有加速上升与加速下跌的迹象。因此,趋势反转的顶点或底部,大都远离趋势线。

第四,支撑线及压力线在一定的情况下角色会互相演变。

当压力线被突破以后,操作上即可买进,此时的压力线就变成了今后的支撑线。当支撑线被跌破后,操作上即可卖出,此时的支撑线就成了之后操作的压力线了。

正因为趋势的不断变化以及新旧趋势线的正反演化,使得趋势线分析充满了令人惊叹的神秘感。

历史上研究期货价格趋势者不乏其人,他们也提出了一些理论学说,如著名的道氏理论、波浪理论等。以下我们以案例的形式对道氏理论和波浪理论进行简单扼要的介绍。

[案例 5-14]　道氏理论及其操作原则

道氏理论是技术分析的基础理论,其创始人是美国的查尔斯·道和爱德华·琼斯。他们于 1882 年共同创建道·琼斯公司,并于 1884 年 7 月首创股票市场平均价格指数,即至今仍然颇具影响的道·琼斯指数。道氏逝世后,后人整理了其生前发表的关于股市的文章,归纳为道氏理论。事实已经证明,道氏理论在确定市场周期变化的方向方面是富有成效的,有利于投资者把握合适的投资机会,并制定出适当的投资策略。

那么,道氏理论有哪些要点?

(1)平均价格包容消化一切因素。这也是技术分析理论的三大前提之一,这个原则说明,任何可能影响供求关系的因素必然由市场价格来表现,突发性的事件也一样被市场通过价格变动很快消化吸收。

(2)市场具有三种趋势。道氏理论的趋势定义是,只要相继的上升价格波峰和波谷都对应地高过前一个波峰、波谷,那么市场就处在上升趋势之中。换言之,上升趋势必须体现在依次上升的峰和谷上,相反下降趋势则以依次下降的峰和谷作为特征。

道氏把趋势分为三类:主要趋势、次要趋势和短暂趋势。其中最关注的是主要趋势,也称大趋势,它通常持续一年以上,有时甚至好几年;次要趋势,或称中级趋势,通常持续3个星期到3个月,代表主要趋势中的调整,这类中等规模的调整通常可回撤到介于先前趋势整个进程的1/3到2/3之间的位置;短暂趋势持续则不到3周,是中级趋势中的较短期波动。

(3)大趋势可分为三个阶段。第一阶段(熊市末牛市初),所有经济方面的坏消息已经最终被市场所消化吸收并反映,于是那些先知先觉的投资者开始精明地逐步买入;第二阶段(牛市中期),商业新闻开始趋暖,绝大多数技术性地顺应趋势的投资者开始跟进买入,从而价格迅速上升;第三阶段(牛市末期),新闻媒体上的好消息长篇累牍,经济新闻捷报频传,大众投资者积极入市、踊跃买入,投机性交易量日益增长。此时表面上看一派繁荣,但是市场已经在酝酿萧条的大调整。

(4)交易量必须验证趋势。道氏认为交易量是第二位的,但作为验证价格图表信号的旁证具有重要价值。如当价格在顺着大趋势发展的时候,交易量也应该相应递增。价格下跌时则成交量会收缩。

(5)唯有发生了确凿无误的反转信号后,才能判断一个既定趋势的终结。一个既定趋势具有惯性,通常要继续发展下去。

点评:看大势赚大钱。道氏理论的长处是对大趋势的判断,缺点是对短线分析不够敏感。对于这样一种理论,我们要扬长避短,以其精要把握大趋势、大方向。当然,市场是复杂的,道氏理论的应用说起来容易,做起来难。这就要求我们做好基本功,掌握道氏理论关于大趋势时间、调整幅度、支撑位和压力位价格水平、价格形态,以及交易量验证的研究,并结合趋势线、移动平均线等进行综合的判断。

[**案例 5-15**]　波浪理论及其操作原则

波浪理论是技术分析大师艾略特所发明的一种预测价格趋势分析工具。艾略特认为,不管是期货价格还是股指的波动,都像大自然的潮汐、波浪一样,一浪跟着一浪,周而复始,具有一定的规律性,表现出周期循环的特点,任何波动均有迹可循。

波浪理论具有三个重要方面——形态、比例和时间,其重要性依上述次序等而下之。所谓形态,指波浪的形态或构造。对比例的分析主要是通过测算各个波浪之间的相互关系,确定回撤点和价格目标。各波浪之间在时间上相互关联,可以利用这种关联来验证波浪形态和比例。

1.形态

波浪理论认为,从"牛市"到"熊市"的完成,价格波动周期包括5个上升浪和3个下降波浪,总计有8浪,见下图。

每一个上升的波浪称为"推动浪"或"主浪",如图中的第1、3、5浪。每一个下跌波浪是前一个上升波浪的"调整浪",如图中的第2、4浪。第2浪为第1浪的调整浪,第4

浪为第 3 浪的调整浪。对于整个大循环来讲,第 1 浪至第 5 浪是一个"大推动浪"。上述五浪完成后,出现了一个三浪形式的调整。这三个波浪分别用字母 a、b、c 来表示,它们是"大调整浪"。

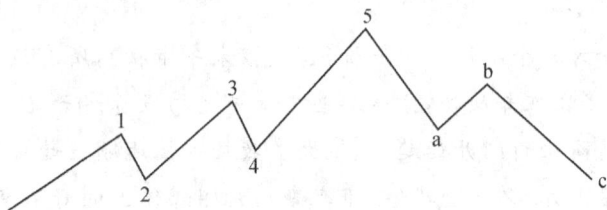

波浪理论的基本形态

在每一对上升的"推动浪"与下跌的"调整浪"组合中,大浪又可细分成小浪,亦同样以 8 个波浪来表示较小的级数的波动周期。一个大的价格波动周期涵盖 34 个小波浪。

那么,如何来划分上升 5 浪和下跌 3 浪呢？一般说来,8 个浪各有不同的特征。

(1)第 1 浪。几乎半数以上的第 1 浪都是营造底部形态的一部分,第 1 浪是 8 浪循环的开始,由于这段行情的上升出现在空头市场跌势后的反弹或反转过程中,买方力量并不强大,加上空头继续存在卖压,因此,在此类第 1 浪上升之后出现第 2 浪调整回落时,其回档的幅度往往很深;其他第 1 浪出现在长期盘整完成之后,在这类第 1 浪中,行情上升幅度较大。从形态上看,第 1 浪通常在 5 浪结构中最短。

(2)第 2 浪。第 2 浪是下跌浪,由于市场人士误以为熊市尚未完结,其调整下跌的幅度相当大,几乎抵消掉第 1 浪的升幅,当行情在此浪中跌至接近底部(第 1 浪起点),卖压逐渐衰竭,成交量也逐渐缩小时,第 2 浪调整才会宣告结束。在此浪中经常出现反转形态,如头肩底、双重底等。

(3)第 3 浪。第 3 浪往往是最大、最有爆发力的上升浪,这段行情持续的时间最长、幅度最大,市场投资者信心恢复,成交量大幅上升,常出现传统图表中的突破信号,这段行情的走势非常激烈,一些图形上的关卡,被非常轻易地穿破,尤其在突破第 1 浪的高点时,发出最强烈的买进信号。由于第 3 浪涨势激烈,经常出现"延长波浪"的现象。

(4)第 4 浪。第 4 浪是第 3 浪的调整浪。它常以倾斜三角形的形态走完第 4 浪。在调整过程中,此浪的最低点不会低于第 1 浪的最高点。

(5)第 5 浪。第 5 浪是期货交易者特别关注的一浪,对于商品期货的市场来说,第 5 浪经常是最长的波浪(股市中的第 5 浪涨势通常小于第 3 浪),也经常出现延伸浪。

(6)第 a 浪。在第 a 浪中,交易者大多一致看多,认为市场正处于涨势之中,上升趋势不变,此时价格下跌仅为一个暂时的回档现象。实际上,a 浪的下跌,在第 5 浪的后期通常已发出下跌浪的信号了,如成交量与价格走势背离或技术指标上的背离等。由于投资者的看多心理,a 浪的调整幅度往往不会太深,常出现平势调整或者以"之"字形态运行。

(7)第 b 浪。第 b 浪一个最突出的特点就是成交量不大,它是多头出货的一次好机会。然而,由于它是出现在一轮上涨行情之后,外加第 a 浪调整幅度一般不会太大,很容易给投资者一个错觉,使其误认为这是另一波段的涨势,形成多头陷阱。许多做多者往往在此失去出逃的好机会。

(8)第 c 浪。第 c 浪是一段破坏力很强的下跌浪,在该浪中,交易者看空气氛很浓,此浪跌势较为强劲,跌幅深,持续的时间也较长。

从以上分析来看,波浪理论似乎简单且便于运用。实际上,由于其每两个上升或下跌的完整过程中均包含一个大 8 浪,大浪中每一浪又有 8 个小浪,而 8 个小浪的每一浪中又有 8 个细浪,波浪理论其实相当繁杂和难于把握。

2. 比例和时间

在波浪理论中,每一波浪之间的比例,包括波动幅度与时间长度的比例,均符合黄金分割率。浪的数目与组成黄金分割率的奇异数字非常吻合。每一个波动周期以 8 浪完成;其中 5 浪上升,3 浪下跌;8、5、3 恰恰是奇异数字。对于技术分析者来说,黄金分割率是非常重要的参考依据。

在波浪理论中,黄金分割率(0.382、0.618、1.000、1.618 等)常用来计算各浪之间的比例。如第 2 浪的调整幅度约为第 1 浪涨幅的 0.382、0.5、0.618 倍;第 3 浪波动幅度与第 1 浪起涨点至第 1 浪最高点之间的距离之比为某一黄金比率数字。在调整浪中,第 c 浪与第 a 浪之间的比例,也吻合黄金分割律的比例数字,通常第 c 浪长度为第 a 浪的 1.618 倍;第 1 浪至第 5 浪的完整波浪幅度的极限为第 1 浪涨幅的 3.236 倍。

点评:无论是在形态上还是比例上,波浪理论的构筑都是精雕细刻的。技术分析理论本来就是越粗略简明越有生命力,既然波浪理论如此"精确",那它遭受业界(是伪科学)的质疑是不出所料的。但不管怎么说,波浪理论有它值得借鉴的一面,它对预测期货价格未来的走势还是有一定的指导作用的。我们在具体的操作过程中要分析波浪理论的基本形态、关注黄金分割率的奇异数字,但也不能太拘泥于浪的数法而忽略对期货价格的正常判断。

▽ **形态**

形态分析是技术高手们比较喜欢的一种方法。它的特点是应用方便、简洁实用,省却了指标分析等方法的繁文缛节。但它要求分析者有一定的功底,否则很容易陷入似是而非的境地。形态分析就是通过对期货价格在 K 线图上所形成一段时间的特定图案或者花样进行具体的分析,以预测后期价格的走势。它主要有反转形态及整理形态。为了分析的系统性,我们将缺口部分的内容也归属于此。下面将着重研究两类形态以及缺口的判别方法、成交量的变化、价格的测算和具体的操作原则。

● 反转形态

反转形态是指期货价格趋势逆转所形成的图形,亦指期货价格由涨势转为跌势,或由跌势转为涨势的信号,也意味着趋势正在发生重要转折。常见的反转形态有 V 形、双重形态、三重形态、头肩形、圆弧形、直角三角形等。

所有反转形态都具备下列几点基本要领:第一,在市场上事先确有趋势存在,这是所有反转形态存在的前提;第二,现行趋势即将反转的第一个信号经常表现为重要的趋势线被突破;第三,形态度规模越大,则随之而来的市场动作越大;第四,顶部形态所经历的时间通常短于底部形态,但其波动性较强;第五,底部形态的价格范围通常较小,但其酝酿时间较长;第六,交易量在验证向上突破信号的可靠性方面更具参考价值。

1. V 型反转

V 形反转形态有 V 形形态和倒转 V 形形态两大类。由于市场中卖方的力量很大,令期价持续迅速下挫,当这股卖空的力量消失之后,买方的力量完全控制整个市场,使得期价迅速回升,几乎以下跌同样的速度涨至原来的期价。因此,期价的运行,形成一个 V 字般的移动轨迹,见图 5-13。

图 5-13　V 形反转图

图 5-13 中,价格经过较长期的上涨后,突然出现剧烈的向下反转,就像一根橡皮筋被拉得太长,突然"唰"地反弹回来。这类 V 形反转事先通常无迹可寻,事后往往引发一系列的大幅运动。倒置 V 形反转与 V 形反转正好相反,如图 5-14 所示。

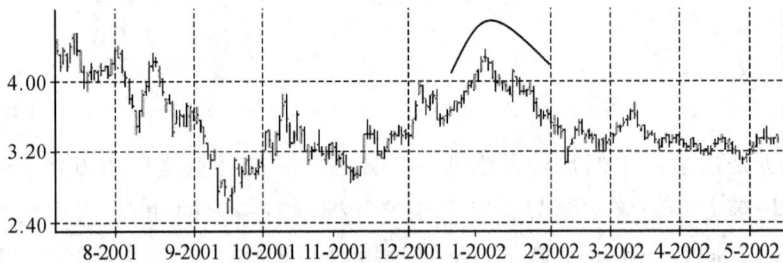

图 5-14　倒置 V 形图

价格 V 形(或倒置 V 形)反转形成以后,随之而来的上涨(或下跌),通常在极短时间内回撤到原先趋势的某个显要比例(多达 30%、50%甚至 100%)位置。一般情况下,V 形反转在顶部较底部形态激烈。

2. 双重形态

双重形态分为双重顶（M头）和双重底（W底）。双重顶和双重底的出现频率比较高，仅次于头肩形，易于识别。当期价上升至某一高价位时，出现大成交量，期价随后开始下跌，成交量跟着减少。然后，期价又上升至与前一高价位几乎相等的顶点，成交量随之大增，之后，期价再次下跌，这样形成双重顶，如图 5-15 所示。双重顶形态有两个峰，处在大致相同的水平，当其中颈线（谷底处）被收市价格跌破时，本形态完成。

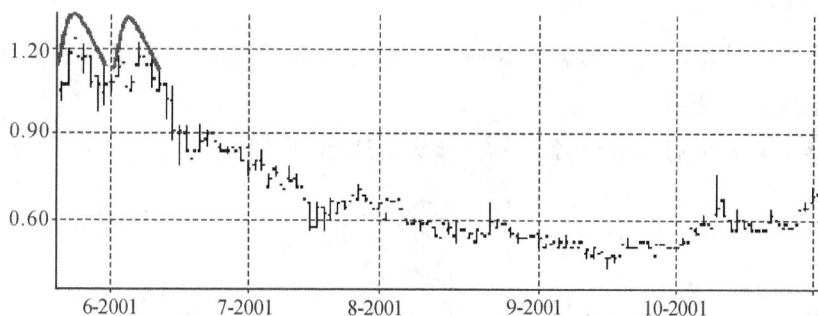

图 5-15　双重顶（M头）图

双重底与双重顶形态正相反，在下跌趋势中，市场在某一相对低点止跌，确立了第一个低点，经过一定的反弹后，价格升至某一点位。然而，当价格下一轮下跌又会在第一个低点附近企稳，即形成第二个低点。当价格再次上升且有效冲出第一次反弹的高点时，本形态完成。如图 5-16。

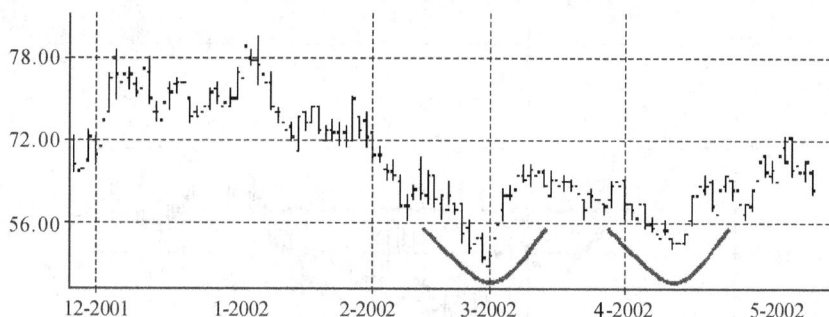

图 5-16　双重底（W底）图

在运用双重形态分析的过程中，要掌握以下两个要点：双重顶颈线跌破是可靠的卖让信号，而双重底颈线突破则是可靠的买入信号。

3. 三重形态

三重顶和三重底较之双重顶和双重底形态要少见得多，它其实是双重顶和双重底的一种延续，比双重顶和双重底多一个顶和底。三重顶或三重底的三个峰或谷位大致在相同的水平上。

在三重顶上，交易量往往随着相继的峰而递减，而在向下突破时则增加。三重顶只有在沿着两个中间低点的支撑水平被向下突破后才得以完成。在三重底中,情况正好相反。形态完成的必要条件是,收市价格向上穿越两个中间峰值的水平。底部形态完成时,向上突破的交易量是否强劲有力同样关键。

三重顶的第三个顶在成交量非常小时即显示出下跌兆头,而三重底在第三个底部上升时,成交量大增,即显示上升兆头。三重顶(底)突破其颈线时,所能下跌或上升的空间应至少为顶或底到颈线之间的距离。

4. 头肩形态

头肩形是最基本的反转形态。其他绝大多数反转形态都仅仅是头肩形的变体,所以此种形态应重点介绍。

头肩形又分为头肩顶形(见图 5-17)和头肩底形(见图 5-18)。

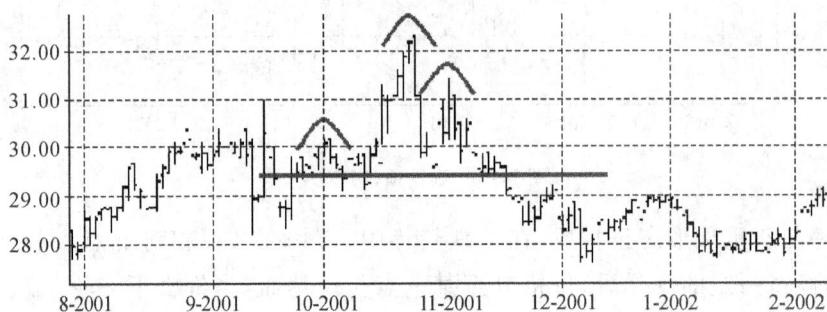

图 5-17　头肩顶形图

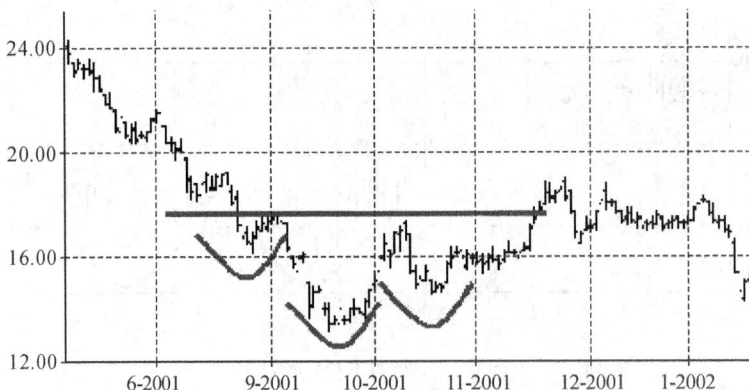

图 5-18　头肩底形图

由于头肩底与头肩顶反转形态一样,在运用头肩形态进行分析过程中,要掌握以下四个要点:

第一,头肩形是长期性趋势的转向形态,头肩顶形常出现于牛市的尽头,而头肩底形常出现于熊市的尽头。

第二,当头肩顶颈线被跌破时,是卖出的信号;当头肩底的颈线被突破时,是买入的信号。其价格上涨和下跌的幅度等于头顶到颈线的距离。

第三,当颈线被跌破或被突破时,需要成交量的配合,否则,可能出现假跌破和假突破。另外,当头肩顶形跌破颈线时,有可能会出现回升,回升应该不超过颈线;头肩底形突破颈线时,有可能会出现回落,回落应该不超过颈线。

第四,最好的买点(或卖点)出现在突破颈线回落(或回升)后拐头向上(或向下)之际。

5. 圆弧形态

圆弧形态分为圆弧顶及圆弧底。对于圆弧顶来说,期价呈弧形上升或下降,即虽然期价不断升高,但每一次涨幅不大,然后达至最高点又缓慢下落。对于圆弧底来说,走势正好相反。期价首先缓慢下跌,至最低点又慢慢攀升,形成圆弧底(见图 5-19)。

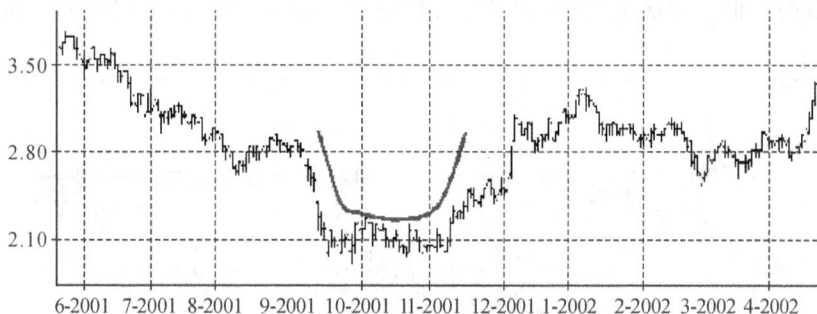

图 5-19　圆弧底图

如上图 5-19 所示,圆弧底的左边下跌趋势逐步丧失动力,慢慢转变为右边新的上升动力。在圆弧的形成过程中,价格的升跌非常平缓,同时图表下方的交易量也倾向于形成相应的圆底形态。无论是在顶部还是在底部构造中,圆弧的成交量均逐步收缩,并且当新的方向占据主动时相应增加。

当圆弧顶及圆弧底形成后,期价并不马上下跌或上升,通常要横向整理一段时间,一旦期价突破横向整理区域,对于圆弧顶的情况而言,会出现极大的跌幅,此时是卖出的信号;对于圆弧底而言,则会出现大的涨幅,这是买入的信号。

6. 直角三角形形态

直角三角形形态有上升三角形和下降三角形两类。期价在某水平有相当强大的卖压,价格从低点回升到这水平便告回落,但市场的购买力十分强大,期价未回到上次低点即告弹升,这种情形的持续使期价随着一条阻力水平线波动日渐收窄。我们把每一个波动高点连接起来,可画出一条水平阻力线;而连接每一个波动低点则可画出一条向上倾斜的线,这就是上升三角形。下降三角形的形状和上升三角形恰好相反。

在运用直角三角形形态进行分析的过程中,要掌握几个要点:

上升三角形表示期价呈上升走势,下降三角形表示期价呈下跌走势。上升突破应有成交量的配合,若成交量未能同时增加,则期价可能不久又将回到原来的价位。下跌突破则无需大的成交量配合。

● 整理形态

整理形态是指行情经过一段时间后,不再大幅度上升或下跌,而只在一定区域内上下窄幅变动,等时机成熟后再选择方向的走势。这种走势形态比较缓和。常见的有三角形、旗形、楔形、矩形等。

1. 三角形

三角形是所有持续形态中出现得比较频繁的一类。三角形可以分为三类——对称三角形、上升三角形及下降三角形。

对称三角形具有两条逐渐聚拢的趋势线,上面的直线(称之为上边线)下倾,下面的直线(称之为下边线)上倾,期价经过一段时间的变动,其变动的幅度越来越小,也就是说每次变动的最高价低于前次的价格,而最低价比前次价格高,呈一压缩的对称三角形状。

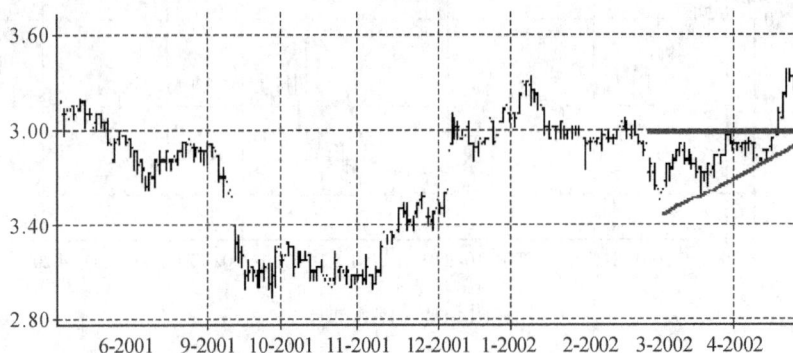

图 5-20 上升三角形图

上升三角形的下边线上倾,上边线水平;下降三角形则与上升三角形刚好相反,上边线下倾,下边线水平。接下来我们以对称三角形为例,对三角形的形态、成交量变化、测算意义进行一一解析。

图 5-21 下降三角形图

在运用对称三角形形态进行分析的过程中,要掌握以下四个要点:

第一,一般情况下,对称三角形属于整理形态,期价会继续原来的趋势移动。

第二,对称三角形的期价变动愈接近其顶点而未能突破三角形界线时,其力量愈小,若太接近顶点的突破则无效。通常在距三角形端部一半或 3/4 处突破,才会形成真正的突破。

第三,对称三角形向上突破需要大的成交量的伴随;向下突破则不必需大的成交量配合,假如对称三角形向下跌破时有极大的成交量配合,这可能是一个虚假的跌破信号,期价跌破后不会继续下跌。

第四,有假突破时,应随时重划界线找出新的对称三角形。

2. 旗形

旗形走势的形态通常在急速而又大幅的市场波动中出现,期价经过短期波动后,形成一个与原来趋势略呈相反方向倾斜的长方形,这就是旗形。旗形可分为上升旗形和下降旗形。对于上升旗形而言,期价经过陡峭的飙升后,接着形成一个紧密、狭窄和稍微向下倾斜的成交密集区域,把这密集区域高点和低点分别连接起来,就可以划出两条平行而又下倾的直线,这就是上升旗形。下降旗形刚刚相反,当期价出现急速或垂直的下跌后,接着形成一个波动狭窄而又紧密、稍微上倾的成交密集区域,像是一条小上升通道,这就是下降旗形。

旗形整理形态,在实际运用过程中,有如下几个要点:

第一,旗形是个整理形态。上升旗形将是向上突破,而下降旗形则是往下突破。上升旗形大多在牛市后期中出现,下降旗形大多是在熊市初期出现。

第二,旗形形态可量度出最小升跌幅度。其量度的方法是突破旗形后最小升跌幅度等于整支旗杆的长度,而旗杆的长度是形成旗杆突破点开始到旗形的顶点为止。

第三,旗形形态确认有如下几个特征:一旗形形态在急速上升或下跌之后出现;二是成交量在形成形态期间不断地显著减少;三是当上升旗形往上突破时,必须有成交量激增的配合,当下降旗形向下突破时,成交量不太讲究。

第四,在形态形成中,若期价趋势形成旗形而其成交量是逐渐减少的,下一步将是很快的反转而不是整理。因此,成交量的变化在旗形走势中是十分重要的。

• 矩形

矩形是因期价在两条水平上下界线之间的一连串的变动而形成的形态。当期价上升到某水平时遇到阻力,掉头回落,但很快便获得支撑而回升,可是回升到上次同一高点时再一次受阻,回落到上次低点时则再得到支撑。这些短期高点和低点分别以直线连接起来,便可以绘出一条水平通道,这就是矩形形态(见图 5-22)。

在运用矩形形态进行分析的过程中,要掌握以下四个要点:

第一,矩形形态说明多空双方力量均衡。一般说来,矩形是整理形态,在升市和跌市都可能出现,长而窄且成交量小的矩形常出现在原始底部。突破上下限后是买入和卖出的信号,涨跌幅度通常等于矩形本身的宽度。

第二,矩形形成的过程中,除非有突发性的消息扰乱,其成交量应该不断减少的。

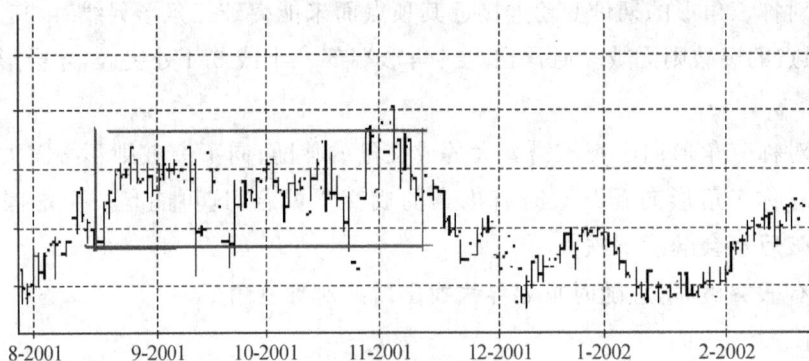

图 5-22 矩形形态

当期价突破矩形上限的水平时,必须有成交量激增的配合;但若跌破下限水平时,就不需大的成交量的配合。

第三,矩形往上突破后,期价经常出现回落,这种情形通常会在突破后的三天至两星期内出现,回落将止于颈线水平上;同样,往下突破后的假回升,将受阻于底线水平上。

第四,一个上下波幅较大的矩形,较一个狭窄的矩形形态更具威力。

期货交易者可以依托上下底边进行区间高抛低吸交易,不过应密切关注矩形内成交量的轻重。若下跌时的成交量较上升时为高,则矩形突破的方向可能是向下的,反之就是向上的。

• 缺口

缺口是指期价在快速大幅变动中有一段价格区域内没有任何交易,或指在 K 线图上没有发生交易的区域,它在期价走势图上表现为一个空白,这个区域称之为缺口。当期价出现缺口,经过几天变动,然后反转过来,回到原来缺口的价位时,称为缺口的封闭,或叫补空。缺口分普通缺口、突破缺口、持续性缺口与消耗性缺口四种。(见图5-23)

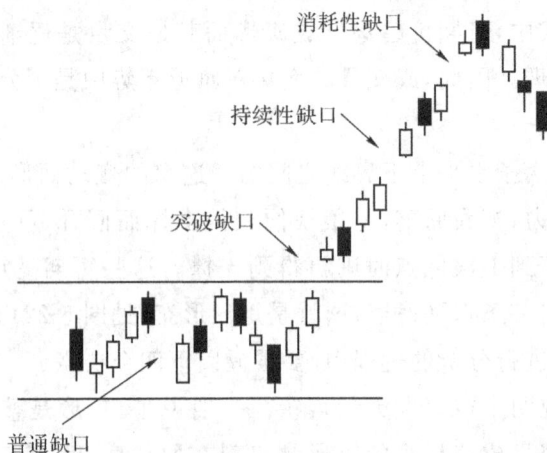

图 5-23

1. 普通缺口

普通缺口通常在密集的交易区域中出现,在四种类型中预测价值最低,通常发生在交易量极小的市场情况下,或者在横向交易区间的中间阶段。因此,许多需要较长时间形成的整理或转向形态如三角形、矩形都可能有这类缺口出现,这种跳空可以忽略不计。

2. 突破缺口

在市场的底部或者顶部通常会发生突破跳空,一旦突破跳空形成,通常将成为支撑或者阻挡。

突破缺口通常出现在多空交战激烈、突破拉锯的状况下,或是在重要的价格运动完成之后,或是新的重要运动发生之初。它通常在较大的成交量下完成,且不易被回补,也经常在重要的反转形态如头肩形态的突破时或市场的底部、顶部出现,当期价以一个很大的缺口跳空远离形态时,就表示真正的突破已经形成了。

3. 持续性缺口

此类跳空反映出市场正以中等的交易量顺利地发展。当新的市场运动发生并发展了一段时间之后,大约在整个运动的中间阶段,价格将再度跳跃前进,形成一个或一系列缺口,称为持续性缺口或中继缺口,也叫逃逸缺口。它常出现在一段时间内急剧上涨或下跌的行情之后。急涨或急跌之后,也仅仅作小幅度的获利回吐。在上升趋势中,它的出现表示市场坚挺;而在下降趋势中,则表示市场疲软。空头见行情跌不下来,纷纷购买合约止损平仓,或反手做多,新多头见行情还有上升空间,继续追高。持续性缺口可以用来测算获利的空间,其量度方法是从持续性缺口开始期价继续上涨或下跌的幅度等于突破口到持续性缺口的垂直距离。

4. 消耗性缺口

消耗性缺口是伴随快的大幅的期价波动而出现。此类跳空出现在市场运动的尾声。此时,行情大幅上涨或下跌,使得大多数交易者一路追高或杀跌,导致跳空高开或低开的超强态势。此时的缺口即消耗性缺口。比如在上升趋势的最后阶段,价格在奄奄一息中回光返照,跳上一截。然而,最后的挣扎好景不长,在随后的几天乃至一个星期中价格马上开始滑落。当某天收市价格低于这种跳空后,表明衰竭跳空已经形成。(如图 5-23 所示。)

表 5-2　各类缺口简明表

缺口类型	特　征	操　作
普通缺口	发生在区域内、缺口很快回补、成交量较小	无太大的操作意义
突破缺口	跳出原区域、缺口难以回补、成交量急剧放大	坚决买进
持续性缺口	创新高、缺口可能近期回补、成交量继续放大	谨慎持有
消耗性缺口	行情末端、缺口很快回补、伴随巨大的成交量	坚决卖出

◆ 指标分析

指标分析也是技术分析的重要组成部分，一旦市场处于趋势的极端状态或处于无趋势行情中，期货交易者要想获取利润，仅依靠前面所提及的 K 线图、趋势线、形态等图形分析方法是不够的，而必须借助于各种指标分析来判别后市走向。指标分析主要有移动平均线（MA）、平滑异同平均线（MACD）、相对强弱指标（RSI）、随机指标（KDJ）、人气指标（OBV）和乖离率（BIAS）等。

▽ 移动平均线（MA）

移动平均线是用统计处理的方式，将若干天的期价加以平均，然后连成一条线，用于观察期价的未来走势。具体的计算方法是在一个时间序列中，不断剔除已被平均的数据的第一个数据，再加入一个新的数据求出下一个平均数。然后将这些平均数连成一条线，形成移动平均线。

在期货价格分析中，移动平均线所取的时间序列值通常有 5 天、10 天、20 天、30 天，甚至 90 天。5 天、10 天的移动平均线称为短期移动平均线，用于分析短期价格走势；10天、20 天、30 天的称为中期移动平均线，用于分析中期走势；30 天与更大值的称为长期移动平均线，用于分析长期走势。

因为移动平均线相当于交易的"平均成本"，所以，当收盘价线位于移动平均线之上，意味着交易价格超过了平均成本，此时会有盈利效应产生，因而会促使期价看涨；反之，当收盘价线位于移动平均线之下，意味着之前的交易被"套牢"了，此时即会产生亏损效应，促使期价看跌。所以，我们得出以下结论：

（1）平均线由下降逐渐走平而期价自平均线的下方向上突破是买进信号（见图 5-24）。当期价在移动平均线之下时，短期价差给以后的反弹提供机会。一旦期价回升，突破移动平均线便是买进的好时机。

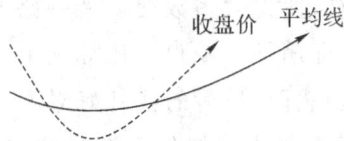

图 5-24

（2）移动平均线呈上升趋势，但期价在移动平均线之上产生下跌情形，但是未跌到移动平均线之下，接着又立即反弹，此时也是一种买进信号（见图 5-25）。这种情况在上升行情的初期适用性较好。值得注意的是，这种图形在期价水平已经相当高时，并不一

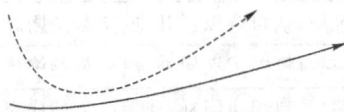

图 5-25

定是买进信号。

(3)若期价在移动平均线下方加速下跌且远离移动平均线,则为买进信号,因为这是一种超卖,期价在超卖后不久将会重新回到移动平均线附近,即期价将会上涨(见图5-26)。同理,若期价在平均线上方远离移动平均线幅度较大,则为卖出信号,因为这是一种超买现象,期价不久将回跌到移动平均线附近。

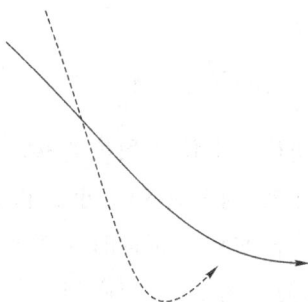

图 5-26

(4)移动平均线走势为从上升趋势逐渐转变为盘局,若期价从平均线上方向下突破平均线时,则为卖出信号(图5-27),期价在移动平均线上已有相当一段价差,意味着价格太高有回跌的可能。在这种情况下,期价一旦出现下降,下跌的空间较大。

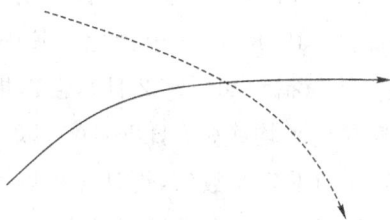

图 5-27

(5)移动平均线缓慢下降,期价刚突破移动平均线就并始掉头下跌,这可能是期价下降趋势中的暂时反弹,价格可能继续下降,这是一种卖出信号(见图5-28)。

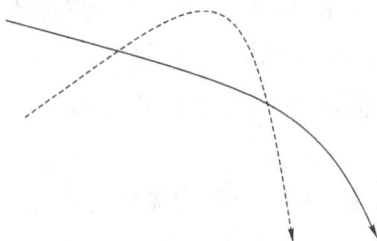

图 5-28

(6)移动平均线处于下降趋势,期价涨至移动平均线附近,但很快掉头处于下跌状况,这是一种卖出信号(见图5-29)。一般说来,在期市的下降过程中,会出现几次这样的卖出信号,这种涨势是下降趋势中的价格反弹,是一种短期现象。

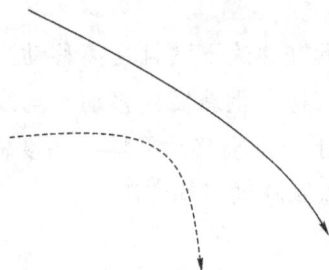

图 5-29

另外,短期移动平均线、中期移动平均线和长期移动平均线之间的相交也能为我们在期货交易中提供启示。一般说来,时间序列值小的移动平均线(如 5 日均线)上穿时间序列值大的移动平均线(如 20 日均线),而且时间序列值大的移动平均线是呈缓慢上升状态的,则为比较好的买入机会。相反,时间序列值小的移动平均线(如 5 日均线)下穿时间序列值大的移动平均线(如 20 日均线),而且时间序列值大的移动平均线是呈缓慢下跌状态的,则为比较好的卖出机会。

▽ 平滑异同平均线(MACD)

平滑异同移动平均线(MACD)是根据移动平均线较易掌握趋势变动的方向之优点而发展出来的,也是期货交易者用得较多的一种技术分析指标。它使用了正负值(DIF)、异同平均值(DEA)和柱状(BAR)这三个指标。其中 DIF 是一快速平滑移动平均线与慢速移动平均线的差。快速指短期(如 12 日),慢速指长期(如 26 日)。

MACD 是以 12 日为快速移动平均线(12 日 EMA),以 26 日为慢速移动平均线(26 日 EMA),首先计算出此两条移动平均线数值,再计算出两者数值间的差离值[注:差离值(DIF)= 12 日 EMA − 26 日 EMA]。然后根据此差离值,计算 9 日 EMA 值(即为 DEA 值);将 DIF 与 DEA 值分别绘出线条,然后依"交错分析法"分析。MACD 实际就是运用快速与慢速移动平均线聚合与分离的征兆,来判断买进与卖出的时机和信号。

运用原则:

(1)有关 MACD 指标的运用,应注意:DIF 与 DEA 均为正值,即都在零轴线以上时,大势属多头市场,DIF 向上突破 DEA,可作买。

(2)DIF 与 DEA 均为负值,即都在零轴线以下时,大势属空头市场,DIF 向下跌破 DEA,可作卖。

(3)当 DIF 线向上突破 DEA 平滑线即为涨势确认之点,也就是买入讯号。反之,当 DIF 线向下跌破 DEA 平滑线时,即为跌势确认之点,也就是卖出讯号。

(4)当 DEA 线与 K 线趋势发生背离(如 DEA 线逐步走高,K 线趋势逐步走低是底背离或反之为顶背离)时则为反转信号。

(5)分析 MACD 柱状图,由红变绿时往往是卖出信号,反之往往为买入信号。

MACD 克服了移动平均线频繁产生的买入卖出信号,它的买入卖出信号较后者有更高的准确度。但是当市场处于无趋势行情即盘整时，MACD所发出的买卖信号也易失真，此时应更多地借助RSI及KD指标。一般来说，MACD捕捉中长期的买卖点比较有效。

▽ **相对强弱指标（RSI）**

相对强弱指标是通过比较基期内的收盘价的平均涨幅和平均跌幅来分析买卖双方的相对力量，从而判断期价的走势。相对强弱指数是目前应用最广泛的技术分析工具之一。

• 相对强弱指标的计算方法

RSI＝100－100/(1＋RS)

其中：RS＝基期内收盘价上涨数之和的平均值/基期内收盘价下跌数之和的平均值

在计算与应用RSI指标时，应确定基期的天数；最初使用过的是14天；后来有人认为应短一些，如9天，以便更敏感地反映期价波动。

如果以10天为基期天数，则第一个10天内，若收盘价上涨的平均数为114.3%，而收盘价下跌的平均值为164.3%，则第10天的RS为：RS＝114.3/164.3＝0.696，故此第10天的RSI为：RSI＝100－100/(1＋0.696)＝41.038。

对于第11天RSI，则应去掉第一天收盘价涨跌数，加减第11天的收盘价涨跌数，再按上式算出第11天的RSI。依次连接各个RSI值即形成RSI线。

• 相对强弱指标的运用

(1)RSI总是在0到100之间变动。当RSI大于50时，表示强势市场；而RSI低于50时，则表示弱势市场。

(2)RSI一般在30到70之间波动。当RSI大于80时，表示存在超买现象；如果RSI继续上升，超过90时，则表示严重超买，极可能在短期内出现下跌。当RSI下降到20时，表示存在超卖现象；如果RSI继续下降，低于10时，则表示已到严重超卖区域，期价可能有止跌回升。

(3)超买超卖判断还与市场的特点及RSI所取的时间参数有关。对期价变化不十分剧烈的市场，RSI超过70视为超买，RSI低于30视为超卖。另外，时间参数较大时，如时间参数取20天、30天，那么超过70视为超买，低于30视为超卖。

(4)当RSI出现超买超卖现象，表示走势有可能反转，但不构成真正的入市信号。有时行情变化得过于迅速，RSI会很快地进入超卖区域。例如，在牛市的初期，RSI往往会很快进入超卖区域，并在此区域内停留相当长一段时间，但这并不表示期价将要下跌。其实恰恰相反，它表示价格还有继续上升的空间，是买入的好时机。只有在牛市末期或熊市当中，超买才是比较可靠的卖出的入市信号。基于这个原因，一般不宜在RSI刚刚进入非正常区域时就采取买卖行动，最好是价格本身也发出转向信号时再入市。价格转向信号应具备几个条件：趋势线的突破、移动平均线的突破、某种反转价格形态的完成、价格出现背驰。

(5)当强弱指标上升而期价下跌,或是强弱指标下降而期价上升,这种情况称之为价格出现背离。前者为底背离,可以逢低买进;后者为顶背离,可以逢高卖出。

▽　**随机指标(KDJ)**

随机指标(KDJ)是期货市场常见的技术分析工具之一。其理论依据是,当价格上涨时,收市价格倾向于接近当日价格区间的上端;反之,则倾向于下端。随机指标采用两条图线——K%和D%,相比之下,D线更重要。故简称KD线。随机指标综合了移动平均线、相对强弱指数的一些优点。它主要研究最高、最低价与收市价的关系,以分析价格走势的强弱及超买和超卖现象。

随机指标一般通过一个特定周期(常为9日)内出现过的最高价、最低价及最后一天的收盘价这三个数来计算最后一天的未成熟随机值RSV,KDJ线中的未成熟随机值RSV随着9日中高低价收盘价的变动而有所不同,如果行情是一个明显的涨势,会带动K线、D线向上升。如果涨势开始迟缓,便会慢慢影响到K值和D值,使K线跌破D线,此时中短线跌势即告确立。

实际操作中,K线与D线常常配合J线的指标使用($J=3K-2D$),其目的是求出K值和D值的乖离程度,从而领先K值、D值找出头部和底部。

随机指标KDJ具体应用法则如下:

(1)超买超卖区域的判断,K值在80以上、D值在70以上为超买的一般标准。K值在20以下,D值在30以下为超卖的一般标准。

(2)在价格持续上涨或下跌时,K值有可能达到大于90或小于10的极限值,也就是说,随机指数进入严重超买超卖区域。此时,市场正处于极强的牛市或熊市中。价格达到或超过当其最高或最低值,并不能说明已到了顶点,相反,此时价格及可能再创新高或新低。K值达到极限后常略作回档,再次接触极点,此时,市场极可能发生反转。

(3)当K值大于D值时,表明是一种上涨的趋势,因此,当K值先从下向上突破D值时,是买进信号。反之,是一种下跌趋势,为卖出信号。

(4)当期价走势一波比一波高但随机指标的曲线一峰比一峰低时,此时称为顶背离,应注意做空;相反,当期价走势一波比一波低但随机指标的曲线一峰比一峰高时,此时称为底背离,一般为做多信号。

▽　**人气指标(OBV)**

OBV线亦称OBV能量潮,是将成交量值予以数量化,制成趋势线,配合期价趋势线,从价格的变动及成交量的增减关系推测市场态势。OBV的理论基础是市场价格的变动必须有成交量配合,价格的升降而成交量不相应升降,则市场价格的变动难以继续。

OBV的计算方法为:当日OBV=前一日的OBV+当日成交量

如本日收盘价高于(含等于)前一日收盘价,当日成交量为正值;如本日收盘价低于前一日收盘价,当日成交量为负值。

这样,我们得到每一交易日的 OBV 值,然后将它们连接成线,与期价曲线并列于一图中,观察其变化。人气指标 OBV 的运用技巧如下:

(1)当期价上涨而 OBV 线下降时,表示能量不足,期价可能将回跌。

(2)当期价下跌而 OBV 线上升时,表示买气旺盛,期价可能即将止跌回升。

(3)当期价上涨而 OBV 线同步缓慢上升时,表示期市继续看好。

(4)当 OBV 线暴升,不论期价是否暴升或回跌,表示能量即将耗尽,期价可能反转。

▽ **乖离率(BIAS)**

乖离率,简称 Y 值,其功能主要是通过测算期价在波动过程中与移动平均线出现偏离的程度,从而得出期价在剧烈波动时因偏离移动平均线而造成可能回档或反弹,以及期价在正常波动范围内移动而形成原有趋势的可信度。

BIAS 的计算公式:

乖离率(N)=(当日收市价-N 日内移动平均收市价)/N 日内移动平均收市价×100%

其中,N 日为设定参数,可选用移动平均线日数设立,一般为 6 日、12 日、24 日,也可为 10 日、30 日和 75 日。

乖离率分为正值和负值,当期价在移动平均线之上时,乖离率为正值;当期价在移动平均线之下时,乖离率为负值;当期价与移动平均线一致时,乖离率为零。随着期价走势的强弱升跌,乖离率的高低有一定的测市功能。

乖离率的基本研判技巧:

(1)一般说来,正乖离率涨至某一百分比时,表示短期间多头获利大,则获利回吐可能性也越大,呈卖出信号;相反,负乖离率降到某一百分比时,表示空头回补的可能性也越大,呈买入信号。

(2)短、中、长线的乖离率一般均有规律可循。

参考数据:6 日乖离率:-3% 是买进时机,+3.5% 是卖出时机。

　　　　　12 日乖离率:-4.5% 是买进时机,+5% 是卖出时机。

　　　　　24 日乖离率:-7% 是买进时机,+8% 是卖出时机。

　　　　　75 日乖离率:-11% 是买进时机,+11% 是卖出时机。

如果市场是多方强势,则可考虑将买进时机的负乖离率绝对值调低,同时可考虑将卖出时机的正乖离率绝对值调高;如果市场是空方强势,则可考虑将买进时机的负乖离率绝对值调高,同时考虑将卖出时机的正乖离率绝对值调低。

思考题

1. 如何运用基本分析法分析预测商品期货价格走势?

2. 如何制作 K 线图,各种典型 K 线图的市场含义是什么?

3. 成交量、持仓量、价格三者之间的关系是什么?

4. 道氏理论的主要原理是什么？

5. 掌握常见的反转形态、整理形态的种类及其运用要领。

6. 如何运用 RSI、KDJ、MACD 指标分析期货市场？

第六章

期货交易策略及案例

进入期货市场投资,除要深入了解期货市场、期货合约和期货交易的基础知识,还应掌握一定的期货交易策略。期货交易策略依据的是期货交易的基本理论,是期货实践经验的概括和总结,期货交易者若能熟知这些策略并将其运用到期货交易实践中,就可以大大提高期货交易的成功概率。

第一节　期货交易策略原则

◆ 按计划投资

对于期货投资者来说,制定一个切实可行的投资计划是至关重要的。制定投资计划要把握好以下几个方面:

▽资金性质

如果投资者的交易资金完全来源于盈利、储蓄、继承财产等自有资金,则在进行期货投资时,就比单纯以家庭生活必需费用为交易资金者占优势,其心理压力就不会太大。反之,如果投资者的资金来源于生活必需费用或借贷,则需考虑时间上的局限性(包括借贷时限)以及期货投资的获得是否大于借贷所需支付利息的问题,在操作时会落入非赢不可的陷阱,不仅会加大自身的压力,在决策时也很难保持客观、冷静的态度。因此,应以闲余资金进行投资。

▽投资品种

期货投资者应该选择安全性较高、盈利性较好和流动性不错的投资品种。中国期货市场期货标的众多,选择商品期货交易所,以农作物、金属产品等实物性商品作为初次入市的交易标的不失为一种理想的选择。因为商品期货市场相对于金融期货市场而言,交易资金规模要求较小,行情变化的频率与幅度也相对较低。

▽投资比例

投资者根据各品种期货收益与风险的不同,对它们进行投资组合,其组合分为防御性和进取性两部分。如果投资者是风险偏好型的,则进取性投资比例可高一些,而防御性投资(如投资者靠其维持生活,对投资收益依赖程度较大)比例可低一些;反之则应以防御性投资为主。

▽ **小额交易**

期货市场风云莫测,操作技巧性较强,因此,初入市者最好先以小额资金入市操作,制订一个不太高的期望值,通过最初的买卖掌握一定的操作技巧与经验,之后再加大投资。众所周知,与股票、债券等证券炒作买卖一样,期货交易所缴纳的保证金及佣金额是与委托买入、卖出的合约总金额成正比的,故采用小额资本入市,即使最初几次难免失手,所蒙受的损失也相对较低。

▽ **按计划操作**

期货交易是一项风险性很高的投资行为,参加期货交易一定要事先制定妥善的交易计划,其中最重要的就是要设定目标利润与损失点。目标利润的确定,是整个交易计划的重点,因为它提出了一个明确的目标,使投资者朝此方向努力。在实际操作过程中,如果目标利润已顺利实现,就应采取浮动停止交易订单或其他方法想法保住利润;万一目标利润不能实现,也应有变通的计划以退出市场。目标损失点是一项防守的计划,当交易出现意外而发生亏损时,就可利用止损订单及时退出市场,避免更大的损失。目标利润与损失点的设定等于确定了期货交易的买点和卖点。总之,按照全面的计划进行操作,可使投资者立于不败之地。

▽ **做到谨慎、果断**

对初入期货市场的交易者来说,因不精于操作技巧,往往有不顾实际行情走向而在其账户内总持有一定量合约的偏好。当操作之余发觉自己账户内无在手合约记录,或入市之初感觉一直未有交易记录,往往会为满足"实际入市"的感觉而随便买进合约或为创盈利(仅为微利)而匆忙抛出合约。事实上,期货市场的行情走向有其一定的周期性规律,在行市明显对己不利或存在显著的盈利前景时,可以空仓等待或长期持有合约。忍耐也是投资,这一点很少投资者能够做到。从事投资工作的人,必须培养良好的忍耐力,这往往是成败的一个关键。不少投资者,并不是他们的分析能力低,也不是他们缺乏投资经验,而是欠缺了一份耐力,过早买入或者沽出,于是招致无谓的损失。但同时也须果断,切忌犹豫不决、贪得无厌。当断不断会愈陷愈深,损失会越来越大,不怕错最怕拖。期货市场老手的格言是:"做空者赚钱,多做者赚钱,唯独贪求无厌者、患得患失者损失赔钱。"

[**案例 6-1**]　某初入市投资者,他手头上有 10 万元用来进行期货投资交易,为控制风险,预先设定每笔交易的风险为 10%,即每笔交易所限定的潜在利润或损失为 1 万元,由此额度来确定自己最多买卖的每笔合约份数或买入卖出的交易笔数。他的做法对吗?

点评：他的做法是正确的。在初入市时，交易者应当事先设定交易的风险时自己投资的百分之几，超过设定警戒线，应告诫自己及时收敛。这种风险因素应列入交易者事先拟定的交易计划，并时刻融于具体的交易之中。否则，遇事不果断，即将到手的利润也会从眼皮底下飞走，或者损失进一步扩大而不得不挤用其他资金弥补亏空。

[案例 6-2] 期货王者特殊赌注的启示

里查德·邓尼斯的合伙人威廉·厄克哈德是他儿时的伙伴。两人在期货交易方面配合得天衣无缝，一同创下期货史上少有的佳绩。但他俩在人生哲学方面却有很大差异。邓尼斯高中毕业后一直做期货，是实践中练出来的。厄克哈德却是饱浸文墨，有数学博士学位，设计了好几套赚钱的做单系统。他们经常争执不休的两个问题是：究竟一个成功的交易员是天生的还是练出来的？邓尼斯认为是可以培养的，厄克哈德则认为更多的是靠天分，两人谁也说服不了谁，干脆打赌验证。为此，他们在《华尔街日报》上登广告招聘期货交易员。慕名前来应聘者达上千人。他们从中挑选了 40 人面试，最后选定 10 人。这 10 人的背景、学识、爱好、性格各不相同，具有广泛的代表性。邓尼斯花两周时间培训他们，然后每人给一个 10 万美元的账户进行实战练习。由于这些学徒的表现非常出色，他们第二年又招收了 10 人。几年后，这 20 人中除了 3 人被淘汰外，其余都有上乘表现，平均每年收益率在 100% 左右。这些学徒还真争气，多年来一直保持较佳战绩，名声传出去后许多大基金纷纷出高薪前来挖人，如今大部分学徒要么被挖走，要么出去单干，手头都控制着上亿元美金，成为期货市场的一支生力军。

本案例以下介绍两位学徒的经历：

(1)迈克尔·卡尔，第一期学徒。他 1984 年开始做期货，为邓尼斯干了 4 年，平均年收益率为 57%。1989 年卡尔出来单干，成立期货交易顾问公司，到 1991 年资本增长了 89%。

卡尔原先在一家玩具厂工作，1984 年经济不景气被解雇。有一天他偶尔翻阅《华尔街日报》，正好看到邓尼斯招收学徒的广告。卡尔从未做过期货，只是在玩具厂时设计过一套类似期货交易的游戏。当时为了熟悉情况，卡尔听过几堂关于期货交易的课，并阅读了一些有关材料，所以对期货有些认识。面试时，卡尔也没有什么特殊表现，只是觉得自己提了一些还算比较有头脑的问题。另外应聘者中只有他一人在玩具厂工作过，与别人背景不同，也许这一点帮了卡尔的忙。

关于培训的情况，卡尔缄口不言，因为当初与邓尼斯公司签过合同，保证不向外泄露做单秘密。不过卡尔透露了一点儿有用的信息：不要花过多时间揣摩市场会怎么样，而要花相当的精力研究如何根据市场的变动情况作出反应。卡尔还建议新手做单一定要谨慎行事，态度客观一点，对金钱的价值淡漠一点，投资起来往往较明智、谨慎；反之，若过度狂热，追求刺激，那么输钱可能性要大得多。

(2)华德·赛德勒也是第一批进入邓尼斯培训班的学徒。赛德勒大学时学的是工程,后来做过专业期货交易员。他个人觉得自己之所以被邓尼斯公司选中,可能与学工程的背景有关。邓尼斯可能有心要看看一个有麻省理工学院工程学位的人做单会怎么样。他的投资策略比较保守,稳中求胜。从 1984 年至今,平均每年收益率 34%(复利率)。受父亲业余投资期货的影响,赛德勒从小就接触期货,他上中学时开始阅读有关期货的书籍。书上说期货游戏少有赢家,赛德勒偏不信邪,一定要亲自一试。他年纪太小,自己不能开账户,于是以父亲的名义开了一个 1000 美元的户头。这些钱都是他铲雪、除草一点点挣来的,大概维持了一年多才输光。当时他心中很不愉快,但多年后回想起来,在那种情况下一千块能维持一年已经是很不错的了,他长了不少见识,所以学费付得很值得。其中印象最深的是错过一次赚钱的机会。赛德勒当时觉得土豆要大跌,所以做了一张卖单。果然,市场顺着他的方向走。他有了一点利润后马上又加了一张单。他的账户钱很少,做一张单已经压力很大,再加一张完全是超负荷。第二张单刚进,市场便开始反弹。赛德勒怕赔掉本金,所以就砍掉了一张。经此一折腾,第一张单也没有守住,比预定目标出手早了很多。刚获利出场,土豆价就开始崩盘,他后悔不已。如今回想起来赛德勒却暗自庆幸。那一次要是他如期赚足几倍的钱,那他一定觉得自己很了不起。

赛德勒认为,一个交易员要是不量力而行,做单量大到使自己对市场产生恐惧的地步,那么怎么做都赢不了钱。他那时候钱少,交的学费还少。若等到后来做大了再补这一课,那代价就大多了。他认为成功的关键有两条:一要有计划,二要有韧性。做单有计划可以排除盲目冲动。遵守原则是成功的要领。有了计划就会迫使你遵守原则。韧性主要是帮你树立信心。赔了钱很容易灰心丧气,若没有坚忍的毅力,天长日久很难坚持下去。对市场敬让不能变成畏惧,两者一定要区别开来。敬让市场是为了保存资本,但如果一味怕它,那就不可能赢。恐惧会影响一个人的决策,对的时候不敢放胆去赢,那么错的时候就赔不起。

点评:卡尔和赛德勒的事例告诉我们,成功离不开计划、韧性和谨慎,只要做好该做的事、避免或少出偏差,就成功了。我们可能经历很多次亏损,但那不要紧,因为我们严格执行自己既定的止损计划,每次亏损额都被牢牢地控制在我们可以承受的范围之内;我们可能只有少数几次的盈利,但正是这些较少次数的盈利,可能使我们赚个盆满钵溢!

◆ 适应市场,顺势操作

在进行期货交易时,市场行情虽然变幻莫测,但价格走势往往会往阻力最小的方面移动,在一定时期其趋势是有迹可寻的。一个趋势往往有一较长的时间段。趋势形成之后,价格往往已走了一段,投资人可能因此放弃操作。但实际上,一段趋势最赚钱的地方还未开始,放弃顺势操作就会错失之后有较大获利机会的一段走势。如价格不断上升或价格不断下跌的走势即属于此类情形。

对于价格不断上升的走势,人们通常指其为牛市;对于价格不断下跌的走势,则称之为熊市;介于两者之间的走势,即期货价格没有大的波动、只有小的起伏则称其为牛皮市或盘整市。当然,牛市中期货价格的上升也并非义无反顾,而是时常出现价格回落,熊市中也常出现价格上升(如图 6-1 和图 6-2 所示)。

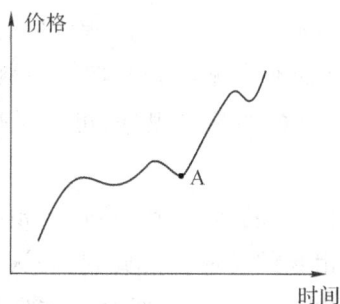

图 6-1

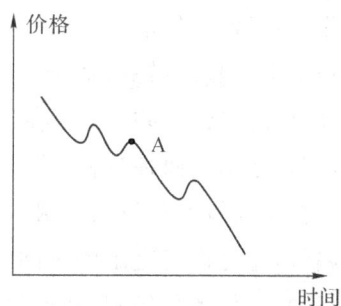

图 6-2

投资者若要做到顺应大势,首先应凭借个人的判断分析确定市场的趋势,切不可被一些市场假象所迷惑。如果趋势已明朗,千万不可与大势作对,应该按大盘走势进行买卖。当行情向上直冲为牛市时,就做多头交易,逢低买进期货合约;若行情趋势向下走为熊市时,就应做空头,逢高卖出期货合约。只有这样才能保证实现盈利。

[**案例 6-3**]　对于图 6-1 的牛市走势和图 6-2 的熊市走势,交易者在 A 点该如何操作?

点评:很显然,对于图 6-1 的牛市走势卖出期货合约,即没有顺应大势,则获利的机会相对很小,只要在出现反弹之前没有买入合约平仓,则注定要亏损。同样,在图 6-2 的熊市中,交易者如在 A 点买入期货合约,也没有顺应大势,因而获利的机会也相对较小,只要在出现反转之前没有卖出合约平仓,则注定要亏损。当然,对于牛皮市则应十分注意,因为它预示着一次大升或大跌的即将来临,此时市场正处于积蓄力量的阶段。所以,对后市的正确预测就意味着大的盈利;反之,则意味着大的亏损。由于“期货价格如爬楼梯,期货价格下跌如坐滑梯”,因此,面对期货价格上涨要有耐心,面对期货价格下跌则要适时平仓,以免见底反弹,反胜为败。

诚然,上述理论说起来似乎很简单,但真正做起来却非常困难。很多交易者常常把市场的信号忘却,直到行情急转时才恍然大悟,但为时已晚。所以,很多交易者总是在市场行情过度“火热”的情况下仍然站在买方,拼命买进;相反,在行情萎缩不振的情况下,继续抛售,产生了“追高杀低”的错误,造成惨重的损失。要避免在期货市场的“追高杀低”,关键就在于期货投资者能采取较好的投资策略,熟练运用技术分析工具和其他方法进行预测。在接近于高价时售出期货合约获利了结,在逼近最低价时购进期货合约,等待市场出现反弹。

◆ 长期与短期分析相结合

在期货交易中,最为重要的是对期货价格走势进行正确的预测,而正确预测的得出离不开基本分析和技术分析。基本分析就是以影响期货供求的因素为基础,根据这些因素的变化,判断期货价格的走势。技术分析则是根据过去到现在期货价格的波动(包括成交量和未平仓量的增减)情况,借助各种图形和曲线来预测未来期货价格的走势。由于两种分析方法在很多方面存在着不同之处,各有各的预测根据,可以说是各有优劣。因此,综合运用这两种分析方法方为上策。

基本分析法与技术分析法的最大差异就在于时间。基本分析主要用于预测期货价格的长期趋势,它允许有充足的时间仔细分析预测市场的动向。因此,在确认了主要趋势后,仍须耐心等候各种经济、政治因素的变动,所以容易错过低吸高抛的良机。技术分析则是借助于对价格行为本身的分析,利用各种历史图表、图形,直观地分析价格未来的走势,因此它更强调对行情的短期预测,帮助交易者理性地分析出准确的买卖时间。由此可见,基本分析和技术分析各有优劣,交易者应兼顾两者,把长期分析与短期分析结合起来,利用基本分析预测大势,从而决定交易部位的选择;利用技术分析判断适当的介入点位,从而取得较为有利的交易价格。具体可参见第五章的内容。

◆ 选择适宜的期货商品

当人们进行期货交易时,首先面临的问题就是如何选择期货商品。一般而言,套期保值交易是利用期货价格与现货价格变动的趋势大体一致的特点,规避价格波动的风险,从而将成本或收益固定在一定的水平上。因此,在期货市场上进行套期保值的期货商品就要与现货市场上的商品种类相同或者相近,只有这样才能取得较好的套期保值效果。进行投机和套利交易,则要选择熟悉的期货商品。假定某期货投机者进行豆粕期货的投机交易,如不知道豆粕为何物、用途是什么、何处生产和需求,便匆忙下单交易,其结果就可想而知了。国外培训专业期货经纪人,曾有一项苛刻的要求,即要求被培训对象具有期货品种实地生产、销售的经历,更不用说实地考察了。因此,在进行期货交易之前,必须将期货商品本身的属性、供给和需求、影响其价格变动的因素以及近年来该期货商品的价格走势等了解清楚,只有这样,才能做到有备而战。

考虑到不同商品期货品种的风险不同,在进行期货交易时,不宜同时选择多种期货进行交易。一般来讲,投资者入市之初应专注于一类商品或类似性质的商品期货。这是因为期货交易远比股票交易复杂得多,投资者不可能花费太多的精力同时对多种期货进行全面系统的分析。

[案例 6-4]　上海有位陈姓的套利投机者专做铜品种的套利投机,由于他专注于此,以至于比其他投机者具有更专业、更高超的该品种套利水平。多年的运作使他达到

了这样的境界：当人家可以赚取 20％ 的投机利润时，他可以获得 30％ 的盈利空间。

点评：人的精力是有限的，同时对多种期货品种进行全面系统的分析是不现实的。即使是具有同样有形属性的商品期货（如农产品期货与矿产品期货），也因品种的不同其影响因素有很大的差异；金融与商品期货的差异则更是不言而喻的。若投资者专注于某一种或某一类期货商品，则容易发掘出自己的敏锐与才智。

在同类商品中最好选择那些热门品种，即期货市场上流动性大、买卖活跃的品种。选择热门品种进行交易容易买进卖出、对冲平仓；而且，由于期货价格是由买卖双方公开竞价产生的，热门期货品种的投机行为会十分剧烈，容易形成很大的价格波动幅度。市场会经常出现大涨大跌的情形，此时选择该品种就可能在交易中大获其利。当然，收益与风险是成正比的，关键是要正确地判断价格走势、把握正确的入市时机。

当然，专注于某一类期货品种的交易操作不是指将入市的资金一次性投入在一桩单项委托订单上，而应该针对不同月份的交易合约同时买入或卖出以分散风险。价格趋势在一段时间内本来就是有涨有跌的，为确保自己在价格上扬时居"多头"地位，在价格下挫时居"空头"地位，那就唯有在某一价格水准仅投入一部分资金，一旦市场价格走势印证了自己原先对行情的预测，再增加筹码。对保值交易者来说，就是在某一价位对某一期限合约投入资金的同时再对其他交易月份投入不同价位或同价位的资金，或干脆逆向操作，反方向卖出或买入相应的合约。这也就是所谓的分散订单。

所以，要在正确的时机选择合适的品种和买卖部位，避免随波逐流。

◆ 正确运用止损指令

这是一项极其重要的投资技巧。由于投资市场风险颇高，为了避免万一投资失误时带来的损失，在每一次进行入市买卖时，我们都应该运用止损指令。止损指令是指在买进期货合约的同时在市场上设定卖出止损订单，在抛售期货合约的同时设定买进止损订单的一种交易行为。正确运用止损指令可以在期货价格呈现反向运动时，使损失固定在所设定的特定水平上，限制损失的进一步扩大；同时又不影响期货价格与预测一致时所能获得的盈利。只有这样，才能保证自己的利益最大化和损失最小化。世界上没有万能的理论、没有万能的技术分析方法、没有万能的分析师，任何高明的理论、精密的方法、高超的分析师都有错的时候，只有止损指令可以救你，让你免受重大损失。

可以说，在进行期货交易之时，每一个期货交易者都是抱定必胜的信心下单交易的。然而，实际的胜负还是一个未定数。一旦期货价格走势与预测相反，则要蒙受经济损失；不仅如此，有时期货价格与预测方向背道而驰的速度很快，即使交易者认输平仓，损失依然很大。那么，如何在冲锋陷阵的同时免除后顾之忧呢？止损指令的正确运用便是期货交易制胜的一大法宝。

[**案例 6-5**] 某交易者预测小麦期货价格将上升,就以 1350 元/吨的价格买入小麦期货合约。为了避免自己预测失误可能带来的损失,他在 1300 元/吨的价位设定卖出止损点。这样,如果他的预测果真失误,小麦期货价格一路再跌,那么当价格跌至 1300 元/吨时,其止损指令就会变为市价指令进行平仓,其损失就被框定为 50 元/吨左右,反之亦然。

点评:一般而言,当预测后市上涨买入期货合约时,就要设定止损价低于买入价的卖出止损指令以防价格的下跌;当预测后市下跌卖出期货合约时,则要设定止损价高于卖出价的买进止损指令以防价格上涨。如此操作,一旦小麦期货价格走势与预测相反,则要蒙受的经济损失只有 50 元/吨左右;同时又不影响小麦期货价格与预测一致时所能获得的较大盈利。

在期货交易中,设立止损指令十分重要。投资期货有三个最重要的要素,第一是止损,第二是止损,第三还是止损。在实际操作中,很多投资者往往因为止损指令设立得不够科学,使资金遭受巨大损失。具体止损点位的设定是非常关键的。因为止损点如果离开仓价位过远,将会使损失扩大;距离开仓价位过近,背离大势的较小的价格反向波动就可能触及止损点,使止损指令成交,造成没有预测失误反而蒙受了损失。为此,在进行期货交易之前,必须认真分析研究,制定切实可行的计划,并对预期获利和潜在的风险作出较为明确的判断和估算。

通常来说,止损位置的设立方式不外乎以下三种形式。

▽ **在重要支持或阻力位被突破后止损**

在重要支持或阻力位被突破后止损,这是实战中最常采用的止损操作模式。据统计,投资者在重要支持或阻力位止损出局的比例非常高。但是,仔细分析国内外期货走势图表可以发现,在期货市场,经常会出现阻力位或支持位置被突破以后价格走势反转的形态。

重要阻力位或支持位有以下几种:价格较长时间停留的密集成交区,较长时间范围内的价格高点或低点、趋势线、黄金分割或均线系统等提供的位置。

但在这些位置设立止损,缺乏值得信任的可靠性,其主要原因有以下两点:

(1)大的投机资金可以预测到市场投资者的大概止损价位,他们甚至故意在这些价位大量撮合成交,形成有较强支持或阻力的假象,然后凭借资金优势击穿这些位置,在止损盘出现后反向操作获利。

(2)趋势线、均线系统、黄金分割位等提供的支持或阻力位置,本身就有较大的主观性,缺乏值得信赖的依据和基础,准确率很低。在这些位置设立止损点,犹如引颈待毙。

▽ **达到绝对金额亏损度后止损**

在国外,这是较多的游戏操盘手采用的止损方法。其操作要点是:设立进场部位的资金最大亏损额度,一般为所占用资金的 5%～20%。也可以是所占用资金的绝对数额,如每手 100 元。一旦达到亏损额度,无论是何种价位,立即止损离场。

使用这种止损方法,必须注意以下两点:

(1)不同的品种或者不同的操作时间段,要采用不同的止损额度。

(2)设立的止损额度必须在市场中得到概率的验证。

这种止损方式的优点也是明显的,突出表现在以下三个方面:

(1)突出了资金管理原则。国外经验表明,优秀的操盘手并非胜在分析市场,而是善于管理资金。

(2)具有概率上的优势,操作时间越长,优势越明显。

(3)止损位置远离普通投资者,防范了设定第一种止损位置所带来的市场风险。

使用这种止损方法时,需要做大量的统计和分析工作,确定操作策略,寻找适合自己操作风格的最佳止损额度。

▽ 达到自我忍耐限度后止损

这类止损方式是初入市者经常采用的方法。一般来说,在短线操作中使用这种止损方式,对提高收益率还是有帮助的。其实,国外一些优秀操盘手也经常使用这种方式。

这种止损方式的具体使用方法是:当头寸部位出现亏损时,只要还能承受得住,就可以守住部位;否则立刻止损出场,即使是刚刚建立的头寸。

这种止损方法适合即日短线电子操盘,也适合对市场有丰富经验的操盘手使用。新手在使用这种止损方式时,经常会在高低位被振荡出局。

使用这种方式的主要依据是,建立头寸后,如果"感觉"很不舒适,这常常是因为市场中出现了某种意料之外的表象。出现这种问题的原因,可能是因为短线交易,来不及分析过多的资料,也可能是由于投资者暂时不知晓的其他原因。但长期的操盘经验,可以使得投资者"感觉"到市场的风险,这时候就应该马上离场观望了。

第二节 期货交易策略的应用

◆ 套期保值的策略

期货市场的套期保值是指交易者在期货市场设立与现货市场相对应的立场,而将现货市场波动的风险转给第三者的交易行为。所采用的方式就是在现货和期货市场利用对等但相反的买卖来锁住交易成果。进行套期保值的大多是原料商品的生产者、加工制造者或出口商,由此确保他们经营的商品不因价格改变而遭受损失。

▽ 准确把握基差的变化

套期保值者一旦实施交易行为,就不必再担心价格水平的变动,转而更关心基差的变动。因为他已将价格波动的风险转变为基差的风险。由于套期保值是否成功直接取决于对基差的预测，准确把握基差的变化也就是套期保值成败的关键。对于此，最简单的方法就是将每日或每周基差的变动情况作一完整的记录，并绘制图形，通过基差图（见图 6-3）来反映现货价格与期货价格以及基差值三者之间的变动关系，以选择最佳的对冲时机。

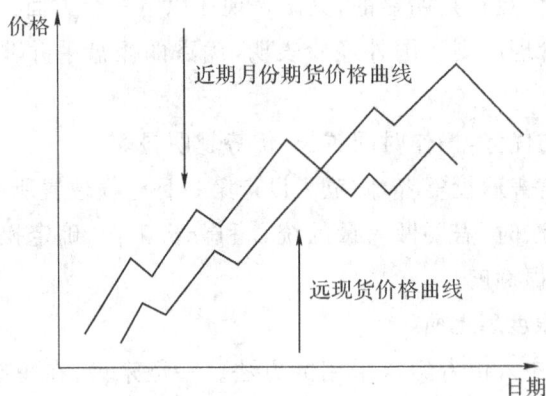

图 6-3

从图 6-3 中可见，当地现货价格曲线与近期月份期货价格曲线之间的差距就是基差变化的范围。随着交割日的临近，基差值逐渐由正值转为负值。在接近交割日时，基差值几乎趋于零，这表明现货价格与期货价格趋于一致。若一个到期合约的价格仍然高于现货商品的价格，市场交易人士就会卖空期货合约，促使其价格下降，并买空现货商品，经由两个不同的价差从中获取利润；相反，当接近期货合约到期日之时，现货商品的价格仍然高于期货合约的价格，就可通过买进商品期货合约，促使其价格上涨。

▽ **运用基差变化适时解除套期保值**

一般说来，在出现期货价格较之于现货价格降得更多（或涨得更慢）的情况时，卖出套期保值者得益：

（1）期货价格下跌，现货价格不变。

（2）期货价格不变，现货价格上涨。

（3）期货价格下跌，现货价格上涨。

（4）期货价格与现货价格均上涨，但现货价格涨得更快。

（5）期货价格与现货价格均下跌，但期货价格降得更快。

（6）现货价格从期货价格价位之下突破上扬。

同样，在出现期货价格较之于现货价格涨得更多（或跌得更慢）的情况时，对买入套期保值者是有益的。具体有下列情况：

（1）期货价格上涨，现货价格不变。

（2）期货价格不变，现货价格下跌。

(3)期货价格上涨,现货价格下跌。

(4)期货价格与现货价格均上涨,但期货价格涨得更快。

(5)期货价格与现货价格均下跌,但现货价格跌得更快。

(6)现货价格从期货价格价位之上跌破下降。

总之,掌握好基差及其变化情况,对套期保值者来说,可以达到尽量减少亏损、保值或获得额外收益的目的。

▽ 利用"换月交易"延长对冲交易时间

做套期保值时必须随时关注基差的变化情况。当基差的变化有利时,解除套期保值可以为交易者带来意想不到的收益。但是,现实情况下,基差的变化有时则是不利于交易者的,即基差并没有按照交易者预先计划思考的方向发展。此时,则可利用"换月交易"法将目前的套期保值交易转移到下一个月份,等待适当时机的到来。其操作过程是:移动目前交易月份的套期保值交易到下一个交割月份,在下一个交割月份未到期前,以较高的价格解除套期保值交易。这种转变只需买进(或卖出)现有的商品期货合约,同时卖出(或买进)一份较远期的商品期货合约就可达到要求。对卖出套期保值而言,"换月交易"就是在买进近期月份商品期货合约的同时,卖出远期月份交割的商品期货合约,以解除目前的不利状况,并将其转移至下一交割月份等待时机的到来。对于此,需要的是耐性,只要能忍耐,"换月交易"就能持续不断地进行下去,直到良机到来。

▽ 切勿做同向对冲交易

套期保值交易即对冲交易,它是在期货市场里采取与现货市场相反方向的交易行为。由于期货与现货价格变动的复杂性,有时做对冲交易可能会遭遇"逼仓",出现"两边不讨好"的情况。此时,不要盲目地进行同方向的对冲交易。

[案例6-6]　某商人握有现货,为了避免价格下跌而影响自己的利润,便运用"卖出套期保值"在期货市场上进行操作。但他遭遇了多头"逼仓"——在现货价格下跌的同时,期货价格却在大幅上涨。若这样操作,该商人不只在现货市场会遭受亏损,他在期货市场也将遭受亏损。此时的他决定临时变通交易策略,即放弃原有的"卖出套期保值"做法,而采用买空策略。如何评价此做法?

点评:多头"逼仓"是多头凭借资金优势,在脱离期货品种实际情况的基础上不断拉高期货价格,逼迫因保证金欠缺的空头无奈买入平仓、借空头平仓盘继续抬高期价达到出货目的的过程。该商人持有现货合同却遭遇了多头"逼仓",于是在期货价格大幅上涨后放弃原有"卖出套期保值"的做法,并采用买空策略。这样就犯了同向对冲交易的错误。一旦市场价格走向与你所期望的相反,即下跌的话,其后果是相当严重的。因此,抱着侥幸心理冒险投机的想法是要不得的。

▽ **主动与有关专家讨论**

这里的专家是指有知识、经验丰富的期货交易经纪人或者期货专业人士。他们具备一定分析的能力,为交易者提供一些有效对冲策略的基本资讯服务,包括基差图形的趋势介绍、国内大多数现货商品的价格资料、各个不同交易所及研究机构的定期报告,以及各种商品交易的细微查询服务。但是,现实情况下,有些经纪人并不主动引导对冲者的交易方向以及他们所需的服务。所以,从事套期保值的交易者就必须花时间去找那些专业的期货经纪人探讨交易策略。那些涉及汇率、利率等金融期货商品的交易,由于其交易过程、计算方法等相对复杂,则更应向银行业者、金融专家等广泛咨询,拟订对冲交易的细节。目前,国内有关期货交易的咨询公司或信息中心已日渐增多。它们一般都拥有现代化的通讯设备,并拥有一大批懂专业的高素质人才。主动与这些专家探讨有关对冲交易策略,将会起到事半功倍的效果。

◆ 套利交易的策略

套利交易是期货投机交易中的一种特殊方式,它利用期货市场中不同月份、不同市场、不同商品之间的相对价格差,同时买入和卖出不同种类的期货合约,来获取利润。正如一种商品的现货价格与期货价格经常存在差异,同种商品不同交割月份的合约价格变动也存在差异;同种商品在不同的期货交易所的价格变动也存在差异。这些价格差异的存在,使期货市场的套利交易成为可能。

▽ **"利多"时买近卖远,"利空"时卖近买远**

一般而言,在"利多"市场中,因对靠近交割月份的期货合约的需求量加大,供给量减少,近期期货合约价格的上涨速度将会大于远期月份的期货合约。一旦察觉到这种势头,便要买进近期月份的合约,同时卖出远期月份的合约。这样,就能从套利后的价格差异中获取收益。

在"利空"市场中,靠近交割月份的期货合约。因供给量的增多,需求量减少,近期月份合约价格下跌的速度就会比远期月份期货合约价格的下跌速度快。此时,套利交易者就应卖空近期月份的期货合约,同时买空远期月份的期货合约。这样,也可从套利后的价格差异中获取利润。

▽ **清楚下达交易指令**

当两个不同月份的期货合约在价格方面非常接近时,在套利交易订单上就必须清楚地指明哪个月份是要加码的月份。比如,某交易者在纽约和芝加哥两个期货交易所做5月小麦跨市交易,若在订单上指出"买进纽约5月小麦期货合约,卖出芝加哥5月小麦期货合约,芝加哥合约比纽约合约高5分买卖",这便清楚表明了交易者的成交意愿及成交的限制价格。如果只是含糊地说"买进纽约5月小麦期货合约,卖出芝加哥5月小麦期货合约",那么最终的成交价格以市价成交的,结果买卖不理想。因此,在进行套利交易时,应清楚下达交易指令,并且最好是以限价订单来交易。这样,才可确定建立套利交易的价差正是你所预定的价差。

▽ 不在即将期满的合约上套利

在期货交易中，不论做何种类型的交易，都要尽量避免做即将期满的合约交易。这是因为，在即将期满的合约上设置套利交易部位，首先，遇到的问题是不久将会收到"交割通知"。若在短期内不能实现对冲，便会遭受交割带来的一系列麻烦；其次，由于在临近交割月份时，两种合约的价格将逐渐趋于一致，回到现实水平。而套利交易主要是通过不同商品、不同月份、不同地区的价差来获利的。在即将期满的合约上套利，其价差关系小，获利机会也就少。

▽ "跨商品"与"跨期"套利时，要考虑"现金"套利

在做"跨商品"套利交易时，由于在不同的期货合约里，交易单位有可能不一致，从而由价位变动所产生的差异也可能随之不同。为了有效地监督不同期货商品之间套利差额变化的增减情况，就必须把不同期货商品的交易单位换算成现金来分析。

在从事"跨市"套利交易，特别是国际间期货交易所之间的"跨市"交易时，更要考虑到"现金"套利，将不同国家的报价转换成统一的现金报价形式来分析操作。这是因为，世界各国的报价单位不尽一致，为了清楚地看出不同"市场"中同类商品间的价差关系变化，就需以一个统一的计价标准来衡量。比如，美国是以美元报价的，英国则是以英镑报价的。为了便于监管两个交易所的套利交易情况，就要采用"现金"套利的方法，将两者用汇率换算成某一统一的报价单位，以便清楚地发现它们之间的变化。

▽ 套利亦是一种高风险交易

通常情况下，套利交易是一种低风险的交易方法，但这并不等于说它可以消除风险，更不等于说人人从事套利交易都可以降低风险。相反，有时套利交易的整体风险性要比普通单盘交易的风险大。尤其是那些储存时间不太长的商品期货，如生活资料类的期货商品，这些商品价格的变化往往出人意料，做此交易势必面临较高的风险。另外，你还可能会遇到买空商品期货合约的价格一路下跌，而卖空商品期货合约后的价格却一路上扬的情形，结果造成双向浮动亏损。因此，切不可以为套利交易是高枕无忧的避险良策，而应密切关注套利市场行情的变化，做好应对行情突变的准备工作。

▽ 同时结清买盘和卖盘

套利交易一般的做法是在建立一笔套利交易的同时，买进或卖出另一种期货合约。在平仓清盘时，也应同时了结。但是，有人在操作过程中，往往抱有获取更大利润的动机。比如，在价格下跌时，本应同时结清买盘和卖盘，但许多交易者却只将"卖空"的合约清算了结获利，仍将"买空"的合约持在手中，希望买盘的合约价格也能上涨以获取更大的利润。如价格果然如交易者所料，无疑会达到目的。可现实情况下价格通常是继续下跌的，特别是远期合约，因为随着交割期的逼近，其价格将会逐渐走向正常的水平。这样，设置买盘时是高价购入，卖出合约时却因价格下跌而低价卖出，必然会发生亏损。这一亏损可能会将前期卖空所获利润抵消掉，甚至会发生总亏损。因此，在从事套利交

易时,一定要双脚同时进出。

套利交易丰富和发展了期货投机交易的内容,使期货投机不再局限于期货合约绝对价格水平变化,而更多地转向期货合约相对价格水平变化。套利交易对期货市场的稳定发展有积极的意义。因为一方面,套利提供了风险对冲的机会;另一方面,套利有助于合理价格水平的形成。具体的案例可以参见第四章第二节的内容。

◆ 投机交易的策略

期货投机交易指在期货市场上以获取价差收益为目的的期货交易行为。投机者根据自己对期货价格走势的判断,作出买进或卖出的决定,如果这种判断与市场价格走势相同,则投机者平仓出局后可获取投机利润;如果判断与价格走势相反,则投机者平仓出局后承担投机损失。

进行价差投机要注重策略的选择。

▽ 头寸交易策略

头寸交易,是指根据对期货价格未来走向的判断来决定是持有多头还是持有空头,即买进还是卖出期货合约。如果投资者通过分析认为某种期货商品的价格将上升,就买进该期货,即持有该期货的多头;反之,则卖出该期货,即持有该期货的空头。这是一种最常用的投机策略,又称"买低卖高"策略。投机者利用商品价格的上下波动,在牛市初起时买进,在转向熊市时抛出,赚取时间价差。

利用商品价格波动进行头寸交易的关键就是对市场价格趋势的分析。如能看准趋势,就可投机获利;相反,则会出现亏损。但是,由于商品价格常常受到一些难以预料的突发性偶然因素和投机因素等的影响,所以要准确判断未来价格趋势是非常复杂和困难的。因此,上述策略的运用将面临着很大的风险。

▽ "抢帽子"与当天交易

所谓"抢帽子"交易者,又称逐小利者,其操作往往集中于交易所商品价格短暂、频繁的波动上,发现有利时机即时开仓又迅速平仓,以赚取小额利润。它的特点是在最小价格变动中进行交易,赢亏数额不大,但周转较快,交易量也大。

当天交易者是指当天开仓并在当天市场收盘前平仓的交易者。和"抢帽子"交易一样,当天交易也属于期货市场中的短线投机。投机者只预测未来很短时间内期货市场的价格走势,以求抓住市场上转瞬即逝的盈利机会,但时间比"抢帽子"略长一些。当发现自己的判断有误后,立即平仓放弃头寸。当天交易一般是在对商品价格趋势摸不太清时采用的方法。此策略的优点就是可以抓住各种较小的盈利机会,达到集腋成裘的效果;其缺点与"抢帽子"一样,就是交易费用太高,而且不适于在单边市(牛市或熊市)中使用。

▽ 顺流交易策略

顺流交易,是指跟着趋势大流顺势而为的投机方法。即在上涨趋势中建立多头,在下跌趋势中建立空头,绝不背道而驰。期货价格与股票价格一样存在着上升或下降的长期趋势,趋势一旦形成,惯性的作用将使市场价格沿着这个方向变动,直至由于发生了某个重大事件而改变这一趋势。

技术分析者比较喜欢运用这一策略,通过切线、均线理论来确定大趋势,然后运用几种不同期限的移动平均线组合,来决定买进或卖出的恰当时机。当然,在多头或空头的交易头寸确定后,顺流交易者还应利用止损订单限制价格发生不利变动时的盈亏额度。

▽ **逆流交易策略**

逆流交易,是指利用期货市场价格因过多购买或过多出售而暂时偏离正常轨道的有利时机进行交易的一种投机策略。比如,某个时期的期货价格呈上涨趋势,但由于市场上出现了超卖现象,期货价格便开始下跌,出现了"技术性回档"。逆流交易者就可抓住这一时机买进期货合约。当然,为了防止期货价格的进一步下跌,还应在购入合约的同时设定卖出止损订单。同样,当期货价格在下跌过程中因"超买"而出现"技术性反弹"现象时,投机者则可在此逢高卖出,逆流投机获取收益。

▽ **金字塔式交易策略**

金字塔式交易法,是指在已有资金的基础上,通过合理运用资本而充分获取利润的一种较佳的方法。它是基于最大限度地分散投资的最大风险的基本原则之一来决策的。其具体的操作程序是:在交易的金字塔底部建立厚实的基底,然后以递减向上的方式往上构筑。其目的是使你在交易成交价平均值维持在一个较低的水平,以保障万一在价格突然反转之际有应变缓冲的余地。为实现此目的,实践中较为行之有效的办法就是构筑自己交易的金字塔。其具体做法是:首先以一个基底,并以递减的增加方式往上搭建(见图6-4)。由于其形态酷似古埃及的金字塔,故曰金字塔式交易法。

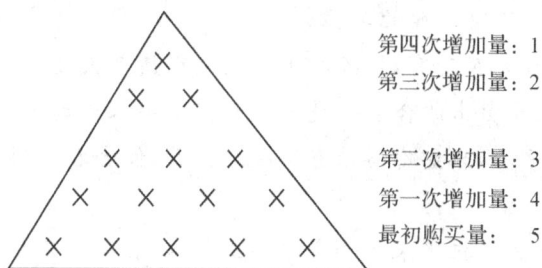

第四次增加量: 1
第三次增加量: 2

第二次增加量: 3

第一次增加量: 4

最初购买量: 5

注:图中×代表一张期货合约。

图 6-4

从图6-4可见,金字塔有个基底,无论是买进还是卖出都是一样的。即随着价格的变动,每次买进或卖出的合约数量都是逐渐减少的,直到达到交易计划为止,并且每次的买进或卖出点都是在价格的等距离变化的价位上。这一设计不仅可使交易成交价的平均值维持在一个较低水平,而且在行情出现不利情况时还可使交易者处于相对有利的地位。

增仓应遵循如下两个原则:第一,只有在现有持仓已经盈利的情况下,才能增仓;第二,持仓的增加应渐次递减。

对于金字塔式交易策略,我们可以通过一个实例加以说明。

[案例 6-7]　某投机者预测 9 月小麦合约价格将上升,入市买入 5 张小麦期货合约,成交价为 900 元/吨,此后价格上升到 950 元/吨,初次买入的 5 张合约已经为他带来了 50 元/吨的利润。为了进一步利用该价格的有利变化,该投机商再次入市买入 4 张 9 月小麦期货合约,成交价为 950 元/吨,9 张合约的平均买入价为(900×5＋950×4)/9＝922.22 元。此后,市价每上升 50 元依次买入 3 张、2 张、1 张合约,最终使所持合约数达到 15 张,平均买入价为 966.67 元,见下表。

买入价(元)	合约数量(张)	平均价(元)
1100	0	966.67
1050	0 0	957.14
1000	0 0 0	941.67
950	0 0 0 0	922.22
900	0 0 0 0 0	900.00

采用金字塔式买入,合约部位的平均价虽然有所上升,但升幅远小于合约市场价格的升幅。市场价格回落时,合约部位不致受到严重威胁,投机者有充裕的时间卖出合约并取得相当的利润。若该例中的市场价格上升到 1100 元后开始回档下跌,跌到 1050 元,该价格仍远高于平均价 966.67 元,立即卖出 15 张合约仍可获利(1050－966.67)×15＝1249.95 元。

金字塔式卖出的做法可以照此类推。

如果建仓后市场情况变动有利,投机者只按主观愿望大量增加合约部位,采用倒金字塔式交易,每次买入或卖出的合约数量总大于前次买入或卖出的合约数,使得平均价与最近的成交价相差无几,只要价格稍有下跌或上升,便会吞噬所有利润,甚至蚀本。

[案例 6-8]　假如该投机者采用倒金字塔式买入,在小麦价格为 900 元/吨时买入 1 张合约,价格升至 950 元时买入 2 张,渐次递增,直至升到 1100 元时买入 5 张,一共买入 15 张合约,见下表。

买入价(元)	合约数量(张)	平均价(元)
1100	0 0 0 0 0	1033.33
1050	0 0 0 0	1000.00
1000	0 0 0	966.67
950	0 0	933.33
900	0	900.00

对比案例6-6,在案例6-7中最后5张合约的实际买入价与平均价之差远小于例6-6中的相应价差。只要市场价格回落到1033.33元,所有利润即全部丧失。因此,倒金字塔式交易不应提倡。

▽ 高抛低吸与突破出击交易策略

行情走势复杂多变,但总体有牛皮盘整和突破盘局走单边行情几种形式。对于前者,宜采取高抛低吸的策略。由于牛皮盘整市行情较平稳,未见有任何能使市场大起大落的因素,因此运用高抛低吸、积少成多的方法最为合适。即每逢行情上涨就卖,下跌就买。此法在表面上看来似乎有悖一般原理,而且每次所获收益不大,但如果是反复多次,算起来还是相当可观的。

对于后者则应在突破价格后及时出击。突破有多种表现形式,如高低点的突破、趋势线的突破、支撑位和阻力位的突破等。以高低点的突破为例,当价格突破观察期内行情的最高点,表明行情上涨,是买进的信号;当价格跌破观察期内行情的最低点,表明市市下跌,是卖出的信号。一般而言,观察期越长,突破或跌破的信息就越重要,上述策略的运用也就越正确。又比如,许多人就喜欢在每周或每月的突破或跌破线上进行交易。当市场价格达到并突破每周或每月的价格最高点时,买进期货持有多头头寸;当市场价格跌破每周或每月的价格最低点时,就抛出期货建立空头头寸。但是,当观察期缩短时,上述策略的可靠性就会降低,尤其是当观察期为一日时,上述策略或许应该颠倒过来使用。比如,若市场价格跌破当日最低价,一般认为应该是价格下跌的信号,其实不然。这是因为价格水平上升前通常会跌破当日的最低价,然后再爬行,即所谓"退一步,进两步"的道理。同理,当市场价格冲破当日的最高价时也是这样,因此,在此情况下,通常应采取相反的策略。当然,这个原则并不是绝对正确的。假若市场行情没有如期反转,就需果断离场,以求重新寻找机会。

运用突破出击的策略时会面对这样一个问题:究竟在突破发生之前买进,还是正当突破时入市,或者等待突破发生之后入市?这三种做法各有优缺点:第一种方法的优点是买入成本合理,具有价格优势,缺点是交易失败的风险相对较大;第二种方法成功的机会比较大,但缺点是入市价位不理想;第三种方法的风险最小,但是错过重要的交易机会的可能性较大。有投资者比较喜欢采取复合头寸方法,即在价格突破之前开立一点头寸;在突破时再增加一点头寸;最后,在价格突破后市场调整性回落时,再追加一点头寸。这是一种比较实用的方法。

当然,是选择高抛低吸交易策略还是采取突破出击交易策略,关键还是取决于对行情走势的判断。交易者要在行情走势的判断上下大工夫。

▽ 锦上添花交易策略

锦上添花在这里的含义,是指投资者之前的开仓交易方向正确,而后市场行情朝着对投资者所持仓位有利的方向运行,且投资者仍有充裕的资金流。在这样的情况下,投资者没有见好就收,而是继续加仓,以获取更大的收益。

[**案例 6-9**]　在图 6-5 中,某投机者在 A 点买入开仓某期货合约,而行情果然如其所料,直升至 B 点。此时本来可以卖出平仓该合约获利,但考虑到形势仍然对多头有利,此时卖出平仓则就未免太过于谨慎小心了。为进一步扩大战果,投资者在 B 点再度买入开仓相同的期货合约。当行情再如愿涨至 C 点时,此刻如预计的那样,后市仍呈牛市,则更可以全部力量直捣黄龙。这样做虽然不能保证所有买入的合约都获利,但只要适时平仓则整体上获利是相当可观的。

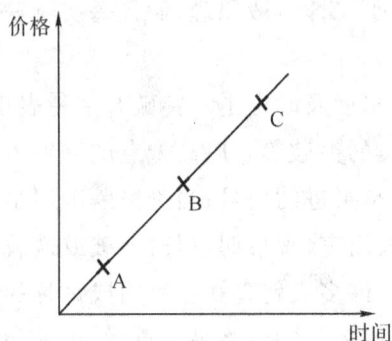

图 6-5

点评:锦上添花策略一定要与金字塔式交易策略结合起来运用。此外,运用锦上添花策略,手头上还必须经常留有足够的预备资金,以便随时出击。所以,交易者的保证金存款不应全部拿出来充当履约保证金,以致保证金账户空虚,丧失滚动利润的机会和扭转亏损的可能。

▽ **转亏为盈的策略**

转亏为盈的策略主要表现为操作的主动性和策略的灵活性。具体有坚持不懈法、舍小求大法、锁仓操作法和现货交割法。

● 坚持不懈法

预计行情会上升而买入,但出乎意料之外的是行情反向下跌。每逢遇到这种情况,若预计行情定会反弹,为挽回大势,应打定主意,当行情一跌再跌时,更应一直买下去。因为行情绝无一起不跌、更无一跌不起之理。当否极泰来之时,便可逐步脱手,至少打个和局,或许还能获取盈利。但运用此法应注意仓位的控制,即投资者的资金来源是充沛的,否则,将会因资金的短缺而被动平仓蒙受损失。

[**案例 6-10**]　在图 6-6 中,某交易者预计期货价格将上升,于是在 A 点买入合约,但是预计失误,价格不升反跌。该交易者便可以在价格下跌过程中,在 B 点、C 点和 D

点继续买入,从而降低平均买入价格。

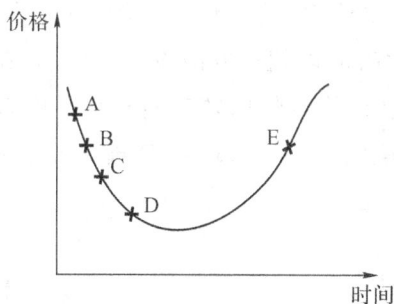

图 6-6

待价格反弹后,便可以在 E 点将手中合约一次卖出平仓,也可以在上升行情中分次卖出平仓。总之,交易者的目的是求和,切不可为获利而一再等待高价位的出现。

- 舍小求大法

如果预计行情将上升(或下跌)从而买入(或卖出)开仓,岂料行情反向下跌(或上升),而且似乎还有延续的倾向。此时便应趁损失尚小时先行平仓出局,同时随即反向开仓,那么再跌下去(或升上来)便可获利挽回以前的损失,所以这叫做舍小求大法。故此每逢看到行情逆转,而大势不利时,就应随机应变,从卖家转为买家或从买家转为卖家,顺水行舟方可以事半功倍,而且这才合乎交易策略原则。

[**案例 6-11**] 在图 6-7 中,某交易者预计行情将上涨,于是在 A 点买入期货合约,但是价格不涨反跌。便可在 B 点卖出手中合约平仓,同时卖出合约建立新仓,这样在 C 点再行买入合约平仓,则可以盈利弥补损失。

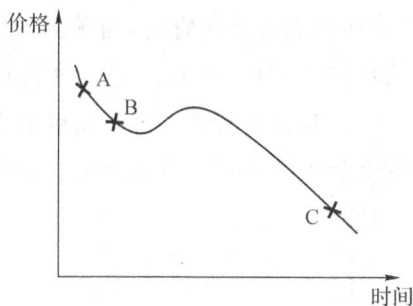

图 6-7

点评:舍小求大法的操作要点是要注重随机应变,一旦行情逆转,就要在第一时间出击,以求得较好的效果。

- 锁仓操作法

如果预计行情下跌而卖出期货合约，不幸行情反向上涨，如图 6-8 所示。在 A 点卖出合约后，行情不降反升，此时应以相反方向再作新单，如在 B 点买入与前次卖出合约数相当的合约，这叫作"锁仓"。当行情回转时渐次将手中合约反向操作平仓，进行"开锁"，如在 C 点卖出于 B 点买入的合约平仓，在 D 点买入于 A 点卖出的合约平仓。

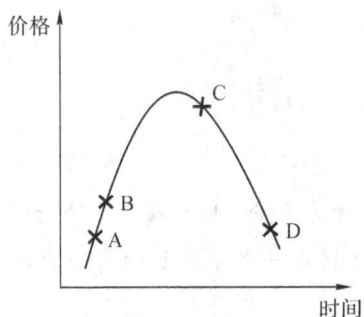

图 6-8

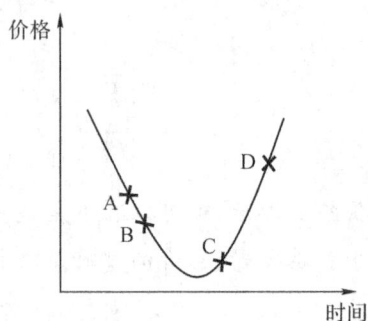

图 6-9

如果预计行情上涨而买入期货合约，然而行情不涨反跌，如图 6-9 所示。在 A 点买入合约后，价格反向下跌，此时应以相反方向再作新单，如在 B 点卖出与前次买入合约数相当的合约，进行"锁仓"。当行情反转后渐次"开锁"，即将手中合约反向操作平仓，如在 C 点买入于 B 点卖出的合约平仓，在 D 点卖出于 A 点买入的合约平仓。

若运用锁仓操作法，最后的操作结果大抵有以下几种：以多头或空头中一方的盈利来缩小另一方的亏损，最终小亏或盈亏相抵；以一方较大的盈利来弥补另一方较小的亏损，并有一定净收益可得；多头和空头双方均获利，最后取得较大的获利。图中所示即双方均获利的这种情况。

- 现货交割法

如果某期货合约价格相对现货而言是便宜的，当预测行情将上涨时，投资者在 A 点买进期货合约，不幸行情不涨反跌，而且是一跌不起。这种情况平时极为少见，但若遇逼空行情，此情况会经常发生。此时投资者不妨在行情跌到 B 点时进行清算交割，收取现货（见图 6-10）。之后，即使期货价格再度下跌也可卖出交割货物而最终获利。

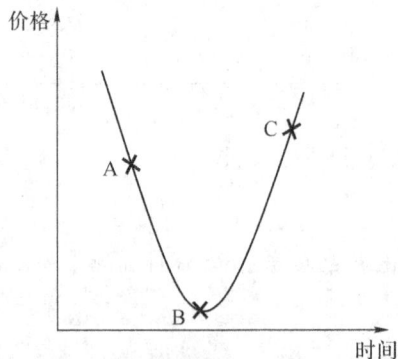

图 6-10

这种方法通常适用于买卖现货的商人之间。然而,运用此法必须拥有一笔可以付清现货的资本。它虽然是一种以小博大的交易策略,但若能在行情跌至底部时先行买进一批现货,待行情上涨时就可一路放胆进行卖空套利,并在必要时交出现货以获取利润。这样一来,买进现货也就成了期货交易者转败为胜的一种上策了。

第三节　期货资金管理

资金管理是指资金的配置问题,其中包括投资组合的设计、交易品种多样化、各市场的资金比例、止损指令的应用等。资金管理是期货投资中十分重要的一环,它可以告诉交易者如何掌握好自己的钱财。要在期货交易中长久立于不败之地,资金管理是最重要的内容。成功的资金管理,也是期货投资获利的保证。资金管理所解决的问题事关期货市场交易者的生死存亡。在很多情况下,即便交易策略完全正确,仍然有可能因为投资组合分配、每笔交易中资金的配置等失误而蒙受损失。许多投资者就是因为忽略资金管理而中途惨遭爆仓出局的,即使后来的行情已有利于他当初的持仓,但此刻已于事无补了。有学者认为,资金管理在期货交易中是第一位的,甚至比交易方法本身还关键。这个观点或许有点偏颇,但是作为一个期货交易者,进入期货市场首先应该掌握的就是资金管理和风险控制策略。

◆ 资金管理的策略

▽ 保守型运作

在资金管理和运作上,有些期货交易者交易成功的把握较大,其交易作风较为大胆;而有些期货交易者成功的机会把握较小,奉行保守的交易原则。那么或许从长远时期来看,保守的期货交易者取胜的把握比大胆进取的交易者更大,采取大胆积极的交易方式,若市场运行的方向不出意外,则其利润的确可观。但是,万一行情并非想象中的那样,其后果可能是毁灭性的,所谓小心驶得万年船。所以,当你无法决定是买(卖)一份期货合约还是两份期货合约时,最好一份都不要买(卖);当你无法决定是否需要建立交易头寸时,最好就静观其变;当你的资本账户有所增长,最好从中提取一部分或全部利润。假如你偏于激进的做法,就应使投入的资金数量随着账户的增长而增加,因为这样的风险比例可以保持不变甚至在相同的时间里得以降低。总之,这种保守型的资金运作通常是期货资金管理中较为明智的选择。

▽ 采用复合头寸交易

"让利润充分增长",说起来容易做起来难。如果能够有足够的水平捕捉到某市场趋势的开端,就能够在相对短的时间内获取巨额利润。但市场表象是很迷惑人的:一方面,技术指标等已经超买(或者超卖),或在价格图表上也面临着一些重要的阻力位(或者支撑位)；另一方面,投资者相信市场尚有很大的上升空间(或者下跌空间)。此时,投资者既担心价格下跌(上涨),丧失账面利润；又恐怕错过大好良机。究竟是平仓获利还是持仓不动？采用复合头寸交易方法可以较好地解决这个问题。

所谓复合头寸,是指将交易的单位分为交易头寸与跟势头寸两部分。跟势头寸部分以长期利益为主,长线持有,对于这部分头寸尽量设置宽松的止损,为市场的巩固和调整留有充分的余地。从长线的角度来看,这些头寸往往能带来最大的利润。所谓交易头寸,是指频繁进行买卖的短线交易头寸。若市场已经接近第一个上升和下跌目标,并且面临重要的阻力或支撑位,同时各个技术指标也显示超买或超卖状态,那么就可以针对短线交易头寸进行平仓或回补,或者设置较近的止损指令,目的就是为了锁定或确保利润。如果之后市场趋势恢复,则我们可以把已经平仓的头寸重新建立。这样就可以既不耽误趋势,又避免错失短线交易的机会。因此最好在开始交易时就避免只做一张合约或者一个单位头寸的情况,通过多单位复合头寸的建立可以为交易提供更大的回旋系地,从而可以提高总的交易成果。

▽ **交易资金应控制在总资金的 50％以内(略)**

▽ **分散投资**

为了最大限度地分散投资风险,在期货交易中要避免在一个或一类市场上投入过多的资金。一般来说,将资金分散在两三个不相关的市场上是比较稳妥的。并且其所选择市场的相关性越低,越能取得较高的分散投资功效。至于交易者在每个任何单个市场上所投入的资金总额则必须控制在总资本额的 10％～15％。因此,对于一个 100 万元人民币的账户来说,在任何单独的市场上,最多只能投入 10 万至 15 万元作为保证金存款。这一措施可以有效地防止交易者在单一市场上注入过多的资本金,避免"在一棵树上吊死"的危险境地。当然,这对于国内期市目前投资品种本身比较单一的局面或许适用性要略微弱一些。

对于同类市场的投资,同样要遵循这一原则。由于受到相同或相似因素的影响,同类期货商品的价格走势往往处于一致的状态。例如,铜和铝属于同一类市场,两个交易品种都是金属市场的龙头,往往波动方向是一致的。为了防止交易者在某类市场中投入较多的资本金而加大投资风险,交易者就应严格控制投入该类市场的资金总额,更不能把所有的资金都押在一个品种上。经验表明:交易者在任何一个市场群类上投入的资金总额应在总资本的 20％～25％以内。

另外,在任何单个市场上的最大总亏损金额必须限制在总资本的 5％以内。这个5％是指交易商在交易失败的情况下将承受的最大亏损。在决定做多少张合约的交易,以及应该把止损指令设置在何处价格时,这一点是极为重要的出发点。因此,对于 100 万人民币的账户来说,承受的单个市场风险资金应不超过 5 万元。

分散投资的要领在期货行业中相当适用,特别针对基金的运作具有积极的参考意义。不过对于我国期货市场的特点,可以适当加以修正,以适应需要。有些交易商大胆进取,往往持有较大的头寸,而有些期货交易者则较为保守稳健。最主要的意义在于告诉我们采取适当的多样化投资组合,防备亏损阶段的来临,以保护宝贵的资金。

[**案例 6-12**]　假如某期货交易者有 100 万人民币,他决定进行大连商品交易所大豆期货合约的交易(假定大连商品交易所大豆期货合约的保证金为 1500 元/手),并且选择了入市时机,如按上述分散投资的要领,该投资者应该买卖多少合约?

该投资者应该将投入的资金金额控制在总资本额的 10%～15%,比如将总资金 100 万人民币乘以 15%,得出每笔交易可以投入的金额即 15 万人民币。大连商品交易所大豆期货合约的保证金 1500 元/手,因此交易者一次可以持有大豆期货合约手数为:

150000/1500＝100 手

点评:交易者必须注意的是,无论在单独的市场还是市场群类中,都不要卷入太深,以免风险过于集中而招致灭顶之灾。分散投资是限制风险的一个办法,但同时要注意,别分散过头。如果期货交易者在同一时刻把交易资金散布于太多的市场的话,那么其中为数不多的几笔盈利就会被大量的亏损交易冲抵。所以说,分散的程度有一个平衡点。

成功的期货交易者能比较好地处理"过于分散"和"过分集中"这两个极端之间的矛盾,将资金集中于趋势良好的少数几个市场上。当然,国内的交易场所不多,成熟的期货品种也不多,品种之间的相关性也不是很大,因而对于我国的期货交易者而言,处理"过于分散"和"过分集中"这对矛盾、达到分散投资风险的目的难度不是太大。

▽ **设置合适的止损幅度**

通常情况下,稳健的投资者在从事期货交易时都要采取一定的保护性止损措施,止损幅度的设置就是行之有效的办法之一。如何设置合适的止损幅度呢? 原则上是应设定在价格走势即将改变为非原先预期之方向,实务上则可以依基本面、技术面或资金面来设立停损点。以基本面为例,在基本面出现重要变动而此改变将扭转原先价格趋势时,应立即止损出场。技术面则可依形态或技术指标等来设置合适的止损幅度。而以资金面来设立止损幅度则不考虑技术面的意义,而是根据风险金额来确定,也就是以所能承受损失百分比或金额为止损点。另外,止损点之设立也可以保障既有之获利,对于多头部位而言,随着价格上涨,止损点可以向上调整。同理,对空头部位而言,随着价格下跌,止损点则可以向上调整。如此一来,价格走势一有反转即可保障获利出场。同时,市场价格的波动性大,止损点就应离成交价越远;反之,离成交价越近。配合顺势操作,止损点的设立不但可以使期货投资在操作上避免出现过度预期,而且有保障获利、减少因预期错误而造成的损失的功能。

当然,交易者在设置止损幅度时会面临两难境地。一方面,期货交易者希望止损指令充分地接近，从而即使交易失败，亏损也可以尽可能减少；另一方面，如果止损指令过分接近，那么当市场出现短暂的剧烈振荡时，又可能会引发不必要的止损行为。因此，投资者总是希望在可以承受的风险额度内，制定一个切合实际的止损指令，以达到有效降低交易风险、保障资金安全的目的。但在实践中，由于交易市场的波动性，交易者总是将止损点设定得过于紧密并脱离"拥挤的"区域，或者是将止损点设定在远离不可避免的巨大损失的地方，这很容易导致投资者破产。为避免上述情况的发生，现在比较提倡预先确定止损幅度，并将其控制在全部资金的 5％或交易保证金的 10％以内。

　　[案例 6-13]　假定交易者决定在 16000 元/吨附近买入上海期货交易所铜合约，保证金要求为每手 3750 元，其账户金额为 100 万人民币，我们采取 15％作为每笔交易最大的投资金额，那么在这笔交易中他只可以投入 15 万元，所以他可以持有 40 手铜(1 手＝5 吨)。而最大的风险限额为 5％，即 50000 元。因此他设置的止损指令必须高于 15750 元/吨水平，只有这样，才能确保其交易风险控制在 50000 元以内。

　　在具体设定止损指令时，必须结合考虑资金管理的各项限额，以及图表上的支撑或阻挡水平的位置。假定铜买入点是 16000 元/吨，而图表上显示的最接近的可靠支撑位于 15800 元/吨。那么如果把止损指令设置于 15750 元/吨，合约总风险恰好为 50000 元 (200×250)，处于 50000 元限额以内，符合资金管理的要领。

　　如果最接近的支撑水平在 350 元以下，那么每手铜合约的风险额将达到 1750 元，为了保证处于 50000 元的风险限额之内，现在只可以买入 28 手铜合约(28×1750)，而不是原来的 40 手了。所以，如果能够找出较接近的支撑水平，那么选择起来就比较容易了。

　　点评：止损指令较近的话，就允许持有较大的头寸，而止损指令较远就可能限制持仓规模。有些期货交易者在决定止损指令的时候完全是从资金管理的因素出发的。不管如何，有一点很重要：对于空头头寸，其止损保护指令应该置于有效的阻力的上侧；而对于多头头寸而言，其止损保护指令应该置于有效的支撑点位的下侧。

　　上述资金管理原则都是非常基本、非常直观的，但是在具体操作中往往容易出现过度预判行情，或是未设止损点的情形。期货投资者只有严格执行上述操作原则，才能确保投资收益。

◆ 一般性的资金管理要领

▽ 总投资额的限度

　　总投资额必须限制在全部资本的 50％以内。在任何时候，交易者投市场的资金都不应该超过其总资本的一半。剩下的一半是储备金，用来保证交易顺手的时候或临时支用时,有可自由支配的资金。比如说,如果账户中的总金额是 100 万元,那么其中只有 50 万元可以投入交易中。因为期货交易是保证金交易,它具有"四两拨千斤"这一"以小博大"的特性。正因为如此,期货交易是一个具有高风险的市场。如果交易资金投入过多,一旦出现亏损,其后果将不堪设想。因此,期货交易资金应严格控制在一定的比例内。而剩下的另一半资金则可用于顺势时的加码或逆市时的补仓。这里,有一点必须强调的是:无论如何,交易者在交易时都不要开满仓。

▽ 总亏损额的限度

在任何单个市场的最大总亏损金额,必须限制在总资本的 5% 以内。这 5% 是指投资者在交易失败的情况下,将承受的最大亏损。在决定应该做多少手合约的交易,以及应该把止损指令设置在什么位置时,这都是极为重要的出发点。对于 10 万元的账户来说,可以在单个市场上冒险的资金不应超过 5000 元。

▽ 总保证金额的限度

在期货市场里,投资品种要多样化,在任何一个市场群类上所投入的保证金总额限制在总资金的 20% 以内。这是为了防止投资者在某一品种上投入过多本金,由此带来较大的亏损。因为同一类品种的步调往往具有一致性。例如,上海交易所上市的铜和铝都属于重金属,尽管两者涨跌幅度有所不同,但它们处于一致的趋势下。如果将所有资金全部投入同一类品种当中,就违背了多样的风险分散原则。

◆ 资金运用的技巧

▽ 少品种分散投资法

与证券交易不同,期货交易中的分散资金投入并不主张投资者同时投资多种期货合约。对于一般投资者来说,同时买卖多种合约很可能是个错误,即使对有实力或有经验的投资者来说,这也非良策。人的时间、精力终究有限,同时兼顾多种合约的买卖难免有所疏漏,甚至造成不可挽救的失误。选择一两种交易活跃的合约,根据合约价格在以后较长时间内的不同变动情况投入资金,进行少品种分散化投资,避免多品种的多样化投资,这也不失为分散风险的交易良策。

比如,投资者在买入或卖出开仓某期货合约后,如果市场行情与预料的相反,可以采用平均买低法或平均卖高法。在买入合约后,如果价格不升反跌,则进一步买入合约,以求降低平均买入价,一旦价格反弹,即可在较低价位上卖出平仓,扭亏为盈,此谓平均买低法。在卖出合约后,如果价格不跌反升,则进一步卖出合约,以求提高平均卖出价,一旦价格回落,即可以在较高价位上买入平仓,扭亏为盈,这就是平均卖高法。投资者在采取平均买低或平均卖高的策略时,必须以对市场大势的看法不变为前提。在预计价格将上升时,价格可以回落,但最终仍会上升;在预测价格将下跌时,价格可以上扬,但必须是短期的,最终仍要下跌,否则这种做法只会增加损失。具体见以下两个案例。

　　[**案例 6-14**]　某投机者预测 2010 年 1 月份白糖期货合约价格将上升,故入市买入 1 手合约,成交价格为 4230 元/吨。可此后价格未升反跌,跌至 4000 元/吨。为了补救,该投机者再次买入 1 手合约。成交后 2 手合约的平均买入价为 4115 元/吨,低于第一笔交易的成交价。如果此后市价反弹,只要升到 4115 元便可止亏,若市价上升到 4230 元,卖出 2 手合约即可获利;如果不是在价格下跌到 4000 元时又买入第二手合约,只有在市价反弹到 4230 元时才可避免损失。

　　[**案例 6-15**]　某投机者预测 2010 年 5 月份大豆期货价格将下跌,故入市卖出 1 手大豆合约,成交价为 3670 元/吨,打算在价格下跌时低价买入平仓赚取差价。可成交后价格未跌反升至 3750 元/吨,为了补救,该投机者再次入市卖出 1 手合约。2 手合约的平均卖出价为 3710 元/吨,高于第一笔交易的成交价。如果此后价格下跌,只要降至 3710 元,便可保持不亏损,若继续下跌即可获利。如果他在价格上升时没有卖出第 2 手合约,只有在市价降到 3670 元时才可免受损失。

　　点评:投机者建仓后,如果市况变动正如所料,并且已经使投机者获利,就应注意运用少品种投资分散化的技巧。许多投机者在此情形下往往经不起盈利的诱惑,猛然增加对某种合约部位的持有量。比如在买入 1 手合约后,价格继续上升,投机者已经获利,还再次入市买入 2 手或更多的合约,这是极不明智的。明智的做法是采用金字塔式交易。金字塔式买入卖出策略,就是在现有合约部位已经盈利的情况下,采用渐次递减的方式增加合约部位的交易方法。

　　另外,投机者在采取少品种分散投资技巧时,必须以对市场大势的看法为前提。

▽　三分之一法

　　这是期货交易中投资者比较普遍的做法之一。三分之一法,是指期货交易的初始资金投入不应超过总资金的三分之一,即三分之一的资金用于持仓,三分之一的资金用于弥补行情不利所造成的浮动亏损,剩下的三分之一资金用于反向操作。交易者使用此技巧可以给自己留有余地,不使自己陷入困境。期货市场风云莫测,任何被认为是不可能发生的事情都可能发生,一个交易者即使已经对某种期货商品的市场供求关系分析得非常透彻,技术分析运用得也十分娴熟,该交易者仍然有可能与大势相悖。假如全数投入资金,一旦行情突变,将损失惨重,甚至是血本无归。运用三分之一法,则可有效地帮助交易者在不利的情况下尽量减少损失,并留有足够的反击力量。

▽　十分之一法

　　十分之一法是指期货资金的初始资金投入不超过总资金的 1/10,它主要是针对可能出现的亏损而设计的。交易者使用十分之一法可以规避风险,减少损失。如果行情对交易者有利,出现了浮动利润,就可运用剩余的资金加码补仓,从此也就不必担心资金的闲置；如果行情对交易者不利，则其损失也是有限的。当然，十分之一法比起三分之一法显然是保守了一些。因此，它比较适合于初涉期货市场的交易者。第一，它可将亏损严格控制在资金总额的 1/10 以内，尽量使交易者少赔钱甚至不赔钱。第二，该法可以使在采用了"锁仓"手段之后，仍然有充裕的资金去做新单。第三，使用该法，即使在斩仓之后，也会有足够的资金加倍反向操作。第四，在斩仓之后，由于亏损额较小，不会给交易者带来严重的心理负担，有助于保持平衡的心态以重整旗鼓。

　　总之，十分之一法最突出的优点就在于，即使交易者由于预测的失误发生了几次错误的交易行为，也不至于马上招来灭顶之灾。而如果动用了 100% 的资金，任何一次小的失误都可能使自己从此一蹶不振。当然，如果能在认真研究行情的基础上配合运用该技巧，就有可能达到先立于不败之地而后求得胜利的效果，大大提高期货交易成功的可能性。

　　资金运用技巧应与资金管理原则配合使用，这样才能得到最佳的实际效果。此言不差，但实践起来却很难。如在涨势之中，用前述之金字塔式交易法建多仓固然为上策，但鲜有人采用这种方法。其一，因期货市场的风险性；其二，很少有人在判定趋势的涨跌后，以大资金比例交易，人们倾向于以试探性的小额交易来确认，因而形成了倒金字塔式的交易。另外，书中常说"把亏损限于小额，让利润充分增长"，但实际上是"风险难以控制，煮熟的鸭子也会飞"。也就是说，在大势判断、时机抉择上出现失误的话，再好的交易技巧与资金管理策略都会显得苍白无力。鉴于此，只有根据自己的水平、性格、爱好及心理承受能力，选择适合于自己的交易技巧和资金管理策略，才能达到自己的交易目的。

思考题

1. 期货交易策略原则主要有哪些？怎样选择适宜的期货商品？

2. 在运用套期保值交易策略时，可能会遭遇"逼仓"情形，套期保值方应做好怎样的应对策略？

3. 如何设置合适的止损幅度？

4. 在资金运用的技巧中，三分之一法和十分之一法的共同特点是什么？

第七章

金融期货交易及案例

20世纪70年代,世界金融市场日益动荡不安,利率、汇率、股市急剧波动,为了适应投资者规避价格风险、稳定金融工具价值的需要,以保值和转移风险为目的的金融期货应运而生。金融期货是虽然比商品期货晚了一百多年,但其发展势头相当强劲,在全球范围内,金融期货等衍生品成交规模在期货交易中的比重已从1976年的不足1%,上升至目前的80%以上。市场规模已远远超过商品期货,占据了期货市场的主导地位。

第一节 金融期货概述

◆ 金融期货的含义

金融期货是指以金融工具或金融产品作为标的物的期货合约。

金融期货和商品期货的原理相通,只不过金融期货的标的物不是一般的实物商品,而是外汇、债券、存单、股票、股票指数、利率等金融商品或金融指标。

作为期货的标的物,金融商品和金融指标比实物商品更适合进行期货交易。实物商品有具体的实物形态,质量上千差万别,需要进行分等级和质量检验,十分复杂和繁琐。金融商品和金融指标却不存在这个问题,它们本身即是标准化的,同一商品或指标没有质量好坏之分。例如面值为10元的欧元,其实物纸币可能有新旧之分,但它们的价值却完全相同。金融商品和金融指标作为期货的标的物,不用进行质量检验和划分。另外,金融商品和金融指标易于保存,根本就用不着仓库,长期存储也不会发生损耗变质。

◆ 金融期货与商品期货的区别

尽管从交易机制或交易方法来说,金融期货和商品期货基本上是相同的。但是,由于商品期货合约的标的物是有形的商品,而金融期货合约的标的物却是无形的金融工具或金融产品,标的物之间具有不同特性,金融期货和商品期货之间存在着一些差别。

▽ 品质方面

在商品期货中,同种商品存在着一定程度上的品质差异,解决品质差异成为各交易所开发商品期货的一大难题。通常的程序是交易所事先对商品的规格、性能、等级等方面作出划分;然后规定基准品,规定哪些不可以交割,哪些可以替代交割;接下来还须规定可以替代交割的商品与基准品之间的升贴水。这些规定往往只具有相对的合理性,而在实际操作中离不开强有力的检验手段。然而,在金融期货中却不存在这种麻烦,因为同一金融品种必定是高度同质的,价值是相同的。比如说,外汇期货的标的物是各种可自由兑换的外币,只要是同一种货币且面额相同,则这一张与那一张的价值完全相同。又如,利率期货的标的物是各种债务凭证,只要是同一种债务凭证,它们彼此之间的价值显然也是相同的。

▽ 保存方面

有形商品的耐久性或易保存性较差,时间一长,有形商品会因质量变化而自然贬值。为了保存,也需付出可观的仓储费、保险费及资金占用费。与此相反,金融产品则几乎具有绝对的耐久性和易保存性。而且,在保存期内不存在仓储费和保险费。尽管资金占用费还是存在的,但持有者会因为持有金融产品而获得部分收益,如因持有股票而得到股息,持有债券或外汇而得到一定的利息,这些收益将会冲抵部分资金占用费,在一些情况下,冲抵之后甚至还有盈余。

▽ 运输成本方面

有形商品的特性决定了即使是完全相同的商品在不同地区也会有价格差异,比如产区与销区的价格是不一样的,这种价格差主要由运输成本决定。而金融产品却基本上不存在运输成本,比如,对外汇和债券来说,通过现代发达的银行系统之间电子划拨,其成本几乎可以忽略不计;而对股指来说,根本不存在运输成本。

◆ 金融期货的特点

▽ 金融期货的交割具有极大的便利性

在期货交易中,普通商品期货的交割比较复杂,除了对交割时间、交割地点、交割方式作严格的规定以外,还要对交割等级进行严格的划分,实物商品的清点、运输等也比较繁琐。相比之下,金融期货的交割显然要简便得多。在金融期货交易中,股价指数期货以及欧洲美元定期存款等品种的交割一般采取现金结算,即在期货合约到期时根据价格变动情况,由交易双方交收价格变动的差额。这种现金结算的方式自然比实物交割来得简便。此外,即使有些金融期货(如外汇期货和各种债券期货)也要发生实物交割,但由于这些产品具有的同质性以及基本上不存在运输成本,其交割也比普通商品期货便利得多。

▽ 金融期货的交割价格盲区大大缩小

对于商品期货而言,由于存在较大的交割成本,这些交割成本会给多空双方均带来一定的损耗。例如,大豆的交割价为2000元/吨,即使这个价格与当时当地的现货价格是一致的,但对于按此价格的卖方来说,实际上可能只得到了1970元/吨,因为必须扣除运输入库、检验、交割等费用;对买方来说,加上运输提库费与交割费等实际上可能要花到2020元/吨。这两者之间相差的50元/吨便是价格盲区。在金融期货中,由于基本上不存在运输成本和入库出库费,价格盲区就大大缩小了。对于采用现金交割的品种而言,价格盲区甚至根本消失了。

▽ 在金融期货市场中,期现套利交易更容易进行

在商品期货市场中,投机者进行的套利交易基本上集中在跨月套利这种形式上。期现套利交易之所以很少采用,与商品现货交易额外费用高、流动性差以及难以进行有关。而在金融期货交易中,由于金融现货市场本身具有额外费用低、流动性好以及套利交易容易进行这些特点,吸引了一批有实力的机构专门从事期现套利交易。套利交易在金融期货中盛行,一方面促进了期货交易的流动性,另一方面也使得期货价格与现货价格之间的差额始终保持在一个合理的范围内。

▽ 金融期货市场中逼仓行情难以发生

在商品期货市场中,有时会出现逼仓行情。通常,逼仓行情的表现是期货价格与现货价格有着较大的差价,这种差价远超出了合理范围,并且在交割或临近交割时期货价格也不收敛于现货价格。更严重的逼仓行情出于操纵者同时控制现货与期货。1980年在美国的白银期货市场上就曾经出现过这种情况,1989年在芝加哥期货交易所也发生过一轮大豆逼空行情。然而,在世界金融期货史上,逼仓行情却从来都没发生过。金融期货市场中逼仓行情之所以难以发生,首先是因为金融现货市场较为庞大,庄家操纵不了,其次是因为强大的期现套利力量的存在,他们将会抵制那些企图发动逼仓行情的庄家;最后,一些实行现金交割的金融期货合约最后的交割价就是当时的现货价,这等于是建立了一种强制收敛的保证制度,彻底杜绝了逼仓行情发生的可能。

◆ 金融期货的种类

金融期货的主要品种可以分为外汇类期货、利率类期货(包括中长期债券期货和短期利率期货)和股票类期货。金融期货合约按照标的物的不同基本上可以分为三大类:外汇期货、利率期货和股票指数期货。具体分类如下表7-1所示:

表7-1　金融期货的分类

	外汇类期货	外汇期货
金融期货	利率类期货	中长期债券期货(10年期国债期货等)
		短期利率期货(3个月期利率期货等)
	股票类期货	股指期货、股票期货等

▽ 外汇期货

外汇期货是以外汇为标的物的期货合约,是适应各国从事对外贸易和金融事务需要而产生的,用于规避汇率风险。目前国际上外汇期货交易的货币主要有美元、欧元、英镑、日元、瑞士法郎、港元、加拿大元等。

▽ **利率期货**

利率期货是以债券类金融工具为标的物的期货合约,主要针对市场上债务资产的利率波动而设计,按期限的不同可分为短期利率期货和长期利率期货。前者包括以国库券、定期存单、欧洲货币存款等短期信用工具为标的物的期货;后者主要是以中长期债券为标的物的期货,如短期国债期货、长期国债期货等。

▽ **股指期货**

股票指数期货是以股票指数为标的物的期货合约。股票指数是根据股票市场上有代表性的股票加权平均计算出来的,代表市场总体价格水平的指标,因此购买股指期货可使投资者享受高度多元化的好处,又免于实际购买指数中的一揽子股票的负担。股价指数是一种极特殊的商品,没有具体的实物形式,双方在交易时只能把股价指数的点数换算成货币单位进行结算,没有实物交割。

◆ 金融期货主要参与者

金融期货市场的参与者按交易动机的不同可分为套期保值者、组合投资者和投机者等。

套期保值者是金融期货市场的最主要参与者,其主要目的是通过在期货市场上建立与现货市场相反的仓位,来锁定其所持有金融资产的价值或负债的成本,通过金融期货规避金融现货市场上的利率、汇率、股票价格等风险。

组合投资者在进行资产组合时,往往会运用期货合约来预防股票价格、利率和汇率的不利变动。

投机者主要是利用金融期货交易的高杠杆性进行"以小博大"的高风险投资,其目的不是为所持有资产负债进行保值,而是借助于较少的保证金和专门的投资知识、丰富的投资经验,通过发现期货市场与现货市场的差价,进行频繁的交易以获取利益。

◆ 金融期货的产生与发展

▽ **外汇期货**

第二次世界大战后,西方主要国家建立了以美元为中心的固定汇率体系,即布雷顿森林体系。该体系在运行 28 年后于 1973 年 3 月最终崩溃。1973 年以后,浮动汇率取代固定汇率,汇率变动取决于市场供求关系,汇率风险加大。从事对外贸易及其他国际经济交往的经济主体迫切需要有一种工具来规避汇率风险。外汇期货即在此背景下产生。

1972 年 5 月,芝加哥商业交易所正式成立国际货币市场分部(简称为 IMM),推出了六种外汇期货合约,即英镑、日元、德国马克、加拿大元、瑞士法郎、澳大利亚元对美元的期货合约,从此揭开了期货市场创新发展的序幕。自 1976 年以来,外汇期货市场迅速发展,交易量激增了数十倍。1978 年纽约商品交易所也开设了外汇期货业务,1979

年,纽约证券交易所也宣布设立一个新的交易所来专门从事外币和金融期货交易。1981 年 2 月,芝加哥商业交易所首次开设了欧洲美元期货交易。随后,澳大利亚、加拿大、荷兰、新加坡等国家的期货交易所也开设了外汇期货交易,从此,外汇期货市场便蓬勃发展起来。

▽ 利率期货

20 世纪 70 年代中期以来,美国的利率变化十分频繁且变动幅度较大。例如,1974 年美国的利率水平为 12％,而 1976 年下降为 6％,1979 年又反弹至 15.75％,1980 年 4 月进一步上升到 20％。西方其他国家也纷纷推行金融自由化政策,以往的利率管制得以放松甚至取消,导致利率波动日益频繁而剧烈。面对日趋严重的利率风险,各类金融商品持有者,尤其是各类金融机构迫切需要一种既简便可行又切实有效的管理利率风险的工具。利率期货正是在这种背景下应运而生的。

1975 年 10 月,芝加哥期货交易所推出了政府国民抵押贷款协会(GNMA)抵押凭证期货合约,标志着利率期货这一新的金融期货类别的诞生。在这之后不久,为了满足人们管理短期利率风险的需要,1976 年 1 月,芝加哥商业交易所的国际货币市场推出了 3 个月期的美国短期国库券期货交易,并大获成功,在整个 70 年代后半期,它一直是交易最活跃的短期利率期货。

在利率期货发展历程上具有里程碑意义的一个重要事件是,1977 年 8 月 22 日,美国长期国库券期货合约在芝加哥期货交易所上市。这一合约获得了空前的成功,成为世界上交易量最大的合约。此前的政府国民抵押贷款协会抵押凭证期货合约,虽然是长期利率期货,但由于交割对象单一,流动性较差,不能完全满足市场的需要。而长期国库券则因信用等级高、流动性强、对利率变动的敏感度高、交割简便,成为市场的首选品种,以至美国财政部发行新的长期国库券时,都刻意选择在长期国库券期货合约的交易日进行。继美国推出国债期货之后,其他国家也纷纷以其本国的长期公债为标的,推出各自的长期国债期货。美国的利率期货交易开设成功后,其他各国纷纷效仿。1982 年 9 月,英国的伦敦国际金融期货交易所正式开设利率期货交易。1985 年 10 月,日本东京证券交易所开设政府公债期货交易。1990 年,我国香港也推出了港元利率期货。

1981 年 12 月,国际货币市场推出了 3 个月期的欧洲美元定期存款期货合约。这一品种发展很快,其交易量现已超过短期国库券期货合约,成为短期利率期货中交易最活跃的一个品种。欧洲美元定期存款期货之所以能够取代短期国库券期货的地位,其直接原因在于后者自身的局限性。短期国库券的发行量受期债券数量、当时的利率水平、财政部短期资金需求和政府法定债务等多种因素影响,在整个短期利率工具中,所占总量的比例较小。许多持有者只是将短期国库券视为现金的安全替代品,对通过期货交易进行套期保值的需求并不大。同时,由于在利率变动时,短期国库券价格的变动幅度要大于信用等级较低的其他短期债务工具,不利于投资者对其债市投资组合实现高效的套期保值,于是人们又不断创新出新的短期利率期货。其中相对重要的有 1981 年 7

月由国际货币市场、芝加哥期货交易所及纽约商品交易所同时推出的美国国内可转让定期存单期货交易,但由于实际交割的定期存单往往由信用等级最低的银行所发行,给投资者带来了诸多不便。欧洲美元定期存款期货的产生,则有效地解决了这一问题。欧洲美元定期存款不可转让,因此,该品种的期货交易实行现金结算的方式。所谓现金结算,是指期货合约到期时不进行实物交割,而是根据最后交易日的结算价格计算交易双方的盈亏,并直接划转双方的保证金以结清头寸。现金结算方式的产生,在整个金融期货的发展史上具有划时代的意义,它不仅直接促进了欧洲美元定期存款期货的发展,并且为股票指数期货的推出铺平了道路。

▽ **股指期货**

20 世纪 70 年代,西方各国经济告别了自战后以来持续二十多年的"黄金"阶段,陷入了前所未有的经济和金融双混乱时期。接二连三的美元危机最终使固定汇率制崩溃,接踵而至的石油危机又触发了美国经济的通货膨胀,为了抑制通货膨胀,美国政府采取了高息政策,但结果是不仅通货膨胀未能减轻,反而导致失业率上升,造成严重的社会问题。出于无奈,美国政府又降低利率,但利率一降,物价再度上升。就这样,利率水平几乎每月都在变。例如 1974 年美国的优惠利率为 12%,而 1976 年下降到 6%,1979 年回升到 15.75%,1980 年甚至高达 20% 以上。在这种情况下,股市危局频频出现,接二连三的暴跌给股民带来巨大的损失。股市的风险大大加剧,即使机构投资者也难以幸免——他们可以通过对不同股票的组合投资来规避股市的非系统风险,然而,面对齐涨共跌的系统风险只能束手无策,因为没有相应可资利用的避险工具。面对汇率风险和利率风险,当时期货交易所已开发出了外汇期货和利率期货这两个专用避险工具供投资者使用,如何创造一个适用于股市的避险工具,自然而然被提上了议事日程。

根据市场的需求,堪萨斯市交易所(KCBT)经过深入的研究和分析后,于 1977 年10 月向美国商品期货交易委员会(CFTC)提交了开展股票指数期货交易的报告,并提议以道·琼斯的"30 种工业股票"指数作为交易标的。为此,CFTC 特地于 1978 年 10月在华盛顿特区举行了公开听证会。会上,有关方面提出了各种意见,同时,基本肯定了合约的创新精神。然而,道·琼斯公司的管理阶层却对 KCBT 试图以道·琼斯指数作为交易标的怒不可遏,"一群期货经纪商竟然想以我们的指数来赌博"。道·琼斯公司断然拒绝了 KCBT 的要求,并表示在必要的时候将以妨碍名誉罪提出诉讼。

KCBT 不想把事情闹上法院,转而寻求与标准普尔(S&P)指数公司合作。然而,S&P 已经与芝加哥商业交易所开始讨论这方面的构想。最后,KCBT 找到 Amold Bemhard&Company,并以它的价值线指数(Value Line Index)作为期货合约的基础交易工具。Amdd Bemhard&Company 的态度完全不同,非常乐意让 KCBT 使用价值线指数。1979 年 4 月,KCBT 修改了给 CFTC 的报告,等待其核准。

对 KCBT 提交的新报告,CFTC 没有立即批准。其原因有二:第一,当时有很多人对股指期货的创意心存疑虑,比如有人认为,股指期货仅根据某项数字的起伏来决定输赢,是另一种形式的赌博;而证券交易委员会(SEC)则担心这种"游戏"合法化后,如参与者增多会对基础股票市场产生不利影响。对此,美国国会也举行了数场听证会,要求CFTC 提出证据以说明这种"组合性"的期货交易不会破坏大众的利益。第二,导致股指期货难产的另一个原因是管理权问题。自 1972 年开始金融期货交易后,除了 CFTC的管理外,其他一些与这些金融产品有关的政府机构如 SEC、联邦储备局、美国财政部也在参与管理。这样难免会产生管理权限重叠的问题,如一些到期交割的有价证券就与 SEC 有关。股指期货又是个新生事物,如涉及股票交割,该如何进行? 因此,SEC 一度主张应由他们来管理股指期货交易。1980 年澳大利亚在美元期货交易中首先推出的现金交割以及 1981 年 CME 推出的现金交割的三月期欧洲美元期货交易,使得股指期货采用现金交割已不再成为难题。1981 年,新任 CFTC 主席菲利浦·M. 约翰逊和新任 SEC 主席约翰·夏德达成"夏德—约翰逊协议",明确规定股指期货合约的管辖权属于 CFTC。该协议在 1982 年得以通过,成为法案。

障碍终于被一一清除了,1982 年 2 月,CFTC 终于同意引进股指期货合约交易,KCBT 最早提出申请,所以也首先被核准。2 月 24 日,KCBT 就推出了价值线指数期货合约的交易,交易一开市就很活跃,当天成交近 1800 张合约。KCBT 在获准交易股指期货的同时即要求 CFTC 暂时停止核准其他申请,但这项要求被否决了。CME 在 1982年 4 月 21 日推出了 S&P500 股指期货交易,第一天的交易量就达到 3963 张。紧接着,NYFE 于 1982 年 5 月 6 日也推出了 NYSE 综合指数期货交易。CBOT 明显落后,于是急着与 KCBT 商量,能否可以由两个交易所共同交易价值线指数,然而 KCBT 对此建议显然没兴趣。最后,CBOT 与美国股票交易所(AMEX)达成协议,采用他们编制的主要市场指数(MMI)作为标的,这是由 20 支绩优股所构成的指数。1983 年 8 月,CBOT也终于有了自己的指数期货合约。

股指期货一诞生,就取得了空前的成功。1984 年,股票指数期货合约交易量已占美国所有期货合约交易量的 20% 以上,其中 S&P500 股指期货的交易量更是引人注目,成为世界第二大金融期货合约。S&P500 指数在市场上的影响也因此急剧上升,这可是道·琼斯公司始料未及的,事实证明道·琼斯公司当初犯了一个重大错误。这个错误,直到十多年以后才得到纠正,1997 年 10 月 6 日,CBOT 终于推出了以 DJIA 为标的的股指期货交易。

▽ 股票期货

股票期货是近年来发展较快的一个期货品种,尽管其绝对量并不是很大,但增加的幅度极其可观。在美国,有组织的以个别股票为交易对象的期权交易早在 1973 年芝加哥期权交易所(CBOE)成立后就开始了。1981 年,"夏德—约翰逊协议"为股指期货的创新扫清了障碍,但禁止单一股票与狭基股票指数的期货交易(所谓狭基股票指数,是指由 9 只或更少的股票组成的指数)。然而,从 20 世纪 80 年代末起,北欧一些交易所开始推出股票期货,之后陆续有十多家交易所推出了股票期货合约,其中主要包括澳大利亚悉尼期货交易所、瑞典期货交易所、芬兰赫尔辛基交易所、英国伦敦国际金融期货期权交易所等。2000年12月,美国国会通过了《2000年美国商品期货现代化法案》,取消了以往对证券期货、期权合约的禁止性规定。不久,芝加哥期权交易所、芝加哥商业交易所和芝加哥期货交易所就联合成立了一个名为One Chicago的新交易所。该交易所于2002年11月8日正式开张,主要交易品种为单个股票期货、狭基股票指数期货及交易所基金。

第二节　外汇期货及案例

◆ 外汇与汇率

▽ 外汇

外汇(Foreign Exchange)是"国际汇兑"的简称,有动态和静态两种不同的含义。动态的外汇是指将一个国家的货币兑换成另一个国家的货币,借以清算国际间债权债务的一种行为。从这个意义上说,外汇等同于国际结算。静态的外汇是指以外国货币表示的、用于国际结算的支付手段,也是人们通常指的外汇。

我国1996年4月1日实施的《中华人民共和国外汇管理条例》规定的外汇包括:

(1)外国货币,包括纸币、铸币;

(2)外币支付凭证,包括票据、银行存款凭证、邮政储蓄凭证等;

(3)外币有价证券,包括政府公债、国库券、股票、股息等;

(4)特别提款权、欧洲货币单位;

(5)其他外汇资产。

▽ 汇率及其标价方法

汇率是用一个国家的货币折算成另一个国家的货币的比率、比价或价格;也可以说它是以本国货币表示的外国货币的"价格"。由于各国之间存在贸易与非贸易往来,它们需要办理国际结算,所以一个国家的货币对其他国家的货币,都规定有一个汇率,但其中最重要的是对美元等少数国家货币的汇率。

折算两个国家的货币,先要确定用哪个国家的货币作为标准。由于确定的标准不同,存在着汇率的两种标价方法:直接标价法和间接标价法。

直接标价法是以一定单位的外国货币折算为多少单位本国货币来表示汇率的方法。例如,我国某日外汇牌价为100美元=700.56元人民币。我国和世界上大多数国家采用直接标价法。在直接标价法下,外国货币的数量不变,本国货币的数量随着外国货币币值的上升而增加、下降而减少。

间接标价法是指以一定单位的本国货币作为标准,来折算外国货币的数量的标价方法。在间接标价法下,本国货币的数额固定不变,外国货币的数额则随着本国货币或外国货币币值的变化而改变。英国和美国都采用间接标价法。

此外,在国际金融实务中,还存在一种美元标价法。第二次世界大战以后,特别是欧洲货币市场兴起以来,国际金融市场之间的外汇交易量迅速增长,为了便于在国际间进行外汇业务交易,银行间的报价都以美元为标准来表示各国货币的价格,至今已成习惯。世界各大金融中心的国际银行所公布的外汇牌价,都是以美元为标准表示其他主要货币的汇率,非美元货币之间的汇率则通过各自对美元的汇率套算作为报价的基础。

▽ **外汇风险**

所谓外汇风险,是指以外币计价的资产或负债因外汇汇率波动而引起的价值变化给其持有者造成损失的可能性。外汇风险按其内容不同,大致可分为交易风险、经济风险和储备风险。

(1)交易风险。交易风险是指由于外汇汇率波动而引起的应收资产与应付债务价值变化的风险。交易风险的主要表现是:①以即期或延期付款为支付条件的商品或服务的进出口,在装运货物或提供服务后而尚未收支货款或服务费用这一期间,外汇汇率变化所造成的风险;②以外币计价的国际信贷活动,在债权债务未清偿前所存在的风险;③待交割的远期外汇合同的一方,在该合同到期时,由于外汇汇率变化,交易的一方可能要拿出更多或较少货币以换取另一种货币的风险。交易风险是最常见的一种外汇风险。

(2)经济风险。经济风险是指由于外汇汇率发生波动而引起跨国企业未来收益变化的一种潜在的风险。收益变化的幅度主要取决于汇率变动对该企业的产品数量、价格的影响程度。潜在经济风险直接关系到企业在海外的投资收益。对经济风险的分析在很大程度上取决于公司的预测能力,预测的准确程度将直接影响该公司在融资、销售与生产等方面的战略决策。

(3)储备风险。储备风险是指国家、银行、公司等持有的储备性外汇资产因汇率变动而使其实际价值减少的风险。这种风险有时会因某些突发性因素而变得异常巨大,给资产持有者带来巨大损失。

20世纪70年代初,浮动汇率制的实行使以往不受重视的外汇风险空前增大,对外汇风险的防范要求也日益强烈,为了规避日渐增大的外汇风险,人们创造出许多管理外汇风险的手段,外汇期货是其中最为有效的避险手段之一。

▽ **影响汇率的因素**

在外汇期货交易中,人们最为关注的莫过于汇率的变动。外汇期货交易的参与者,无论其入市动机如何,都要对未来的汇率走势作出判断。判断的准确与否,将直接影响到他们的交易盈亏状况。因此,了解影响汇率走势的各种因素,是进行外汇期货交易的重要前提。

在金本位制下,决定汇率的基础是铸币平价,也称金平价,即两国货币的含金量之比。在纸币制度下,决定汇率的基础理论上仍应是两国纸币的金平价,但由于纸币贬值的现象普遍存在,因此纸币的汇率应以贬值了的纸币实际代表的含金量为依据,同时受通货膨胀和国际收支状况等多种因素的影响。当前影响汇率的因素主要有:

(1)财政经济状况。从长期看,一国的财政经济状况是影响该国货币对外比价的基本因素。一国的财政收支或经济状况较以前改善,该国货币代表的价值量就提高,该国货币对外币就升值;如一国经济状况恶化或财政赤字增大,该国货币代表的价值量就减少,该国货币对外币就贬值。一般来说,财政经济状况对本国货币价值的影响较慢。

(2)国际收支状况。从短期看,一国国际收支状况是影响该国货币对外比价的直接因素。如其他条件不变,一国的国际收支状况改善,顺差扩大,或逆差缩小,外汇收入增加,该国货币就升值,以较少的本币就能换取原来一定量的外币;如一国的国际收支状况恶化,顺差缩小,或逆差扩大,该国货币就对外贬值,要以更多的本币才能换取原来一定量的外币。一国的国际收支状况对外汇市场的影响非常直接、迅速、明显。

(3)利率水平。一国的利率水平对本币的对外比价也会产生影响。国际金融市场存在大量游资,如一国利率提高,游资持有者就会将资金投向该国,追求较高的利息收入,该国外汇收入就会增加,外币供大于求,从而促使该国货币升值,提高本币的对外价值;如该国降低利率,其结果则相反,游资持有者就会抽逃资金,外币供给减少,从而促使该国货币贬值。利率提高或降低的幅度越大,对本币汇率的影响也越大。

(4)货币政策。货币政策对汇率的影响主要是通过货币供应量的变动和利率的变动而实现的。如果一国政府实行扩张性的货币政策,增加货币供应量,降低利率,则该国货币的汇率将下跌。这是因为增加货币供应量将使国内物价水平上升,降低利率则使资本流出增加、资本流入减少,这两种情况都会引起本币对外比价的降低。紧缩性的货币政策则会导致本币对外比价的提高。中央银行的汇率政策取向也会对本币汇率产生影响。

(5)政治因素。重大的国际政治因素对汇价变动也有影响。重大政治事件的发生和重大政策的改变,会影响国际经济交易和资本流动,从而引起汇率变化。目前,美元在外汇市场仍占统治地位。一般规律是在美国以外的政治危机会促使美元汇率上涨;如果美国出现政治危机,则美元首当其冲,汇率下跌。一国财政部长或中央银行行长的更替也会给外汇市场的预期心理带来不同程度的影响,从而引起汇率变动。

此外,外汇交易商对汇率走势的预期与技术性因素(如长线多空头的平仓或回补)以及投机因素等对汇率变化也有影响。

影响汇率的诸因素之间的关系错综复杂,对汇率的作用方式也不同,或单独起作用,或综合起作用,或相互抵消。但是,在一定时期内,国际收支是决定汇率基本走势的主导因素,通货膨胀与财政状况、利率水平和汇率政策则会助长或削弱国际收支所起的作用。

预期与投机因素不仅是上述各项因素的综合反映,而且在国际收支状况所决定的汇率走势的基础上起着推波助澜的作用,加剧汇率的波动幅度。

◆ 外汇期货

外汇期货是以外汇为标的物的期货合约,用于规避汇率风险。外汇期货是出现得最早的金融期货品种。

▽ 外汇期货的主要品种

外币的种类很多,美元、欧元、英镑、日元、瑞士法郎、港元、加拿大元是当今世界上交易最普遍的外汇期货币种。见表 7-2。

表 7-2　主要外汇期货交易所及其经营的外汇期货种类

交易所	外汇期货种类
芝加哥商业交易所国际货币市场	欧元、英镑、瑞士法郎、加拿大元、日元
中美洲商品交易所	瑞士法郎、英镑、欧元、加拿大元、日元
纽约棉花交易所	欧元
费城证券交易所	瑞士法郎、英镑、欧元、加拿大元、日元、澳大利亚元
伦敦国际金融期货交易所	英镑、美元、日元、瑞士法郎、欧元
伦敦证券交易所	英镑、美元
悉尼期货交易所	澳大利亚元
新加坡国际货币交易所	欧元、日元、欧洲美元、英镑
多伦多期货交易所 温哥华证券交易所	加拿大元、瑞士法郎、欧元、英镑
法国国际期货交易所	欧元
东京国际金融期货交易所	欧洲日元、日元、欧洲美元
奥克兰期货交易所	新西兰元、美元

▽ 国际主要外汇期货合约

外汇期货合约是外汇期货交易所制定的以外汇为标的的标准化合约,合约对交易币种、合约金额、交易时间、交割方式、交割地点等内容给予统一的规定。不同的交易所推出的外汇期货合约内容大致相同,下表 7-3 是芝加哥商业交易所主要的外汇期货合约。

表 7-3　CME 各主要外汇期货合约

	欧元	日元	加元	英镑	澳元	瑞士法郎
通用代码	ECU	JPY	CAD	GBP	AUD	SFR
交易单位	12.5 万欧元	1250 万日元	10 万加元	6.25 万英镑	10 万澳元	12.5 万瑞郎
报价	以 1 外币等于多少美元表示					

续表

	欧元	日元	加元	英镑	澳元	瑞士法郎
最小变动价位	0.0001 （1点）	0.000001 （1点）	0.0001 （1点）	0.0002 （2点）	0.0001 （1点）	0.0001 （1点）
最小变动值	$12.5	$12.5	$10	$12.5	$10	$12.5
涨跌限制 每合约限制	200点 $2500	150点 $1875	100点 $1000	400点 $2500	150点 $1500	150点 $1875
交割月份	3、6、9、12月					
交易时间	芝加哥时间　上午7：20—下午2：00					
最后交易日	交割日期前第二个营业日的上午9：16（通常为星期一）					
交割日	合约交割月份的第三个星期三					
交割地	结算所指定的各货币发行国银行					

▽ **外汇期货合约的内容**

外汇期货合约与商品期货合约的内容大致相同，少量不同部分主要是以下几个方面：

（1）报价。外汇期货合约是以美元来报价，即用每单位其他货币等于多少美元表示。例如，欧元期货报价为1.2432，表示1欧元＝1.2432美元。因此，当美元对其他货币升值时，期货价格将下降；相反，当其他货币对美元货币升值，则期货价格将上升。

（2）最小变动价位。指买卖期货合约时期货合约价格最小的变动额，在实际的操作中经常用"点（Point）"来表示。

这里的"点"与外汇市场报价中"点"的含义相同，指外汇市场所报出的外汇汇率中小数点之后最后一位的数字。目前外汇期货交易主要的标的货币中，英镑、瑞士法郎、加元、澳元同美元的汇率报至小数点以后第4位，故对这几种货币而言，1点即为0.0001。日元对美元的汇率报至小数点以后第6位，1点表示0.000001。例如，欧元对期货报价由1.2432变为1.2532，则表示欧元期货上涨了10点。

（3）最小变动值。最小变动值由合约的交易单位和最小变动价位决定，它们之间的关系是：

　　　　　最小变动值＝合约的交易单位×最小变动价位

例如，欧元期货合约的最小变动价位是1点，即$0.0001。每点的价值是12.5美元（＝$0.0001×12.5万），因此，欧元期货合约的最小变动值是12.5美元。

［**案例7-1**］　5月，一个投资者以0.6940的价格买入100手6月瑞士法郎期货合约。一周后，美元贬值，6月瑞士法郎期货合约的价格变为0.6960，该投资者将合约卖出平仓。其损益情况如下：

每手合约交易单位:SFR125000	
	合约的美元价值
购买价格 0.6940	86750(＝0.6940×125000)
卖出价格 0.6960	87000(＝0.6960×125000)
每手合约收益	250(＝每点价值 12.5×20 点)
合约数	100
总收益	＄25000(＝25×100)

点评:6 月瑞士法郎期货价格上升了 20 点(0.6960－0.6940＝0.0020,即 20 点),投资者购买了 100 手,总收益＄25000。

[**案例 7-2**] 假定在 2007 年 1 月 1 日,A 公司有 100 万的闲置美元,可以进行 3 个月的短期投资。当前人民币相对于美元一直处于不断升值的状态,企业预测这种升值的状态会一直持续下去,那么企业就可以运用手头上这笔资金进行投资。

首先 A 公司在现货市场买入人民币 781 万元。

假定初始保证金为 5％,维持保证金是初始保证金的 75％,那么 A 公司存入的初始保证金为人民币 39 万,维持保证金为人民币 29.25 万。

A 公司在购买了外汇期货之后可能会遇到以下几种情况:

(1)当天收盘时,3 个月的人民币对美元汇率上升到 1：7.78,那么 A 公司就有人民币 3 万元的盈利。这时 3 万元的马上就能进入企业的保证金账户,并且企业可以马上将这笔多余的保证金提走。

(2)若某天 3 个月人民币对美元下降到 1：7.91,那么扣除相应的亏损额人民币 10 万元之后,保证金账户只剩 28 万元,低于 29.25 万元的维持保证金的要求。这样,A 公司就会被要求追加保证金,如果 A 公司不追加保证金的话,那么就会要求其强行平仓。

点评:由此可见,如果 A 公司的判断正确的话,那么投资金融期货将会为其带来巨大的收益。相反,由于期货具有很强的杠杆性,如果市场上出现了相反的趋势,企业也有可能将蒙受损失,而且期货要随时追加保证金,因此这也要求企业手头上拥有充足的资金,否则就会被要求平仓。

期货交易可以为企业带来额外的收益,也是一种规避风险的手段。如果企业手头上的美元处于贬值的风险,那么它也可以通过外汇期货规避美元贬值所带来的损失。

◆ 外汇期货交易及案例

外汇期货交易的类型主要分外汇期货套期保值、外汇期货投机和外汇期货套利三种。

▽ 外汇期货套期保值

汇率和利率的大幅波动,使得持有者、贸易厂商、银行、企业等均需要采用套期保值,将风险降至最低限度。所谓外汇套期保值是指在现汇市场上买进或卖出外汇期货合约的同时,又在期货市场上卖出或买进金额大致相当的外汇期货合约。在合约到期时,因汇率变动造成的现汇买卖盈亏可由外汇期货交易上的盈亏弥补。外汇期货套期保值可分为空头套期保值和多头套期保值。

(1)空头套期保值。也称卖出套期保值,指在即期外汇市场上处于多头地位的人,即持有外币资产的人,为防止外币的汇价将来下跌导致外币资产贬值,而在外汇期货市场上做一笔相应的空头(卖出)交易。在国际贸易中以外汇收取的应收款、贷款及存款均可用空头套期保值法来避免或减少汇率变动风险。外汇套期保值的操作思路与商品期货套期保值基本一致。

[案例 7-3]　3 月 1 日,美国一出口商将于 6 个月后向英国出口一批货物,到时将收到 62.5 万英镑货款。由于担心 6 个月后英镑对美元的汇率下跌而使他换汇时美元收益减少,他在 IMM 卖出 10 份 9 月英镑合约(每份 6.25 万英镑)。

	现货市场	期货市场
3 月 1 日	1 英镑＝1.4364 美元 62.5 万英镑＝89.775 万美元	卖出 10 份 9 月英镑期货合约 成交价:1.4362 美元/英镑 价值:1.4362×6.25×10＝89.7625 万美元
9 月 1 日	1 英镑＝1.4124 美元 62.5 万英镑＝88.275 万美元	买入 10 份 9 月英镑期货合约平仓 成交价:1.4124 美元/英镑 价值:1.4124×6.25×10＝88.275 万美元
结果	亏损:89.775－88.275＝1.5 万美元	盈利:89.7625－88.275＝1.4875 万美元
	总盈亏:14875－15000＝－125 美元	

点评:美国的出口商要在 6 个月后出口货物,到时将收到 62.5 万英镑货款。按现在的汇率,该货款的美元价值为 89.775 万美元。由于汇率的变动,6 个月后该货款的美元价值为 88.275 万美元,减少了 15000 美元。出口商由于在期货市场上做了卖出套期保值,盈利 14875 美元,基本抵消了汇率变动在现货市场上造成的亏损。

(2)多头套期保值。也称买入套期保值,指在即期外汇市场上处于空头地位的人,即拥有外币负债的人,为防止将来偿付外币负债时汇价上升需多支出款项,在外汇期货市场上做一笔相应的买进交易。

[案例 7-4]　6 月 10 日,某美国进口商从瑞士进口一批货物,总价值为 100 万瑞士法郎,双方商定以瑞士法郎结算,3 个月后支付货款,当时的现汇汇率是 0.7750 美元/瑞

士法郎。该美国进口商为避免 3 个月后因瑞士法郎升值而需付出更多的美元来兑换瑞士法郎，于是在外汇期货市场上进行套期保值，卖出 8 份 9 月瑞士法郎期货合约，每份合约 12.5 万瑞士法郎。交易情况如下：

	现货市场	期货市场
6 月 10 日	1 瑞郎＝0.7750 美元 100 万瑞郎货款的美元价值：77.5 万美元	买入 8 张 9 月瑞郎期货合约 成交价：0.7760 美元/瑞郎 价值：0.776×12.5×8＝77.6 万美元
9 月 10 日	1 瑞郎＝0.7880 美元 支付 100 万瑞郎货款 总价值：78.8 万美元	卖出 8 份 9 月瑞郎期货合约平仓 成交价：0.7890 美元/瑞郎 价值：0.789×12.5×8＝78.9 万美元
结果	亏损：78.8－77.5＝1.3 万美元	盈利：78.9－77.6＝1.3 万美元
	总盈亏：1.3－1.3＝0	

点评：该例中，美国的进口商进口货物需支付 100 万瑞士法郎，按现时汇率需要用 77.5 万美元。3 个月后实际支出货款时，100 万瑞士法郎需要用 78.8 万美元，进口商需多支出 1.3 万美元。进口商由于在期货市场上做了买入套期保值，盈利 1.3 万美元，成功避免了汇率变动的风险。

▽ 外汇期货投机交易

外汇期货投机就是通过买卖外汇期货合约，从外汇期货价格的变动中获利并同时承担风险的交易行为。外汇期货投机交易从投机者的持仓头寸方向区分为多头投机与空头投机。

[**案例 7-5**]　2001 年 8 月 15 日，某国际投资银行预测美元对日元会贬值，该公司决定进行投机交易。当日现汇汇率（即期汇率）为 122 日元/美元，期货市场 2 月日元期货报价为 0.008196 美元/日元，即 8196 点。于是在 CME 买入 30 份 12 月日元期货合约（每份 1250 万日元）。由于"9·11"事件的发生，美元贬值，12 月日元期货价格上升为 0.008620 美元/日元，即 8620 点，于是对冲平仓。交易情况如下表：

8 月 15 日	买入 30 份 12 月日元期货合约 成交价：8196 点，即 0.008196 美元/日元 价值：0.008196×1250×30＝307.35 万美元
9 月 15 日	卖出 30 份 12 月日元期货合约 成交价：8620 点，即 0.008620 美元/日元 价值：0.008620×1250×30＝323.25 万美元
结果获利	323.25－307.35＝15.9 万美元 或(0.00862－0.008196)×1250×30＝15.9 万美元

点评：该例中，投资银行预测美元对日元会贬值，即日元趋于升值，于是入市买入日元期货，做多头投机。由于预测准确，该投机交易成功，获利 15.9 万美元。

▽ **外汇期货套利**

外汇套利交易是一种较为复杂的交易行为，分为跨市套利、跨币种套利和跨月套利三种类型。

［案例7-6］ 5 月 9 日，国际货币市场 6 月期瑞士法郎的期货价格为 0.7400 美元/瑞士法郎，6 月期欧元的期货价格为 1.1100 美元/欧元，则 6 月期瑞士法郎对欧元的套算汇率为 1 欧元＝1.5 瑞士法郎（1.1100 美元/欧元÷0.7400 美元/瑞士法郎）。某投资者经过分析认为，欧元对瑞士法郎会升值，于是入市做套利交易。在国际货币市场买入 10 份欧元期货合约，同时卖出 15 份瑞士法郎期货合约。欧元合约和瑞士法郎合约的交易单位分别是 12.5 万欧元、12.5 万瑞士法郎，由于两者的套算汇率为 1.5，所以，为保证实际价值基本一致，前者买入 10 份，后者卖出 15 份。6 月 5 日，该交易者分别以 1.2000 美元/欧元和 0.7800 美元/瑞郎的价格将两种合约对冲，交易情况如下表：

	欧元	瑞士法郎
5 月 9 日	买入 10 张 6 月欧元期货合约 成交价：1.1100 美元/欧元 价值：1.11×12.5×10＝138.75 万美元	卖出 15 张 6 月瑞郎期货合约 成交价：0.7400 美元/瑞郎 价值：0.74×12.5×15＝138.75 万美元
6 月 5 日	卖出 10 份 6 月欧元期货合约平仓 成交价：1.2000 美元/欧元 价值：1.2×12.5×10＝150 万美元	买入 15 张 6 月瑞郎期货合约平仓 成交价：0.7800 美元/瑞郎 价值：0.78×12.5×15＝146.25 万美元
结果	盈亏：150－138.75＝11.25 万美元	盈亏：138.75－146.25＝－7.5 万美元
	总盈亏：11.25－7.5＝3.75 万美元	

点评：该投资者在国际货币市场买入欧元期货合约，同时卖出等价值的瑞士法郎期货合约，进行的是跨币种套利交易。结果，欧元期货价格相对瑞郎期货上升了，套利实现了 3.75 万美元的盈利。

第三节　利率期货及案例

利率期货合约最早于 1975 年 10 月由芝加哥期货交易所推出，在此之后利率期货交易得到迅速发展。虽然利率期货的产生比外汇期货晚了三年多，但其发展速度却比外汇期货快得多,其应用范围也远比外汇期货广泛。目前,在期货交易比较发达的国家和地区,利率期货早已超过农产品期货而成为成交量最大的一个类别。在美国,利率期货的成交量甚至已占整个期货交易总量的一半以上。

◆ 利率期货概况

利率期货是指以债券类证券为标的物的期货合约,它主要针对市场上债务资产的利率波动而设计,可以用来规避利率波动风险。也就是说,在金融市场上按照标准交易额在将来时间内提供利息的远期合约,其作用是事先确定利率,从而规避利率风险,确保预期收益或者利用利率波动进行投机来获取利润。

利率期货交易产生之后,其成交量以几何级数式增长。目前,无论在美国还是美国之外的国家和地区,利率期货的交易量都排在第二位。据有关数据统计,2003 年美国的全部期货(期权)交易量为 217252 万张,而利率期货(期权)的成交量为 67830 万张,其比例高达 31.2%;美国之外的期货(期权)交易量为 594022 万张,其中利率期货(期权)的交易量为 120297 万张,占 20.3%;全球期货(期权)全部成交量为 811273 万张,利率期货(期权)的交易量为 188127 万张,所占比例为 23.2%。

美国的利率期货交易市场份额基本上被芝加哥商业交易所和芝加哥期货交易所两家期货交易瓜分了。芝加哥商业交易所在 2003 年共成交利率期货(期权)31101 万张,其中欧洲美元的期货(期权)交易量为 27975 万张;芝加哥期货交易所在 2003 年共成交利率期货(期权)36584 万张。美国的这两个期货交易所在利率期货上实际是各霸一方,一个专攻短期利率期货,另一个则专攻中长期利率期货。

欧洲期货交易所的利率期货(期权)成交量为 56220 万张,成交量几乎全部集中在中长期利率期货(期权)上。

泛欧交易所是近年来欧洲崛起的又一家国际性期货交易所。据统计,泛欧交易所的利率期货(期权)主要集中在伦敦国际金融期货交易所,2003 年利率期货(期权)的成交量为 27582 万张,其中短期利率期货(期权)为 26292 万张,其余为中长期利率期货(期权)。

欧洲两大交易所共成交利率期货(期权)83802 万张,占美国以外利率期货(期权)交易总量 120297 万张的 69.7%。欧洲两大交易所中,泛欧交易所长于短期利率,而欧洲期货交易所则长于中长期利率。

除前述四家交易所外,世界上利率期货交易量比较大的交易所还有巴西商品期货交易所、悉尼期货交易所、瑞典斯德哥尔摩交易所、东京证券交易所、新加坡交易所衍生品部等。

◆ 利率期货的标的物

利率期货的标的是货币市场和资本市场的各种债务凭证。因此,为更好地理解利率期货,有必要对利率期货的标的——各种债务凭证作一简单的介绍。通常所说的债务凭证,是指在信用活动中产生的、用以证明债权债务关系的书面凭证。债务凭证存在于各种信用形式中。在商业信用中,债务凭证表现为各种形式的商业票据,如商业本票、商业汇票等;在银行信用中,债务凭证表现为银行券、银行票据以及各种形式的银行存款凭证等;在国家信用中,债务凭证表现为各种期限的政府债券;在消费信用中,债务凭证表现为各种形式的抵押凭证等。除此以外,债务凭证还包括各筹资主体所发行的其他各类债券,如国内市场的市政债券、公司债券以及国际市场的外国债券、欧洲债券等。

按债务凭证的不同期限,可将债务凭证分为货币市场上的债务凭证和资本市场上的债务凭证。在货币市场上,债务凭证的期限通常不超过一年,主要有短期国库券、商业票据、可转让定期存单有各国政府发行的中、长期国债,如美国的中期国债、长期国债、英国的金边债券、德国政府发行的各种中长期债券、日本政府债券等。人们通常将期限不超过一年的债务工具称作短期利率工具将以短期利率工具作为期货合约标的物的期货交易称为短期利率期货;而将超过一年的债务工具称作长期利率工具,将以长期利率工具作为期货合约标的物的期货交易称为长期利率期货。

尽管在市场上存在着很多利率工具,但并不是所有的利率工具都适合开展期货交易。在利率期货史中,有些曾经辉煌过的品种后来衰落了。比如,开利率期货之先河的美国政府国民抵押协会抵押凭证期货合约;又如美国 3 个月期的国库券期货,都有过火爆的经历。但随着一些更适合市场运作的品种诞生,投资者的兴趣转移,这些品种都差不多到了无人问津的地步。在短期利率期货中,交易最活跃的分别为 3 个月期欧洲美元定期存款期货和泛欧交易所的 3 个月期欧洲银行间欧元利率期货。而在中长期利率期货中,最活跃的交易分别有:芝加哥期货交易所的 5 年期、10 年期和 30 年期国库券期货;欧洲期货交易所的 E-SCHATZ 债券期货、E-BOBL 债券期货和 EUM-BUND。下面,对这几种债务工具作一简要说明。

▽ 欧洲美元存单

欧洲美元是指一切存放于美国境外的非美国银行或美国银行设在境外的分支机构的美元存款。欧洲美元产生于 1957 年。当时,英、法入侵埃及而给本国财政带来巨大的压力,英国政府为了维持正常对外贸易,对非贸易货币需求进行了强力限制,造成了当时货币市场供给出现严重不足。于是,伦敦商业银行就通过提高利率的办法大量吸收西欧其他国家商业银行的美元存款,然后再加价转贷出去。伦敦也因此而成为欧洲美元的交易中心。现在,欧洲美元市场已经成为一个不受美国联邦储备系统管辖的国际资本市场。由于接受以美元存款为主的外国银行无需执行法定存款准备金标准,它们可以按低于美国国内贷款利率的水平贷出资金,或向欧洲美元储户支付较高的利率,越来越多的银行和公司介入了欧洲美元市场,使欧洲美元成为国际金融市场上最重要的融资形式之一。在欧洲美元的存款中,欧洲美元存单(Eurodollar Certificate of

Deposit)通常是特指有固定存款期限的大额美元存单。其存款期限一般为 3 个月或 6 个月。存款者主要是各种大公司、各国中央银行、经纪公司和个人。吸收存款的银行再对需要美元资金的公司和其他银行提供贷款,其中大宗需求主要是欧洲各家银行之间的借贷活动。

由于伦敦是欧洲的金融交易中心,伦敦的同业银行拆放利率(简称 LIBOR)备受人们关注,成为国际性同业贷款利率的基础和利率变动的风向标。能够挂"伦敦同业银行拆放利率"牌子的都是欧洲货币市场上经营境外欧洲货币的一些大银行,伦敦同业银行拆借的对象通常以美元为主;拆借期分为日拆、7 天拆、1～6 个月期拆等;拆借金额一般为 100 万到 500 万美元,利率水平由市场产生。英国银行家协会负责按照一定的规则进行统计并对外发布。

▽ 欧洲银行间欧元利率

欧元流通之前,欧元区各国都有自己的银行间拆借利率市场,比如法国有巴黎银行间拆借利率(Pibor),德国有法兰克福银行间拆借利率(Fibor)。不同市场的利率差异很大,法国、西班牙、意大利的 3 个月拆息一度高于德国的拆息达 3％～6％。1999 年 1 月 1 日起,欧元区各国的银行同业间资金存放、划拨、债券发行和交易、外汇市场交易、股票定价和交易等都开始使用欧元。人们熟知的绝大多数欧洲货币如德国马克、法国法郎、荷兰盾等外汇报价消失,而由欧元的外汇报价取代;而各国的同业拆借利率如 Fibor、Pibor、Bibor 等也不复存在了,取而代之的便是欧洲银行间欧元利率。Euribor 的确定方法类似伦敦的 LIBOR,不过定点时间以布鲁塞尔为标准(与伦敦时差一小时),定点时间的利率是两个工作日前的上午 11 时,以 360 日为一年计息。

▽ 短期和中长期国债

通常将国债偿还期限不超过 1 年的国债称为短期国债,而将国债偿还期限在 1 年以上的国债称为中长期国债。在美国,偿还期限在 1 至 10 年之间的国债通常被视作中期国债,偿还期限在 10 年以上的国债被视作长期国债。短期国债的付息方式与中长期国债有很大差别。短期国债通常采用贴现方式发行,到期按照面值进行兑付。

中长期国债通常是附有息票的附息国债。通常,这种附息国债的付息方式是在债券期满之前,按照票面利率每半年付息一次,最后一笔利息在期满之日与本金一起偿付。比如,10 年期国债的票面利率为 8％,面值为 100 万美元,则债券持有人每隔半年可得到 4 万美元的利息,10 年期满之时,债券持有人在得到最后一笔利息的同时,又收回 100 万美元的本金。

◆ 利率期货的交割方式

利率期货交割一般有实物交割和现金交割两种方式。

实物交割是指期货合约的买卖双方于合约到期时,根据交易所制订的规程,通过转移期货合约标的物的所有权,将到期未平仓合约进行了结的行为。实物交割目前也是利率期货中国债期货交易一般采用的方式。

现金交割是指到期未平仓期货合约进行交割时,用结算价格来计算未平仓合约的盈亏,以现金支付的方式最终了结期货合约的交割方式。这种交割方式主要用于金融期货中期货标的物无法进行实物交割的期货合约,在利率期货中主要用于短期利率期货的交割。近年来,国外一些交易所也探索将现金交割的方式用于国债期货,不过采用现金交割方式的国家目前只有澳大利亚、韩国和马来西亚等,而且合约交易量并不多。

现金交割制度的主要成功条件在于现货指导价格的客观性,因为期货合约最后结算损益时是按照现货指导价格计算,交易者有可能操纵现货价格以达到影响现金结算价格的目的,因此如何设计最后结算价的采样及计算非常重要。

▽ **短期国债期货的交割方式**

芝加哥商业交易所的 3 个月期国债(国库券)期货合约以前曾采用实物交割方式,但现在已采用现金交割方式了。最终结算价是根据最后交易日(合约月份第三个星期三)那天现货市场上 91 天期国债拍卖贴现率的加权平均而计算的,用 100 减去这一加权平均拍卖贴现率就得出最终结算指数。

▽ **三个月欧洲美元期货的交割方式**

尽管 3 个月欧洲美元期货合约的含义是在交割日交割一张 3 个月欧洲美元定期存款存单。但由于 3 个月欧洲美元定期存款存单实际是不可转让的,因而要进行实物交割实际是不可能的。3 个月欧洲美元期货合约采用的是现金交割方式。而实行现金交割,最为关键的是如何确定交割结算价。芝加哥商业交易所的规定是:合约最后交易日伦敦时间上午 11：00 的 LIBOR 抽样平均利率,用 100 减去这一抽样平均利率便得出最后结算交割指数。所有到期而未平仓的期货合约都按照最后结算交割指数平仓。

▽ **中长期国债期货的交割方式**

中长期国债期货采用实物交割方式。由于国库券在发行时就采用无纸化方式,联邦储备体系的电脑都有记录,故即使是实物交割,也不需要真的动用实物券,投资者只要通过联邦记账电子转账系统进行划转即可。

值得注意的是:合约名称为 30 年期的国债期货,交割时却并非只能以 30 年期的国债来交割。同样,名称为 2、5、10 年期的国债期货,交割时也并非只能以 2、5、10 年期的国债来交割。CBOT 规定,30 年期国债期货交割时,卖方可以用任何一种符合条件的国债进行变割,其主要条件为:从交割月第一个工作日算起,该债券剩余的日期至少 15 年以上。而 2、5、10 年期国债期货可交割的条件分别为 1 年零 9 个月至 2 年、4 年零 3 个月至 5 年 3 个月、6 年半至 10 年。这就带来了一个问题,那就是不同期限不同息票率的国债必须进行折算。

[**案例 7-7**]　30 年期国债期货的标的物是 30 年期息票率为 6％的国债,现在卖方拿剩余期限 21 年,息票率 10％的国债来交付,如何折算?

折算的方法为:假定息票率为 6％ 的 1 美元面值国债现值是 1 美元,剩余期限 21 年,息票率 10％ 的 1 美元面值国债的现值应该为 1.474。这就意味着后一种国债的现值是前一种国债现值的 1.474 倍,这个数字被称为两种国债之间的转换因子(Conversion Factor,CF)。假定 30 年期国债期货交割价为 110.16,相当于 110.5,卖方将后一种 100000 美元面值的国债交付,则买方必须付出 110.5×1.474×1000＝162877 美元。买方付出的金额很可能还不止 162877 美元。因为这只是国债本身的金额,还有另一部分必须考虑,那就是用于交割的国债从上次付息日至交割日之间自然产生的利息(除非交割日正好是息票利息发放日)。如果交割日恰好是两次付息日的正中间,则买方还必须付给卖方 100000×5％×1/2＝2500 美元利息。由于市场上存在着各种各样不同期限、不同息票率的可交割国债,计算起来比较复杂,为了方便投资者查对,凡开展中长期国债期货的交易所都会提前制定并公布转换因子表。

点评:现货以期货票息率为收益率,将交割日的价格除 100 得到转化因子支付金额＝期货价格×转化因子＋累计利息,利用转换因子计算出买方应付的金额 110.5×1.474×1000＋2500＝165377 美元,成功地进行不同期限、不同息票率的国债折算。

买方收到卖方的国债,按照规定付给卖方的总金额(国债本金＋应付利息)称为发票金额(Invoice Price)。

国债的应付利息是在交割时另行计算的,从这一点也可看出,国债期货交易中的成交价是不包括应付利息的。交易价格不包括应付利息的交易方式称为净价交易。如果交易价格包括应付利息,则称为全价交易。全价交易的缺陷是在付息日会产生一个较大的向下跳空缺,导致价格曲线不连续。

在中长期国债的交割中,卖方具有选择交付哪些券种的权利,所以卖方自然会根据各种情况来挑选那些自认为最经济的国债来交割。因此而产生了一个专用名词,最便宜可交割债券(Cheapest to Deliver,CTD),它指的是最有利于卖方进行交割的券种。

◆ 利率期货的种类

利率期货主要包括短期利率期货、长期利率期货、房屋抵押债券期货、商业票据期货、市政债券期货等类型,其中交易最活跃的是短期利率期货与长期利率期货。

▽ 短期利率期货

短期利率期货是指期货合约标的的期限在 1 年以内的各种利率期货,即以货币市场的各类债务凭证为标的的利率期货均属短期利率期货,包括各种期限的商业票据期货、国库券期货及欧洲美元定期存款期货等。短期国库券是由美国财政部发行的一种短期债券,首次发行时间为 1929 年 12 月。由于短期国库券流动性高,加之由美国政府担保,所以很快就成为颇受欢迎的投资工具。短期国库券的期限分为 3 个月(13 周或 91 天)、6 个月(26 周或 182 天)或 1 年不等。其中,3 个月期和 6 个月期的国库券一般每周发行,3 年期的国库券一般每月发行。与其他政府债券每半年付息一次不同,短期国库券按其面值折价发行,投资收益为折扣价与面值之差。

▽ 长期利率期货

长期利率期货则是指期货合约标的的期限在 1 年以上的各种利率期货,即以资本市场的各类债务凭证为标的的利率期货均属长期利率期货,包括各种期限的中长期国库券期货和市政公债指数期货等。美国财政部的中期国库券偿还期限在 1 年至 10 年之间,通常以 5 年期和 10 年期较为常见。中期国库券的付息方式是在债券期满之前,每半年付息一次,最后一笔利息在期满之日与本金一起偿付。长期国库券的期限为 10 年至 30 年之间,以其富有竞争力的利率、保证及时还本付息、市场流动性高等特点吸引了众多外国政府和公司的巨额投资,国内购买者主要是美国政府机构、联邦储备系统、商业银行、储蓄贷款协会、保险公司等。在各种国库券中,长期国库券价格对利率的变动最为敏感,正是 20 世纪 70 年代以来利率的频繁波动促成了长期国库券二级市场的迅速扩张。

表 7-4　世界主要利率期货合约及交易所

国别	利率合约名称	交易所
美国	3 月期欧洲美元利率	芝加哥商业交易所国际货币市场
	3 月期政府债券	
	市政债券指数	芝加哥期货交易所
	美国中期国库券	
	美国长期国库券	
英国	政府公债	伦敦国际金融期货交易所
	20 年吉尔特利率	
	3 月期欧洲美元利率	
日本	10 年政府债券	东京证券交易所
新加坡	欧洲美元利率	新加坡国际商品交易所
澳大利亚	3 月期银行债券	悉尼期货交易中心
	10 年政府公债	

◆ 主要利率期货合约

▽ 美国短期国库券期货合约

美国短期国库券是期限在 1 年以内的美国政府负债,同时也是一种流动性很大而违约风险几乎为零的证券。短期国库券的期限有 91 天、182 天、364 天 3 种,以贴现方式出售,即它出售时的价格低于面值,到期以面值金额偿还,两者之间的差价便是持有者的利息收入。

表 7-5　芝加哥商业交易所国际货币市场 3 月期国库券期货合约

交易单位	1000000 美元面值的短期国库券
最小变动价位	0.01
最小变动值	25 美元
每日交易限价	0.60，即每张合约 1500 美元
合约月份	3、6、9、12 月
交易时间	芝加哥时间 8：00—14：00
最后交易日	交割日前一天
交割日	交割月份中 1 年期国库券尚余 13 周期限的第一天
交割等级	还剩余 90、91 或 92 天期限，面值为 1000000 美元的短期国库券

　　短期国库券在期货市场上以芝加哥商业交易所国际货币市场指数报价。例如，一份年贴现率为 8.50％的短期国库券期货合约，芝加哥商业交易所国际货币市场指数就是 91.50（＝100－8.50）。国际货币市场分部 90 天国库券期货合约的最小变动价位是 0.01，即通常所说的 1 点。例如，芝加哥商业交易所国际货币市场指数由 92.00 变为 92.01，就意味着价位变动 1 点，那么这 1 点所代表的变动值就是 25 美元（1000000×0.01％×90/360），即最小变动值。

　　短期国债期货合约的规格大致包括以下几个内容：

　　第一，交易单位。短期国债期货合约代表着一定数量的短期国债，美国芝加哥商业交易所规定每份短期国债期货合约代表的是 100 万美元的 91 天（13 周）期的短期国债。

　　第二，短期国债期货合约的交割月份为每个季度的最后一个月，即每年的 3 月、6 月、9 月、12 月。

　　第三，价格。在短期国债期货合约的报价中，期货合约的价格是按市场的价格指数来计算的。具体的计算方法是 1 减去贴现率再乘上 100，即报价指数＝（1－贴现率）×100，一张 91 天到期交割时的短期国债的实际价格应为：100－（100－报价指数）×90/360（单位：万美元）。例如，如果贴现率为 7％，期货合约的价格指数就为 93，到期日的实际价格就是 100－（100－93）×90/360＝98.25 万美元。芝加哥商业交易所对短期国债期货合约的价格的涨跌幅度做出了规定，其最小变化幅度为价格指数变化幅度的 0.01％，或称为一个基点，合 25 美元。短期国债期货合约的价格变化的最大幅度为 60 个基点，合 1500 点（60×25）。

　　第四，交割方式。短期国债期货合约是允许实际交割的期货合约，按照芝加哥商业交易所的规定，通知日为交割月份第三次拍卖短期国债之后的第二个营业日，这一天也是短期国债期货合约的最后交易日，在通知日这天，愿意进行实际交割的持有空头或多头的交易者要通知清算所准备进行实际交割。这些多头头寸或空头头寸由清算所来配对，然后由清算所通知多头或空头的银行第二天进行付款或交货。短期国债期货合约的交割方式在金融期货中是最简单和最方便的。

▽ **欧洲美元利率期货合约**

表 7-6　芝加哥商业交易所 3 个月期欧洲美元利率期货合约

交易单位	1000000 美元
最小变动价位	0.01
最小变动值	25 美元
合约月份	3、6、9、12 月
交易时间	芝加哥时间 8∶00—14∶00
最后交易日	交割日前一天
交割日	交割月份第 3 个周三往回数第 2 个伦敦银行营业日
结算方式	现金结算

▽ **美国中期国债期货合约**

中期国债的期限由 1 至 10 年不等,为付息债券,每半年付息一次,最后一笔利息在期满之日与本金一起偿付。

表 7-7　芝加哥期货交易所 5 年期国债期货合约

交易单位	100000 美元面值的中期国债
最小变动价位	1/64
最小变动值	15.625 美元
每日交易限价	0.03,即每份合约 3000 美元
合约月份	3、6、9、12 月
交易时间	芝加哥时间 7∶20—14∶00
最后交易日	从交割月份最后营业日往回数第 8 个营业日
交割等级	偿还期不超过 5 年零 3 个月,而剩余有效期限从交割月第 1 天算起仍不少于 4 年零 3 个月的中期国债
交割方式	联储电子过户簿记系统

中期国债期货采用面值的百分比报价,合约面值的百分之一为 1 个点。中长期国债期货合约面值均为 10 万美元,所以 1 点表示 1000 美元。5 年期国债期货最小变动价位为 1/64 点,即 15.625 美元($100000 \times \frac{1}{64}$ % 或 $1000 \times \frac{1}{64}$)。

▽ **美国长期国债期货合约**

长期国债与中期国债在本质上基本相同,区别仅在于期限长短不同,长期国债的期限为 10 至 30 年不等。

表 7-8　芝加哥期货交易所 30 年期国债期货合约

交易单位	100000 美元面值的长期国债
最小变动价位	1/32
最小变动值	31.25 美元
每日交易限价	0.03,即每张合约 3000 美元
合约月份	3、6、9、12 月
交易时间	芝加哥时间周一至周五 7：00—14：00 晚场交易周一至周四 17：00—20：30
最后交易日	从交割月份最后营业日往回数第 7 个营业日
交割等级	剩余期限或不可赎回期至少为 15 年的长期国债
交割方式	联储电子过户簿记系统

5、10、30 年期国债期货的合约面值均为 100000 美元,合约面值的 1‰ 为 1 个点,也即 1 个点代表 1000 美元;30 年期国债期货的最小变动价位为 1 个点的 1/32 点,即代表 31.25 美元(1000 美元×1/32=31.25)。5 年期、10 年期的最小变动价位为 1/32 点的 1/2 即 15.625 美元(1000 美元×132×12=15.625 美元)。

◆ 利率期货交易

同外汇期货一样,利率期货交易主要有套期保值、投机和套利三种。

▽ 套期保值交易

利用利率期货进行套期保值,是金融机构、企业以及投资者降低所持有的固定收入证券的利率风险的有效手段。同一般商品期货一样,利率期货套期保值的基本思路是,在期货市场上建立与现货市场相反的交易部位,利用两个市场上价格的正向相关性,以一个市场上的收益弥补另一个市场上的损失,从而消除投资者现货市场部位收益的不确定性。下面将用案例来说明利率套期保值操作。

(1)空头套期保值。也称套期保值指出售期货合约,比如,手中持有债券的投资者估计利率有上升的趋势(即债券贬值),又不愿长期保留债券,使其失去流动性,为了既能投资盈利又不失债券的流动性,且避免利率上升引起的债券贬值的风险,他可以通过出售国债期货合约进行空头套期保值,以此事先将手中的债券的未来价格确定。

[案例 7-8]　6 月 10 日,某公司得知将于 9 月 10 日将收到 10000000 欧元,并计划将其投资于 3 个月的定期存款,6 月 10 日时的银行利率为 8%。由于担心利率下降造成损失,于是决定在期货市场上进行套期保值。6 月 10 日,公司以 92.30 价格购入 10 张 9 月份到期的 3 个月欧元利率(EURIBOR)期货合约,每张合约价值为 1000000 欧元,每点为 2500 欧元。到了 9 月 10 日,市场利率果然下跌至 6.85%,公司又以 93.35 的价格卖出 10 张 9 月份到期的 3 个月欧元利率期货合约,该公司自 6 月 10 日到 9 月

10 日间的收益为( )。

交易过程如下:

	现货市场	期货市场
6月10日	3个月定期存款利率为8.0%	买入10份9月欧元利率期货合约成交价:92.300
9月10日	3个月利率下降为6.85%	卖出10份9月欧元利率期货合约平仓成交价:93.350
结果	盈亏:1000000×(6.85%−8.0%)×3/12=−2875 欧元	盈亏:(93.35−92.3)×100×25×10=2625 欧元
	总盈亏:2625−2875=−250 欧元	

点评:由于3个月定期存款利率下降,公司的100万资金存入银行的利息收入减少2875欧元。但公司在期货市场做了买入套期保值交易,期货市场上盈利2625欧元,基本抵消了现货市场的损失。

(2)多头套期保值。也称买入套期保值,指在期货市场买入利率期货合约,以防止将来债券价格上升而使以后的买入成本升高。多头套期保值的目的是规避因利率下降而出现损失的风险。

[**案例 7-9**] 某投资公司预计在1998年3月7日至12月中旬有一笔闲置的资金,总金额为100万美元。该公司计划将该笔资金投资于购买长期国债,为避免利率上升带来的损失,决定利用期货市场卖出10份长期国库券期货合约进行保值(每份合约10万美元)。具体操作过程如下:

	现货市场	期货市场
3月7日	买入面值100万美元,息票利率为 $7\frac{1}{4}$%,于2116年2月到期的长期国债,价格为 $86\frac{1}{32}$%	卖出10份12月期长期国债期货合约,价格为 $92\frac{15}{32}$%
12月7日	卖出所持有国债,价格为 $82\frac{9}{32}$%	买入10份12月长期国债期货合约平仓,价格为 $89\frac{19}{32}$%
结果	现货盈亏:$[(82+\frac{9}{32})-(86+\frac{1}{32})]$%×100 =−3.75 万美元	期货盈亏:$[(92+\frac{15}{32})-(89+\frac{19}{32})]$%×100 =2.875 万美元
	总盈亏:2.875−3.75=−0.875 万美元	

点评:由于现货市场上长期国债利率下降,该公司这笔为期6个月的投资损失了

3.75 万美元。但公司事先在期货市场做了套期保值交易,获得 2.875 万美元,虽然没有完全弥补现货市场的损失,但将损失由 3.75 万美元降到了 8750 美元。

▽ 投机交易

同其他的期货投机一样,利率期货投机交易分为两种类型,即空头投机和多头投机。空头投机是"高价卖出低价买入"获利,而多头投机则是"低价买进高价卖出"来获利。

▽ 套利交易

在利率期货套利交易中,常见的有跨月套利和跨品种套利,下面以案例说明。

[**案例 7-10**]　某投资者估计今后一段时间内,市场利率有可能下调,因此将导致国债期货价格上升。该投资者认为因为长期国债期货的价格敏感性较高,所以价格上涨幅度应该较大,于是他利用芝加哥期货交易所的长期国债期货与 10 年期国债期货进行跨品种套利交易。他于 2001 年 7 月 15 日按市价卖出 10 手 9 月份交割的 10 年期国债期货合约,买入 10 手相同月份的长期国债期货合约,于 2001 年 8 月 10 日将上述两个合约全部对冲平仓。市场利率变化及交易情况如下表(长期国债期货每份合约 10 万美元):

	10 年期国债期货合约	长期国债期货合约	价差
2001 年 7 月 15 日	现券收益率:6.08% 卖出 10 份 9 月合约,价格 $98\frac{12}{32}$%	现券收益率:6.26% 买入 10 份 9 月合约,价格 $97\frac{29}{32}$%	$\frac{15}{32}$
2001 年 8 月 10 日	现券收益率:5.98% 买入 10 份平仓,价格为 $99\frac{16}{32}$%	现券收益率:6.16% 卖出 10 份平仓,价格为 $99\frac{20}{32}$%	$-\frac{4}{32}$
盈亏情况	$[(98+\frac{12}{32})-(99+\frac{16}{32})]$%×100 $=-1.125$ 万美元	$[(99+\frac{20}{32})-(99+\frac{29}{32})]$%×100 $=1.71875$ 万美元	$\frac{19}{32}$
	总盈亏:1.71875−1.125=0.59375 万美元		

点评:随着市场利率、现券收益率的下降,10 年期国债期货和长期国债期货价格均上涨,其中 10 年期国债期货的上涨幅度(36/32 点)小于长期国债期货价格上涨幅度(55/32 点),它们的价差也由 15/32 点缩小为−4/32 点,套利交易最后盈利 5937.5 美元(31.25×19×10)。

第四节　股票指数期货及案例

股票指数期货是金融期货中产生最晚的一个类别。自 1982 年 2 月美国堪萨斯市期货交易所推出价值线综合平均指数期货交易以来，股票指数期货日益受到各类投资者的重视，交易规模迅速扩大，交易品种不断增加。目前，股指期货交易已成为金融期货，乃至所有期货交易品种中交易量最大的品种。

◆ 股指期货市场现状

股指期货是从股市交易中衍生出来的一种新的交易方式。股指期货交易合约的标的物是股票价格指数。以股票价格指数为交易对象的衍生交易除了股指期货外，还有股指期权（包括股指期货期权）。股指期权交易在许多方面与股指期货有相似之处，在下面的关于股指期货市场现状的介绍中，我们对股指期权的情况也略作介绍。

据美国期货业协会(FIA)的有关统计资料，1998 年至 2006 年全球股指期货及期权交易量的数量（单向成交张数）如下表 7-9 所示。

表 7-9　1998—2006 年全球股指衍生品交易量表　　　　单位：万张

年份	1998 年	1999 年	2000 年	2001 年	2002 年	2003 年	2004 年	2005 年	2006 年
交易量	37296	52105	67482	147033	279118	396087	379940	408000	445395

按照欧洲期货交易所 2007 年 2 月的统计，2006 年世界各交易所股指衍生品（包括股指期货、股指期权及股指期货期权）排名在前十名的见表。

韩国的股指衍生品发展异常迅猛，使得多年来一直在股指衍生品交易上高居榜首的芝加哥期货交易所和芝加哥商业交易所所占的比重逐年下降。据 Eurex 统计，1997 年时，芝加哥期货交易所和芝加哥商业交易所的股指衍生品交易分别占了全球 30.08% 和 14.08% 的比重。在以后的几年中，芝加哥期货交易所在全球股指衍生品交易中所占比重逐渐降低，2006 年降至 6.76%，而芝加哥商业交易所则降至 11.97%。

◆ 股票价格指数

股票价格指数，简称股票指数或股指，是衡量和反映所选择的一组股票的价格变动的指标，它是根据股票市场上有代表性的股票的价格加权平均计算出来的。不同股票市场有不同的股票指数，同一股票市场也可以有多个股票指数。

目前，世界上影响范围较大、具有代表性的股票指数主要包括道·琼斯平均价格指数、标准·普尔 500 指数、英国金融时报股票指数、日本日经股票平均指数、香港恒生指数等。

▽ **道·琼斯平均价格指数**

道·琼斯工业股价平均指数,简称道·琼斯平均指数,是目前人们最熟悉、历史最悠久、最具权威性的指数。1884 年 6 月 3 日,道·琼斯公司创始人查尔斯·道开始编制一种股票价格指数,并刊登在《每日通讯》上。今天的道·琼斯指数发表在《华尔街日报》上,共分四个分类指数:工业股票价格指数、运输业股票价格指数、公用事业股票价格指数和综合股票价格指数。其中,工业股票价格指数应用范围最广。在这四类指数下又有若干的细分指数,总量达到 300 多种。其基期为 1928 年 10 月 1 日,基期指数为100。道·琼斯股票指数的计算方法现在采用的是除数修正法,即先根据成分股的变动情况计算出一个新除数,然后用该除数除报告期股价总额,得出新的股票指数。道·琼斯平均指数采用算术平均法计算,遇到拆股、换牌等非交易情况时用除数修正法予以调整。

▽ **标准·普尔 500 指数**

标准·普尔 500 指数是全球基金经理用来判断他们在美国市场的收益状况的风向标。标准·普尔 500 指数由美国标准·普尔公司编制,选择的样本是代表性行业中最有代表性的 500 家公司的股票。标准·普尔 500 指数自 1982 年开始在芝加哥商业交易所进行期货交易,当时该指数为 117。15 年后,该指数上升为 900,期货交易单位也由最初的每点 500 元下调为每点 250 元。

▽ **伦敦金融时报股票指数**

金融时报股票指数是由伦敦证券交易所编制并在《金融时报》上发布的股票指数,为 30 种股票指数、100 种股票指数和 500 种股票指数等三种指数。目前常用的是由 30 种有代表性的工业公司股票构成的工业普通股票指数。

作为股票指数期货合约标的金融时报指数是以市场上交易较频繁的 100 种股票为样本编制的指数,其基期为 1984 年 1 月 3 日,基期指数为 1000,自 1984 年 5 月开始在伦敦国际金融期货交易所进行期货交易,称为伦敦 FTSE100 指数期货。

▽ **日本日经股票平均指数**

日经股票平均指数是由东京股票交易所第一组挂牌的 225 种股票的价格所组成。该指数被各国用来作为日本股市的参照物。1986 年 9 月,新加坡国际金融交易所(SIMEX)推出日经 225 股票指数期货。此后,日本大阪证券交易所也于 1988 年 9 月开办了日经股票平均指数期货交易,现在大阪日经 225 指数期货交易成为许多日本证券商投资策略的组成部分。

▽ **香港恒生指数**

恒生指数是由香港恒生银行于 1969 年 11 月 24 日开始编制的用以反映香港股市行情的一种股票指数。该指数的成分股是由香港上市的较有代表性的 33 家公司的股票构成的。恒生指数现已成为反映香港经济的主要风向标。香港恒生指数期货于 1986年 5 月 6 日正式开始在香港期货交易所交易。

▽ **沪深 300 指数**

沪深 300 指数最初是由上海证券交易所和深圳证券交易所于 2005 年 4 月 8 日联合

发布的。该指数从沪深两家证券交易所中选取 300 只 A 股作为样本,指数的基日为
2004 年 12 月 31 日,基点为 1000 点。

2005 年 8 月 25 日,沪深证券交易所共同出资发起成立了中证指数有限公司,沪深
300 指数的经营管理和相关权益转移至中证指数有限公司。

沪深 300 指数是中国内地第一个开展股指期货交易的标的指数。

沪深 300 指数采用分级靠档的方法确定调整股本数的数量,并以调整后的调整股
本数作为加权比例。

自由流通量＝A 股总股本－非自由流通股本

计算方法:沪深 300 指数以调整股本为权数,采用派许加权综合价格指数公式进行
计算。其中,调整股本根据分级靠档方法获得。见表 7-10。

表 7-10 分级靠档方法

自由流通比例(%)	≤10	(10,20]	(20,30]	(30,40]	(40,50]	(50,60]	(60,70]	(70,80]	>80
加权比例(%)	自由流通比例	20	30	40	50	60	70	80	100

比如,某股票自由流通比例为 7％,低于 10％,则采用自由流通股本为权数;某股票
自由流通比例为 35％,落在区间(30,40]内,对应的加权比例为 40％,则将总股本的
40％作为权数。需要注意的是,自由流通比例是指公司总股本中剔除以下基本不流通
的股份后的股本比例:(1)公司创建者、家族和高级管理者长期持有的股份;(2)国有股;
(3)战略投资者持股;(4)冻结股份;(5)受限的员工持股;(6)交叉持股等。

成分股调整分为定期调整与临时调整两种。

定期调整:指数成分股原则上每半年调整一次,一般为 1 月初和 7 月初实施调整,
调整方案提前两周公布,每次调整的比例不超过 10％。样本调整设置缓冲区,排名在
240 名内的新样本优先进入,排名在 360 名之前的老样本优先保留。最近一次财务报告
亏损的股票原则上不进入新选样本,除非该股票影响指数的代表性。

定期调整时需设置备选名单,以用于样本股的临时调整。当指数因为样本退市、合
并等原因出现样本空缺或需要临时更换样本时,应依次选择备选名单中排名最靠前的
股票作为样本股。备选名单中股票数量一般为指数样本数量的 5％,当备选名单中股票
数量使用过半时,要补充新的名单。沪深 300 指数设置 15 只股票的备选名单。

临时调整:对符合样本空间条件且总市值(不含境外上市股份)排名在沪深市场前
10 位的新发行股票,启用快速进入指数的规则,即在其上市第十个交易日结束后进入
指数,同时剔除原指数样本中最近一年日均总市值排名最末的股票。

当新发行股票符合快速进入指数的条件,但上市时间距下一次样本股定期调整生
效日不足 20 个交易日时,不启用快速进入指数的规则,与定期调整一并实施两家或多
家成分股合并,合并后的新公司股票保留成分股资格,产生的样本股空缺由备选名单中

排名最高的股票填补。原成分股保留在指数中至合并后的新公司股票进入指数止。

一家成分股公司合并另一家非成分股公司,合并后的新公司股票保留成分股资格。原成分股保留在指数中至合并后的新公司股票进入指数止。

一家非成分股公司收购或接管另一家成分股公司,如果合并后的新公司股票排名高于备选名单上排名最高的公司股票,则新公司股票成为指数样本,原成分股保留在指数中至新公司股票进入指数止;否则,自该成分股退市日起,由备选名单上排名最高的公司股票作为指数样本。

一家成分股公司分拆为两家或多家公司,分拆后形成的公司能否作为指数样本视这些公司的排名而定。

◆ 股票指数期货

股票指数期货简称股指期货,是以股票指数为标的物的期货合约。股票指数期货产生于 20 世纪 80 年代的美国。随着外汇期货、利率期货等金融类期货品种的相继诞生,1982 年 2 月美国堪萨斯期货交易所推出价值线综合指数期货交易。不久,芝加哥商业交易所的标准·普尔 500 期货合约、纽约期货交易所的纽约证交所标准·普尔股票指数期货合约也相继问世。

股票指数期货交易实质是把股票指数按点数换算成现金进行交易。股票指数期货合约的价值由交易单位乘以股价指数而得,即合约价值=交易单位×股价指数。例如,标准·普尔 500 指数为 800 点,标准·普尔 500 指数期货的交易单位是 250 美元,所以一张标准·普尔 500 指数期货合约的价值就是 200000 美元。如果标准·普尔 500 指数上升至 900 点,则合约价值提高 25000 美元;反之,则合约价值下降。

股票指数期货一方面给股票的投资者提供了转移风险的有效工具,另一方面也给期货投机者以投机的机会,因而迅速得到了不同投资者的青睐。

▽ 主要股指期货合约

下表列出了国际主要股指期货合约的主要规格。

表 7-11　主要股指期货合约

	标准·普尔(S&P)500 股指期货	伦敦金融时报(FTSE)100 股指期货
交易单位	$250×S&P500 指数	£25×FTSE100 指数
最小变动价位	0.10 个指数点(每张合约 25 美元)	0.05 个指数点(每张合约 12.5 英镑)
每日价格波动限制	前一交易日结算价的 5%,10%,15% 和 20% 的跌幅逐级放开	无
合约月份	3、6、9、12 月	3、6、9、12 月
最后交易日	合约月份第三个星期四	合约月份第三个星期五
最后结算价格	合约月份第三个星期五的指数构成股票的市场开盘价	最后交易日上午 10：10—10：30 FTSE100 均值

续表

	标准·普尔(S&P)500 股指期货	伦敦金融时报(FTSE)100 股指期货
交割方式	以最后结算价格进行现金结算	以最后结算价格进行现金结算
	恒生指数期货	日经 225 指数期货
交易单位	50 港元×恒生指数	1000 日元×日经 225 平均数
最小变动价位	1 个指数点(每张合约 50 港元)	10 个基本点(每合约 10000 日元)
每日价格波动限制	前收市指数 500 点	前一交易日结算价格的 3%
合约月份	现货月及 3、6、9、12 月	3、6、9、12 月
最后交易日	交割月最后第二个营业日	结算日之前三个营业日
最后结算价格	最后交易日每 5 分钟报出的恒生指数平均值的整数	到期日第二个交易日标的指数的开盘价
交割方式	现金结算	现金结算

表 7-12　沪深 300 股指期货合约

交易代码	IF
合约乘数	300
最小波动单位	0.2
交易单位	1 张
最大交易单位	500 张
合约月份	滚动推出当前两个月及最近两个季度月份
交易保证金	合约面值 10%
价格波动限制	前一交易日合约结算价的正负 10%
熔断机制	触及上一个交易日结算价正负 6%，并持续一分钟
交易时间	上午 9：15—11：30 下午 13：00—15：15（最后交易日 15：00 收盘）
最后交易日	到期月的第三个星期五
每日结算价格	最后 1 小时成交量加权价
最后结算日结算价	最后交易日现货市场标的指数最后 2 小时的算术平均价

▽ **股指期货合约的要素**

一般而言,股指期货合约中主要包括下列要素:

一是合约标的。即股指期货合约的基础资产,比如沪深 300 指数期货的合约标的即为沪深 300 股票价格指数。

二是合约价值。合约价值等于股指期货合约市场价格的指数点与合约乘数的乘积。

三是报价单位及最小变动价位。股指期货合约的报价单位为指数点,最小变动价位为该指数点的最小变化刻度。

四是合约月份。指股指期货合约到期交割的月份。

五是交易时间。指股指期货合约在交易所交易的时间。投资者应注意最后交易日的交易时间可能有特别规定。

六是价格限制。指期货合约在一个交易日中交易价格的波动不得高于或者低于规定的涨跌幅度。

七是合约交易保证金。合约交易保证金占合约总价值一定的比例。

八是交割方式。股指期货采用现金交割方式。股指期货合约在最后结算日进行现金交割结算，最后交易日与最后结算日的具体安排根据交易所的规定执行。

▽ 现金结算

从合约中可以看出，股指期货到期时的交割以现金结算的方式进行，这是它与商品期货的不同之处。现金结算方式下，未平仓合约将于合约到期时按最后结算价进行结算冲销。即合约持有人只需交收到期时股价指数与开仓时股价指数的现金差额即完成交割。

例如，某投资者以 920 点的股价指数买入一份标准·普尔 500 指数期货合约，合约到期时的结算指数为 960 点，则他在结算时将获得 10000 美元[＝(960－920)×250]的盈余。

◆ 股指期货交易方法

与其他品种的期货交易一样，股指期货交易也可分套期保值交易、投机交易及套利交易几种形式。

◆ 股指期货的套期保值交易

股指期货与商品期货有一个很大的差别：在商品期货中，期货合约交易的对象与现货交易中的对象是一致的，比如，100 吨大豆对应着 10 张期货合约（每张合约 10 吨）；然而，在股指期货中，这种对应只在极少的情况下成立。比如，买卖指数基金时严格按照指数的构成买卖一揽子股票。绝大多数的股市投资者是不可能按照指数的构成来买卖股票的。这就提出了一个问题：怎样利用股指期货对投资者所买卖的股票或对那些与指数构成不一致的股票组合进行保值。而要解决这个问题，必须引进 β 系数。

▽ 单个股票的 β 系数

在股指期货套期保值中，经常出现投资者所买的股票与指数构成不一致的情况。在股票投资中，其风险主要是价格波动风险，通常由 β 系数来确定。β 系数表示一种股票的价格相对于大市上下波动的幅度，即当大市变动 1％时该股票预期变动百分率。

β 系数 1.5 表示该股的涨跌是指数同方向涨跌的 1.5 倍。比如，指数上涨 3％，则该股票上涨 4.5％；指数下跌 2％，则该股下跌 3％。β 系数等于 1 表示股票的涨跌与指数的涨跌保持一致。显然，当 β 系数大于 l 时，说明股票的波动或风险程度高于以指数衡量的整个市场行情的波动程度；而当 β 系数小于 1 时，说明股票的波动或风险程度低于以指数衡量的整个市场行情的波动程度。β 系数是一个非常有用的数字，它在套期保值及套利交易的测算中发挥重要作用。

▽ **股票组合的 β 系数**

投资者拥有的股票往往不止一个，当投资拥有多个股票，即拥有一个股票组合时，也面临着测度这个组合与指数的关系问题。而其中最重要的就是计算这个组合的 β 系数，它表示这个组合的涨跌是指数涨跌的 β 倍。

假定一个组合 P 由 n 个股票组成，第 i 个股票的资金比例为 X_i（$X_1 + X_2 + \cdots + X_n = 1$），权数等于投向某只股票的资金与总投资资金之比，$\beta_i$ 为第一个股票的 β 系数，一组股票组合的 β 系数则为各种股票的 β 系数的加权平均数，则有：

$$\beta = X_1\beta_1 + X_2\beta_2 + \cdots + X_n\beta_n$$

注意，β 系数是根据历史资料统计而得到的，通常用历史的 β 系数来代表未来的 β 系数。

有了 β 系数，就可以得出如下的套期保值的合约份数 N，可用下式计算：

$$N = \frac{V}{m \times p} \times \beta_p$$

式中：V——股票现货组合的总价值

m——每点的乘数

p——期货指数的点数

β_p——股票组合的 β 系数

上式中的"$m \times p$"，即"期货指数点×每点乘数"是一张期货合约价值。该式表明，合约份数 N 等于股票价值乘以 β 系数，再除以期货合约价值。

▽ **空头套期保值**

[**案例 7-11**]　6 月 1 日，香港某投资公司的股票组合的现值为 120000000 港元，当日恒生指数为 15800 点，其股票组合与恒生指数的 β 系数为 0.9。由于股市面临下跌的极大可能，公司决定做套期保值，此时 9 月份到期的期货合约指数为 16200 点，每点为 50 港元。公司应卖出多少张股指期货合约才能起到保值的效果？

合约的张数＝现值×β系数／期货合约指数×合约乘数＝120000000×0.9/16200×50＝133.3≈134 张合约

8 月 1 日，现指跌到 14220 点，而期指跌到 14580 点（现指跌 1580 点，期指跌 1620 点），即均跌了 10%，但该公司的股票组合价值却只跌了 9%，这时该公司买进 134 张期货合约进行平仓，交易及损益情况见下表：

	现货市场	期货市场
6月1日	股票总值1.2亿港元,恒生指数现指为1380点	卖出134张9月到期的恒生指数指数期货合约,期指为16200点,合约总值为:134×16200×50＝1.0854亿港元
8月1日	恒生指数现指跌到1580点,该公司持有的股票价值减少:1.2×10％×0.9＝0.108亿港元	买入134张9月到期的恒生指数指数期货合约,期指为14580点,合约总值为:134×14580×50＝0.97686亿港元
损益情况	—0.108亿港元	0.10854亿港元

点评:当股指下跌时,通过期货的盈利可以弥补现货股票组合下跌的亏损,达到保值效果。

▽ **多头套期保值**

[案例7-12]　某机构在4月15日得到承诺,6月10日会有300万元资金到账。该机构看中A、B、C三只股票,现在价格分别为20、25、50元,如果现在就有资金,每个股票投入100万元就可以分别买进5万股、4万股和2万股。由于现在处于行情看涨期,他们担心资金到账时,股价已上涨,就买不到这么多股票了。于是,该机构采取买进股指期货合约的方法锁定成本。

假定相应的6月到期的期指为4000点,每点乘数为300元,三只股票的β系数分别为1.5、1.3和0.8。则他们首先得计算应该买进多少期指合约。

三只股票组合的β系数为(1.5+1.3+0.8)/3＝1.2

应该买进期指舍约数＝300/4000×300×1.2＝3张

6月10日,该机构如期收到300万元,这时现指与期指均已涨了10％,即期指已涨至4400点,而三只股票分别上涨至23元(上涨15％)、28.25元(上涨13％)、54元(上涨8％)。如果仍旧分别买进5万股、4万股和2万股,则共需资金23元×5万+28.25元×4万+54元×2万＝336万元,显然,资金缺口为36万元。

由于他们在指数期货上做了多头保值,6月10日那天将期指合约卖出平仓,共计可得3×(4400—4000)×300＝36万元,正好与资金缺口相等。

日期	现货市场	期货市场
4月15	6月10日收到300万元,准备购买A、B、C三只股票;市价A—20,β—1.5;B—25,β—1.3;C—50,β—0.8	买进3张6月到期的合约,合约价值360万元
	若各投资100万元,可购买A股5万,B股4万,C股2万	
6月10	收到300万,股价上涨:A—23,B—28.25,C—54;买进同样数量多付出36万	卖出6月合约,合约价值396万
损益	—36万	36万

　　点评:通过套期保值,该机构实际上已把一个多月后买进股票的价格锁定在 4 月 15 日的水平上了。同样,如果到时股指和股票价格都跌了,实际效果仍旧如此。这时,该机构在期指合约上亏了,但由于股价低了,扣除亏损的钱后,余额仍旧可以买到足量的股票。

◆ 股指期货的套利交易

　　股指期货交易在交割时采用现货指数,这一规定不但具有强制期指最终收敛于现指的作用,而且也会使得正常交易期间,期指与现指维持一定的动态联系。在各种因素影响下,期指起伏不定,经常会与现指产生偏离,当这种偏离超出一定的范围时,就会产生套利机会。交易者可以利用这种套利机会从事套利交易,获取无风险利润。套利交易的盛行,已成为股指期货交易中的一大特色。在恒生指数期货交易中,套利交易占全部交易量的 10% 左右。

▽ 持有股本与股指期货合约的合理价格

　　假定甲拥有一笔市场流动性极好的基础资产,现在市场价值为 1 万美元。乙想获得这份资产,与甲签订买卖协议。如果买卖是即时的,则定价问题极易解决,就是 1 万美元。但如果签订的是一份 3 个月后交割的远期合约,该如何定价呢? 站在甲的立场上看,1 万美元肯定太低,因为还不如现在将这笔资产卖给他人,取得现款后将其贷出,3 个月后的本利和不止 1 万美元。所以,站在甲的立场上看,远期合约价格必须考虑在资产持有期中发生的成本即持有成本。假定持有成本由资金成本和储存成本组成:当市场年利率为 6% 时,按单利计算,3 个月的利率为 15%,相应的利息为 150 美元;又假设期末应付出的储存费为 100 美元。则对甲来说,10250 美元的要价是合理的。低于这个价格,甲是不会答应的。同样,站在乙的立场上考虑,如果签约价格高于 10250 美元也是不可接受的。因为与其如此,还不如现在贷款 1 万美元,买下这份资产,3 个月后,还掉本利 10150 美元(假定利率同前),再支付 100 美元的储存费,总计价格也不过是 250 美元。显然 10250 美元的签约价格对甲乙双方而言都是可以接受的,也是公平合理的价格。

　　这种考虑资产持有成本的远期合约价格,就是所谓远期合约的"合理价格"。该价格也称为远期合约的理论价格。对于股票这种基础资产而言,由于它不是有形商品,故不存在储存成本。但其持有成本同样有两个组成部分:一是资金占用成本,这可以按照市场资金利率来度量;另一项则是持有期内可能得到的股票分红红利,然而,由于这是持有资产的收入,当将其看作成本时,只能是负值成本。前项减去后项,便可得到净持有成本。当前项大于后项时,净持有成本大于零;反之,当前项小于后项时,净持有成本便小于零。平均来看,市场利率总是大于股票分红率的,故净持有成本通常是正数。但是,如果考察的时间较短,期间正好有一大笔红利收入,则在这段时期,有可能净持有成本为负值。

[案例 7-13] 买卖双方签订一份 3 个月后交割一揽子股票组合的远期合约,该一揽子股票组合与香港恒生指数构成完全对应,现在市场价值为 75 万港元,即对应于恒生指数 15000 点(恒指期货合约的乘数为 50 港元)。假定市场年利率为 6%,且预计一个月后可收到 5000 元现金红利,该远期合约的合理价格应为多少?

资金占用 75 万港元,相应的利息为 $75 \times 6\% \times 3/12 = 11250$ 港元;

一个月后收到红利 5000 港元,再计剩余两个月的利息为 $5000 \times 6\% \times 2/12 = 50$ 港元,本利和共计为 5050 港元;净持有成本 $= 11250 - 5050 = 6200$ 港元;该远期合约的合理价格应为 $750000 + 6200 = 756200$ 港元;

如果将上述金额用指数点表示,则 75 万港元等于 15000 指数点;

利息为 $15000 \times 6\% \times 3/12 = 225$ 点;

红利 5000 港元等于 100 个指数点,再计剩余两个月的利息为 $100 \times 6\% \times 2/12 = 1$ 个指数点,本利和共计为 101 个指数点;

净持有成本 $= 225 - 101 = 124$ 个指数点;该远期合约的合理价格应为 $15000 + 124 = 15124$ 点。

期货合约与远期合约同样具有现时签约,并在日后约定时间交割的性质。尽管两者之间有一定的区别,如期货合约交易采用逐日盯市结算法,中途可以对冲平仓。但从交易者可以选择最后参与交割来看,其定价机制并没有什么差别。在一系列合理的假设条件下,股指期货合约的理论价格与远期合约的理论价格是一致的。

▽ 期价高(低)估与套利交易

股指期货合约实际交易价格恰好等于股指期货合约理论价格的情况比较少,大多数情况是股指期货合约实际交易价格高于或低于股指期货合约理论价格,即期价高估或期价低估。期价高估或低估是进行套利交易的必要条件。

• 期价高估

[案例 7-14] 假定数据如上案例,但实际恒生期指为 15200 点高出理论指数 15124 点有 76 点。这时交易者可以通过卖出恒指期货,同时买进对应的现货股票进行套利交易。

步骤为:

(1)卖出一张恒指期货合约,成交价位 15200 点,以 6% 的年利率贷款 75 万港元,买进相应的一揽子股票组合。

(2)一个月后,将收到的 5000 港元按 6% 的年利率贷出。

(3)再过两个月即到交割期,这时在期、现两市上同时平仓。注意,交割时期、现价格是一致的。下表列出了交割时指数的三种不同情况。情况 A 的交割价高于原期货实际成交价(15200),情况 B 的交割价介于两者之间,情况 C 的交割价低于原现货实际成交价(1500)。显然,不论最后的交割价是高还是低,该交易者从中可收回的资金数都是相同的 760000 港元,加上收回贷出的 5000 港元的本利为 5050 港元,共计收回资金 765050 港元。

期货高估时的套利情况

	情况 A	情况 B	情况 C
期现交割价	15300 点	15100 点	14900 点
期货盈亏	15200－15300＝－100 点,即亏损 5000 港元	15200－15100＝100 点,即盈利 5000 港元	15200－14900＝300 点,即盈利 15000 港元
现货盈亏	15300－15000＝300 点,即盈利 15000 港元,共可收回 765000 港元	15100－15000＝100 点,即盈利 5000 港元,共可收回 755000 港元	14900－15000＝－100 点,即亏损 5000 港元,共可收回 745000 港元
期现盈亏合计	200 点,即 10000 港元,共可收回 760000 港元	200 点,即 10000 港元,共可收回 760000 港元	200 点,即 10000 港元,共可收回 760000 港元

(4)还贷,750000 港元 3 个月的利息为 11250 港元,共计需还本利 761250 港元,而回收资金总额与还贷资金总额之差 765050－761250＝3800 港元即是该交易者获得的净利润。请注意,这笔利润正是实际期价与理论期价之差(15200－15124)×50＝3800 港元。

• 期价低估

假定基本数据同上,只是现在实际期价为 15040 点,比 15124 点的理论期价低了 84 点。这时交易者可以通过买进期货,同时卖出相应的现货股票组合来套利。具体步骤为:

(1)以 15040 点的价位买进一张期货合约,同时借 A 一组对应的股票组合在现货市场上按现价(5000 点)卖出,得款 750000 港元,再将这 750000 港元按市场年利率 6% 贷出 3 个月;

(2)3 个月后,收回贷款本利和为 761250 港元,然后一边在期货市场上卖出平仓以前买进的期货合约,一边在现货市场上买进相应的股票组合,将这个股票组合还给原出借者,同时还必须赔偿股票所有者本来应得的分红本利和 5050 元;

(3)与上例相同,不论最后的交割价为多少,都可算出结果。

• 结论

第一,利用期货实际价格与理论价格不一致,同时在期、现两市进行相反方向交易以套取利润的交易称为套利。当期价高估时,买进现货,同时卖出期货,通常将这种套利称为正向套利;当期价低估时,卖出现货,同时买进期货,这种套利称为反向套利。

第二,由于套利是在期、现两市同时反向进行,将利润锁定,不论价格涨跌,都不会因此而产生风险,故常将套利称为无风险套利,相应的利润称为无风险利润。注意,从理论上讲,这种套利交易是不需资本的,因为所需资金都是借来的,所需支付的利息已经在套利过程中考虑了,故套利利润实际上是已扣除机会成本后的净利润,是无本之利。

第三,如果实际期价既不高估也没低估,即期价正好等于期货理论价格,则套利者显然无法获取套利利润。因而,所谓理论价格,就是使套利者无法从事无风险套利的期货价格。

第四,在说明期货理论价格及套利交易时,实际上用到了许多假设,并且忽略了许多重要的因素,比如没有考虑交易费用以及融券问题、利率问题等与实际情况是否吻合。

▽ **股指期货理论价格**

股指期货的理论价格可以借助基差的定义进行推导。根据定义,基差＝现货价格－期货价格,也即:基差＝(现货价格－期货理论价格)－(期货价格－期货理论价格)。前一部分可以称为理论基差,主要来源于持有成本(不考虑交易成本等);后一部分可以称为价值基差,主要来源于投资者对股指期货价格的高估或低估。因此,在正常情况下,在合约到期前理论基差必然存在,而价值基差不一定存在;事实上,在市场均衡的情况下,价值基差为零。

所谓持有成本是指投资者持有现货资产至期货合约到期日必须支付的净成本,即因融资购买现货资产而支付的融资成本减去持有现货资产而取得的收益。在单利计息的情况下,股指期货的理论价格可以表示为:

$$F(t,T)=s(t)+s(t)\times(r-d)\times(T-t)/365$$
$$=S(t)[1+(r-d)\times(T-t)/365]$$

其中:t 为所需计算的各项内容的时间变量;T 代表交割时间。这样 $T-t$ 就是 t 时刻至交割时的时间长度,通常以天为计算单位,而如果用一年的 365 天去除,$(T-t)/365$ 的单位显然就是年。

$S(t)$ 为 t 时刻的现货指数;

$F(t,T)$ 表示 T 时交割的期货合约在 t 时的理论价格(以指数表示);

r 为年利息率;

d 为年指数股息率。

相关的假设条件有:暂不考虑交易费用,期货交易所需占用的保证金以及可能发生的追加保证金也暂时忽略;期、现两个市场都有足够的流动性,使得交易者可以在当前价位上成交;融券以及卖空极易进行,且卖空所得资金随即可以使用。

计算公式(以指数表示):

持有期利息为:$s(t)\times r\times(T-t)$,365

持有期股息收入为:$s(t)\times d\times(T-t)/365$

持有期净成本为:$s(t)\times r\times(T-t)/365-s(t)\times d\times(T-t)/365$
$$=s(t)\times(r-d)\times 1T-t)/365$$

[**案例 7-5**]　假设目前沪深 300 股票指数为 1800 点,一年期融资利率 5%,持有现货的年收益率 2%,以沪深 300 指数为标的物的某股指期货合约距离到期日的天数为 90 天,则该合约的理论价格为:$1800\times[1+(5\%-2\%)\times 90/360]=1813.5$ 点。

点评：在计算时既可以采用单利计算法，也可以采用复利计算法。但从实际效果来看，由于套利发生的时间区间通常都不长，两者之间的差别并不太。鉴于单利计算法相对容易理解，故而本书只介绍单利计算法。

▽ **无套利区间**

所谓无套利区间，是指考虑了交易成本后，正向套利的理论价格上移，反向套利的理论价格下移，因而形成的一个区间。在这个区间中，套利交易不但得不到利润，反而将导致亏损，因而将其命名为无套利区间。若将正向套利理论价格上移的价位称为无套利区间的上界，反向套利理论价格下移的价位称为下界，则只有当实际期货价高于上界时，正向套利才能进行；反之，只有当实际期货价低于下界时，反向套利才能进行。显然，对于套利者来说，正确计算无套利区间的上下边界是十分重要的。

假设 Tc 为所有交易成本的合计数，则显然无套利区间的上界应为 $F(t,T)+Tc=s(t)[1+(r-d)\times(T-t),365]+Tc$；而无套利区间的下界应为 $F(t,T)-Tc=s(t)[1+(r-d)\times(T-t)/365]-Tc$。相应的无套利区间应为：

$$\{s(t)[1+(r-d)\times(T-t)/365]-TC,s(t)[1+(r-d)\times(T-t)/365]+Tc\}$$

[案例 7-6] 设 $r=5\%$，$d=1.5\%$，6 月 30 日为 6 月期货合约的交割日，6 月 1 日及 6 月 30 日的现货指数分别为 1465、1440 点，计算这几天的期货理论价格。

6 月 1 日至 6 月 30 日，持有期为 1 个月，即 1/12 年

$F(6 月 1 日，6 月 30 日)=1465(1+3.5\%\times1/12)=1469.27$ 点；

6 月 30 日至 6 月 30 日，持有期为 0 年

$F(6 月 30 日，6 月 30 日)=1440(1+3.5\%\times0/12)=1440$ 点。

点评：无论是从组成 Tc 的公式中还是例中都不难看出：借贷利率差成本与持有期的长度有关，它随着持有期减小而减小，当持有期为零时（即交割日），借贷利率差成本也为零。交易费用和市场冲击成本却是与持有期时间的长短无关的，即使到交割日，它也不会减小，因此，无套利区间的上下界幅宽主要是由交易费用和市场冲击成本这两项所决定的，如下图所示。

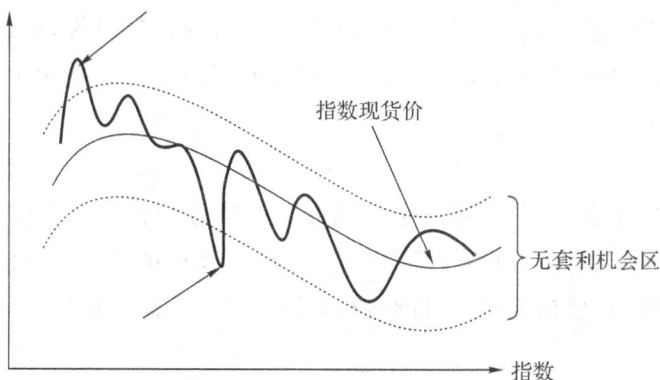

◆ 股指期货套利的种类

股指期货的套利一般可以分为期现套利、跨期套利、跨市套利和到期日套利。

▽ 股指期货的期现套利

股指期货的理论价格可由无套利模型决定，一旦市场价格偏离了这个理论价格的某个价格区间（即考虑交易成本时的无套利区间），投资者就可以在期货市场与现货市场上通过低买高卖获得利润，这就是股指期货的期现套利。也就是说，在股票市场和股指期货市场中，两者价格的不一致达到一定的程度时，就可能在两个市场同时交易获得利润。

[案例 7-7]　如果股指期货价格被大大高估，比如 5 月 8 日某时某股票指数为 1200 点，而对应的 5 月末到期的股指期货价格是 1250 点，那么套利者可以借贷 120 万元买入现货指数对应的一篮子股票，同时以 1250 点的价格卖出 3 张股指期货（假设每张合约乘数为 300 元/点）。到 5 月末股指期货合约到期的时候，股票指数跌至 1100 点，那么该套利者现货股票亏损为：$120 \times (1100/1200) - 120 = -10$ 万元。假设股指期货的交割结算价采用现货指数价格，即 1100 点，那么 3 张股指期货合约可以获利 $(1250 - 1100) \times 3 \times 300 = 13.5$ 万元。如果借款利息为 5000 元，套利者就可以获利 3 万元。

点评：期现套利对于股指期货市场非常重要。一方面，正因为股指期货和股票市场之间可以套利，股指期货的价格才不会脱离股票指数的现货价格而出现离谱的价格。期现套利使股指价格更合理，更能反映股票市场的走势。另一方面，套利行为有助于股指期货市场流动性的提高。套利行为的存在不仅增加了股指期货市场的交易量，也增加了股票市场的交易量。市场流动性的提高，有利于投资者交易和套期保值操作的顺利进行。

▽ 到期日套利

股指期货合约到期日结算价格的计算方法，以沪深 300 指数期货为例，是以最后一小时现货指数点的算术平均值为准。在结算日，如离收市尚有 20 分钟时，可以通过统计分析计算出前 40 分钟的现货指数点，来预测最后结算价格。当预期最后结算价大于当时股指期货合约价格时，可以买入股指期货合约，等待到期结算；反之，当预期结算价小于股指期货合约价格时，可以卖出股指期货合约，等待结算。买卖价差就是套利者得到的近乎无风险的利润。

▽ 跨市套利

股指期货的跨市套利，是利用两个市场股指期货合约价格的趋同性进行套利。比如内地股指期货市场和香港股指期货市场，由于信息获取的有效性、准确性以及心理预期不同，两市股指期货价格的走势可能会有差异。等到消息明朗时，两市股指期货价格之差又会回到正常的水平。这就为跨市套利提供了机会。

目前已经上市的关于中国概念的股指期货有三种,分别是美国芝加哥期货交易所的中国股指期货、香港的恒生中国企业指数为标的的期货合约、香港新华富时中国 25 指数期货、新加坡新华富时 A50 指数期货和国内沪深 300 指数期货。这些股指期货之间是否可以套利以及套利效果如何,股指期货投资者可以给予关注,并做一些初步的研究开发工作,以便在将来的跨市套利交易上占据先行者的地位。

▽ **跨期套利**

跨期套利需要在相同合约不同月份的股指期货之间进行。考察国际股指期货交易市场,一般股指期货交易比较活跃的时间是最近的一个月份,其余月份交易稀少,流动性不够。但近月合约将到期的前几天,近月合约的持仓量和交易量会减少,投资者会增加远月合约的持仓量和交易量,这使得跨期套利存在两个流动性较好的可以对冲的月份合约,所以还是存在一定的套利机会。

▽ **事件型套利**

由于成分股特别是权重大的股票停牌、除权、涨跌停板、分红、摘牌、股本变动、停市或上市公司股改,都会使股指产生异动。可以借助这些事件提供的机会,利用金融模型分析事件的影响方向和力度,寻找套利机会。

◆ **股票期货**

▽ **股票期货的含义**

股票期货是以单个股票为标的物的期货合约。与股指期货一样,它也是股票交易市场的衍生交易,它们之间的差别仅仅在于股票期货合约的对象是指单一的股票,而股指期货合约的对象是代表一组股票价格的指数。因而市场上也通常将股票期货称为个股期货。与股指期货一样,从个股股票交易衍生而来的交易除了个股期货交易外,还有个股期权交易。个股期权交易的历史早于个股期货交易,且市场份额也远大于个股期货交易。

1981 年,美国商品期货交易委员会(CFTC)主席菲利普·M.约翰逊和证券交易委员会主席约翰·夏德就在交易所交易的期货品种的管辖权问题达成妥协,形成的《约翰逊—夏德协议》为股指期货的创新扫清了障碍,但禁止单一股票的期货交易,使股票期货在美国以外得到快速发展。到 1999 年底,全世界有 8 个国家或地区交易单一股票期货合约,它们是澳大利亚、芬兰、匈牙利、墨西哥、葡萄牙、南非、瑞典和中国香港。1999 年这些交易所共成交 200 万张个股合约,包括 200 家公司的股票。根据美国期货业协会对五家上市股票期货的国际性交易所的交易量统计:在 2000 年底,阿姆斯特丹交易所、布达佩斯股票交易所、香港期货交易所、斯德哥尔摩交易所和悉尼期货交易所共成交单一股票期货合约 260 万张(1999 年为 140 万张)。香港期货交易所(HKFE)有 17 个股票期货合约,包括香港电讯、长江实业、华润创业、中国电信(香港)、中信泰富、中电控股、恒生银行、恒基兆业、香港电灯、合和实业、汇丰控股、和记黄埔、新世界发展、上海实业、新鸿基地产、太古股份、九龙仓。

香港期交所对股票期货的定义是：股票期货合约是一个买卖协定，注明于将来既定日期以既定价格（立约成价）买入或卖出相等于某一既定股票数量（合约成数）的金融价值。所有股票期货合约都以现金结算，合约到期时不会有股票交收。合约到期时，相等于立约成价和最后结算价两者之差乘以合约乘数的赚蚀金额，会在合约持有人的按金户口中扣存。最后结算价是按照最后交易日该合约所代表的股票在现货市场每五分钟最高买入及最低卖出价的中间价格的平均值计算。如果股票期货的投资者希望在合约到期前平仓的话，原先沽空的投资者只需买回一张期货合约，而买入合约的投资者则卖出一张期货合约。在进行期货交易时，买卖双方均需要先缴付一笔基本按金，作为履行合约的保证。结算所在每日收市后会将所有未平仓的合约按市价计算盈亏，作为在投资者按金户口中扣存的依据。如果市况不利使投资者蒙受亏损，令按金下降到低于所规定的水平，期交所会要求投资者在指定时限内补款，使按金维持在原来的基本按金水平（即补仓）。

各交易所的股票期货合约大同小异，这里以香港期货交易所的中信泰富股票期货合约为例进行说明。中信泰富股票的期货合约细则如下：

表 7-13　中信泰富有限公司股票期货合约细则

合约乘数	5000
合约月份	现月、下月及之后的两个季月（季月指 3、6、9、12 月）
立约成价	根据交易所的规则及透过电子自动化交易系统买卖方式确定，并在结算公司登记的港元价格
立约价值	立约成价乘以合约乘数
最低价格波动	HK＄0.01
调整	一般而言，不会调整所代表股票的股息派送。但如果股票拆细、派送红股或供股等事项，则会调整合约乘数和/或立约成价。期交所行政总裁经咨询证监会后，有最终的权力作出具约束性的适当调整
每日价格升跌限制	无
持仓限额	每一交易所参与者的交易所参与者公司户口，或每一客户户口，在任何一个合约月份以 500 张长仓及短仓为限
大量未平仓合约	每一交易所参与者的交易所参与者公司户口，或每一客户户口，在任何一个合约月份，长仓及短仓若超过 200 张合约便须呈报
交易时间（香港时间）	上午 10：00—12：30（第一节买卖）；下午 2：30—4：00（第二节买卖）
交易方法	电子自动化交易
最后交易日	该月最后第二个营业日
最后结算日	最后交易日之后的第一个营业日
结算方法	以现金结算
最后结算价	在最后交易日所代表股票在现货市场的每五分钟最高买入价和最低卖出价的中间价的平均值

续表

现金结算价值	最后结算价乘以合约乘数
交易费用及征费	总额 HK＄11.50,包括交易所费用(包括 HK＄0.50 的期交所发展基金)HK＄10.00、证监会征费 HK＄1.00、赔偿基金征费 HK＄0.50(每张合约单边计)
最低佣金	HK＄100.00(非即日平仓)或 HK＄60.00(即日平仓)(每张合约单边计)

▽ 股票期货的优点

(1)交易费用低廉。每张股票期货合约等于数千股股票的价值,而买卖合约的佣金则视张数而定,所以交易成本相对合约价值而言极低。

(2)沽空股票更便捷。由于投资者可以便捷地沽空股票期货,所以在跌市时,投资者可通过沽空股票期货而获利。

(3)具有杠杆效应。投资者买卖股票期货合约只需缴付占合约面值一小部分的按金,令对冲及交易更合乎成本效益。

(4)有利于降低海外投资者的外汇风险。股票期货合约为海外投资者提供投资本地优质股票的途径,因为买卖股票期货只需要缴付按金,而非全部的合约价值,故大大降低了海外投资者所要承受的外汇风险。

(5)确立了完善的庄家制度。为确保市场的流通量充裕,注册庄家会在一个指定的差价范围内同时提供买入价和卖出价,庄家的报价再加上其他会员的参与,使股票期货市场变得更活跃、更流通,令投资者可以轻松地开仓或平盘。

(6)市场透明度高。透过电子交易系统进行买卖,股票期货合约采用期交所的电子交易系统进行买卖,所有买卖盘会按价格及时间的先后次序执行对盘,并能即时显示买入价、卖出价和成交价,令市场透明度达到最高水平。

(7)结算公司提供履约保证,有助于降低风险。股票期货合约将由期交所全资拥有的香港期货结算有限公司(结算公司)登记、结算及提供履约保证。由于结算公司为所有未平仓合约的对手,因此,参与者之间将无须承担对手风险。但是,保证的范围并不包括结算所参与者对其客户的财务责任,而投资者选用经纪进行买卖时必须小心慎重。

(8)股票期货交易是一种相对便利和有效的替代和补充股票交易的工具,使投资者有机会增强其股权组合的业绩,是一种更灵活、更简便的管理风险和定制投资策略的创新产品。其特征主要表现在以下几方面:为投资者提供一个快速、简单的机制增加或者减少对一些股票的敞口暴露,卖空期货不受卖空股票的限制;股票期货交易的杠杆性能增强资本效率;提供一种低成本的投资方法;使投资者在不打乱投资组合的情况下方便地实现股票敞口暴露的转换,以实现调整投资组合、获取超额收益;使投资者能够进行单一股票的基差交易和套利策略;将在不同市场上市的同一股票的期货整合在一个交易平台上,受统一的规则体系规制,有一个清算和保证金系统,促进市场的统一和效率提高。

股票期货交易的开展有利于投资产品和投资者投资策略的多样化,有利于完善市场体系,因此,股票期货创新已经引起了有关部门的重视。

思考题

1. 什么是金融期货,它有哪几种类型?

2. 金融期货与商品期货有什么不同?

3. 跨期套利成本主要有哪些,对套利交易有什么影响?

4. 举例说明外汇期货的套期保值交易。

5. 利率期货的主要品种有哪些?

6. 利率期货采用什么报价方式?

7. 股指期货套期保值交易中合约数量如何确定?

8. 什么是股指期货的系数? 它在套期保值中有什么作用?

9. 什么叫无风险套利? 无套利区间的含义是什么?

10. 股票期货与股指期货有什么不同?

期权交易及案例

期权是一种非常微妙的金融手段,几十年来人们一直使用着这种方式为自己的交易活动避免风险或投机获利。近年来,期权交易的发展尤其引人注目,它广泛地应用于谷物、资本等实物,股票、利率等金融资产的交易中,在国际金融市场上占有相当重要的地位。

第一节 期权交易基本概念

◆ 期权的定义

期权是指期权的购买者拥有的一种权利,而非一种义务;它赋予期权持有者在一个预先规定的时间或在这个时间之前,以一个预先规定的价格进行买或卖的权利。为了取得这一权利,期权的购买者需在购买期权时向出售者付出一定数量的权利金。其中预先规定的时间叫作期权的到期日;预先规定的价格叫作期权的执行价格,它与当时市场上的现行价格相对应。权利金则是期权的价格,由买方负担,是买方在出现最不利的变动时所要承担的最高损失金额,所以也称作"保险金"。

从上述定义中,我们可以看出:期权不是义务,期权的购买者不必到期一定按执行价格进行买卖。因此,如果期权的购买者认为现行的市场价格比协议中的执行价格对他更有利,他便会放弃对期权的执行。

一份期权的基本要素包括:权利金、标的物、到期日和执行价格。期权买方支付权利金给卖方,买方拥有权利而卖方有义务回应买方的执行。期权期限一般较短,短则几天,长则 6 到 9 个月。而有一类时间较长的期权,称为"长期权益预期证券"(LEAPS),这类期权自上市交易日起,可持续长达 3 年零 3 个月的时间。在美国,期权到期日一般只标明到期月份,到期日则是指到期月份的第三个星期五之后的那个星期六,截至当天美国东部时间下午 5∶00 整。例如一份记录"福特,1 月份,60"字样的买入期权给予期权的持有者这样的权利——从现在至 1 月份第三个星期五后的那个星期六之间的任何时间点,按照每股 60 美元的价格买进福特汽车公司的普通股票 100 股。

◆ 期权的分类

期权的分类标准有许多种,按不同的标准可以将期权分为以下几类:

(1)按期权所赋予的权利不同,可分为买方期权和卖方期权。

(2)按交易环境的不同,可分为交易所交易期权和柜台式期权。

(3)按期权的金融载体不同,可分为实物期权、股票期权、外汇期权、利率期权、期货期权等。

(4)按期权的执行时间不同,可分为欧洲式期权和美国式期权。

▽ 买方期权与卖方期权

买方期权又称为看涨期权,是指期权的购买者拥有一种权利而非义务,在预先规定的时间以执行价格从期权出售者手中买入一定数量的金融工具。为取得这种权利,期权的购买者需在购买期权时付给期权出售者一定数量的权利金。

卖方期权又称为看跌期权,是指期权的购买者拥有一种权利而非义务,在预先规定的时间以执行价格向期权出售者卖出规定的金融工具。为取得这种卖的权利,期权购买者需在购买期权时付给期权出售者一定数量的权利金。

▽ 交易所交易期权与柜台式期权

交易所交易期权是一种标准化的期权,它有正式规定的数量,在交易所大厅中以正规的方式进行交易。例如,芝加哥商业交易所的国际货币市场 12 月的 1.80 远期外汇买方期权合同表示,在 12 月的第三个星期五或在此之前,于芝加哥商品交易所大厅,以 1.80 的汇率买进 62500 英镑。

柜台式期权是期权的出售者为满足某一购买者特定的需求而产生的,它并不在交易所大厅中交易。例如,一个英镑买方期权可以是在 4 月 23 日到期的,以汇率 1.8107 进行交易,交易量也不是标准化的,可以为 207501 英镑。

交易所交易期权与柜台式期权之间有许多差异,两者也各有优势。

从市场种类看:交易所交易期权是在交易所大厅公开喊价,有的市场是由专家组织的,有的市场依赖市场创造者;柜台式期权则是由交易的两个主体以电话等方式自行联系。

从交易地点看:交易所交易期权都是在特定的地点,如芝加哥商品交易所、伦敦国际金融期货交易所、费城股票交易所进行;柜台式期权的交易场所是国际性的,没有具体的交易地点。

从期权合约的成交额来看:交易所交易期权的成交额是由管理机构预先规定的;柜台式期权的成交额是买卖双方自由决定的。

从执行价格来看:交易所交易期权的执行价格是由管理机构预先决定的;柜台式期权的执行价格是买卖双方自行决定的。

从期权期限来看:交易所交易期权虽然也有 1 个月、2 个月、3 个月的期限,但大多是以季度为单位的期限,到期日通常为 3 月、6 月、9 月、12 月中旬;柜台式期权的到期期限是买卖双方自行协定的。

从权利金的支付来看:交易所交易期权的权利金在成交后的第 2 个营业日支付;柜台式期权则在成交后的 2 个营业日中支付。

从期权合约的履行担保来看:交易所交易期权的买者和卖者之间有清算所进行联系,清算所同时保证期权合约的执行;柜台式期权合约没有担保,它的执行与否全看期权的出售者是否履行合约。

从是否交纳保证金来看:交易所交易期权中短期的要求交纳保证金;一定情况下,长期的也需要交。保证金的数量也因种种原因而各异。柜台式期权不需要交保证金,期权的购买者依赖于出售者的信誉。

从二级市场看:交易所交易期权的二级市场上,期权的购买者可以将他所持有的期权卖掉,两笔交易相抵消,完成了整个交易。柜台式期权的二级市场上,一般是由一家银行提出一个价格将被卖的期权收购,或者期权持有者卖给第三者一个相似的期权;他期望他的既是期权购买者又是期权出售者的身份能在期权到期时相互抵消损益。

▽ **股票期权、外汇期权、利率期权与期货期权**

这四种期权是同一种期权原理在不同金融工具的交易中应用的结果。它们分别对股票、外汇、利率、期货的价格进行预期,协议一个期权合同的类别(即是买方期权还是卖方期权),并规定一个执行价格,届时将市场现行价格与执行价格相比较,选择对期权购买者有利的价格。

▽ **欧洲式期权与美国式期权**

欧洲式期权只允许期权的购买者在到期日那天进行买或卖,而美国式期权则允许期权购买者在到期日那天或在那天之前的任何一天进行交易。由于欧洲式期权的规定过于严格,又出现了一种"改变的欧洲式期权",它允许在一定的时间范围内进行期权交易。

可以看出,美国式期权为期权购买者提供了更多的选择机会,因此它的购买者往往需支付更高的权利金。

◆ 期权的收益与损失

▽ **买方期权的收益与损失**

当一个交易者买卖期货时,他一定是预期市场的价格将上涨或将下跌。同样,期权交易也是基于这种对价格上涨还是下跌的预期,只是期权交易比期货交易更为微妙些。

通常我们可以将市场分为如下几类:强劲的牛市或强劲的熊市,温和的牛市或温和的熊市,完全中性的市场。如果一个交易者买进 1 个买方期权,他一定认为市场正处于强劲的牛市;如果他买进 1 个卖方期权,他则认为市场正处于强劲的熊市;相反,如果他卖出 1 个买方期权,他一定是估计市场大致是中性的到温和的熊市的;而他卖出 1 个卖方期权时,他一定认为市场是中性的到温和的牛市的。

当一个交易者买进期权之后,他可以选择三种处理方式:(1)实施期权;(2)不实施期权,至到期日期权失效;(3)将期权卖出。

下面我们举例说明实施期权或放弃买方期权时,期权购买者的收益与损失。

[**案例 8-1**]　在 9 月 1 日,某投资者买入 IBM 股票看涨期权 1 张,执行价格为 $100,期权价格为 $5,股票价格为 $98,到期日为 11 月 21 日。

点评:在到期日,投资者可以选择放弃期权或执行期权,这要根据股票价格的情况作出决策。当股票价格大于 $100 时,投资者会选择执行期权,例如股票价格为 $110,投资者执行期权,那么他可以以 $100 的价格买进 IBM 的股票,然后以 $110 的价格在市场上抛出,忽略交易成本,那么就可以获利 $10(市场价格-执行价格),扣除起初的期权成本 $5,投资者每股可净获利 $5。当股票价格小于 $100 时,投资者就不会去执行期权,因为他可以以比执行价格低的市场价格买进股票,此时投资者的最大损失为期权的成本,即每股 $5。

那么作为这个期权的出售者,其盈亏情况如何呢?期权的出售者和购买者是对立的,期权买方的盈利就是卖方的亏损,他们的盈亏是零和的。期权买方和卖方的盈亏情况可见下图:

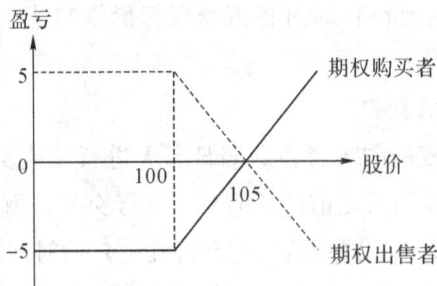

到期日买方期权的盈亏

如果这个投资者在到期日之前不想持有期权,那么投资者一般会选择把期权转让给别人而不会去选择执行期权。例如在 10 月份的时候,期权价格为 $110,投资者执行期权的话可以得到每股 $10 的收入,但此时的期权价格会大于 $10(由于时间价值的存在),所以把期权出售的话可以得到的现金将大于 $10,故投资者会选择出售期权而不是执行。

▽ **卖方期权的收益与损失**

买方期权意味着赋予期权的购买者以买的权利,卖方期权则意味着赋予期权购买者以卖的权利。因此,买入 1 个卖方期权表明购买者预期市场基本是熊市的,而卖出 1 个卖方期权则表明购买者预期市场基本是牛市。

下面我们举例说明卖方期权到期日的收益与损失。

[**案例 8-2**]　在 9 月 1 日,某投资者买入 IBM 股票看跌期权 1 张,执行价格为 $100,期权价格为 $3,股票价格为 $105,到期日为 11 月 21 日。

点评:在到期日,投资者可以选择放弃期权或执行期权。当股票价格小于 $100 时,投资者会选择执行期权,例如股票价格为 $90,投资者执行期权,那么他可以以 $90 的市场价格买进 IBM 的股票,然后以 $100 的执行价格抛出,忽略交易成本,那么就可以获利 $10(执行价格—市场价格),扣除起初的期权成本 $3,投资者每股可净获利 $7。当股票价格大于 $100 时,投资者就不会去执行期权,因为他可以以比执行价格高的市场价格卖出股票,此时投资者的最大损失为期权的成本,即每股 $3。

作为卖出期权的出售者,其盈亏情况和购买者是对立的,期权买方的盈利就是卖方的亏损,他们的盈亏是零和的。卖出期权买方和卖方的盈亏情况可见下图:

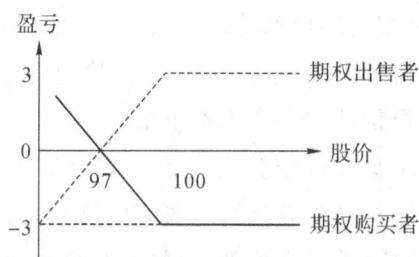

到期日卖方期权的盈亏

如果购买卖出期权投资者在到期日之前不想持有期权,那么投资者一般会选择把期权转让给别人而不会去执行期权,出售期权要比执行期权得到的现金多。

▽ **期权的溢价、平价和损价**

溢价、平价和损价是用来描述期权的执行是否经济的术语。当市场价格高于买方期权的执行价格时,期权持有者会执行期权;而当市场价格低于买方期权的执行价格时,执行期权则被认为是不经济的,期权持有者会放弃期权。前一个期权是溢价的,后一个期权是损价的。而当市场价格与执行价格相等时,这个期权被称为是平价的。

表 8-1　期权的溢价、平价和损价

	买方期权	卖方期权
溢价	市场价格>执行价格	市场价格<执行价格
平价	市场价格=执行价格	市场价格=执行价格
损价	市场价格<执行价格	市场价格>执行价格

卖方期权的这些术语的定义正好与买方期权相反。当市场价格比执行价格低时，执行期权是有利可图的；而当市场价格比执行价格高时，期权持有者会放弃期权。前一种卖方期权是溢价的，后一种是损价的。当市场价格与执行价格相等时，卖方期权是平价的。

◆ 影响期权价格的基本因素

期权的定价是个非常复杂的问题，也是期权交易中最重要的问题。期权的公正的市场价格意味着不存在有人在长期交易中低价买入高价卖出获利，而其他人却高价买入低价卖出遭受损失。为计算期权价格，人们设计了一系列的数学模型，最著名的是Black-Scholes 和 Cox-Ross-Rubinstein 模型。我们这里只简单介绍一下影响期权价格的基本因素。

▽ 期权的内在价值与时间价值

期权的价格即期权的权利金基本上等于期权的内在价值与时间价值之和。

期权的内在价值等于期权的溢价部分。也就是说，对于溢价买方期权，内在价值等于市场价格减去执行价格；对于溢价卖方期权，内在价值等于执行价格减去市场价格。平价期权的内在价值为零，损价期权没有内在价值。

从理论上说，期权是绝不会以低于其内在价值的价格出售的。如果以低于内在价值的价格出售，套利者将立刻买进所有他可能买到的期权，并执行期权。他所得的利润就是溢价部分与低于内在价值（等于溢价部分）的权利金之间的差额。

期权通常是以高于内在价值的价格出售的，高出的这部分价值就是时间价值。当一个期权即将到期时，它的价格即权利金主要反映其内在价值。但是当距离到期日还有一段时间时，市场的变动常有可能使期权的执行变得有价值或更有价值。时间价值便是反映市场条件的变化引起期权执行获利变化的可能性。

通常一个期权的时间价值在它是平价时最大。如果一个期权是严重损价的，人们会认为它成为溢价期权的可能性十分渺茫，那么它的时间价值就会很小，甚至为零，见下图 8-1。

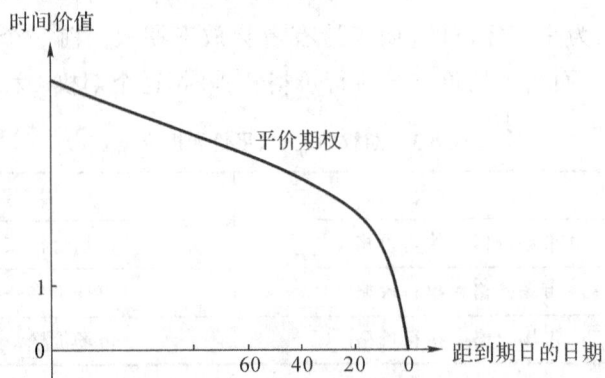

图 8-1　时间价值的衰减

如果一个期权是大幅度溢价的,它的杠杆作用减弱了,也就是说,它能够以较小的投资控制很大的资源的能力减弱了。一个极端的例子是:如果一个买方期权的执行价格为零,很显然,它的内在价值即等于这种期权所规定的金融工具的市场价格,该期权根本不具有杠杆作用。期权的购买者还不如直接在市场上购买该种金融工具。因此,这一期权也不具有时间价值。

影响期权时间价值的因素很多,除了溢价、损价外,还有期权的期限、市场波动性、短期利率、现金红利等。

▽ 期权的期限

在期权的外部价值(时间价格)中起最重大作用的是期权的期限。同样执行价格的期权,期限越长,时间价值越高,其期权价格也越高;随着时间向到期日的临近,期权的时间价值趋于减少,至到期日则为零。

▽ 市场波动性

市场的波动性一般是指价格的变动。当期权溢价时,期权的持有者会获得利润。因此,当黄金的价格预期上涨 10% 时,期权交易者们会买进买方期权。而当黄金价格预期将上涨 20% 时,交易者们将蜂拥抢购买方期权,而且必定抬高期权价格。

市场价格的波动方向是很难预测的,市场波动性只是计量了市场变动的幅度。市场波动性对期权价格的影响是:波动程度越大,获利的机会也越多,期权价格越高。

▽ 短期利率

人们投资都期望获得收益。购买期权的投资是期权的价格,即权利金。无疑,这笔权利金也是应该带来收益的。由于权利金是在期权合约成交时以现金形式支付的,它又反映了投资于期权所丧失的盈利机会。

当短期利率上升时,投资于期权的机会成本增大,相应地,期权的价格会降低;而当短期利率下降时,投资于期权的机会成本降低,期权的价格则会提高。

需要注意的是,短期利率的上升会使买方期权的价格上升,而使卖方期权的价格降低。另外,上述现象是假定其他条件不变的,实际上,当短期利率变动时,股票、期货等金融工具本身的价格也会随之变动,甚至变动的幅度更大,这些因素比短期利率变化本身对期权价格的决定有更大影响。

▽ 现金红利

现金红利主要是对股票期权的价格有影响。股票的价格是随着红利支付日期的变化而变化的。随着红利支付日期的临近,股票的市场价格也趋于上升,股票买方期权的内在价值越趋于升高,卖方期权的内在价值越趋于减少。因此,红利越高,买方期权的价格越高,卖方期权的价格越低。当红利支付日期过后,人们预期股票价格将下跌,买方期权的价格会降低,卖方期权的价格会升高。

▽ 蝶他(Delta)

蝶他用于计量当期权中规定的那种金融工具价格变化时,期权权利金的变化量。

$$\text{蝶他} = \frac{\text{期权价格的变化量}}{\text{期权标的物价格变化量}} = \frac{\Delta \text{期权价格}}{\Delta \text{标的物价格}}$$

蝶他的数值范围通常是从 0 到 1。溢价很大的期权的蝶他趋近于 1，平价期权或接近平价的期权的蝶他趋近于 0.5，损价很大的期权的蝶他趋近于 0。

溢价很大的期权，其权利金中主要是内在价值。当该期权变得溢价更多或稍微少些时，内在价值即溢价部分随之变动，权利金也随着变化。在此，时间价值的影响很微弱。显然，溢价部分（市场价格与执行价格之间的差额）几乎完全转移到了期权的权利金中，所以期权的蝶他趋近于 1。

损价很大的期权是没有价值的，市场价格的轻度变动对它不会产生影响。因此，它的蝶他是零。

需要注意的是，蝶他是一个动态指标。当市场价格变动时，它也随之变大或变小。如果平价期权由于市场价格变动而成为溢价期权，它的蝶他也会变大；相反，若平价期权变为损价期权，它的蝶他则会变小。

第二节　权证投资

◆ 权证基本常识

▽ 权证的概念

权证的实质是期权，我国的股票权证是股权分置改革的产物。

权证是一种有价证券，投资者付出权利金购买后，有权利（而非义务）在某一特定期间（或特定时点）按约定价格向发行人购买或者出售标的证券。其中：

发行人是指上市公司或证券公司等机构；权利金是指购买权证时支付的价款；标的证券可以是个股、基金、债券、一篮子股票或其他证券，是发行人承诺按约定条件向权证持有人购买或出售的证券。

▽ 权证种类

权证可根据不同的标准划分为不同的种类：

（1）按买卖方向可分为认购权证和认沽权证。认购权证持有人有权按约定价格在特定期限内或到期日向发行人买入标的证券，认沽权证持有人则有权卖出标的证券。

（2）按权利行使期限可分为欧式权证和美式权证，美式权证的持有人在权证到期日前的任何交易时间均可行使其权利，欧式权证持有人只可以在权证到期日当日行使其权利。

（3）按发行人不同可分为股本权证和备兑权证。详见表 8-2。

表 8-2　股本权证和备兑权证的比较

比较项目	股本权证	备兑(衍生)权证
发行人	标的证券发行人	标的证券发行人以外的第三方
标的证券	需要发行新股	已在交易所挂牌交易的证券
发行目的	为筹资或高管人员激励用	为投资者提供避险、套利工具
行权结果	公司股份增加、每股净值稀释	不造成股本增加或权益稀释

(4)按权证行使价格是否高于标的证券价格,可分为价内权证、价平权证和价外权证。

表 8-3　价内权证、价平权证和价外权证的比较

价格关系	认购权证	认沽权证
行使价格＞标的证券收盘价格	价外	价内
行使价格＝标的证券收盘价格	价平	价平
行使价格＜标的证券收盘价格	价内	价外

(5)按结算方式可分为证券给付结算型权证和现金结算型权证。权证如果采用证券给付方式进行结算,其标的证券的所有权发生转移;如采用现金结算方式,则仅按照结算差价进行现金兑付,标的证券所有权不发生转移。

▽　权证的发行公告书列明的条款

权证的各要素都会在发行公告书中得到反映,例如,A 公司发行以该公司股票为标的证券的权证,假定发行时股票的市场价格为 15 元,发行公告书列举的发行条件如下:

(1)发行日期:2005 年 8 月 8 日

(2)存续期间:6 个月

(3)权证种类:欧式认购权证

(4)发行数量:50000000 份

(5)发行价格:0.66 元

(6)行权价格:18.00 元

(7)行权期限:到期日

(8)行权结算方式:证券给付结算

(9)行权比例:1:1

上述条款告诉投资者,由 A 公司发行的权证是一种股本认购权证,该权证每份权利金是 0.66 元,发行总额为 5000 万份,权证可以在 6 个月内买卖,但行权则必须在 6 个月后的到期日进行。如果到期时 A 公司股票市场价格为 20 元,高于权证的行权价 18 元,投资者可以以 18 元/股的价格向发行人认购市价 20 元的 A 公司股票,每股净赚 2 元;

如果到期时 A 公司股价为 15 元,低于行权价 18 元,投资者可以不行权,从而仅损失权利金 0.66 元/股。

▽ 投资者如何利用权证获取超额利润和规避风险

(1)利用权证获取超额利润。权证是一种以小博大的投资工具,购买时只需花费少量的权利金,但有可能收益会很大。例如:投资者李先生投资 1000 股 A 公司股票,王先生投资 10000 份 A 公司的认股权证,行权价格为 18 元。假定两人同时入市,入市时 A 公司股票价格为 15 元,权证到期时,A 公司股价上升到 20 元,则李先生和王先生的盈利如下:

表 8-4　股票投资与权证投资的对比

	李先生	王先生
买入品种	1000 股股票	10000 股认购权证
买入价	15 元	0.66 元
卖出价	20 元	2.00 元
盈利	5000 元	13400 元
投资成本	15000 元	6600 元
回报率	33.33%	203.03%

从上表 8-4 对比可以看出,权证投资具有很高的杠杆性。王先生判断正确的情况下,其买入 A 公司权证的收益远远超出李先生购买股票的收益。当然,如果王先生判断错误,其投资亏损则同样远大于李先生。

(2)利用权证进行避险。投资者如果已经持有 A 公司股票,则可以购买权证进行避险,如果投资者估计 A 公司股票会上涨,但又担心可能会出现与预期不符的情况,则可以花费少量的权利金买进 A 公司的认沽权证,一旦股票价格下跌,权证获得的收益部分可以用来弥补 A 公司股票的损失。而如果预测正确,股票价格上涨,买入的股票已经获利,所损失的只是少量的权利金。

▽ 投资者在投资权证时应该注意哪些风险

投资者投资权证时,务必需要注意控制以下风险因素:

(1)价格剧烈波动风险:权证是一种高杠杆投资工具,标的证券市价的微小变化可能会引起权证价格的剧烈波动。

(2)价格误判风险:权证价格受到标的证券的价格走势、行权价格、到期时间、利率、权益分派和权证市场供求等诸多因素的影响,权证持有人对此等因素的判断失误也可能导致投资损失。

(3)时效性风险:权证与股票不同,有一定的存续期间,且其时间价值会随着到期日的临近而迅速递减。

(4)履约风险:如果发行人发生财务风险,投资者有可能面临发行人不能履约的风险。

▽ **影响权证价格的因素**

认购权证或认沽权证的价格走势主要受如表 8-5 所示几个因素的影响：

表 8-5　认购权证与认沽权证的对比

影响备兑权证价格的因素	认购权证价值	认沽权证价值
标的证券价格越高	越高	越低
行权价格越高	越低	越高
标的证券价格波动性越高	越高	越高
距离到期日时间越长	越高	越高
利率水平越高	越高	越低
现金红利派发越多	越低	越高

◆ 权证入市须知

▽ **投资者入市前需要办理什么手续？**

投资者参与权证交易前，应当先向具备代理权证交易资格的证券公司了解有关权证交易的常识，了解该产品的风险。投资者在与证券公司签订风险揭示书后方可参与权证交易。

▽ **权证买卖使用什么账户？**

投资者应当使用 A 股证券账户进行权证的认购、交易和行权申报。投资者如果已经开立 A 股证券账户就不需要重新开户，可使用现有的 A 股账户进行权证交易。

▽ **深交所如何编制权证的简称和代码？**

深交所权证简称是六位，XYBbKs，其中：XY 为标的股票的两汉字简称；Bb 为发行人编码；K 为权证类别；C 指认购权证、P 指认沽权证；s 为同一发行人对同一标的证券发行权证的发行批次，取值为[0,9]，[A,Z]，[a,z]。例：国信证券基于万科 A 发行的认购权证的简称可能为"万科 GXC1"。

权证代码是"03"开头的六位数字，认购权证代码区间：[030000,032999]，认沽权证代码区间：[038000,039999]，其中认购权证的代码有 3000 个，认沽权证的代码有 2000 个。

▽ **权证的交易规则和 A 股股票有什么不同？**

权证的交易规则和 A 股股票有一定的区别，主要表现如下表 8-6 所示：

表 8-6　权证与 A 股股票的对比

差别项目	权证	A 股股票
交易交收期	T＋1	T＋0
开盘、收盘价确定方式	按中小企业板方式执行	分主板与中小板两种
最小申报单位	0.001 元	0.01 元
涨跌幅度限制	标的证券涨跌金额的 1.25 倍	10％
是否设大宗交易	否	是
结算交收	现金/证券给付	现金

▽权证的价格涨跌幅限制与股票有什么不同？

权证涨跌幅是以涨跌幅的绝对价格来限制的,计算公式如下:

权证涨(跌)幅价格＝权证前一日收盘价格±(标的证券当日涨幅价格－标的证券前一日收盘价)×125％×行权比例

例如:A 公司权证的某日收盘价是 4 元,A 公司股票收盘价是 16 元。次日 A 公司股票最多可以上涨或下跌 10％,即 1.6 元;而权证次日可以上涨或下跌的幅度为(17.6－16)×125％＝2 元,换算为涨跌幅比例可高达 50％。

▽投资者如何对权证行权？

投资者行权可以通过交易所申报行权指令进行,行权指令当日有效,当日可以撤销;当日买进的权证,当日可以行权;但当日行权取得的标的证券,当日不得卖出,可于次一交易日卖出。

现金结算方式下,权证行权的结算价格为行权日前十个交易日标的证券收盘价的平均数。权证到期当日,现金给付权证属于价内证的,可自动行权,持有人无须申报指令。属证券给付方式的权证,投资者可选择自行申报行权或于权证到期前委托证券公司代为办理行权。

▽在标的证券除权、除息等股权登记日(R 日)当天申报行权所得的证券是否含权？

深圳市场对权证的结算采取货银兑付的 T＋1 交收模式,投资者在 R 日申报行权所得的标的证券于 R＋1 日实际到账,因此深市权证持有者 R 日行权所得标的证券不含权。中国结算公司深圳分公司将于 R＋1 日根据调整后的行权价格及行权比例办理行权交收。

▽权证交易中主要会披露哪些信息？

权证交易中披露的信息主要有:(1)权证即时交易信息;(2)每日开盘前公布的每只权证可流通数量、持有权证数量达到或超过可流通数量 5％的持有人名单;(3)权证发行人根据信息披露有关规定所发布的信息公告。

▽权证的到期日和最后交易日是同一天吗？

不是同一天,到期日是指权证持有人可行使认购(或出售)权利的最后日期。该期限过后,权证持有人便不能行使相关权利,权证的价值也变为零。最后交易日是权证续存期满前 5 个交易日,如到期日为 T 日,则从 T－4 日开始中止交易。该日期过后投资者不能再买卖权证,但仍可行权。

▽**权证如何向投资者收费?**

权证的收费标准参照基金的标准,交易所暂定权证的交易佣金不超过交易金额的 0.3%,登记结算公司免收取权证交易过户费,行权费用为过户证券面值的 0.05%,非交易过户手续费为每笔 10 元,最终收费标准以交易所和登记结算公司颁布的正式文件为准。

第三节 期权的保值交易

◆ 保值的含义及基本保值方法

保值,顾名思义,就是保住资产的价值。在实际生活中,有种种不确定性存在,给我们拥有的财富带来贬值的风险。如果能够成功地克服或限制、减少由于不确定性带来的风险,那就达到了保值的目的。利用期权为我们的股票、外汇、债券等保值可以保住我们资产价值或者限定我们的损失,这就是期权保值的目的。

下面我们通过简单的例子来说明期权基本的保值方法。

▽ **买入看跌期权为股票保值**

在这种情况下,投资者手中持有股票,担心股票价格在未来一段时间内会下跌,同时又不想卖出股票,担心错失股票大幅上升的机会,那么投资者就可以用买入卖出期权为其股票保值,使其总资产的亏损限制在一定水平,而收益可能是无限的。

[**案例 8-3**] 某投资者在 9 月份持有某股股票 1 万股,股票价格为 $120,他担心未来几个月内股票价格会下跌但又不想卖出股票以错过暴涨的机会。为了保住价值,他设计了保值方案:他购买了次年 1 月份到期的该股票卖方期权 100 份,每份代表股数 100 股(以下例子中均相同),执行价格为 $115,期权价格为 $10。

点评:我们来看投资者的盈亏情况。

1 月份到期时,该投资者执行期权,其盈亏我们分别用股票和期权的盈亏合成来显示。如下图,左图分别画出了持有股票和执行期权的盈亏情况,右图是合成后的总资产盈亏情况。从右图来看,该投资者每股总亏损最大为 $15,股票价格 $130 为盈亏平衡点,当股票价格大于 $130 时,产生盈利;当股票价格小于 $115 时,产生最大亏损 $15,当股票价格继续下跌,其亏损保持在 $15。总的来看,该投资者限制了风险,同时又没有失去获利的机会。

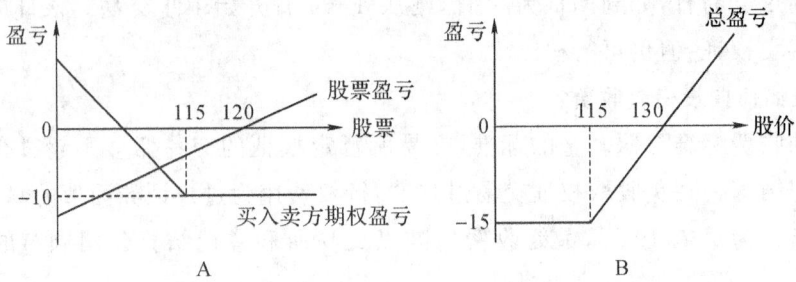

　　▽ **卖出看涨期权为股票保值**

　　在案例 8-3 中,如股票价格小于 ＄130,则投资是亏损的。假如投资者预期在未来一段时间内股票价格波动不会太大,那么他选择卖出买入期权为其股票保值可能是比较好的决策。

　　[**案例 8-4**]　某投资者在 9 月份持有某股票 1 万股,股票价格为 ＄120,他预期未来几个月股票价格不会暴涨暴跌。但为了保住资产价值,他还是设计了保值方案:他卖出了次年 1 月份到期的该股票买方期权 100 份,执行价格为 ＄125,期权价格为 ＄10。

　　点评:到次年 1 月份,我们来看投资者的盈亏情况,如下图所示,左图分别是持有股票和卖出买入期权的盈亏图;右图为合成后总资产的盈亏图。

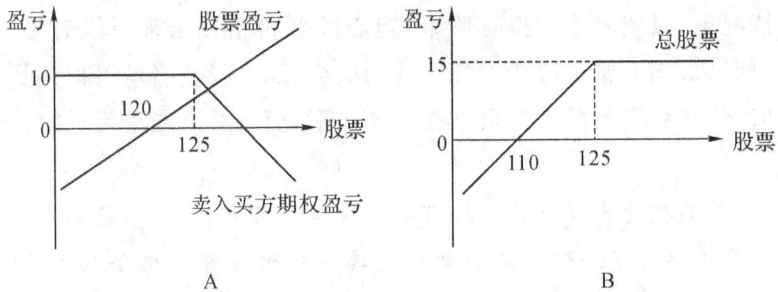

　　我们看到,当股票价格大于 ＄110 时,投资者是盈利的,当股票价格大于 ＄125 时,产生最大盈利 ＄15。当股票价格小于 ＄110 时,他将亏损,并且股票价格越低,亏损越大。

　　我们要看到这个方案的前提和优点。这个方案的前提是股票价格不会大幅波动,意味着股票价格在 ＄120 附近波动的概率较大,那么投资者就可以较好地保住价值,而且当股票小幅下跌时,还可以产生盈利。但若预期错误,那么可能会因为股票价格的大幅下跌而损失较大,或者因为股票价格的大幅上升而丧失获取更多利润的机会。这里,我们应注意案例 8-3 与案例 8-4 的区别。

▽ 买入看涨期权为未来购买力保值

假如投资者在未来想购买某股票,其原因可能是他将在未来将收到一笔资金用来购买股票或者其他的原因。但他担心股票价格将会大幅上升,那么他的购买力将降低,为了对其购买力进行保值,他可以买入买方期权。

[**案例 8-5**]　9 月份,某投资者将在次年 1 月份收到一笔现金,他将用这笔现金购买某股票,按照目前股票价格 \$120,这笔资金将可以买入 1 万股。他担心股票价格大幅上升,使得其购买数量减少,该投资者设计了保值方案:买入次年 1 月份到期的该股股票期权 100 份,执行价格为 \$125,期权价格为 \$10。

点评:我们来看其盈亏,如下图所示。把未来的购买力也看成资产,将购买力的下降当作亏损,购买力增加当作盈利,即股票价格大于 \$120 时,产生亏损,股票价格小于 \$120 时,产生盈利。左图表示买入买方期权和购买力的盈亏,右图表示总的盈亏。

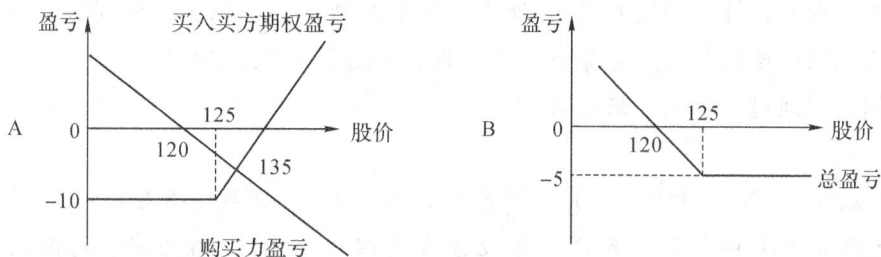

该方案显示,当股票价格大于 \$125 时产生最大亏损 \$5,当股票价格小于 \$120 时,产生盈利。也就是说,股票价格上升后由于投资者可以从买入期权那里获得收益来弥补购买力的下降,使得总的购买力的下降幅度限制在一定水平,而如果股票价格大幅下跌,那么投资者也没有错过购买力上升的机会。

▽ 卖出看跌期权为未来购买力保值

假如投资者预期股票价格不会大幅波动,那么他可以选择卖出卖方期权为其购买力保值。

[**案例 8-6**]　9 月份,某投资者将在次年 1 月份收到一笔现金,他将用它购买某股票,按照目前股票价格 \$120,这笔资金将可以买入 1 万股。该投资者预期股票价格波动幅度不大,但他还是设计了保值方案:卖出次年 1 月份到期的该股卖出期权 100 份,执行价格为 \$115,期权价格为 \$10。

点评:该投资者的盈亏状况如图所示。我们看到当股票价格大于 \$130 时产生亏损,当股票价格小于 \$130 时,投资者盈利,当股票价格小于 \$115 时,最大盈利为 \$15。

当股票价格波动幅度不大时,这种保值方法的优点是显而易见的。

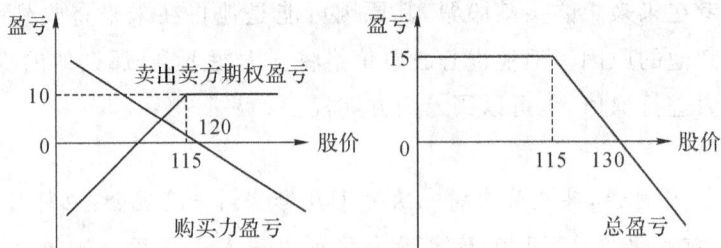

◆ 蝶他保值

运用前文讲述的基本保值方法我们只能限定或减少损失,但如果我们要达到完全保值目的(即无论市场怎么变化,资产价值都是不变的),就要用蝶他保值方法了。

蝶他的定义我们在第一节已经讲过了。它的用途在于,用它可以算出要完全保值得买多少个期权。蝶他的倒数,就是所需期权的个数。蝶他保值方法就是为保值资产买入对应数量的期权为其完全保值。蝶他的倒数我们称之为中性比。

我们可以通过一个例子来说明。

[案例 8-7] 某投资者在 9 月份持有某股票 1 万股,股票价格为 $120。为了保住价值,他购买了次年 1 月份到期的该股票看跌期权,执行价格为 $115,期权价格为 $10,Delta=0.6。假如该投资者要完全保值,应该买入多少份期权?

点评:应用 Delta 保值,我们知道应该为一份股票买入 1/Delta 份期权,所以他应该买入期权份数:1/0.6×10000=10000/0.6/100=100/0.6 份期权(由于一份期权代表 100 股股票,所以除以 100)。

情况 1:如果股票价格上升,比如股票价格上升 $1,则股票价值上升 1×10000= $10000;同时看跌期权价格下跌 $0.6(因为 Delta=0.6),期权价值损失 0.6×10000/0.6= $10000;(如果这时将期权转让,在期权上的投资将损失 $10000),盈亏刚好相抵。

情况 2:如果股票价格下跌,比如股票价格下跌 $1,股票价值损失 1×10000= $10000;同时看跌期权价格上升 $0.6,期权价值盈利 0.6×10000/0.6= $10000;(如果这时将期权转让,在期权上的投资将盈利 $10000),盈亏刚好相抵。

即无论股票价格怎么变化,总资产价值不变,可以达到完全保值目的。

当然,蝶他保值也是有麻烦的,我们知道蝶他是不断变化的,股票价格变化之后,蝶他也跟着变化,那么,如果我们还要完全保值,就必须不断地根据市场情况调整我们的期权数量;同时由于期权合约一般是标准化的,我们的期权数量也往往不能完全一致;但无论如何,我们能尽量依据蝶他保值达到保值目的。

◆ 外汇期权与保值

▽ 外汇期权

外汇期权是指在规定的期限内,以交易双方商定的行使价格(汇率价格)买进或卖出某种外汇的合约。当前外汇期权交易的主要合约为:美元对英镑、美元对德国马克、美元对瑞士法郎、美元对日元、美元对加拿大元共五种。

按期权性质,外汇期权可分为看涨期权和看跌期权,期权合约的买方既可购买看涨期权,也可购买看跌期权,不管购买何种期权,都须支付期权费。外汇期权的协定价格可由购买期权者根据汇价变动趋势进行选择。最基本的外汇期权交易方式包括买进买权和卖权,卖出卖权和买权。

按外汇期权交易的场所,外汇期权又可分为场内交易合约与场外交易合约。

场内交易合约大多是标准化的外汇合约,其内容主要包括:

(1)合约标的。主要有两类:实际货币和外汇期货合约。

(2)合约规模。一般由交易所自行设定,如英镑期权交易的规模,在费城股票交易所为3125美元,在芝加哥商品交易所为25000美元,在欧洲期权交易所为5000美元,在蒙特利尔交易所为100000美元,在伦敦国际金融期货交易所为25000美元。

(3)行使价格。由交易所确定,采用直接标价法。

(4)最小变动单位。因货币种类不同而异,如德国马克为0.01美分,日元为0.0001美分。

(5)交易月份。通常为季节性周期月份(3月、6月、9月、12月),也有非季节性周期月份。

(6)期权到期日。各交易所对期的规定不同,如费城股票交易所定为交易月份的第三个星期三,芝加哥商品交易所规定为第二个星期五。

场外交易分两大部分:零售市场,由非银行客户组成;批发市场,由商业银行、投资银行和专业交易公司组成,他们为建立自己的期权头寸而参与交易。两个市场的交易金额悬殊。场外交易的合约通常由交易双方自行确定。

影响买方外汇期权价格的因素有:

(1)内在价值:内在价值越高,期权费越高。

(2)货币汇率的离散程度:合约涉及的两种货币之间的离散程度越大,期权费用相应地就越高。

(3)两国货币的市场利率的差异。

(4)期权合约的期限和交易金额的大小。

外汇期权的性质与股票期权相似,但既然是两种期权,自然在具体的合同内容、标价方式、保值运用方面有所差别。

例如,购买期权时,即期汇率是£1＝＄1.39,这个期权的执行价格是£1＝＄1.40,期权价格为每英镑＄0.02。由于是外汇期权,涉及两种货币,所以务必搞清楚是以哪种货币购买另一种货币,这样,价格(汇率)的升降才意义明确。在本例中,英镑是购买对象,用美元来标价,理解中可以将英镑看成股票。期权到期时,如果英镑的价格低于＄1.4,持有者会放弃执行期权。见图 8-2。

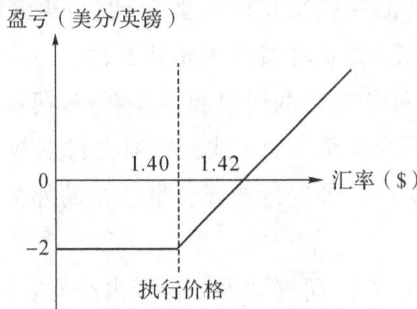

图 8-2 外汇买方期权的盈亏曲线

▽ **外汇期权保值**

首先来看买方期权保值的情况。

假如一个英国公司的外汇经理有一笔美元应收款,而他预测美元对英镑的汇率将上升。当然这是一件值得高兴的事情,美元升值意味着可以换得更多的英镑,获取更高的利润。但预测也许是错误的,经理还是有些担心,他仍必须为这笔应收款进行保值。如果他利用远期合约或期货合约,那么当美元真的升值时,他无法从中获利,不如利用期权,买入适当数量的英镑买方期权,既可以在美元升值时获利,又可以在美元贬值时起规避风险作用。

外汇期权的这种可以实施也可以放弃的优点,在交易者面临应付投标所带来的不确定情形时更显可贵。如一家英国出口商投标一个以美元计价和支付的出口合同中,如果中标,则美元得手,否则便与美元无缘。但能否中标,需要一段时间才能知道结果。所以,自投标之日起,这笔美元成为悬而未定的"应收款",出口商仍须为它进行保值,购买英镑买方期权,以便在美元贬值时对"应收款"起保护作用。在这种情况下,如果投标失败,则无所谓保值的必要了。但因为美元贬值时该期权会有溢价,所以出口商可以从中赚一笔。如果美元升值了,那就放弃期权。中标了自然大赚,没有中标也无关紧要——只不过损失了权利金而已。

再来看卖方期权保值的例子:

[**案例 8-8**] 英国一个进口商需要以＄1500000 支付货款(发票以美元标价的)。他购买执行价格为£1＝＄1.5 的英镑卖方期权,从而获得以£1000000 买＄1500000 的权

利。此时即期汇率是￡1＝＄1.50,权利金为每英镑2.5美分,共＄25000。

点评:一种结果是:英镑升值到￡1＝＄1.65,那么只需要￡909091即可以获得＄1500000,于是放弃期权不执行。另一种结果是:英镑贬值,汇率变为￡1＝＄1.35,￡1000000只能买到＄1350000,于是实施期权,以￡1000000购得＄1500000所需货款。

◆ 利率期权与保值

▽ 利率期权合约概述

利率期权合约指交易双方经协商后,以利率为交易对象,由买方支付期权费,从而获取在一定的期限内按约定价格出售或购买一定数量的有息资产的权利。它产生于20世纪80年代。目前世界上利率期权交易量最大的品种是芝加哥期货交易所的长期国库券期货期权。

按交易运用的范围,利率期权分为利率期货合约的期权交易和银行同业间的特殊期权交易。

利率期货合约的期权交易在利率期货合约的基础上产生,是交易者在将来某一特定的日期,以预先约定的价格买卖利率期货的购买权或出售权的合约性交易。通常分为短期利率期货期权和长期利率期货期权。

银行同业间的特殊期权交易有三种形式:利率封顶期权(Cap Option),又名利率上限,它通过固定一个最高利率来规避利率上升的风险;利率保底期权(Floor Option),又名利率下限,它通过固定一个最低利率来规避利率下降的风险;利率封顶保低期权(Collar Option),是前两者的结合,它同时设定浮动利率的上限和下限,并将其锁定在两者之间的某一范围之内,即买入一个特定利率的利率封顶期权,同时以另一较低利率卖出一个利率保底期权来缩小利率波动的范围。

按交易所的不同,利率期权可分为场内交易期权和场外交易期权。

场内市场交易大部分是利率期货期权。如:长期、中期国债期货期权,欧洲美元期货期权。主要参与者是商业银行的投资银行,他们利用利率期权对其资产进行保值或对其资产负债期限上的匹配进行调整。同时,投机者的数量也相当可观。合约是标准化的,其内容主要包括:交易单位、最小变动单位、行使价格、每日价格波动限制、合约月份、交割时间、最后交易日等。行使价格用"100－利率"来表示。例如:市场利率为8%,则行使价格为100－8＝92。期权费用相关债券面值的百分数表示,欧洲美元期货期权和国库券期货期权费小数点前后都可以采用10进制,而中长期期权的期权费的小数点前为10进制,后为64进制。

场外交易期权主要是银行同业拆借的特殊利率期权,绝大部分是现货期权,没有标准化合同。在实际交易中,通常采用行使价格和实际价格的现金轧差或债券实物交割进行结算。交易双方的权利义务均以商业信誉为保证。

影响利率期权价格的因素主要包括:利率期权的市场价格和行使价格之间的关系;利率期权距到期日的时间(距到期日的时间越长,期权费将越高,反之,期权费会越低);市场价格的波动幅度(市场价格的波动幅度越大,期权费越高);非风险利息率(即把将来价值转换为即期价值的贴现率),如看涨期权,非风险利率水平越高,行使价格贴现现值就越低,期权费就越高。

利率期权具有套期保值和投机两大功能。利率期权的保值不仅仅是对利率的不确定性波动保值,而且也对不确定的投资额保值,换言之,利率期权在价格和数量两个方面都起到了稳定债券投资收益的作用,它既可以事先确定筹资成本,避免利率大幅度上升的风险,又可以在利率下降时放弃期权,降低筹资成本。

▽ 利率期货期权合约及其保值应用

利率期货期权是以利率期货为交易对象的期权交易。在这种交易中,期权的买方如果决定执行该利率期货期权,便与期权的买方构成了利率期货买卖合同,期权交易也由此而转化为期货交易。在资金的效益方面,期权的杠杆效应使得它比现货交易具有更大的优越性,在期权交割时,买卖双方以轧差的方式清算,因此,只需少量的资金就可以进行金额较大的利率期货期权合约交易,资金的利用率很高。此外,利率期权合约是一种标准化的合约,因而便于交易,市场流动性很大。

利率期货期权交易市场规模最大的是芝加哥商品交易所,其交易品种以短期利率期货权(欧洲美元短期利率、美国短期国库券利率)为主,长期利率期货期权(美国长期国债、美国中期国债)次之。

下面举例说明如何利用利率期货期权进行保值。

[案例 8-9]　某公司由于业务需要,将在 9 月借入 3 个月期 100 万美元,采用购买 9 月份交割的欧洲美元利率期货期权合约的方式进行保值。

当前市场行情:

3 个月欧洲美元利率	9.0%
期权合约价格	90.00%
交割日出售期权费用	0.10%
交割日欧洲美元利率期货价格	90.30%

点评:按当前市场行情,筹资成本为:100%－合约价格＋期权费用＝100%－90%＋0.10%＝10.10%,则当市场利率高于或等于协定价格 9% 时,由于有利率期权进行套期保值,筹资成本被固定于 10.10% 的水平。

如果 1 月利率下降到 8.3%,该公司放弃期权。

实际筹资成本:$1000000×3%×90/360＝20750

＋　期权费＝10×25＝　250
　　　　　　　　　　　　　　21000

合当前利率＝21000/1000000×360/90×100％＝8.4％

即该公司以 8.4％的利率筹集到了 100 万美元的资金。

因此,在预测将来利率上升时,看涨利率期货期权拟对利率上升的风险进行套期保值,同时保住利率下降的好处。

▽ 利率现货期权合约

利率现货期权主要是指在场外交易的银行同业拆借市场提供的特殊期权交易,包括利率封顶期权、利率保底期权和利率封顶保底期权。这里主要讨论封顶式利率期权交易(利率上限)。

封顶式利率期权交易也称为利率上限,一般是用来保护浮动利率借款人免受未来利率上涨的风险。交易双方协商确定一个上限利率,并约定在未来一个确定的时间(即期权交易期限)内的各利率调整日,当基准利率超过这一上限利率时,由利率上限的卖方向利率上限的买方支付基准利率与上限利率的利息差额,从而保证利率上限的买方实际支付的净利率不会超过合约规定的上限。显然,在这一交易中,合约的买方享有在规定的交割日当基准利率高于上限利率时向卖方收取一定数量补偿费的权利。作为代价,买方必须向卖方支付一定的费用。利率上限产生于 20 世纪 80 年代,是银行为自己和顾客创造的利率风险保值工具中应用得最为普遍的金融衍生工具。从本质上说,它是一种利率期权交易。

封顶式利率期权交易的有效期限从 3 个月到 12 年不等,但通常为 2～5 年。

利率调整日,即更换基准利率的日期,是将基准利率与上限利率相比较,由此确定利息差额的日期,一般是每 3 个月、6 个月调整一次,但也有 1 个月或者 1 年调整一次的。

基准利率是实际执行的浮动利率,也是与上限利率相比较的利率基准。在实际交易中,通常将 3 个月或 6 个月的 LIBOR 确定为基准利率,也可用美国国库券利率、商业票据利率、可转让定期存单利率、优惠放款利率等。

当市场利率水平呈上升趋势时,具有浮动利率债务的债务人和具有固定利率债权的债权人可以购买利率上限,以对利率上升风险进行套期保值,但同时他们也可以从利率下降中获得好处。

具体地说,对固定利率债权人而言,当基准利率超过固定利率时,等于无形中减少了债权人的收益。为确保其收益相对于基准利率的收益而言不至于过低,他们可以通过购买利率上限来获得补偿。同样,对于浮动利率债务人而言,当借款利率上浮时,就要增加利息支出。为了规避利率风险,债务人可以通过购买利率上限将风险控制在一定范围之内,确定今后一段时期内资金筹措成本的上限,当利率超过规定的上限时,债务人将从利率上限的出售者那儿得到补偿。万一将来利率下降,也可享受利率下降的好处。

通常的做法是:双方协定一个利率上限,然后在期权交易期限内的各利率调整日,将上限利率与实际利率(或称基准利率)进行比较,当实际利率超过了上限利率,则由期权卖方向买方支付利息差额。买方一般为以锁定酬资成本为目的的资金需求者。

[**案例 8-10**]　A 公司要以浮动利率的方式借入一笔资金,为避免将来利率上升造成借款成本增加,决定同时进行一笔利率上限交易。

假设 A 公司的主要借款条件为:

金额:10000000 美元

期限:3 年

利率:6 个月期 LIBOR＋0.4％

A 公司购入的利率上限交易条件:

金额:10000000 美元

期限:3 年

基准利率:6 个月期 LIBOR

上限利率:8.0％

费用:0.6％,每年分两次支付

3 年内的 6 个月期 LIBOR 水平(％):6.0、7.0、8.0、9.0、10.0、11.0。A 公司该笔借款实际成本如下图和下表所示。

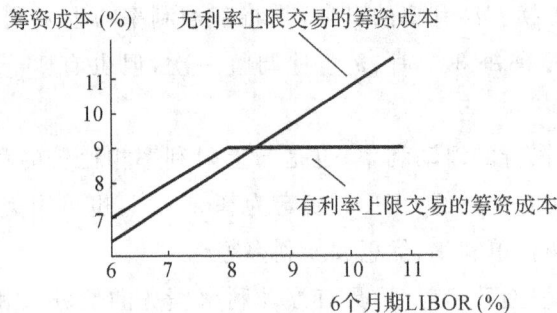

6 个月期 LIBOR	浮动利率筹资成本(6 个月期 LIBOR＋0.4％)	利率上限交易		实际筹资成本
		支付费用	收取利息差额	
6.0	6.4	0.6	0.0	7.0
7.0	7.4	0.6	0.0	8.0
8.0	8.4	0.6	0.0	9.0
9.0	9.4	0.6	1.0	10.0
10.0	10.4	0.6	2.0	11.0
11.0	11.4	0.6	3.0	12.0

点评:交易结果是:当基准利率(6个月期 LIBOR)超过上限利率(8.0%)时,A 公司可以收到利息差额,即使利率暴涨到 11.0%,A 公司也能将筹资成本控制在 9.0% 的水平上;另外,当利率下降时,A 公司也能享受到筹资成本降低的好处。这样,A 公司可以确保其筹资成本在 3 年内不会超过 9.0%(8.0%+0.4%+0.6%)的水平。

第四节 期权交易策略

投资者利用各种期权的组合来进行获利交易,期权组合的形式是千变万化的,投资者可以根据对市场的预测和自身的需求设计有利的期权组合从而到达获利目的;不管是熊市牛市或是中性的市场,都可以构造期权组合来获利,从这个角度上讲,期权是非常好的投资工具,它能带给我们丰富的获利机会。这里我们介绍期权的套利交易和波动性交易策略。

◆ 期权的套利方式

期权套利需要同时买入并卖出同一类期权,即买入并卖出买方期权,或买入并卖出卖方期权。但两个期权的执行价格不同或到期日不同,或两者都不同。主要包括垂直套利、水平套利和对角套利。

期权的套利可以从强劲的牛市中获利,或在低迷的熊市中获利,也适用于温和的牛市或熊市,甚至于中性的市场。

▽ 垂直套利

垂直套利需要在买入 1 个买方期权的同时卖出 1 个买方期权;或在买入 1 个卖方期权的同时卖出 1 个卖方期权,两份期权具有相同的到期日,但执行价格不同。

把这种金融行为称为垂直套利,是由于在金融期刊上,期权的月份是水平排列的,而期权的执行价格是垂直排列的,你只要从上至下地垂直浏览一下便可看出它们执行价格的差异。因此,这种到期日相同而执行价格不同的期权策略被称为垂直套利。

垂直的牛市套利是指这种套利行为能使交易者在牛市中获利,垂直的熊市套利是指这种套利行为能使交易者在熊市中获利。在这些套利交易策略中,交易的对象无论是买方期权还是卖方期权,其结果都是一样的。

构成垂直的牛市套利是买入 1 个执行价格较低的期权,卖出 1 个执行价格较高的期权。

构成垂直的熊市套利是买入 1 个执行价格较高的期权,卖出 1 个执行价格较低的期权。

[**案例 8-11**] 某投资者买进某股票买方期权,执行价格是 $95,期权价格是 $4,同

时卖出 1 份该股票买方期权,执行价格是 $100,期权价格是 $2,两份期权的到期日相同,股票现价为 $90。这样投资者就构造了一个垂直的牛市套利。

点评:投资者到期执行期权的盈亏情况如下图(左图为 2 个期权的盈亏图,右图为合成图):

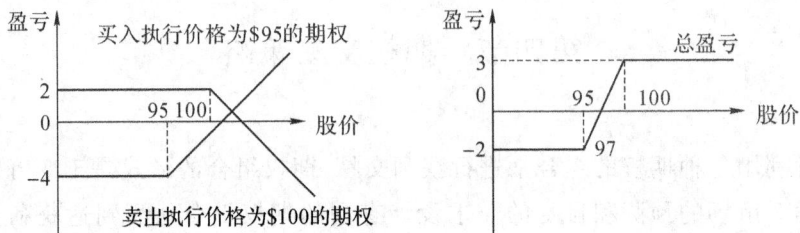

对于垂直的牛市套利,其盈亏情况:

最大亏损=初始净支出

最大盈利=执行价格之差-初始净支出

盈亏临界点=较低的执行价格+初始净支出

垂直的熊市套利盈亏情况与牛市的相反,其盈亏状况如下图所示:

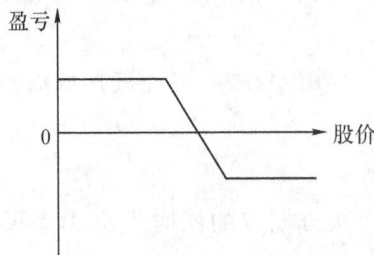

▽ 水平套利

水平套利也需要在买入 1 个买方(卖方)期权的同时卖出 1 个买方(卖方)期权,这两个期权有相同的执行价格但到期日不同。水平套利又被称为"时间套利"或"日历套利"。

水平套利的基本操作是:买入长期期权,卖出短期期权。因为具有相同执行价格的期权,长期期权的权利金一定高于短期期权,所以这种水平套利的初始保证金一定是负值。这种交易方法是利用短期期权的时间价值衰减更快而获利的。

[**案例 8-12**] 某投资者于 7 月买入了执行价格为 $100 的某股票买入期权,到期期限为 12 月,期权价格为 $10;同时他卖出了到期期限为 9 月的股票买入期权,执行价格为 $100,期权价格是 $8,股票现价为 $100。这个组合就构成了水平套利。

点评:若 9 月到期时,执行 9 月份的期权,同时卖出 12 月份的期权。则其盈亏情况如下图所示。

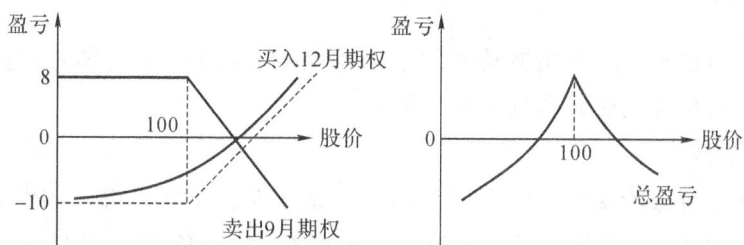

我们看到当股票价格在执行价格附近时,投资者将盈利。当股票价格＝执行价格时,盈利最大。

水平套利是利用了平价期权或接近平价的期权时间值加速衰减的特性获利的。因此,执行价格应接近于预期到期的市场价格。

▽ **对角套利**

对角套利也需要在买入 1 个买方(卖方)期权的同时卖出 1 个买方(卖方)期权,这两个期权的执行价格和到期日都不同。对角套利包含了垂直套利和水平套利两方面的因素。

对角牛市买方期权套利策略:

卖出 1 个接近平价的短期买方期权,买入 1 个执行价格较低的长期的买方期权。对角牛市期权套利使得交易者在温和的牛市中获利。

对角熊市卖方期权套利策略:

卖出 1 个接近平价的短期卖方期权,买入 1 个执行价格较高的长期的卖方期权。

[**案例 8-13**] 对角牛市买方套利

某投资者于 7 月份卖出了执行价格为 $100、期限为 60 天的某股票买方期权,期权价格为 $4;同时买入执行价格为 $90,期限为 180 天的该股票买方期权,期权价格为 $8,股票现价为 $90。

点评:60 天后,投资者执行短期期权,出售长期期权,其盈亏情况如图。

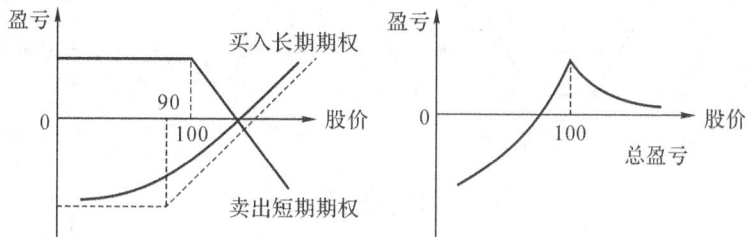

同样,当到期的股票价格在短期期权的执行价格附近时将盈利;股票价格等于短期期权的执行价格时盈利最大。

◆ 波动性交易

波动性交易是利用对价格波动性的市场预期变化进行交易,它主要包括跨立式交易、封顶式交易、蝴蝶式交易和鹰形交易策略。

▽ 跨立式交易

跨立式交易可分为多头跨立和空头跨立。多头跨立的操作是:同时买入 1 个买方期权和 1 个卖方期权,两者含同种股票,两个期权的执行价格和到期日相同。空头跨立,即同时卖出这样两个期权。

多头跨立的交易者认为股票未来的波动性会变大,他将在股票价格大幅下跌或者大幅上升中获利;空头跨立的交易者则认为股票价格不会大幅波动,如果预测错误,他将在股票价格大幅下跌或者大幅上升中亏损。

多头跨立和空头跨立的盈亏图如图 8-3:

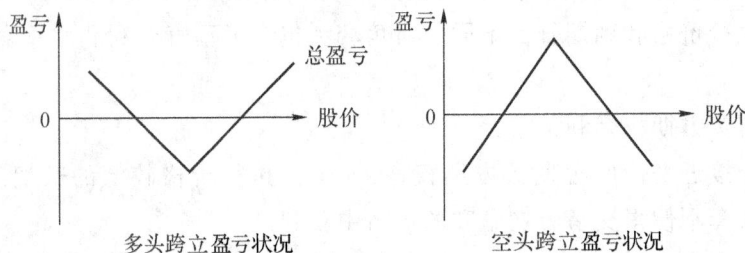

图 8-3　跨立式交易

▽ 封顶式交易

与跨立式交易不同,封顶式战略中两个期权的执行价格是不一样的,也分为多头封顶和空头封顶。多头封顶的操作是:买 1 个买方期权和 1 个卖方期权,两个期权的到期日相同但执行价格不同。反之,卖 1 个买方期权和 1 个卖方期权,就构成空头封顶。多头封顶交易盈亏示意图见图 8-4:

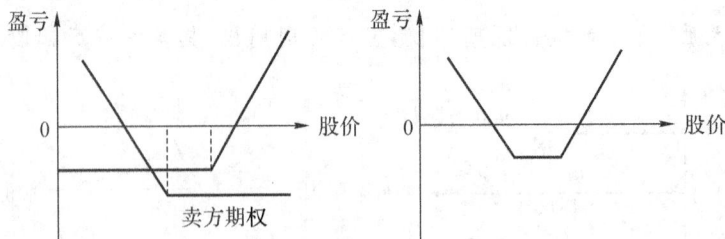

图 8-4　多头封顶盈亏状况

▽ 蝶形战略

跨立、封顶的空头交易者,都面临着无限的风险,而蝶形战略则可以克服这个弱点。蝶形战略有多种构造方法。我们列举其一。

多头蝴蝶的构造之一：买 1 个溢价买方期权，卖 2 个平价买方期权，买 1 个损价期权。

空头蝴蝶则表示卖 1 个溢价买方期权，买 2 个平价买方期权，卖 1 个损价期权。

多头蝴蝶盈亏示意图如下：

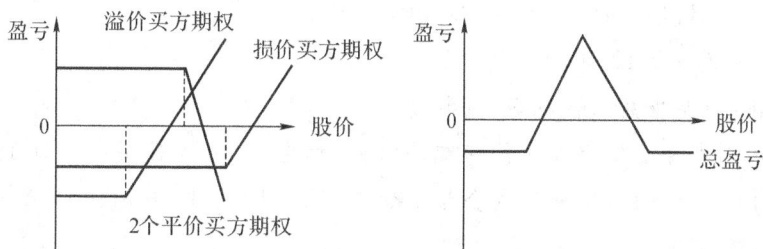

图 8-5　多头蝴蝶盈亏状况

▽ **鹰形战略**

鹰形战略与蝶形战略类似。例如我们可以构造一个多头鹰形：买 1 个较高执行价格的买方期权，买 1 个较低执行价格买方期权，卖 2 个执行价格不同，但位于前两个执行价格之间的期权。其盈亏示意图如下：

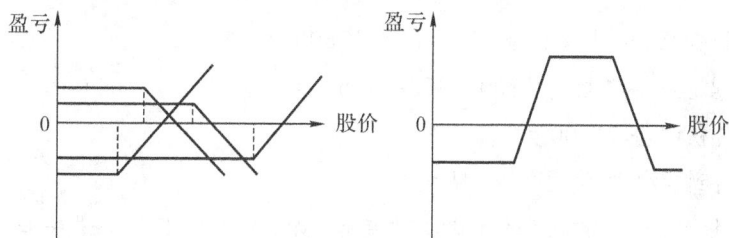

图 8-6　多头鹰形盈亏状况

◆ **根据市场行情制定交易策略**

期权交易的一个重要优势在于，不管行情处于牛市、熊市还是盘整状态，交易者总可以制定适合不同行情下的盈利交易策略。这个优势是其他衍生工具所不具备的。下面列举几种情况下的交易策略。

在期权离到期日还有一段时间的条件下，若投资人认为行情将有急涨的走势，就可以采取"买进买权（看涨期权）"，同样地，若投资人认为行情将有急跌的走势，就可以采取"买进卖权（看跌期权）"，如以下的 A、B 操作策略所示。以下情况以某股票指数期权为例，假设当前为 10 月份。

A. 急涨行情——买进买权

[**案例 8-14**]　在市场逐渐好转的情况下，预计股指后市还有一波强劲的涨势，于是

可买进一口12月到期、履约价值（执行价格）为4800点的买权，权利金价格为250点，每点价格50元，当前指数为4800点。

点评：资金需求：支付权利金250×50＝12500元

损益平衡点：到期指数为4800＋250＝5050点

最大损失：权利金12500元

最大获利：到期指数涨得越多，获利越大

但需注意权利金价值有随时间递减的特性，如在12月4日买进一口12月到期、履约价值为4800点的买权，原来权利金为250点，到了12月10日，假如指数未急速上涨，权利金价值将会下跌。

B. 急跌行情——买进卖权

[**案例8-15**]　预计股指后市还有一波急剧下杀的跌势，即可尝试买进一口12月到期、履约价值为5300点的卖权，权利金价格为350点。

点评：资金需求：支付权利金350×50＝17500元

损益平衡点：到期指数为5300－350＝4950点

最大损失：权利金17500元

最大获利：到期指数跌得越多，获利越大

但需注意权利金价值有随时间递减的特性，如在12月1日买进一口12月到期、履约价值5300的卖权，当时权利金价值为350点，到了12月10日，假如指数未急速下跌，权利金价值将会下跌。

期权同时具有时间价值及内在价值的特性，因此，若预料指数在到期之前都无法突破压力关卡，就可以采取"卖出买权"，来赚取因时间一天一天流逝却无法成为价内选择权，导致买方放弃履约的权利价值，同样地，若预料指数在到期之前都无法跌破某一个支撑关卡，就可以采取"卖出卖权"，如C、D操作策略所示。

C. 无法突破压力关卡——卖出买权

[**案例8-16**]　股指面临波段高点附近位置，预料将无法突破此关卡而呈现震荡整理格局，此时可尝试卖出一口12月到期、履约价值为4500点的买权，权利金价格为500点。

点评：资金需求：付保证金，收取权利金：500×50＝25000元

损益平衡点：到期指数为4500＋500＝5000点

最大损失:到期指数涨得越多,损失越大

最大获利:收取的权利金 25000 元

D. 不会跌破支撑关卡——卖出卖权

[**案例 8-17**]　市场上涨格局逐渐平稳,且认为 4900 点是支撑,不会跌破。此时可卖出一张 12 月份到期、履约价格为 4900 点的卖权,权利金价格为 260 点。

点评:资金需求:付保证金,收取权利金 260×50＝13000 元

损益平衡点:到期指数为 4900－260＝4640 点

最大损失:到期指数跌得越多,损失越大

最大获利:收取的权利金 13000 元

期权的卖方可享受随着到期日的逐渐接近,指数狭幅震荡下时间价值快速流失的获利报酬,因此,若预期指数将在某一个区间横盘整理,将可采取"同时卖出买权及卖权",组合成勒式空头仓位的操作策略,如 E 操作策略所示。

E. 区间横盘整理行情——勒式空头仓位(同时卖出买权及卖权)

[**案例 8-18**]　预期未来指数走势将在 4600 至 4800 区间震荡整理,不会有太大的波动。此时可卖出 12 月份履约价格 4600 点的买权,收权利金 320 点;同时卖出 12 月份到期、履约价格为 4800 点的卖权,收权利金 200 点,共收权利金 520 点。

点评:资金需求:付保证金,收取权利金 520×50＝26000 元

损益平衡点:到期指数为 4280 与 5120 点

最大损失:到期指数大涨或大跌均会有损失

最大获利:收取的权利金 320×50＝16000 元

情况 1:若到期指数介于 4600 至 4800 点之间,4600 的买权与 4800 的卖权均为价内,买权被履约损失为最后结算价减 4600,而卖权被履约损失为 4800 减最后结算价,总计损失＝最后结算价－4600＋4800－最后结算价＝200 点,建立仓位的净收入为 520点,因此合计净获利为 520－200＝320 点,即为最大获利。

情况 2:若到期指数大涨超过 5120 点或跌破 4280 点,则均会有损失。比如到期指数上涨至 5600 点(结算价),那么卖出 12 月份履约价格 4600 点买权会被指派履约,所以,结算价 5600－履约价格 4600＝损失 1000 点,扣除原来收取的权利金 320 点后,亏损1320 点;不过另一方面,卖出 12 月份履约价格 4800 卖权,收取了权利金 200 点,因此总损失为 1320－200＝1120 点(56000 元)。

在股票市场中,一些重大政治或经济事件常常会导致大盘大涨或大跌,有时可能只知道行情会大涨或大跌,却无法确定到底是哪一个方向,所以只押单边的投资人往往会蒙受非常大的风险,此时,可采取选择权"同时买进买权及卖权",组合成跨式多头仓位,不管指数是大涨或大跌都可以达到获利的目的,且亦可将风险控制在某一范围内,如以下的 F 操作策略所示。

F. 突破、跌破盘——跨式多头仓位(同时买进买权及卖权)

[案例 8-19]   预期未来指数走势将会大涨或大跌,但无法确定变动方向。此时可买进 12 月份履约价格 5000 买权,付权利金 340 点,同时买进 12 月份到期、履约价格为 5000 的卖权,付权利金 210 点,总计付出权利金 550 点。

点评:资金需求:支付权利金 550×50=27500 元

损益平衡点:到期指数为 4450 与 5550 点

最大损失:权利金 550×50=27500 元

最大获利:指数大涨或大跌的幅度越大,获利越大

情况 1:距到期日越近,买方所支付的权利金价值越低,若最后到期指数维持在 5000 点,则买进的 12 月份履约价格 5000 买权与卖权均不会履约,买方所支付的 550 点×50=27500 元,便全数损失。

情况 2:若到期指数介于 4450 与 5550 点之间(除 5000 点外),至少有一个选择权可履约,损失便可降低至 550 点×50=27500 元以下。

情况 3:若到期日时指数大涨超过 5550 点或跌破 4450 点,则均可获利。比如到期指数上涨至 5600 点(结算价),那么买进 12 月份履约价格 5000 买权执行后,结算价 5600-履约价 5000=获利 600 点,再扣除原先所支付的权利金 340 点,净获利为 260 点;不过,另一方面同时买进 12 月份履约价格 5000 卖权,因行情反向而行最后并没有执行,总计操作获利为 260 点-210 点=50 点(2500 元)。

急涨或急跌行情常常是可遇不可求的,通常以横盘整理或缓步涨跌的格局居多,因此,即使在上涨的格局中买进买权,或在下跌的格局中卖出卖权却无法获利的投资者不乏其人,原因就在于指数波动不大。

不过,此时只要再卖出另一个选择权,便可将成本降低,且轻易地达成获利目的,如遇缓涨行情,就可通过"同时买低履约价、卖高履约价的买权"赚取缓步上涨的报酬;同样地,缓跌行情,就可通过"同时买高履约价、卖低履约价的卖权"赚取缓步下跌的报酬,如以下的 G、H 操作策略所示。

G. 缓涨行情——买权多头价差(同时买进低履约价买权及卖出高履约价买权)

[案例 8-20]　预期未来指数将会上涨,但上涨走势只会缓慢前进,不会出现急涨行情,此时可买进 12 月到期、履约价格为 4800 点的买权,支付权利金 200 点;同时卖出到期履约价格为 5000 点的买权,收权利金 100 点。总计支付权利金 100 点。

点评:资金需求:支付权利金 100×50＝5000 元

损益平衡点:到期指数为 4900 点

最大损失:权利金 5000 元

最大获利:100 点

H. 缓跌行情——卖权空头价差(同时买进高履约价卖权及卖出低履约价卖权)

[案例 8-21]　预期未来指数将会下跌,但下跌走势只会以盘跌的方式进行,不会出现急跌行情,此时可买进 12 月份到期、履约价格为 4800 点的卖权,付 400 点,同时卖出 12 月份到期、履约价格为 4600 点的卖权,收 300 点。总计支付权利金 100 点。

点评:资金需求:支付权利金 100×50＝5000 元

损益平衡点:到期指数为 4700 点

最大损失:权利金 5000 元

最大获利:100 点

思考题

1. 一份期权包含哪些基本要素?
2. 看涨期权与看跌期权的买方与卖方权利与义务的区别?
3. 看涨期权与看跌期权的买方与卖方盈亏情况是怎样的?
4. 当一个投资者买进期权之后,他可以采取哪些处理方式?
5. 影响期权价格的基本因素有哪些?
6. 如何计算一个期权的内在价值与时间价值?
7. 影响期权时间价值的基本因素有哪些?
8. 利用期权为股票资产保值,可采取哪些保值方法?
9. 蝶他保值的用途及其缺点?
10. 期权的水平套利利用了什么原理?
11. 跨立式交易适合什么样的情况?
12. 波动性交易主要有哪些交易策略?
13. 以 A 股市场某个权证为例,分析其价格影响因素及其投资价值?

第九章

期货市场的监管及案例

期货交易的一个重要特征就是履约过程的安全性,交易过程的风险在不同的市场主体之间发生了转移、分散。在价格风险不断转移的过程中,如果管理不当,控制不严,就可能产生各种类型的风险。因此,期货市场是一个风险高度集中的市场,与高风险相对应的,则是有可能给高回报创造更多的机会。正是如此,期货市场能够吸引众多以高风险换取高回报的投机资本,从而为套期保值者转移风险创造了条件,使期货市场规避风险、发现价格的两大功能得以实现,而对期货市场的监管也显得尤为重要。

第一节　期货市场的风险

◆ 期货市场风险的演变

美国和英国是期货市场起步较早的国家,期货市场史上出现大风险的案例很多。诸如 1936 年美国的 CARGALL 风波、1979 年至 1980 年美国的银色星期四风波、1985 年美国场内经纪人诈骗案、1985 年英国锡事件、1989 年 Ferruzzi 黄豆案、1996 年住友铜事件等。新兴的期货市场中也是风险不断,比较著名的是 1987 年香港股灾和 1993 年发生在新加坡 SIMEX 的巴林银行倒闭案。

在期货市场发展早期,风险的产生主要是由于交易所规则漏洞、法律法规体系不健全、合约设计不合理等因素。当时的期货市场尚处在探索未来发展方向的时期,所以各交易所都大规模地选择新的品种进行期货交易尝试。在尝试过程中由于上述问题没有很好地解决,风险事件层出不穷。在期货市场快速发展期,市场在几个方面都取得突破,金融期货和金融衍生品市场的引入使期货市场空前繁荣。同时,期货市场法规逐渐健全、监管体制基本到位,交易所经过优胜劣汰后基本稳定。这一时期的风险主要在于游资冲击市场,引发期现货市场失衡而出现市场风险。

20 世纪 90 年代以来,世界期货市场呈现出风险事件数量相对减少,而风险事件后果特别严重的趋势。就风险事件本身的起源分析,风险已经从监管层、交易所层逐步过渡到期货经纪公司环节。90 年代以来的风险事件均源于期货经纪公司内控失败。

可见,随着期货市场一百多年的发展,风险也逐渐从低级阶段演化到更深层次,而风险的监管难度也越来越高;由于风险控制在宏观上日趋成熟,所以世界范围内发生制度风险的概率已经很小,风险是否发生一般取决于制度能否严格执行,以及市场参与者是否健全了风险控制体系。因此,完整的法律法规体系、有效的风险控制制度能够杜绝大部分风险事件的发生,而期货经纪公司的内部控制和监督制度的建立和有效执行则是当前世界风险控制的主要手段。

◆ 期货市场风险的成因

▽ 风险产生的宏观金融环境

期货市场发展所处的宏观经济和金融环境,与风险的产生很有关系。研究发现,20世纪70年代初以来,国际金融和科技领域发生了巨大的变化,随着全球金融发展自由化、交易手段的电子化和投资主体机构化,金融市场出现了一种风险加大、几率提高的趋势。

▽ 期货市场本身的风险

价格波动是期货市场最直接、最具表象性的风险,然而它不会消失,只会在不同主体之间转移。此外,保证金的杠杆作用是产生期货市场风险的重要原因,投资者只需缴纳一定数量的保证金即可进行期货交易。这种以小博大的高杠杆效应很容易使交易者把握不好分寸,容易造成暴盈暴亏,甚至穿仓。

[案例9-1]　从规避风险到制造风险——德国 MGRM 集团期货投资事件

1992年,从事工程与化学品业务的德国 MG 集团美国子公司 MGRM 为了与客户维持长远的关系,签订了一份10年的远期供油合同,承诺在未来10年内以高于当时市价的固定价格定期提供给客户总量约1.6亿桶的石油商品。为了规避这个合同可能产生的风险,MGRM 买进了大量的短期原油期货,并在期货转仓时,扣除提供给客户的数量,以剩余的数量装仓至下一短期期货合约。

但是,石油价格自1993年6月开始从每桶19美元跌至1993年12月的15美元,MGRM 面临庞大的保证金追缴,但其长期供油合约收益还未实现,庞大的资金缺口逼迫子公司向母公司寻求资金援助。幸好,MGRM 公司的母公司 MG 考虑到可能存在的风险,及时作出了撤换分公司高层并且平仓的决定,把损失减到最小。尽管如此,子公司投资不当给母公司造成的10亿美元损失已经无法弥补。

点评:金融衍生工具是应市场对于规避金融风险的需要而出现的一种新手段。随着金融市场的变动越来越频繁,金融机构、企业和个人时时刻刻生活在价格变动风险之中,迫切需要规避市场风险,而这些风险是难以通过传统金融工具本身来规避的。这样,整个西方世界就产生了规避风险的强大需求,作为新兴的风险管理手段,以远期、期货、期权、互换为主体的金融衍生工具便应运而生了。然而,伴随着金融衍生工具同时产生的还有其高风险性,怎样合理运用金融衍生工具,适当发挥其规避风险的作用,已经成为学界和业界长期探讨的热点。

▽ 微观机制条件

期货市场的特性和宏观金融市场环境的上述变化,不仅其本身使风险发生的可能性大大提高,也使市场投资主体的微观运行机制发生变化。市场环境的宽松和交易手段的便捷,使各种金融创新业务快速发展,同时传统金融业务的利润率明显下降。这一方面迫使投资者加大高风险投资,另一方面创新业务的高利润也诱使投资者不断去尝试冒险业务。在这种外部环境条件下,如果市场主体内部对金融衍生产品功能的理解不全面,在资金调拨、交易决策、交易执行等方面控制薄弱,则发生风险的可能性将大大提高。如交易员越权违规交易行为,日本大和银行纽约分行、英国巴林银行的巨额亏损都是交易员的越权交易造成的。

[案例 9-2]　英国巴林银行的倒闭

1995 年 2 月 26 日,新加坡巴林公司期货经理尼克·里森投资日经 225 股指期货失利,导致巴林银行遭受巨额损失,合计损失达 14 亿美元,最终无力继续经营而宣布破产。从此,这个有着 233 年经营史和良好业绩的老牌商业银行在伦敦城乃至全球金融界消失。目前该行已由荷兰国际银行保险集团接管。

巴林银行集团曾经是英国伦敦城内历史最久、名声显赫的商业银行集团,素以发展稳健、信誉良好而驰名,其客户也多为显贵阶层,英国女王伊丽莎白二世也曾经是它的顾客之一。巴林银行集团的业务专长是企业融资和投资管理,业务网点主要在亚洲及拉美新兴国家和地区。1994 年巴林银行的税前利润仍然高达 1.5 亿美元,银行曾经一度希望在中国拓展业务。然而,次年的一次金融投机彻底粉碎了该行的所有发展计划。

巴林银行破产的直接原因是新加坡巴林公司期货经理尼克·里森错误地判断了日本股市的走向。1995 年 1 月份,日本经济呈现复苏势头,里森看好日本股市,分别在东京和大阪等地买进大量期货合同,希望在日经指数上升时赚取大额利润。天有不测风云,1995 年 1 月 17 日突发的日本阪神地震打击了日本股市的回升势头,股价持续下跌。巴林银行因此损失的金额高达 14 亿美元,这几乎是巴林银行当时的所有资产,这座曾经辉煌的金融大厦就此倒塌。巴林银行集团破产的消息震动了国际金融市场,各地股市受到不同程度的冲击,英镑汇率急剧下跌,对马克的汇率跌至历史最低水平。巴林银行事件对于欧美金融业的隐性影响不可估量。

点评:事情表面看起来很简单,里森的判断失误是整个事件的导火线。然而,正是这次事件引起了全世界密切关注,金融衍生工具的高风险被广泛认识。从里森个人的判断失误到整个巴林银行的倒闭,伴随着金融衍生工具成倍放大的投资回报率的是同样成倍放大的投资风险。这是金融衍生工具本身的"杠杆"特性决定的。

从巴林银行倒闭案开始,欧美金融界人士开始关注如何约束机构内部成员的个人行为,从而避免由个人行为导致的无可挽回的巨大损失。业内关于完善监督机制、限制个人权限的讨论一直不曾间断。

▽ 我国期货市场风险产生的特殊背景

由于中国正处于经济体制转轨和经济体系转型时期,所以,期货市场还有着特殊的风险源。

一是法规制度不健全,对市场经常进行行政干预。中国目前还没有指导期货市场运行的基本法——《期货交易法》,其他有关的法规制度以及相关的经济、金融法规也正在完善之中。

二是市场结构不完整、市场发育不全。目前,我国的期货市场还存在着许多不完善之处,如市场管理水平较低、交易主体结构不尽完善等。曾经一段时间投机成风、恶性炒作蔓延,大小风险频繁出现,如"三二七"国债期货事件的产生,除了国债期货赖以存在的利率机制市场化尚未形成、金融现货市场不够完善的原因外,最重要的一个原因就是政策风险和信息披露制度的不完善。

三是非正式制度发挥了更大的作用,人为因素造成规则变动频繁、信息传播渠道不正规。法制的道德基础不牢固,这是在中国社会文化背景下产生风险的深层次原因。

[**案例 9-3**] 苏州"红小豆 602 事件"

第一时期:合约推出期

苏州商品交易所于 1995 年 6 月 1 日正式推出红小豆期货合约的交易。由于红小豆现货市场低迷,苏州红 1995 系列合约一上市就面临巨大实盘压力,仓库库存一直持续增加,致使期价连创新低,9511 曾创下 1640 元/吨的低价。期价的偏低和 1995 年红小豆减产等利多消息促使很多资金入市抄底,随着 1996 年诸合约的陆续上市,多头主力利用交易所交割条款的缺陷和持仓头寸的限制,利用利多消息的支持,蓄意在 1996 年系列合约上逼空。9602 合约期价于 10 月中旬以 3380 元/吨启动后至 11 月 9 日价格涨至 4155 元/吨的高位,随后回落整理,进入 12 月再入暴涨阶段。12 月 15 日,苏交所通知严禁陈豆、新豆掺杂交割,多头借机疯狂炒作,在近一个月的时间里将价格从 3690 元/吨炒至 5325 元/吨。空头主力损失惨重,甚至使许多卖出套期保值者爆仓。

1996 年 1 月 8 日,中国证监会认为苏州红小豆合约和交易规则不完善,要求各持仓合约头寸减仓和不得开出 9608 以后的远期合约,1 月 9 日、10 日,苏州红开盘不久即告跌停,又使在高位建仓的多头头寸面临爆仓和巨大亏损的风险。之后,苏交所推出一系列强制平仓的措施,期价大幅回调。3 月 8 日证监会发布通知停止苏交所红小豆期货合约交易。

第二时期: 1996 年 2 月至 1997 年 10 月,9609 事件爆发,交易所加强风险监控

苏州红小豆事件发生后,原来囤积在苏交所交割仓库的红小豆源源不断地涌入天津市场。天联所为防范风险,规定最大交割量为 6 万吨。多头遂集中资金优势,统一调配,通过分仓以对敲、移仓、超量持仓等手段操纵市场,使得 1996 年各合约呈连续的多逼空态势,最终酿成了 9609 事件,再次对交易所的风险监管敲响了警钟。当年年底,受日本红小豆进口配额有可能增加的朦胧利好的刺激,期价进一步冲高,到 1997 年初9705 合约高达 6800 元/吨。1997 年春节前到 10 月底,期价呈辗转下跌寻求支持的态势,未能扭转颓势。

在市场交割和监管方面,天交所推出经证监会批准的新的《章程》和《交易规则》。3月初,中国证监会公布对天津红 9609 事件的处理决定,给投机者以沉重打击。但在这一阶段中出现了山西、陕西产的较廉价红小豆没有与天津、河北产的红小豆分开,不经贴水而参与交割,现货商不愿接货出口的现象,表明交易所在贯彻三公原则方面有待改进。

第三时期: 1997 年 11 月至 1998 年 5 月,逐步规范期

为谋求与东京谷物交易所接轨,1997 年 10 月天交所大幅提高天津红及其替代品交割标准,11 月 14 日举行对 1997 年产的红小豆地名封样,随后又推出"农产品工业化"思路,1998 年初又推出注册品牌登记制度。这些措施的推出,表明天交所在积极探索如何进一步规范国内红小豆期货市场、谋求与国际红小豆期货市场接轨,天津红内在价值的提高使期价具备了一定的抗跌性。

点评: 上述案例提示我们要做好以下工作:

一是认真选好红小豆期货合约交易的交割标准品,并确定好交割替代品。回顾红小豆期货交易,便可发现每一次限制交割条款措施的出台,都会成为多头逼空拉抬期价的重要筹码。另一方面,一旦放开交割范围,容易造成巨大的实盘压力,使很多现货商把期货市场当作批发市场,迅速增加交易所交割仓库库存,加快了红小豆期价的下跌速度。

二是交易所应该加强对红小豆期货交易的监管,交易规则不宜朝令夕改。红小豆期货交易多次发生多逼空,与其小品种的特性固然有关,但与交易所监管不力、在合约进行中频频出台相关政策也有很大的关系。红小豆期货是个小品种是不争的事实,但东京谷物交易所的红小豆期货交易为什么运作得如此规范呢?国内同是小品种的绿豆期货也一直运作得比较规范。因此,很有必要借鉴东京谷物交易所的监管经验。当期价出现异动变化时,交易所应及早出台措施,避免事态的恶化。

◆ 期货市场各主体的风险

期货市场参与者主要是指期货交易所、期货经纪公司和期货交易者。由于它们在期货市场中各自所处的地位不同,因而所面临的期货风险及其相应的风险管理内容也不相同。

▽ 期货交易所的风险

(1)清算风险:在期货交易中,期货交易所必须对其会员单位负责,如果某会员单位由于某些原因而无法进行清算,则期货交易所必须承担该会员单位的清算责任,逐日盯市制度能避免追加保证金不到位的风险。

(2)管理风险:是由于期货交易所风险管理制度不健全,管理过程中出现漏洞而造成的一种风险。

(3)技术风险:是由于计算机交易系统或通讯信息系统出现故障而引起的风险。

(4)连锁风险:在期货市场上,一个期货经纪公司可能同时是几个期货交易所的会员单位,如果该会员单位在其他的期货交易所发生清算,清偿风险,本期货交易所也会受到相关联的影响,产生连锁风险。

(5)政策风险:在期货交易中,上市品种为服从国家对产业政策的取向,或者期货价格为满足和适应国家在一定时期内对其宏观调控的要求或者由于某种原因,期货交易所被停止或某一上市品种被停止交易,由此而带来的纠纷和清偿风险。

(6)灾害性风险:由不可抗力事件所引发,例如由于突然停电造成期货交易所信息系统数据被破坏,或由于火灾等意外灾害所造成的重要交易文件的毁损。

针对可能发生的风险期货交易所,必须建立起一套分级管理的风险控制体系。所谓分级管理,即期货交易所通过设立一系列制度,设立风险基金,对会员单位进行管理,实施统一结算的原则,定期对会员单位的财务状况进行检查,对会员单位负责,会员单位对其客户进行相应的管理,对客户负责。

▽ 期货经纪公司的风险

● 经营风险

经营风险是指期货公司日常经营过程中发生亏损的不确定性,主要包括信用风险、流动风险等。这类风险是指期货公司对外开展业务的过程中发生的,一般来说,期货公司可以通过正确的经营策略、科学的决策程序、一定的技术手段以及严格的企业制度管理,将这种风险降低到最小限度。

● 客户的道德风险

主要有以下三种情况:

第一,在客户开户程序中,期货经纪公司要防范客户隐瞒其真实身份的情况。如一些法人单位在未经上级主管单位或董事会批准的情况下,擅自借用自然人的名义开户交易。也有一些客户借用他人身份证开户,以达到其在多家会员单位开立多个期货交易账户的目的。

第二,一些客户的风险意识淡薄,喜欢超仓、透支交易,有些客户甚至恶意透支交易,给经纪公司带来巨大风险。

第三,一些客户对经纪公司隐瞒其真实的交易意图,特别是对交割月份持仓掉以轻心,摇摆于投机交易与实物交割之间,容易造成交割违约风险。

- 交易运作风险

交易运作风险是指经纪公司因通讯信息系统或内部控制方面的缺陷而导致意外损失的可能性,主要包括错单风险、通讯与信息系统风险等。

- 管理风险

管理风险指的是由于期货经营机构自身管理中存在的问题、隐患导致的风险。主要包括:事务风险、内保风险、凝聚力风险、技术风险等。这类风险固然受一些外部因素的影响,但它产生的根本原因还在机构自身。期货公司必须通过加强内部管理体制、提高作业人员素质等途径防范和减少管理风险。

例如,有些期货经纪公司为争取客户,在客户未完成办理委托手续,或客户虽完成委托手续但资金未到位的情况下,便开始接受客户指令进行交易,造成亏损;有的期货经纪公司在经纪人填写委托单或场交易员录入单时,出现价位或买卖方向上差错,也造成了巨大损失。

- 客户结算和清算风险

期货经纪公司的代理业务并不直接面对期货价格波动的风险。在正常情况下,期货价格波动风险由期货交易者承担。但是,当期货价格剧烈波动或某一期货市场发生崩盘时,期货经纪公司就会面临客户结算风险和市场清算风险。

客户结算风险是指当市场价格波动异常剧烈时,客户持仓头寸发生亏损,保证金不足以弥补平仓亏损,产生爆仓。控制客户结算风险,必须严格执行保证金制度、强制平仓制度等风险控制制度;市场清算风险是指期货交易的一方大规模违约而导致的风险,市场清算风险是一种发生概率小,破坏性极大的风险,必须重点防范。目前,中国期货市场还处于试点阶段,期货交易所防范市场风险的能力还不够强,有可能发生大规模的市场清算风险的严重事件。在商品期货市场上,实物交割违约是市场清算风险中比较常见的一种。对于市场清算风险,期货经纪公司无法直接干预,但可以采取适当手段来规避它。

- 法律风险

期货市场是一个受法规管制和政府监管的市场。法律风险是指经纪公司未正确或严格执行法律法规的条文和程序而带来的风险。

针对上述风险,期货经纪公司可以采取与期货交易所相类似的风险管理系统:设立一系列制度,对客户严格执行保证金制度、每日结算无负债制度、交易头寸限制制度等,并对客户的交易资金变动时刻予以检查、控制与监督。期货经纪公司还必须与客户签署《代理期货买卖协议书》,除此之外,期货经纪公司应从其内部着手,加强从业人员的业务培训,优化业务流程,减少错单发生率,并建立相应的奖惩制度。

[**案例 9-4**]　监管体系反思——广联"籼米事件"

"籼米事件"又称"金创事件",是中国期货市场上一次过度投机、大户联手交易、操纵市场的重大风险事件。

广东联合期货交易所自 1995 年 6 月 12 日正式推出籼米期货交易后,籼米期价一路飙升,其中 9511 和 9601 两个合约,分别由开始的 2640 元/吨和 2610 元/吨上升到 7 月上旬的 3063 元/吨和 3220 元/吨,交易活跃,持仓量稳步增加。随着夏粮丰收、交易所出台特别保证金制度,到 10 月,9511 合约已回落到 2750 元/吨附近,致使多头牢牢被套。

10 月中旬,以广东金创期货经纪有限公司为主的多头联合广东省南方金融服务总公司基金部、中国有色金属材料总公司、上海大陆期货经纪公司等会员大举进驻广联籼米期市,利用交易所宣布本地注册仓单仅 200 多张的利多消息,强行拉抬籼米 9711 合约,开始"逼空",期间行情出现巨幅振荡。由于部分多头获利平仓,多方力量减弱,当日 9511 合约收低于 2910 元/吨,共计成交 248416 手,持仓量仍高达 22 万手以上。收盘后,广东联合期货交易所对多方三家违规会员作出处罚。由此,行情逆转直下,11 月 20 日 9511 合约最后摘牌时已跌至 2301 元/吨。至此,多方已损失 2 亿元左右,并宣告其逼空失败。11 月 3 日,中国证监会吊销了广东金创期货经纪有限公司的期货经纪业务许可证。

点评:抑制过度投机和防范风险对于期货市场的稳定至关重要。通过广联籼米事件可以看出,当时我国期货市场中会员及经纪公司主体行为极不规范,除了存在大户垄断、操纵市场、联手交易、严重超仓、借仓、分仓等严重违规行为,还有透支交易、部分期货经纪公司重自营轻代理的问题,这些行为使广大投资者蒙受了巨大损失,严重扭曲了期市价格,限制了套保功能的发挥,加大了风险控制的难度,阻碍了期货市场的正常运行。此外,作为期货市场核心的交易所也监管不力,面对籼米期价出现异常波动和过度投机行为,未能及时采取化解风险的有效措施,导致交易失控。事件发生后,面对巨大的结算风险只能采取单一的协议平仓手段,减少持仓,从而转嫁因交易所监管不力造成的风险,违背设立交易所的初衷和市场自由竞价的原则,对市场发展产生了一定的负面影响。

▽ **投资者的风险**

● 价格风险

在期货交易中,投资者最大的风险来源于市场价格的波动,这种价格波动给投资者带来交易损失的风险。因为杠杆原理的作用,这个风险因为是放大了的,投资者应时刻注意防范。

- 流动性风险

流动性风险是由于市场流动性差,期货交易难以迅速、及时、方便地成交而产生。这种风险在客户建仓与平仓时表现得尤为突出。如建仓时,交易者难以在理想的时机和价位入市建仓,难以按预期构想操作,套期保值者不能建立最佳套期保值组合;平仓时则难以用对冲方式进行平仓,尤其是在期货价格呈连续单边走势,或临近交割时,市场流动性降低,使交易者不能及时平仓而遭受惨重损失。

[**案例 9-5**] 期货投资者的流动性风险

2000 年 9 月某日,一客户打算在铜价为 19700 元/吨时抛空 5 手(25 吨)铜,但是,由于大多数投资者普遍担心铜价偏高,市场有价无市,该投资者的投资计划因此而难以实现。同样,当市场出现大的行情时,期价有时会向一个方向连续运行,致使平仓发生困难。这些都是流动性风险造成的。

点评:要避免遭受流动性风险,投资者应注意市场的容量,研究多空双方的主力构成,以免进入单方面强势主导的单边市。

- 强行平仓风险

期货交易实行由期货交易所和期货经纪公司分级进行的每日结算制度。在结算环节,由于期货经纪公司根据交易所提供的结算结果每天都要对交易者的盈亏状况进行结算,若期货价格波动较大、保证金不能在规定时间内补足的话,交易者可能面临强行平仓风险。

除了保证金不足造成的强行平仓外,还有当投资者委托的经纪公司的持仓总量超出一定限度时,也会造成经纪公司被强行平仓,进而致使客户被强行平仓的情形。

因此,投资者在交易时,要时刻注意自己的资金状况,防止由于保证金不足,造成强行平仓,给自己带来重大损失。

- 交割风险

期货合约都有期限,当合约到期时,所有未平仓合约都必须进行实物交割。因此,不准备进行交割的投资者应在合约到期之前将持有的未平仓合约及时平仓,以免于承担交割责任。

这种交割风险是期货市场与其他投资市场相比,较为特殊的一点,新入市的投资者尤其要注意这个环节,尽可能不要将手中的合约持有至临近交割时,以避免陷入被"逼仓"的困境。

- 操作风险

投资者在选择和期货经纪公司确立委托过程中产生的风险。投资者在选择期货经纪公司时,应对期货经纪公司的规模、资信、经营状况等进行对比选择,确定最佳选择后与该公司签订《期货经纪委托合同》。

目前,我国期货市场处在起步发展阶段,期货经纪公司的管理也处在进一步规范的过程当中。在最初几年中,许多投资者盲目选择了那些根本无资格进行期货交易的所谓"期货经纪公司",将交易资金存入其中,结果被席卷一空,造成了无可挽回的巨大损失。投资者在寻求选择经纪公司时,可以从其合法性、信息设备、期货从业人员素质、操作流程和风险管理水平等方面加以考察。投资者还应善于识别和防范期货交易中的欺诈行为,例如虚报买卖价格从中赚取差额利润、进行私下成交、骗取客户手续费等。

［案例 9-6］　四川嘉陵期货挪用客户保证金事件

嘉陵期货可谓期货界赫赫有名的实力炒家之一。1993 年 3 月 18 日,由四川双安实业有限公司、中国国际期货经纪有限责任公司等 10 家投资公司、产业集团、准金融机构等股东共同出资 3000 万元在成都成立,是国内期货业较早成立的大型经纪公司之一。2004 年上半年,嘉陵期货代理额高达 460 亿元,在四川省位列第二。2004 年 8 月初,董事长刘崇喜携带部分挪用款突然失踪,事后查明是挪用了大量客户保证金(约 8000 多万),并将保证金通过走账的方式循环到嘉陵期货公司体外,通过其他公司分仓炒作上海期铜,结果爆仓。8 月中下旬,证监会的调查组进驻嘉陵期货,与公安部门联合封闭办案,将董事长刘崇喜逮捕,并对嘉陵期货进行停业整顿,同时为保护全体客户的合法权益,经多次研究最终决定采取分类、分期清退客户保证金的清退方案。

点评:目前实行的分户管理保证金将客户资金与券商资金从程序上彻底分离,可以使得客户资金更加安全,在券商挪用客户保证金问题上得到了很好的解决,但是,这仍然不能完全杜绝保证金风险。因为造成保证金损失的途径还有其他一些形式。一些不法之徒利用投资者想快速赚钱的心理,通过大比例透支、内幕消息或委托理财中承诺高盈利率等方式来引诱投资者主动交出资金或者合作炒股,然后再伺机骗取保证金。例如:江西的证券黑市就是通过证券投资顾问公司采用假融资等方式诈骗股民资金。

投资者在选择经纪公司时,必须提高风险意识。保持清醒的认识,不能盲目相信他人或某些未经注册的咨询公司,即使对已经注册的咨询公司的一些超越法规的委托理财行为也不能盲目相信。投资中要克服贪婪心理,只用自己完全可以承受的资金参与交易,坚决不参与透支行为,为自己的投资资金建立起牢固的防线。

对于期货市场各参与者所面临的上述风险,我们要通过层层布控,环环相连的方法,将风险管理的责任落实到期货市场参与者的每一方,有效实施期货市场的风险监控,从而保证期货交易的有序进行,使期货市场得到健康的发展。

第二节　期货市场的监管及国际比较

◆ 期货市场风险管理的必要性

　　与一般市场相比,期货市场在运行上具有以下鲜明特征:一是市场运作的高效率。标准化合约使期货交易速度大大加快,买空卖空机制让投机者实现了频繁换手交易。二是期货交易的高风险。保证金制度使期货交易具有极强的杠杆功能,能够 10～20 倍的放大交易盈亏,每日结算制度对交易者接受交易盈亏更具有强制性。三是运作监管的复杂性。期货市场通过发现预期"虚拟价格"发挥功能,是一个避险与投机共存的市场,投机活动使期货市场具有了"双刃剑"的性质。这些特征决定了必须对期货市场实行专业化、法制化的高效灵活的动态监管。

　　[案例 9-7]　1987 年香港股灾与恒指期市危机

　　1987 年 10 月 19 日,受世界股灾的连锁影响,香港股市恒指上午急跌,瞬即跌逾 150 点。香港期货交易所紧急宣布"停板",虽然客户补足了期交所要求的追加保证金,但当天下午,恒指期市重开,瞬间又因股市大泻,恒指再跌至 150 点。交易所再次要求会员经纪补足保证金,但这时经纪公司已无法及时追补客户的保证金,那些"多头"(买空)合约多而"空头"(卖空)合约少的经纪公司无法向期交所补回应补的保证金。当天恒指共下跌了 420.81 点。20 日起,股市和恒指期市一致停市 4 天,期交所向各会员经纪全面展开追收保证金。当时,未平仓的恒指期货合约有 8.7 万余张,以 19 日收市价结算,需补交的保证金已近 20 亿元,由于涉及的保证金金额大,如按恒指继续下跌 1000 点计算(10 月 26 日复市时实际下跌 1120.7 点),8.7 万张"多头"合约的保证金金额将达到 43.5 亿港元,而期交所的清算保证公司仅有资本 1500 万港元,加上赔偿基金也不过才 2500 万元,杯水车薪,保证公司实在无法继续担保合约的履行。保证公司的财政危机使结算风险进一步蔓延,这使得恒指期市的生存岌岌可危,期交所也面临倒闭的可能。

　　最后,香港政府紧急联合各大银行(如汇丰银行、中国银行)向保证公司连续提供了两次共 40 亿港元的备用贷款进行救市行动,使期交所有足够的资金渡过危机。

　　点评:香港恒指期市危机的爆发,其教训是深刻的。尽管香港股市的不完善、不够发达(如不允许卖空、交收制度的缺陷等)是危机爆发的重要原因之一,但根本的原因还在于期市自身的风险管理制度不健全。期货市场风险管理是期货市场充分发挥功能的前提和基础,是减缓或消除期货市场对社会经济生活不良冲击的需要,更是适应世界经济自由化和国际化发展的需要。

◆ 期货市场监管体系

近十多年来,由于世界期货市场国际化、一体化步伐加快,成功的期货市场监管模式也呈现出了趋同性:其一,从监管体制看,三级监管模式已被各国普遍认可。这种分层化监管,有助于环环相扣、层层控制、互相制衡、分散风险,有利于不同层次借助于市场手段、法律手段、行政手段对市场综合监管。其二,从监管重点看,大多国家都把交易所和行业协会的自律管理作为期货市场监管的基础和核心力量,尊重市场规律,保证监管的市场化和灵活性。其三,从监管手段看,各国都强调政府要从宏观上对市场进行法制化管理,保证期货市场发展的有序性、稳定性和持续性。其四,从发展角度看,各国都在根据市场发展的需要,总结监管经验教训,分析检查各自监管模式的有效性,在实践中对其不断进行改进和调整,从而更好地保护期货市场的竞争性、高效性和流动性,提高为市场参与者服务的水平。

▽ 期货市场的三级管理组织体系

无论欧美还是亚洲国家,对期货市场的监管,大多分为三个层次进行:第一个层次为交易所的一线监管;第二个层次为期货业协会的自律管理;第三个层次为国家的宏观管理。

• 政府对市场的宏观调控

政府监管机构作为这个体系的最高层,其核心任务是保持市场规范运作,促进期货市场健康发展,促进法律制度的完善,制定相关法规,从宏观上监管整个期货市场的参与者和行业协会,积极促进交易所参与国际市场竞争。

• 期货业协会的自律管理

期货业协会对其会员的监督和自律管理是政府监管的重要补充,在国外期货市场管理体系中,占据着重要地位,它致力于行业自治、协调和自我管理,其作用主要表现为:强化职业道德规范,实施客户保护条例;会员资格的审查和登记,监督管理其日常经营活动;调解和仲裁纠纷;期货知识和遵纪守法的普及宣传等。期货市场发展史表明,发达的金融市场都具有相应的自律性组织,自律性组织有利于保护投资者利益,通过维护市场稳定,提高投资者对市场的信心,它还可以运用法律手段,引导市场有序发展。

[案例 9-8]　美英两国的期货业自律组织简介

美国的期货业自律组织为全国期货协会(National Futeres Association,NFA),它成立于 1982 年 10 月 1 日,其主要职责是对面向公众从事期货交易的公司和个人进行监管。英国的期货业自律组织为证券和期货局(Securities and Futures Authority,SFA),它于 1991 年由证券协会和期货协会合并而成。1997 年 5 月 20 日,英国政府决定合并 9 个金融市场监管机构(包括 SFA),成立金融服务管理局(Financial Services Authority,FSA)进行统一监管。1998 年 6 月 1 日起,SFA 的监管计划纳入 FSA 的总体计划中,SFA 依照 FSA 的授权协议行使监管职责,直接对 FSA 负责,SFA 职员相应成为 FSA 职员。

● 期货交易所的一线监管

期货交易所的第一线监管,是期货市场管理的灵魂。交易所的日常自我管理主要通过章程、规则和办法来进行。交易所的自律管理包括交易所对会员的管理、对会员经纪业务的管理、对期货交易活动的管理和对结算保证系统的管理。

成熟期货市场三级监管体系如下图 9-1 所示。三级监管体系已经得到实践的检验,并被证明在风险控制上是卓有成效的。这一体系已经被美国、欧洲等比较成熟的期货市场和香港、新加坡等新兴市场广泛采用。这一体系能控制风险,其核心是各级风险控制组成部分的责任划分明确,风险控制分工明确,在各层次间建立了稳定和高效的联系。

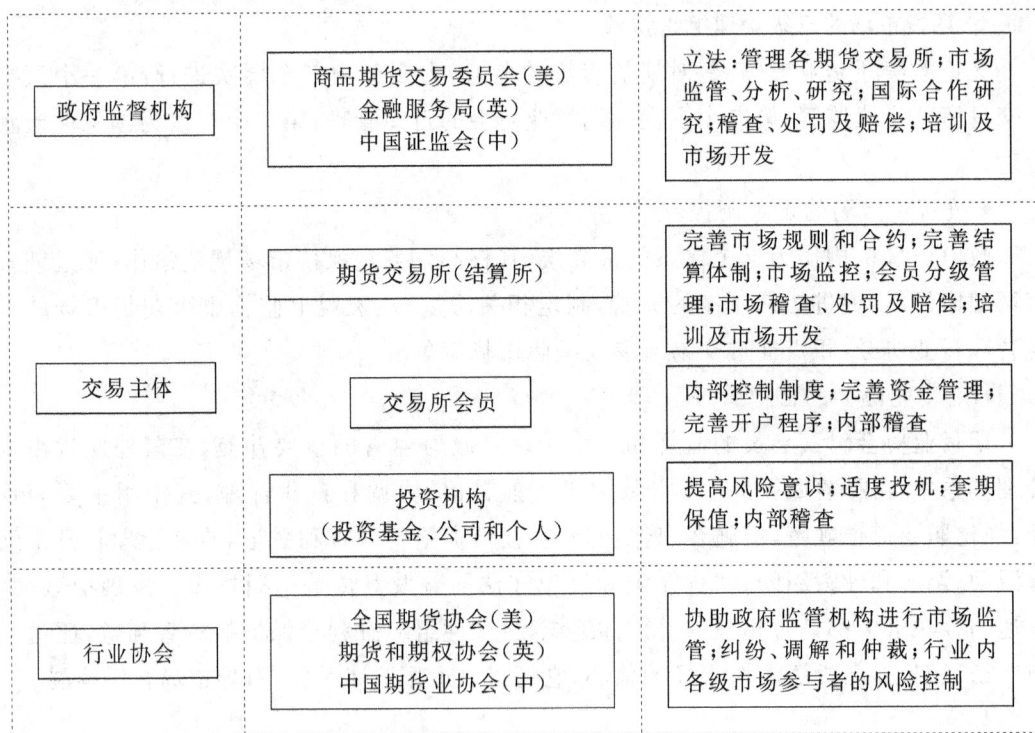

政府监督机构	商品期货交易委员会(美) 金融服务局(英) 中国证监会(中)	立法;管理各期货交易所;市场监管、分析、研究;国际合作研究;稽查、处罚及赔偿;培训及市场开发
交易主体	期货交易所(结算所)	完善市场规则和合约;完善结算体制;市场监控;会员分级管理;市场稽查、处罚及赔偿;培训及市场开发
	交易所会员	内部控制制度;完善资金管理;完善开户程序;内部稽查
	投资机构 (投资基金、公司和个人)	提高风险意识;适度投机;套期保值;内部稽查
行业协会	全国期货协会(美) 期货和期权协会(英) 中国期货业协会(中)	协助政府监管机构进行市场监管;纠纷、调解和仲裁;行业内各级市场参与者的风险控制

图 9-1 期货市场三级监管体系

▽ **立法管理**

期货市场立法管理是指通过制定、颁布期货交易的法律、法规来规范期货市场的组织机构及其运行机制。

在漫长的期货交易发展过程中,美国政府逐步制定了一套较为完善的法规制度。美国的期货市场法规依其职能可分为两部分:

• 国家期货交易法规

国家期货交易法规对期货市场的交易活动起着宏观监控作用,随期货市场的不断发展而逐步完善。如:1916 年通过的《棉花期货法》、1922 年国会颁布的《谷物期货交易法》以及 1974 年重新颁布的《商品期货交易委员会法》等众多法案,它们有的确立了期货交易所的法律地位,有的授权成立了商品期货交易委员会,并根据期货交易的飞速发展及时加入了新的内容,最终形成了全国统一的期货法规体系。全国性法规是各级期货交易机构进行监管的最基本依据。各有关机构也据此制定了具有操作性的管理规则。

• 期货交易规则(条例)

它以期货交易具体运转规则为原则,为整个期货市场参与者制定了行为规范,一经制定便以强制形式执行,使得立法管理在维护市场的公平性、规范化方面起着不可估量的作用。如 1936 年实施的《商品交易所条例》,对期货市场的管理机构、交易所、中介机构、交易者及场外交易活动都进行了严格规定,其中的许多条例一直沿用至今,并被许多期货交易市场所采用。

美国的期货市场从无序到有序,走上了良性发展的轨道,这与其有比较健全的法律法规体系不无关系。

◆ 美国期货市场管理

▽ 期货市场监管的组织体系

在近 150 年的期货市场发展进程中,美国期货市场逐步形成了以期货交易所和结算机构的自律管理和期货行业协会的自律管理为基础,辅之以商品期货交易委员会的依法监管的三级管理体系。这套管理体系对于美国期货市场健康而迅速的发展起着至关重要的作用。

• 政府监管

1974 年以前,美国期货市场的政府监管机构是农业部所属商品交易管理局。20 世纪 70 年代以后,期货交易品种进一步拓展到金融产品,原来的监管机构已经不能适应市场发展的要求。因此,经国会批准于 1974 年成立了商品期货交易委员会,作为独立的政府机构专门负责管理美国的商品期货交易和期权交易市场。该机构保证参与市场交易的组织和个人不受不正当手段操纵、滥用交易规则和欺诈行为的损害。通过有效的监督和规章制度的保障,委员会确保交易市场的正常运作。自 CFTC 建立以来,美国的期货市场迅速发展,并将交易品种扩展到了金融期货期权甚至天气指数等衍生品领域。

• 全国期货业协会的自律管理

1974 年美国国会在通过立法批准成立了商品期货交易委员会的同时,批准成立了全国期货行业协会(NFA)。这给期货行业提供了成立一个自我管理的组织的机会以及与政府沟通协调的平台。协会的工作职责主要是制定富有创新性的期货交易规章计划，提供保证期货行业完善性的服务，保护投资者的利益，帮助其会员的营业规范达到规章制度的要求。协会的业务活动向商品期货交易委员会负责并受其监督。

除了 NFA 外，美国还有一个世界性的期货行业组织——期货行业联合会（FIA）。作为一个民间团体，FIA 发挥着期货行业与美国国会、CFTC 沟通桥梁的作用，它代表会员利益，为减轻行业监管负担并保护期货公司及其客户的利益而工作。

- 期货交易所的自我监管

美国期货交易所的自我监管是美国期货市场管理体系的基础和核心。要了解美国期货市场管理体系必须了解美国期货交易所的自我监管情况。

美国期货交易所实行私人会员制，会员资格只授予个人，其自我管理通过交易所理事会、交易所各专业委员会和交易所各职能部门来进行。期货交易所的最高权力机构是理事会，理事会由全体会员选举产生。其主要职责是确定交易所的重大经营方针和决策，审定并修改交易所内部的各项管理和交易规则，处理交易所中各会员之间的纠纷以及各种行政财务事务。

美国期货交易所还通过实施各种规则进行自我管理。这些规则包括：保证金制度、经纪商最低资金限额要求制度、交易记录和交易程序制度、客户单据管理、内部惩罚程序制度等。交易所的自我监管活动受到 CFTC 的监督；交易所的规则亦由 CFTC 批准。

由此可见，美国 CFTC、NFA 和期货交易所相辅相成、相互制约，共同构造了严格而有效的三级监管体系。通过有效的监管，依法维护了市场的完整性和有效性，并确保了市场的竞争力与透明度，维护了市场的财务完整性，促进了美国期货市场保持了良性发展。

▽ 美国期货市场监管的法规体系

美国的现代期货交易的历史可以追溯到 19 世纪初期的中西部边疆地区，但是，直至美国期货市场建立初期，在国家层次上，美国对各地的期货交易仍没有专门进行立法规范，使美国的期货市场呈现着投机过度和混乱无序的状态。南北战争爆发后，由于通货紧缩导致商品特别是农产品价格长期低迷，农民的经济权益受到了极大的损害，人们将这种状况归因于期货市场的过度投机行为，一些地方政府也通过法令禁止期货交易。美国国会经过详细调查和论证认为期货交易有其独特的促进市场经济发展的作用，国家应该立法保留期货交易这种新兴的交易方式。1921 年美国国会颁布了第一部与期货交易有关的法律——《期货交易法》，后因美国联邦最高法院的反对。1922 年，《期货交易法》被重新制订并命名为《谷物期货法》，于同年 10 月 1 日生效施行，它标志着美国开始在国家层次上对期货市场进行立法规范。

1936 年，为适应期货交易的发展需要，美国国会将《谷物交易法》更名为《商品交易法》，将管理的对象从谷物扩大到其他农产品，首次明确设置了专门的监管期货交易的政府机构——商品交易委员会，强化了政府对期货市场的直接监管。

1974 年,美国国会又一次修订期货交易法律法规。将《商品交易法》更名为《商品期货交易委员会法》。它的颁布,宣告了美国期货交易的管理体制由联邦政府监管、行业协会自律和交易所自我管理三级管理体制相结合的模式正式构成。1978 年、1982 年和 1992 年,美国国会对《商品期货交易委员会法》分别提出了有关修正案,促使该法的内容和管理体系日趋完善。

[案例 9-9]　弗兹公司(Ferruzzi)操纵大豆期货的事件

1989 年,弗兹公司被 CBOT 发现有逼仓的企图,并上报给 CFTC。CFTC 的最终调查显示,截至 1989 年 7 月 10 日,Ferruzzi 公司当时建立的大豆多头头寸已经达到了 2200 万蒲式耳。这个头寸数量达到了投机交易头寸限额的七倍,而且这个数字也超过了其他任何市场参与者限仓头寸的五倍,该公司的头寸已经占到了 7 月合约空盘量的 53%。美国期货市场的持仓当时是不公开发布的,发现这一企图后,CFTC 向公众披露弗兹公司持有的期货头寸超过当时市场总持仓量的 85%。

之后,CBOT 采取了三个措施来防止风险的进一步扩大:一是禁止弗兹公司进行新的交易;二是要求从 7 月 12 日开盘交易开始,任何拥有 1989 年 7 月大豆合约净多头部位或者净空头部位超过 300 万蒲式耳的个人或者法人户必须削减头寸,并且在随后的每个交易日以至少 20% 的份额递减。三是提高弗兹公司持有头寸的保证金。经过了超跌阶段,市场价位随后反弹。

能够有效地制止这起逼仓案件,主要是因为美国期货市场的监管者——CFTC 对期货价格真实有效性的高度重视。CFTC 设有经济分析部和首席经济学家办公室,许多经济学家每天密切关注、跟踪所有上市商品的现货市场情况以及期货市场价格的形成过程,一旦发现可疑迹象,便及时通过执行大户报告制度等调查、了解市场交易情况,通过对相关现货市场的供需和价格等情况进行比较研究,确认期货价格是否同现货价格严重背离、是否存在市场操纵,以严格防范和打击市场操纵行为。

点评:从 Ferruzzi 事件中可以看出,第一,当时芝加哥期货交易所采取的措施是相当必要的,这意味着逼仓事件可以得到避免。第二,市场监管者在密切关注期货市场价格异动、防止风险扩大化方面采取的监控措施对于防范和打击期货市场的操纵行为极为重要。市场监控的首要任务是识别市场操纵威胁和采取预防性措施。对于活跃的期货合约和期权合约,监察人员每天都需要监视大户的交易活动、重要的价格关系和相关供需因素,以此来评估潜在的市场问题并及时采取有效的手段予以解决。

◆ 英国期货市场管理

英国也是世界上期货市场发展较早的国家之一。在美国现代期货市场监管经验的影响下,英国也建立了以行业自律管理为中心的三级管理模式。在 1996 年"住友事件"

以前,英国期货市场一直靠行业自律管理,政府主要是制定法律法规和采取非直接手段对期货市场进行宏观调控;"住友事件"发生后,英国政府加强了监管力度,但交易所和行业协会的自律管理仍然是英国期货市场监管的核心力量。

▽ **政府监管**

1985年成立的证券投资委员会(SIB)是英国期货市场的最高监管机构。随着金融市场的迅速发展,各种违规操作和金融风险也大大增加,尤其是20世纪90年代以来,英国多次发生期货业的丑闻,著名的有Codelco案、Summitomo案,特别是巴林银行的破产引起了各界对现行金融管理体制的关注和批判。1997年,英国政府对现行的金融市场监管结构进行全面评估,并开始了新一轮的金融改革,建立了金融市场法律体系及与之相对应的统一的监管机构,原有的九个监管实体并入SIB,并正式更名为金融服务局(FSA),成为英国金融市场统一的监管机构。

▽ **行业自律管理**

英国行业协会对期货市场的自律管理主要是通过证券期货业协会(SFA)实现的。证券期货业协会是英国期货行业的民间团体,属于法定自律组织,对证券投资委员会负责,进而对英国政府负责。英国另外一个期货行业的自律组织是英国期货期权协会,该协会是一个全国性的期货行业非营利性组织,其成员包括:开展期货、期权及其他衍生品交易的公司、企业、交易所、票据交换部门等。

FOA是英国一个国际性的期货行业的自律组织,其成员主要包括从事期货、期权和其他衍生品交易的公司、交易所和结算所等。截至2001年9月,FOA的交易所会员有CBOT、CME、LIFFE、IPE、EUREX、EURONEXT、SGX、TIFFE等。FOA的主要职能如下:

(1)沟通行业与监管机构的联系,游说监管机构和政府部门,改善行业监管和税收环境。

(2)向社会公众宣传,促进大众对金融衍生品行业的理解。

(3)开展专业培训和职业教育。

(4)为会员提供信息服务,组织各种会议和论坛,探讨行业发展中的问题。

▽ **交易所的自我管理**

英国的期货市场管理更强调期货交易所的自我管理,交易所的自我管理是英国期货市场管理体系中的基础与核心。交易所的主要职责为:

(1)管理会员资格。伦敦金属交易所管理委员会负责入会会员的申请批准和资信审查等事务,并向会员每年收取一定的费用作为维护开支的费用。

(2)管理经纪人。严格管理经纪人,规定经纪人不能直接参与市场交易,只能为买卖双方牵线,从中收取佣金。

(3)制定保证金的收取水平和组织结算制度的实施。对于信誉良好的交易者,交易所通常允许其进行信用交易,信用额度则根据客户的资产和可信贷值比例而定。通常资信好的交易者在入市前可以不预先存放保证金,但对一般客户,预交初始保证金则是必要的。

(4)防止垄断和市场操纵等行为,保护期货交易所的充分竞争性。交易所设置专门的价格检查督促小组,颁布规则,防止人为操纵市场的不法行为。

(5)加强交易商品质量和交割仓库管理。为保证伦敦金属交易所的国际性,交易所特别强调交易商品质量等级的检验制度。交易所还定期派人监督检查定点仓库的运行情况,杜绝违反交易所规则行为的出现。

通过以上手段,交易所对期货交易活动进行监管,维护市场秩序和交易所的公正性。

[**案例 9-10**] 住友铜期货事件

住友铜期货事件的发生,是作为首席交易员的滨中泰男刻意对抗市场的供求状况和蓄意操纵市场的行为所致的。该事件全面爆发于 1996 年 6 月,整个事件持续了近 10 年。早在 1991 年,滨中泰男在 LME 铜市场上就有伪造交易记录、操纵市场价格的行为,但是没有得到及时的处理。直到 1994 年和 1995 年,由于滨中泰男控制了许多交割仓库的库存,导致 LME 铜价从最初的 1600 美元/吨单边上扬,最达到 3082 美元/吨的高位。到 1995 年下半年,随着铜产量的大幅增加,越来越多的卖空者加入到抛售者的行列,但是,滨中泰男继续投入几十亿多头头寸。终于,在 1995 年 10、11 月份,有人已经意识到期铜各月合约之间价差的不合理状态,要求展开详细调查。在对每个客户在各个合约上所持有的头寸,及交易所仓库中仓单的所有权有了清晰的了解之后,LME 专门成立了一个由专业人士组成的特别委员会,就如何处理进行了探讨。

此时,铜价的反常波动引起了英美两国证券期货监管部门的共同关注,滨中泰男企图操纵市场的行为也逐渐败露。监管部门的追查以及交易大幅亏损的双重压力,使滨中泰男难以承受。1996 年 5 月,伦敦铜价已经跌至每吨 2500 美元以下,有关滨中泰男将被迫辞职的谣言也四处流传。在这些传闻的刺激下,大量恐慌性抛盘使得随后几周内铜价重挫 25％左右。

1996 年 6 月 5 日,滨中泰男未经授权参与期铜交易的丑闻在纽约逐渐公开。1996 年 6 月 24 日,住友商社宣布巨额亏损 19 亿美元并解雇滨中泰男之后,铜价更是由 24 小时之前的每吨 2165 美元跌至两年来的最低点每吨 1860 美元,狂跌之势令人瞠目结舌。事件发生后,按照当时的价格计算,住友商社的亏损额约在 19 亿美元左右,但是,接踵而来的恐慌性抛盘打击,更使住友商社的多头头寸亏损扩大至 40 亿美元。

◆ 日本期货市场管理

▽ 日本期货市场监管的组织体系

日本的期货市场最早起源于 1730 年日本大阪进行大米远期合同交易的"米相场",

1893 年日本政府通过了《期货交易所法案》，确立了近代期货交易制度。随着日本经济的腾飞，日本的期货市场已形成了独具特色的监管体系和管理模式。日本证券期货市场原来由大藏省统一监管，1991 年日本证券市场发生了"证券舞弊事件"，根据日本《国家行政组织法》第六条的有关规定，于 1992 年 7 月成立了证券交易监督委员会，从此结束了大藏省统管市场的局面。

(1)政府监管。日本期货市场也采取三级管理模式，但日本政府并未设立全国统一的期货市场管理机构，而是由各专业主管部门对本行业的期货交易实行全面监管。具体而言，就是由农林水产省管理农产品期货，通商省管理工业品期货，大藏省管理金融期货。政府中设有主管大臣和主管部门，主管大臣在期货市场管理中占有重要地位，主管大臣有责任和权利对交易所及其会员的资信业务、财务状况进行检查，对交易所职责也同样可以进行监督检查。

(2)行业管理。日本期货市场中存在许多各类民间组织，如全国商品交易所联合会，全国谷物交易员协会联合会、东京谷物商品交易所交易员协会等。这些民间协会多为各期货交易行业组织，协调各交易所之间利益，维护交易员利益。它们的存在也在一定程度上弥补了"归口管理"下各交易所之间协调困难之不足，起"上令下达，下情上传"作用。随着日本期货市场管理体制的完善，行业自我管理必随交易所自我管理的加强而加强，并将发挥更大的作用。

(3)交易所的自律管理。日本交易所自律管理体制相对较为完善。期货交易所的最高决策机构是会员总会，日常事务由会员总会选举的理事和理事长组成。作为理事长和理事会的咨询机构，设有常设委员会和特别委员会。与欧美国家不同，日本没有设立独立的保证公司，而是设立"商品交易受托债务赔偿基金会"作为清偿机构。该基金会对加入该会的会员通过收取负担金等形式来监督会员的期货交易，日本也没有设立专门的期货交易结算机构，交易所内的会计室负责处理期货交易结算。

▽ **日本期货市场的管理法规**

日本有完善健全的法规体系作为政府管理期货市场的主要手段，保证了政府管理的权威性和有效性。有关期货市场监管的法律法规分为三类：

(1)内阁颁布的法律法规，如《商品交易所法》、《商品交易法施行令》、《交易所税法》、《交易所税法施行规则》等。

(2)主管部门颁布的规则条例，如农林水产省和通商产业省颁布的《商品交易所施行规则》、《商品易员受托业务保证金规则》和《农林省主管大臣对有关商品限制率确定的规定的通告》、《通商产业省对有关商品的委托保证金比率的规定的通告》等。

(3)各商品交易所依法颁布的本所的条例，对交易所内部的组织、交易、结算、监督、检查、处罚、管理等都有详细规定。主管大臣和主管部门拥有对交易所开办、会员交易员资格、职员任职和上市交易品种、清偿机构的决定权以及相应的监督检查权，乃至否定权；必要时还拥有对交易所行为的直接行政干预权，乃至命令其停业。

第三节　我国期货市场管理

◆ 我国期货市场的两次强制性制度变迁

中国期货市场是适应现货贸易的需要在远期现货市场基础上建立起来的。但在发展的初期,由于没有明确行政主管部门,有关部门间缺乏协调沟通,各自为政,期货市场的配套法律、法规严重滞后,我国期货市场出现了盲目发展的势头,主要表现为:第一,交易所数量过多。到1994年初,全国已有60余家期货交易所相继开业,接近全世界商品期货交易所数量的总和。第二,品种重复,仅钢材期货就有15家交易所同时上市交易、有9家交易所开展铜、铝的交易。第三,法律法规建设严重滞后,缺乏统一监管机构。第四,管理滞后,运作不规范。多数交易所和经纪公司缺乏严格的规章制度和专业人才,管理松懈,运作不规范。第五,盲目开展境外期货代理。国内一些期货经纪公司,尤其是与境外合资的经纪公司,甚至包括一些期货咨询公司等非经纪公司,受高额代理费驱动,盲目从事境外期货代理。由于信息不灵、手段落后,多数参与境外期货代理的国内公司和个人遭受了巨大损失。第六,地下期货泛滥,期货诈骗严重。此期间,许多非期货经纪公司或冒充经纪公司,或超范围从事期货代理,大肆从事非法地下期货活动。特别是一些公司与港台地区不法商人勾结,以从事境外期货交易为名进行诈骗活动,严重扰乱了金融秩序、破坏了社会稳定。

针对期货市场存在的混乱局面和盲目发展的问题,以中国证监会为主的有关部门对期货市场进行了两次规范整顿即两次强制性制度变迁。

▽ 中国期货市场第一次强制性制度变迁

1993—1996年,根据国务院关于坚决制止期货市场盲目发展的指示精神,中国证监会对我国期货币场进行了第一次规范整顿,取得了一定成效。其主要内容包括:(1)大量撤并交易所,到1997年底把期货交易所由最初的50多家压缩到14家;(2)对期货经纪公司进行清理,实行许可证制度,把近千家各类期货经纪公司压缩到286家;(3)严格禁止境外期货交易和外汇按金交易;(4)取消金融机构从事期货业务的资格;(5)停止国债、钢材、白糖、石油等20个期货品种的交易,并禁止以中远期合同为名的变相期货交易;(6)加强日常监管,加大处罚力度,吊销了一些期货经纪公司的许可证。

经过整顿,与1995年的交易量相比,1996年的交易量下降了10%,市场泡沫大为减少,混乱无序的局面有所改观,期货市场的功能得到初步体现。然而这一次风险管理的重点是针对期货经纪公司,没能抓住控制风险的主要环节——期货交易所,在用行政方式保护投资者利益的同时,没有相应加快期货市场的法规制度建设,制度建设严重滞后,简单、粗暴的行政管理手段代替了市场制度的作用。制度缺失是这一阶段中国期货市场的重要特征。

▽ 第二次风险管理体制的强制性制度变迁

第一次整顿虽然收到了一定的效果,但期货市场暴露出的问题仍随处可见,由于禁止从事境外期货交易,市场聚集了大量游资,追逐暴利的特性使得这批游资四处寻找机会。起步不久、管理落后的期货市场经历了一次又一次的冲击,期间所发生的许多重大风险事件对中国期货市场造成了重大损失,影响延续至今。其中的"327"国债风波、"R708"天然橡胶事件是风险管理失控的典型案例。整个商品期货市场陷入了"小品种大行情"的恶性循环中,期货市场为此付出了高昂的、惨重的代价。1998年8月份,中国证监会经国务院批准对交易所和经纪公司进行第二次规范和整顿。其主要内容是:

(1)继续整顿、撤并期货交易所和经纪机构。一是将原14家交易所撤并为3家,二是取消非经纪公司会员的期货经纪业务资格。

(2)取消部分交易品种,只保留铜、铝、大豆、小麦、豆粕、绿豆、天然橡胶、胶合板、籼米、啤酒大麦、红小豆、花生仁这12个品种,并提高大部分交易品种的保证金。

(3)严格控制境外期货交易。对确需利用境外期货市场进行套期保值的少数进出口企业,由中国证监会会同国家经贸委、外经贸部等部门进行严格审核,报国务院批准后颁发境外期货业务许可证。未经批准,禁止境外中资机构在境外擅自从事期货交易。

此外,自1997年以来,针对期货市场的一系列法律法规的出台,也为我国期货市场步入法制化轨道奠定了良好的基础,这些法规包括《期货交易管理暂行条例》、《期货从业人员资格管理办法(修订)》、《期货经纪公司高级管理人员任职资格管理办法(修订)》、《期货交易所管理办法》以及《期货经纪公司管理办法》等。

从以上分析可以看出,我国期货市场清理整顿的过程就是以证监会为中心的集中监管模式形成的过程。这种监管模式是与清理整顿的历史阶段相适应的,它把我国期货市场由盲目、无序发展导向了理性、有序发展的轨道。

◆ 我国现阶段期货市场的监管

我国的期货市场监管系统和美国基本相同,形成了由中国证监会、中国期货业协会和期货交易所组成的三级监管体系。

▽ 交易所的监管

目前全世界约有50余家期货交易所,其中大部分分布在美国和欧洲。我国期货交易所的发展经历了从迅速扩张到清理整顿到规范发展的曲折道路。1995年,全国有15家期货交易所,分布于北京、上海、郑州、大连、苏州、深圳等地。1998年对15家期货交易所进行了撤销合并。目前有上海期货交易所、郑州商品交易所和大连商品交易所三家商品期货交易所,为了支持金融期货的发展,2006年9月中国金融期货交易所成立。三家商品交易所中,大连商品交易所的大豆期货交易量已经仅次于美国芝加哥期货交易所(CBOT),位居世界第二,上海期货交易所的铜期货、郑州商品交易所的小麦期货合约交易也十分活跃,成为我国期货市场交易的主力品种。

期货交易所的风险管理是期货市场风险管理的重点。我国期货交易所的风险监管体系由风险管理基本制度、实时风险预警系统、市场异常情况与违规处理等几个部分构成。

- 风险管理基本制度

(1)会员资格审核制度。申请期货交易的会员资格须经过交易所严格的资格审批。

(2)保证金与每日无负债制度。保证金是一项履约担保金,证明买方或卖方的诚意,保证金可以是现金、交易所允许的国库券、标准仓单等。每一个客户都必须向期货经纪公司缴存一定数量的交易保证金,经纪公司把客户的保证金存入专门的账户,与公司的自有资金区分开来。然后,由经纪公司统一将保证金存入交易所。买卖期货合约所要求的保证金不尽相同,但通常只占合约价值很小的比例,一般在合约价值的5%至15%之间。保证金的多少要在期货合约中注明。一般而言,期货合约的价格波动越大,所要求的保证金就越多。

每日无负债结算又称“逐日盯市”,指在每日交易结束后,期货交易所应按当日结算价结算所有合约的盈亏、交易保证金及手续费、税金等费用,对应收应付的款项实行净额一次划转,并根据账户内持仓合约数量及期货合约的结算价计算会员应缴纳的保证金。如果保证金低于规定的水平,会员将收到保证金追缴通知书,要求在规定时间内补足账户内的保证金。每日无负债结算使期货合约持有人的持仓价格是当日的结算价格,同时按结算价格计算并交付交易保证金。这样就能保证交易所收取的交易保证金能够完全控制一天的价格波动风险。

(3)持仓限额制度,它又被称为头寸限制制度。在期货交易过程中,交易所通常会根据会员所注入的保证金数量,按照一定比例给出头寸数量,此头寸即为该会员在交易中开仓和持仓的数量界限。一般来说,会员注入的保证金数量与其头寸的多少成正比。但是,为了防止大户操纵市场,加强风险控制,交易所还往往需要在出现价格大幅度波动从而使市场风险加大时,或者当某些会员表现出操纵市场迹象时,对某些会员的持仓量提出一个总持仓比例的限制,或对所有会员提出一个绝对量的限制。这时,即使会员的保证金数量再多,交易所也不会允许其超出规定的头寸限额。有时,在某些特定情况下,交易所还会要求会员在限定的时间内减少持仓。交易所对会员实行限仓的目的是为了防止会员在交易过程中分仓、借仓,进行过度投机活动,以保证期货市场的稳定发展。

(4)大户报告制度。大户报告是指当会员或客户的持仓达到了交易所规定的一定数量时,会员应向交易所报告其资金情况、头寸持有情况等,客户也应通过其代理会员向交易所报告其有关的各项情况。大户报告制度与限仓制度密切相关,可以配合使用。股指期货市场瞬息万变,大户持仓报告制度让交易所能在风险尚未积聚时发现其苗头,使交易所有足够的时间来关注和控制事态的发展。

(5)涨跌停板制度。它是期货交易所控制风险的重要手段,通常以前一个交易日的收盘价(或结算价)为基准规定本日涨跌幅度的上下限,超出上限或下限即不再继续成交。每日价幅的大小一般要视市场的风险程度而定,一旦确定则相对比较固定,只有在特殊情况下才会为控制风险而采取扩大或缩小价幅的措施。对此,我国证监会有过明确规定,要求在各交易所实行的每日涨跌停板制度中,涨跌停板幅度不得超过上一交易日结算价的3%。期货合约的交易连续两个交易日发生同方向停板时,期货交易所可以在第三个交易日调整涨跌停板幅度,但是调整幅度不得超过正常涨跌停板幅度的50%。

(6)交易回避制度。是指交易所工作人员及其直系亲属不得参与交易,交易所工作人员不得利用工作之便向任何人透露交易情况、交易信息、会员单位及客户的资金状况,以防止内幕交易而带来风险。

(7)市场禁入制度。市场禁止进入制度是指各期货交易所、期货经纪机构对被宣布为"市场禁入者"的机构和个人,三年内不得接受其从事期货交易的制度。

对于有下列行为之一者,一经查实,期货交易所要宣布其为"市场禁入者":被期货交易所认定有操纵市场行为或者其他涉及期货欺诈行为的机构和个人;严重违反国家有关金融、证券、期货等法律法规,蓄意违反期货交易所的有关规章制度,造成严重后果的机构和个人;采取造谣、诬告等手段散布虚假信息、扰乱市场秩序,造成严重后果的机构和个人。

对违反规定接受"市场禁入者"的期货交易所和期货经纪机构,中国证监会将对其作出责令改正、没收非法所得、罚款、停业整顿、取消试点交易所资格或取消期货经纪业务资格的处罚,并追究主要负责人的责任。我国证监会在1996年颁布了关于各期货交易所建立"市场禁止进入制度"的通知。

(8)强行平仓制度。会员或客户出现不能按时缴付保证金、结算准备金不足、持仓超出限额、违反交易所有关规定的情况时,或交易所根据其法定程序采取紧急措施时,交易所有权对相关的会员或客户实施强制性平仓。强行平仓的实行,能及时制止风险的扩大和蔓延,把风险控制在最小范围内。

(9)稽查制度。风险管理的各项规章制度的贯彻落实需要交易所实行严格的稽查制度。稽查的对象一般是会员,但在某些情况下,交易所也可以协同相关的经纪会员,一起对交易所及市场监管机构认为有必要详细审核的客户的交易状况进行稽查。稽查的内容大体分两部分:交易业务稽查与财务稽查。业务稽查主要目的在于发现会员或客户的违规违约行为,如借仓、分仓、超仓交易,凭借巨额资金和持仓优势,操纵市场价格,扭曲市场价格等;同时,交易业务稽查的目的还在于监督会员,保障客户的合法权益不受侵害。财务稽查的重点放在会员,财务稽查的内容有:呈交财务报告、财务检查、对经纪会员进行资信评级等。对会员的稽查应做到定期与不定期稽查相结合。

(10)风险准备金制度。交易所风险准备金的设立,是为维护期货市场正常运转而提供财务担保和弥补因不可预见的风险带来的亏损。风险准备金的来源有:按向会员收取交易手续费收入的一定比例,从交易所管理费用中提取;符合国家财政政策规定的其他收入;政府的有关资金注入。风险准备金必须单独核算,专户存储,除用于弥补风险损失外,不能挪作他用。风险准备金的动用应遵循事先规定的法定程序,经交易所理事会批准,报中国证监会备案后按规定的用途和程序进行。

- 实时风险检测预警系统

对期货市场而言,风险的管理重点应落在预防。我国期货业的发展历史较短,以前曾出现过不少问题。这些问题大多是由于其市场风险控制制度的不完善或没有严格地执行风险控制制度而造成的。鉴于上述情况,在总结实践经验之后,我国的期货交易所同有关专家学者一起,经过大量的努力,反复测试,开发出了一套适用于我国商品期货市场的计算机控制的风险实时监测预警系统。该系统通过单项指标分析和综合指标来判断市场整体风险情况,当单项指标或综合指标超过系统设置的各层警戒线时发出相应的预警信号,并通过各种查询跟踪工具,找出问题的关键,及时发现风险根源,为采取有效的风险防范和控制措施打下基础。此外,在市场中多个合约呈联动或反向运动的情况下,该系统应能将参与多个合约的会员情况进行综合处理,从会员整体角度判断其风险程度。

- 市场异常情况及违规处理

(1)对个别会员的异常交易行为的处理。对个别会员的异常交易行为的处理有:要求涉险会员报告其本身或其客户的交易情况、资金来源和交易意向等;进行紧急稽查;控制出金;制定更严格的限仓;停止开新仓;对会员持仓占市场份额过大的情况,可以向该会员收取额外风险保证金;强行平仓等。对于个别会员的违规交易行为,交易所将根据其制定的《违规处理办法》中的有关规定进行处罚。

(2)对市场异常情况的查处。在期货交易过程中,被认定为市场异常情况的主要有:因地震、灾难等不可抗力因素或计算机系统故障引起的交易无法正常进行;期现价格严重背离;连续单方向涨跌停板;部分或大面积会员出现结算危机等。

在出现上述第一种市场紧急情况时,交易所有权采取延迟开市、暂停交易的措施;出现其他的紧急情况时,交易所除采取延迟开市、暂停交易的措施外,还可以采取提高保证金比例、限期按规则平仓、强行平仓、限制出金等措施。当出现期现价格严重背离或市场剧烈波动时,交易所有权向市场参与者加收额外的风险保证金。当市场出现连续的单向涨/跌停板时,交易所有权按规则的规定,按一定原则平仓来释放风险。

在大多数会员发生结算危机时,交易所除采取上述措施外,必要时需动用风险基金来填补资金的空缺,迅速恢复市场的正常交易结算秩序。在这种情况下,资金的动用程序是:

第一,动用会员的结算准备金;

第二,动用会员的全部资产;

第三,动用交易所的风险准备金;

第四,动用交易所的资产。

交易所替代履约后,应通过法律等手段向违约会员追偿所欠资金。异常交易情况的处理是期货交易所控制期货市场风险的最后的保障。

[案例 9-11]　椰岛狂飙卷天胶——天然橡胶 R708 事件回顾与反思

R708 事件的导火线应是东京天胶于 110 日元/千克一线企稳后大幅反弹。国内一大批投机商本欲借机在 R706 合约上做文章,但由于受到以当地现货商为首的空头主力凭借实盘入市打压,再加上时间不充足,不得不放弃该合约,并主动平多翻空。于是,胶价全线崩盘,连续四天跌停,创下新低 9715 元/吨。但市场中的多头并不甘心失败,反调集雄厚的后备资金卷土重来,多空大战在 5 月份爆发,并在 6 月底至 7 月初再次升级,双方在 11200 至 11400 之间形成对抗。巨大的风险已聚集在海南中商所以及部分会员身上。由于多空大户之间谈判无任何进展,7 月 30 日,中商所两次发文,"对 R708 买方持仓保证金实行分阶段提高,并自 30 日起,除已获本所批准其套期保值实物交割头寸尚未建仓者外,一律禁止在 R708 合约上开新仓。"同日,中商所再次发文,暂停农垦所属金龙和金环仓库的天然胶入库。至此,R708 大战基本宣告收场。从 8 月 4 日起,R708 以每天一个跌停板(前 3 日每日 400 点,后 7 日每日 20 点)的速度于 8 月 18 日以 11160 元/吨和持仓 59728 手摘牌。

R708 事件的处理延续了几个月时间。R708 事件的直接结果为:多方分仓的近 20 个席位宣告爆仓;多方按 8 月 18 日持仓单边 29864 手支付 20% 的违约罚款加上协议平仓中支付赔偿金,共计 5 亿多元;而空方意欲交割的 16 万吨现货,最终在期、现货市场上以平均不高于 8000 元/吨的价格卖出,共计损失 1.4 亿元。因此,R708 事件是一场严重破坏期货市场规则而又两败俱伤的豪赌。

点评:R708 事件给我们留下的思考至少有以下几点。第一,交易所制订的规则存在一定的疏漏。如中商所在放开交割量之后,未对保证实施的具体细则作出相应的修订,基本上沿用限量交割的做法。多头主力控盘拉抬期价至高位,并频繁转换仓位,将头寸集中在有限的席位上等待强行平仓,而其持仓较隐蔽,这样就较容易形成逼仓。因此,交易所在修改交易规则和出台临时性规定时,应充分考虑其科学性、合理性和严密性。

第二,中商所采取监管方式不够合理。虽然协议平仓或强制性平仓能解一时之难,但最终造成了无法挽回的损失。

▽ 中国期货业协会

期货行业协会是依法成立的期货行业自律性组织,其会员由期货行业的从业机构和个人组成,是保障期货投资者利益、协调行业机构利益的重要工具,是联系期货经营机构和政府的重要桥梁和纽带,是"政府－协会－交易所"三级管理体系的重要组成部分。期货行业协会从保护行业内部公平竞争、促进行业整体的健康发展以及维护行业长远利益的目标出发,对全体会员及其市场交易行为实施管理。

一般来讲,期货行业协会的职责主要有:强化职业道德意识,规范会员的交易行为,保护客户的合法权益;审查专业机构和人员的从业资格;对从业机构的财务状况实施监督;监督从业机构执行规则的情况;为涉及期货交易的纠纷提供仲裁方便;培训并考核专业期货人员,同时向公众普及期货知识。美国全国期货协会(NFA)、英国证券期货局(SFA)、瑞士期货和期权协会(SFOA)等就是这样的组织。

期货行业协会的管理是交易所管理与国家管理之间的一种重要补充,它比国家管理具有更多的灵活性和针对性,比交易所管理具有更大的强制性和社会性。特别是政府有关机构授予它一定的权限(例如资格认证权),使它的管理更具权威性,部分地代替了国家管理的职能,在期货管理中发挥着重要的作用。

[案例 9-12] 中国期货业协会简介

中国期货业协会(以下简称协会)成立于 2000 年 12 月 29 日,协会的注册地和常设机构设在北京。协会是根据《社会团体登记管理条例》设立的全国期货行业自律性组织,为非营利性的社会团体法人。协会接受中国证监会和国家社会团体登记管理机关的业务指导和管理。

协会由以期货经纪机构为主的团体会员、期货交易所特别会员和在期货行业从业的个人会员组成。会员大会是协会的最高权力机构,每三年举行一次。理事会是会员大会闭会期间的协会常设权力机构,对会员大会负责,理事会设 25 到 30 名理事,包括会员理事和特别会员理事。协会经费来源由会员入会费、年会费、特别会员费、社会捐赠、在核准的业务范围内开展活动或服务的收入等其他合法收入构成。

▽ 中国证监会

中国证监会的期货监管部是中国证监会对期货市场进行监督管理的职能部门。其主要职责有:草拟监管期货市场的规则、实施细则;审核期货交易所的设立、章程、业务规则、上市期货合约并监管其业务活动;审核期货经营机构、期货清算机构、期货投资咨询机构的设立及从事期货业务的资格并监管其业务活动;审核期货经营机构、期货清算机构、期货投资咨询机构高级管理人员的任职资格并监管其业务活动;分析境内期货交易行情,研究境内外期货市场;审核境内机构从事境外期货业务的资格并监督其境外期货业务活动。期货监管部下设综合处、交易所监管处、经纪公司监管处和境外期货监管处四个处。

从管理层次上,中国证监会及其派出机构成为中国期货市场的宏观监管和风险控制体系的最高层机构;从法律体系上,中国证监会以《期货交易管理暂行条例》和四个配套的办法(《期货交易所管理办法》、《期货经纪公司管理办法》、《期货从业人员资格管理办法》和《期货经纪公司高级管理人员任职资格管理办法》)为核心,构建中国期货市场的法律保障,同时加紧制定《期货法》,为将来期货市场的发展和风险控制提供有力的法律支持。

[案例 9-13]　中国证监会简介

改革开放以来,随着中国证券市场的发展,建立集中统一的市场监管体制势在必行。1992 年 10 月,国务院证券委员会(简称国务院证券委)和中国证券监督管理委员会(简称中国证监会)宣告成立,标志着中国证券市场统一监管体制开始形成。

国务院证券委和中国证监会成立以后,其职权范围随着市场的发展而逐步扩展。1993 年 11 月,国务院决定将期货市场的试点工作交由国务院证券委负责,中国证监会具体执行。1995 年 3 月,国务院正式批准《中国证券监督管理委员会机构编制方案》,确定中国证监会为国务院直属副部级事业单位,是国务院证券委的监管执行机构,依照法律、法规的规定,对证券期货市场进行监管。1997 年 8 月,国务院决定,将上海、深圳证券交易所统一划归中国证监会监管;同时,在上海和深圳两市设立中国证监会证券监管专员办公室;11 月,中央召开全国金融工作会议,决定对全国证券管理体制进行改革,理顺证券监管体制,对地方证券监管部门实行垂直领导,并将原由中国人民银行监管的证券经营机构划归中国证监会统一监管。

1998 年 4 月,根据国务院机构改革方案,决定将国务院证券委与中国证监会合并组成国务院直属正部级事业单位。经过这些改革,中国证监会职能明显加强,集中统一的全国证券监管体制基本形成。

1998 年 9 月,国务院批准了《中国证券监督管理委员会职能配置、内设机构和人员编制规定》,进一步明确中国证监会为国务院直属事业单位,是全国证券期货市场的主管部门,进一步强化和明确了中国证监会的职能。其基本职能有:

第一,建立统一的证券期货监管体系,按规定对证券期货监管机构实行垂直管理。

第二,加强对证券期货业的监管,强化对证券期货交易所、上市公司、证券期货经营机构、证券投资基金管理公司、证券期货投资咨询机构和从事证券期货中介业务的其他机构的监管,提高信息披露质量。

第三,加强对证券期货市场金融风险的防范和化解工作。

第四,负责组织拟订有关证券市场的法律、法规草案,研究制定有关证券市场的方针、政策和规章;制定证券市场发展规划和年度计划;指导、协调、监督和检查各地区、各有关部门与证券市场有关的事项;对期货市场试点工作进行指导、规划和协调。

第五,统一监管证券业。

▽ **法律法规体系**

自 1992 年我国第一家期货交易所成立以来,混乱无序、盲目发展的期货市场就迫切要求关于期货交易的统一法律法规的出台。但是,第一步法规《期货经纪公司管理暂行办法》于一年后才公布,以后虽然陆续又公布了一些法规和管理办法,但未形成一套完整的立法体系。我国期货市场刚刚起步发展,一方面由于作为期货市场基础的现货市场本身发展的不完善;另一方面由于行业自律程度的提高必须以较高的从业人员素质为前提,而这一过程必须经由相当长的时期才能实现。因此,我国期货市场的监管体系必须立法先行,以强有力的法律制度保障期货市场的稳步发展,同时设立专门独立的国家期货监督管理机构,而后逐步完善自律体系。从美国期货市场发展的历程看,美国的期货市场的法规法律是期货交易兴起后半个多世纪才逐步完善的,我国的期货市场完全可以少走不必要的弯路,缩短立法进程,从一开始就将期货市场纳入规范运行的轨道,而后在实践中,在不断发展期货市场的同时进一步完善立法。

期货市场的法律监管是指由司法机关根据相关的法律法规对期货市场的规范运作监督管理,并对触犯上述法律的行为予以惩处的活动。目前,我国期货市场法律监管所适用的法律法规主要有以下几部分构成:

- 刑法

1999 年 12 月 25 日第九届全国人大常委会审议通过的《中华人民共和国刑法修正案》,该修正案中明确界定了期货市场中的犯罪行为。

(1)未经国家有关主管部门批准,擅自设立商业银行、证券交易所、期货交易所、证券公司、期货经纪公司、保险公司或者其他金融机构。

(2)伪造、变造金融机构,期货证券公司的许可证或批准文件。

(3)证券、期货交易内幕信息的知情人员或者非法获取证券、期货交易内幕信息的人员,在涉及证券的发行,证券、期货交易或者其他对证券、期货交易价格有重大影响的信息尚未公开前,买入或者卖出该证券,或者从事与该内幕信息有关的期货交易,或者泄露该信息,情节严重的。

(4)编造、传播影响市场信息罪。

(5)伪造、变造、销毁交易记录罪和诱骗投资买卖罪两个罪名。

(6)其他的方面操纵市场价格罪。如挪用单位、客户资金罪,未经批准擅自经营证券、期货和保险业务罪等。

- 民法

期货市场是客户与期货经纪公司签订委托代理合同,由期货经纪公司在期货交易所集中买卖标准期货合约的交易场所。究其实质,期货合约属于民法中《合同法》的范畴。

期货市场中产生的纠纷绝大多数是客户与经纪公司之间的纠纷,主要种类有误导投资者、违反交易规则、错单、透支交易、经纪人全权委托、追加保证金不及时,导致强制平仓,入市纠纷(没有入市交易)等。

目前在审理期货交易纠纷时主要参考 1995 年 10 月 27 日最高人民法院法[1995]

140 号《关于审理期货纠纷案件座谈会纪要》(简称成都会议纪要),成都会议纪要是针对当时港澳台地区的公司在大陆期货经纪公司和交易所欺骗行为而出台的,现在有许多规定已不适应现状和发展需要,目前最高人民法院正修改该纪要。

- 行政法规

截至 1993 年底,全国各类期货交易所达 50 多家,期货经纪机构近千家。1993 年,政府有关部门开始治理整顿期货市场,国务院先后发布了《关于制止期货市场盲目发展的通知》(确定了证券委和证监会对期货市场的监督职责)、《国务院关于进一步整顿和规范期货市场的通知》。1999 年 6 月 2 日国务院颁布了《期货交易管理暂行条例》,与之相配套的《期货交易所管理办法》、《期货经纪公司管理办法》、《期货经纪公司高级管理人员任职资格管理办法》和《期货业从业人员资格管理办法》,并于 2001 年颁布了《国有企业境外期货套期保值业务管理办法》。2002 年 1 月 23 日,中国证监会先后对上述四个办法进行了修改,为今后期货市场的法律监督奠定了基础。

- 自律性管理

期货市场既然是一个"市场",就应该更多地采取市场管理手段进行管理,应当削弱或减少行政管理。发达国家的期货市场都实行三级监管体系,即法律监管、行政监管和自律性监管。自律性监管是监管体系的基础。我国期货市场长期以来都实行的是用行政手段管理和干预期货市场,而根本没有行业自律。2000 年中国期货业协会(CFA)的成立预示中国期货业的监管体系进入了一个新的阶段。CFA 将通过各交易所的章程、交易规则、协会章程及各项有关期货经纪公司的内控制度进行自律性管理。这些章程、规则和制度构成法律监管体系的基础,协会对会员的监督和自律管理是政府监督的重要补充。

◆ 国际期货市场管理对我国的借鉴

经过十几年的发展历程,目前中国期货市场已走上了规范发展之路,应借鉴世界各国的成功经验,尽快调整和完善中国期货市场监管模式,突破市场发展瓶颈,推进市场发展。

▽转变政府监管职能,完善政府监管手段

证监会的主要精力应放在规划行业发展、调整行业内部关系、维护市场"三公"原则和保持市场的可持续发展上。对期货市场的监管手段有法律手段、经济手段和行政手段。我国证监会对期货市场的监管目前主要以行政手段为主,应该说,在我国期货市场发展比较混乱的初期行政性的干预对保持市场的稳定起到了立竿见影的作用。但是经过清理整顿,我国期货市场恢复了有序发展,若再主要以行政性手段进行干预则可能违背市场规律,给市场带来硬伤,不利于市场的高效运作,政府应主要用法律法规对市场进行宏观管理,确保期货市场各行为主体依法办事,防止并制裁期货市场违法行为。这是期货市场监管的主要手段,约束力强,透明度高。同时要注重市场调节,即政府通过

调整经济政策,如利用利率杠杆、税收杠杆及产业政策的导向等措施,影响期货市场的行为。

▽健全的期货市场法规体系是期货市场有效管理的保障

为保护期货市场的竞争性、高效性和公正性,各国都制定了相应的法规和管理条例,各交易所都制定了完备的业务规则,形成了健全的期货市场法规体系。在某种意义上说,没有健全的期货法规,就没有真正的期货市场。一些后起国家,为避免少走弯路,都大胆借鉴发达国家的已有法规体系,结合本国实际,形成本国期货市场的法规体系,依法规范期货市场行为。中国期货市场的实践已有十年,然而《期货交易法》尚未出台,《期货交易管理暂行条例》是期货市场治理整顿时期的产物,目前已滞后于市场的发展,这些都影响了期货市场的发展。因此,当前迫切需要国家尽快建立和健全适应期货市场发展的统一法规,各交易所和经纪公司也要完善各种规章制度,使整个期货市场的管理有法可依,有法必依。

▽大力发挥期货业协会的作用

期货协会是联系政府与市场的桥梁和纽带,是政府监管的辅助和延伸,而且在有些方面可以填补政府监管空白,发挥不可替代的作用。中国期货市场法制基础薄弱,协会会员的遵纪守法和职业道德规范教育任务繁重,期货业协会应大有作为。与西方国家相比,中国的行业自律基础较差,而现代期货市场的本质又决定了期货业应以自律管理为主,所以政府部门要有意识地扶持期货业协会,把对会员的审计监督、纠纷仲裁等工作转给协会,在运作经费方面支持协会。协会自身也应加强力量,团结协作,务实工作,有所作为,努力为会员办实事,为行业办好事。

▽完善交易所的内部组织机构,加强交易所的自我管理

国外成功的交易所大都拥有合理的组织形式和完善的内部组织机构。中国应进一步完善期货交易所的组织体制,不断规范各交易所的章程和交易规则,健全内部的管理规则和制度,保证交易所的自律性管理。同时,交易所要加强对会员的管理,为期货交易创造一个公开、公正、公平竞争的环境。

▽层层把关、控制好期货市场风险

从期货市场发达国家的成功经验看,对期货市场实行分层化管理,层层控制,各环节都为期货市场风险提供了一种缓冲力,环环相扣,最终分散了风险。风险缓冲环节包括经纪公司对客户、交易所对经纪公司、担保公司和结算公司对经纪公司、政府(财政部门)设赔偿基金等。目前,中国尚未建立独立的结算公司和担保公司,因此在目前的条件下,要求交易所强化会员管理,经纪公司强化客户管理,强化保证金制度和每日结算制度、价格限制制度、持仓限制制度和风险监察制度,层层把关,控制好期货市场风险。

▽加强期货市场的诚信建设

期货合约交易的特点、交易保证金的使用和管理、行情的走势和信息的公开披露等,无不要求市场各参与主体具有良好的诚信意识,遵循市场的诚信准则,严格履行诚

信义务,约束各自的市场行为。诚信准则犹如一条基本的红线,始终贯穿于期货市场交易的各个环节以及经营管理的各个方面。我国的期货市场法律法规体系还不完善,其中,诚信建设作为期货市场法律法规体系的一个重要组成部分,尤其薄弱。诚信建设立法,有利于今后在修改或制定新的期货市场法律法规时,重视和考虑诚信建设方面的内容,从而确保期货市场规范发展。

思考题

1. 作为投资者,入市以及交易时为尽量减少风险,应如何操作?

2. 结合世界各国期货市场各大违规事件及其原因,加深对期货市场风险的认识。

3. 在目前新形势下,期货经纪公司的发展趋势如何?

4. 当前,国际期货市场已出现了交易所公司化趋势,芝加哥商业交易所、欧洲期货交易所、香港期货交易所等已经完成或正在进行公司化改制,结合我国期货交易所的现状,谈谈你对交易所公司化改制的看法。

5. 我国期货市场的三级管理组织体系的构成是怎样的? 各构成要素目前已发挥了哪些作用? 存在哪些缺陷?

6. 我国期货业的法律法规体系正处于不断完善的过程中,关注当前期货法律法规的出台情况及其所起到的作用。

7. 比较美国、英国、日本等国家期货市场的监管体系,分析各自的优缺点及其对我国期货市场的管理有何借鉴?

附　录

上海期货交易所上市商品

◆ 铜

铜是人类生活中最常用的金属之一,用途非常广泛。由于铜具有良好的导电性、导热性和耐腐蚀性,它成为汽车、发电机、电池、电扇及取暖制冷设备制造方面不可缺少的原材料,还被广泛地应用于通讯设备如电话、电报、通讯卫星的制造中。铜在建筑业、机械业及运输部门中也起着重要作用,而且铜还是重要的军需物质。铜在电气、电子工业中应用最广、用量最大,占总消费量的一半以上。

据估计,世界可开采的铜蕴藏量约 3 亿吨,主要集中在智利、美国、赞比亚、独联体和秘鲁等国。智利是世界上铜资源最丰富的国家,其铜金属储量约占世界总储量的1/4。美国、日本是主要的精炼铜生产国,赞比亚和扎伊尔是非洲中部的主要产铜国,其生产的铜全部用于出口,德国和比利时是利用进口铜精矿和粗铜冶炼精铜的生产国。此外,秘鲁、加拿大、澳大利亚、巴布亚新几内亚、波兰、前南斯拉夫等也是重要的产铜国。

人类炼铜的历史悠久,但长期以来,由于炼铜方法原始,铜的产量一直很低,17 世纪出现现代炼铜法后,铜产量才有明显增加。1928 年,世界精铜产量为 167 万吨。第二次世界大战后,世界冶炼工业发展较快,1950 年全世界精铜产量只有 315 万吨,1992 年已达到 1100 万吨。2000 年全世界年产铜达 1468 万吨,主要生产国和地区的产量分别为:智利 262.8 万吨、美国 173.2 万吨、日本 145.5 万吨、中国 133 万吨、欧洲 238 万吨。

在国际期货交易中,铜是最主要的金属期货商品。目前国外从事铜期货交易的主要有伦敦金属交易所(LME)和纽约商品交易所(NYMEX-COMEX)。LME 的铜的报价是行业内最具权威性的报价,其价格倾向于对贸易方面进行客观的反映,而 COMEX 的价格则更具投机性。

我国的铜期货交易在上海期货交易所进行,自其 1991 年推出以来,已有十多年的历史。铜是国内期货市场中历经风雨却仍然保持相当规模的唯一品种。上海期货交易所的铜期货价格已经成为国内行业的权威报价,日益受到企业和投资者的重视,同时与国际上 LME 铜的价格也趋于一致。

阴极铜标准合约(2003 年 10 月修订)

交易品种	阴极铜
交易单位	5 吨/手
报价单位	元(人民币)/吨
最小变动价位	10 元/吨
每日价格最大波动限制	不超过上一交易日结算价的±3%
合约交割月份	1～12 月
交易时间	周一至周五上午 9：00—11：30 下午 1：30—3：00
最后交易日	合约交割月份的 15 日(遇法定假日顺延)
交割日期	合约交割月份的 16 日至 20 日(遇法定假日顺延)
交割品级	标准品:标准阴极铜,符合国标 GB/T467—1997 标准阴极铜规定,其中主成分铜加银含量不小于 99.95%。 替代品:1. 高级阴极铜,符合国标 GB/T467—1997 高级阴极铜规定; 2. LME 注册阴极铜,符合 BS EN 1978：1998 标准。
交割地点	交易所指定交割仓库
最低交易保证金	合约价值的 5%
交易手续费	不高于成交金额的万分之二(含风险准备金)
交割方式	实物交割
交易代码	CU
上市交易所	上海期货交易所

◆ 铝

铝是一种轻金属,具有特殊的化学、物理特性,是当今最常用的工业金属之一。铝重量轻、质地坚,具有良好的延展性、导电性、耐热性和耐辐射性,而且抗腐蚀、防热、防光、韧性好、无毒、不带磁,被广泛应用于包装运输、建筑业和集装箱、电器设备、机械设备等生产方面,是国民经济发展的重要基础材料。

与铜不同,铝不是以天然形态存在的,必须将铝土粉碎,经化学处理提取氧化铝,再用从中提取铝。世界铝土矿占地壳重量的 7.45%,总量为 400～500 亿吨,储量在 10 亿吨以上的国家有几内亚、澳大利亚、巴西、牙买加及印度等国,这些国家的铝土矿占世界铝土矿总储量的 73%。

铝的供应来源除了新铝外,回收铝也占有很高比例,回收铝又分为旧料回收(主要来源是饮料罐和汽车废件)、新料回收(加工过程中的废屑)两种。自 20 世纪 90 年代以来,世界铝产量持续保持增长,至 1998 年原铝产量达到 2146 万吨,与 1995 年相比,年均增长率为 2.15%。截至 2000 年底,全世界共有原铝生产国 45 个,电解铝企业 251 个(中国 126 个),总生产能力 2732 万吨(中国 333.6 万吨),实际产量为 2444 万吨,比

1999 年增长 3.3％。2000 年全球最大产铝国是澳大利亚,产量为 342.2 万吨。美国、中国分别列在第二、三位。

我国铝土矿资源丰富,截至 1996 年底已探明 310 个矿区,保有储量为 22.73 亿吨,其中 97％集中分布在山西、贵州、河南、广西、四川、山东、云南七省(区)内,居世界第四位。按 2010 年全国氧化铝工业最大规模 790 万吨/年计算,可确保供矿 35 年,基本能满足 21 世纪中叶前我国铝工业对资源自给的需要。我国的铝土矿优点是氧化铝含量比国外铝土矿高 15％左右,生产一吨氧化铝比国外节省铝土矿 22％左右。截至 2000 年底,我国共有氧化铝厂 6 家,它们分别是山西铝厂、山东铝厂、郑州铝厂、中州铝厂、贵州铝厂和平果铝厂,总生产能力为 346 万吨,生产规模普遍较小;有大小电解铝厂 127 家,分布在除海南、北京、天津、上海、西藏五个省市区外的 26 个省市,总生产能力为 333.6 万吨,世界排名第三位。

英国伦敦金属交易所和美国纽约商业交易所是全球最大的铝期货交易市场。伦敦金属交易所 1978 年开始进行铝期货交易,其牌价目前已成为世界铝工业生产和交易中重要的指导性价格。

中国铝的期货交易始于 1991 年,目前上海期货交易所是国内唯一一家开展铝期货交易的交易所。从上海期货交易所十年铝的期货交易数据统计显示,上海期货交易所铝的交易价格与国际期货价、国内现货价密切相关,与国内现货铝相关系数达到 0.96,与伦敦期货铝的相关系数达到了 0.89,这表明国内铝的期货价格基本反应了国际国内市场供求关系的变化,是企业发现价格、回避市场价格风险的有效工具,也是市场投资者理想的投资工具。

铝标准合约

交易品种	铝
交易单位	5 吨/手
报价单位	元(人民币)/吨
最小变动价位	10 元/吨
每日价格最大波动限制	不超过上一交易日结算价的±3％
合约交割月份	1～12 月
交易时间	周一至周五上午 9：00—11：30　下午 1：30—3：00
最后交易日	合约交割月份的 15 日(遇法定假日顺延)
交割日期	合约交割月份的 16 日至 20 日(遇法定假日顺延)
交割品级	标准品:铝锭,符合国标 GB/T1196－2002 标准中 AL99.70 规定,其中铝含量不低于 99.70％。 替代品:LME 注册铝锭,符合 P1020A 标准。
交割地点	交易所指定交割仓库

续表

交易品种	铝
最低交易保证金	合约价值的 5%
交易手续费	不高于成交金额的万分之二(含风险准备金)
交割方式	实物交割
交易代码	AL
上市交易所	上海期货交易所

◆ 天然橡胶

橡胶分为天然与合成两种。天然橡胶是由人工栽培的三叶橡胶树分泌的树胶,经过滤、凝固加工制成。合成橡胶的原料是石油,属石油化工产品之一。橡胶的消费主要为汽车轮胎,汽车业用量占合成橡胶的 60%,占天然橡胶的 70%。另一方面,汽车业的使用中天然橡胶和合成橡胶的分别占 55% 和 45%。

天然橡胶因其具有很强的弹性和良好的绝缘性、可塑性、隔水隔气、抗拉和耐磨等特点,广泛地运用于工业、农业、国防、交通、运输、机械制造、医药卫生领域和日常生活等方面,如交通运输上用的轮胎,工业上用的运输带、传动带、各种密封圈,医用的手套、输血管,日常生活中所用的胶鞋、雨衣、暖水袋等都是以橡胶为主要原料制造的;国防上使用的飞机、大炮、坦克,甚至尖端科技领域里的火箭、人造卫星、宇宙飞船、航天飞机等都需要大量的橡胶零部件。

天然橡胶的生产依赖于橡胶树。橡胶树从种植到可以采液一般需要 6~7 年,大约可采 25~30 年,每年的 5~7 月和 10~12 月是割胶旺季。天然橡胶的产地主要集中在泰国、印尼、马来西亚、中国、印度、斯里兰卡等少数亚洲国家和尼日利亚等少数非洲国家。在天然橡胶的产量中,亚洲八国占 93.3%,其中,泰国占 31.7%,印尼占 23.5%,马来西亚占 15.1%(1997 年数据)。

我国的天然橡胶产地主要分布在海南、云南、广东、广西和福建等地区,其中海南、云南的天然橡胶总产量分别约占全国总产量的 60% 和 35%。

我国是世界上位列美国之后的第二大橡胶消费大国,位于日本之前,自产的天然橡胶和合成橡胶都不能满足消费的需求,基本需求为国产与进口量各占一半。

轮胎的用量要占天然橡胶使用量的一半以上。上海轮胎橡胶集团公司、山东成山橡胶公司、山东轮胎厂、杭州中策有限公司、东风轮胎集团公司和桦林轮胎集团公司等轮胎企业是我国天然橡胶的使用大户。

天然橡胶期货合约

交易品种	天然橡胶
交易单位	5 吨/手
报价单位	元(人民币)/吨
最小变动价位	5 元/吨
每日价格最大波动限制	不超过上一交易日结算价的±3%
合约交割月份	1、3、4、5、6、7、8、9、10、11 月
交易时间	周一至周五上午 9∶00—11∶30　下午 1∶30—3∶00
最后交易日	合约交割月份的 15 日(遇法定节假日顺延)
交割日期	合约交割月份的 16 日至 20 日(遇法定节假日顺延)
交割等级	标准品∶(1)国产一级标准橡胶(SCR5),质量符合国标 GB/T8081－1999 (2)进口 3 号烟胶片(RSS3),质量符合《天然橡胶等级的品质与包装国际标准(绿皮书)》(1979 年版)
交割地点	交易所指定交割仓库
交易保证金	合约价值的 5%
交易手续费	不高于成交金额的万分之一点五(含风险准备金)
交割方式	实物交割
交易代码	RU
上市交易所	上海期货交易所

◆ 燃料油

　　一般来说,在原油的加工过程中,较轻的部分总是先被分离出来,燃料油(Fuel Oil)作为成品油的一种,是石油加工过程中在汽、煤、柴油之后从原油中分离出来的较重的剩余产物。燃料油广泛用于船舶锅炉燃料、加热炉燃料、冶金炉和其他工业炉燃料。燃料油主要由裂化残渣油和直馏残渣油制成的,其特点是粘度大,含非烃化合物、胶质、沥青质多。燃料油的牌号主要是以运动粘度为依据来划分的,常用的运动粘度的单位为厘斯,如燃料油的运动粘度为 180 个厘斯,我们就称它为 180 号燃料油;根据含硫量的高低,可以把燃料油分为高硫燃料油和低硫燃料油。我国目前燃料油消费中有一半以上依赖进口,而进口燃料油中 80% 为 180 号燃料油。

　　我国燃料油消费主要是用作烧油,主要集中在发电、交通运输、冶金、化工、轻工等行业。其中电力行业的用量最大,占消费总量的 32%;其次石化行业,主要是化肥原料和石化企业燃料,占消费总量的 25%;第三是交通运输行业,主要是船舶燃料,占消费总量的 22%;近年来需求增加最多的是建材和轻工行业(包括平板玻璃、玻璃器皿、建筑及生活陶瓷等制造企业),占消费总量的 14%;钢铁部门的燃料油消费占全部消费量的比例为 7% 左右。

燃料油期货合约

交易品种	燃料油
交易单位	10 吨/手
报价单位	元(人民币)/吨
最小变动价位	1 元/吨
每日价格最大波动限制	上一交易日结算价的±5%
合约交割月份	1~12 月(春节月份除外)
交易时间	周一至周五上午 9：00—11：30　下午 1：30—3：00
最后交易日	合约交割月份前一月份的最后一个交易日
交割日期	最后交易日后连续五个工作日
交割等级	180CST 燃料油(具体质量规定见附件)或质量优于该标准的其他燃料油。
交割地点	交易所指定的交割地点
最低交易保证金	合约价值的 8%
交易手续费	不高于成交金额的万分之二(含风险准备金)
交割方式	实物交割
交易代码	FU
上市交易所	上海期货交易所

◆ 锌

▽ 简介

锌一种白色略带蓝灰色的金属,在自然界中多以硫化物状态存在。它是重要的有色金属原材料,目前,在有色金属的消费中,锌的用量仅次于铜和铝,锌金属具有良好的压延性、耐磨性和抗腐性,能与多种金属制成物理与化学性能更加优良的合金。原生锌企业生产的主要产品有:金属锌、锌基合金、氧化锌。这些产品用途非常广泛,主要有以下几个方面:

(1)用作防腐蚀的镀层(如镀锌板),广泛用于汽车、建筑、船舶、轻工等行业,约占锌用量的 46%。

锌具有优良的抗大气腐蚀性能,所以锌主要用于钢材和钢结构件的表面镀层。电镀用热镀锌合金表面氧化后会形成一层均匀细密的碱式碳酸锌 $ZnCO_3O_3Zn(OH)_2$ 氧化膜保护层,该氧化膜保护层还有防止霉菌生长的作用。由于锌合金板具有良好的抗大气腐蚀性,近年来西方国家也开始尝试着直接用它做屋顶覆盖材料,用它作屋顶板材使用年限可长达 120~140 年,而且可回收再用,而用镀锌铁板作屋顶材料的使用寿命一般为 5~10 年。

（2）用于制造铜合金材（如黄铜），约占 15％。

锌具有适用的机械性能。锌本身的强度和硬度不高，加入铝、铜等合金元素后，其强度和硬度均大为提高，尤其是锌铜钛合金的综合机械性能已接近或达到铝合金、黄铜、灰铸铁的水平，其抗蠕变性能也大幅度被提高。因此，锌铜钛合金目前已经被广泛应用于小五金生产中。

（3）用于铸造锌合金，主要为压铸件，约占 15％。

许多锌合金的加工性能都比较优良，道次加工率可达 60％～80％。中压性能优越，可进行深拉延，并具有自润滑性，延长了模具寿命，可用钎焊或电阻焊或电弧焊（需在氩气中）进行焊接，表面可进行电镀、涂漆处理，切削加工性能良好，在一定条件下具有优越的超塑性能。

（4）用于制造氧化锌，约占 11％。

（5）用于制造干电池，以锌饼、锌板形式，约占 13％。

锌具有适宜的化学性能。锌可与 NH_4Cl 发生作用，放出 H^+ 正离子。锌－二氧化锰电池正是利用锌的这个特点，用锌合金做电池的外壳，既是电池电解质的容器，又参加电池反应构成电池的阳极。它的这一性能也被广泛地应用于医药行业。

▽ **锌的储量及资源分布**

世界锌资源较为丰富。自然条件下并不存在单一的锌金属矿床，通常情况下，锌与铅、铜、金等金属以共生矿的形式存在。据美国地质调查局资料显示，2004 年世界锌储量 22000 万吨，储量基础为 46000 万吨。锌储量较多的国家有中国、澳大利亚、美国、加拿大、哈萨克斯坦、秘鲁和墨西哥等。

锌资源的地理分布广泛。澳大利亚、中国、美国、哈萨克斯坦四国的矿石储量占世界锌储量的 57％左右，占世界储量基础的 64.66％。

我国已知的锌矿物大约有 55 种，其中约 13 种锌矿物有经济价值。闪锌矿（ZnS）是最富含锌的矿物，占锌总产量 90％左右。重要的锌矿物还包括纤锌矿、异极矿、菱锌矿、水锌矿、红锌矿、硅锌矿等。

我国的锌资源丰富，地质储量居世界第一位，至 2004 年底，我国锌的地质保有储量为 9200 万吨（其中 A＋B＋C 级 3300 万吨），资源分布相当广泛，几乎遍及全国各省、市、自治区。目前全国已探明的锌矿床达 778 处，保有地质储量较多的省份有云南、广东、湖南、甘肃、广西、内蒙古、四川和青海等地。我国锌资源的总体特征是：富矿少，低品位矿多；大型矿少，中小型矿多；开采难度较大。

尽管我国锌矿的开采条件较差，但根据 2004 年全球前十位锌精矿生产国产量的统计资料，我国 2005 年锌精矿产量达到 271 万吨，约占全球锌精矿产量的 26.5％，是全球最大的锌矿产资源生产国，在全球锌矿产资源的配置中占有极其重要地位。

锌标准合约

交易品种	锌
交易单位	5吨/手
报价单位	元(人民币)/吨
最小变动价位	5元/吨
每日价格最大波动限制	不超过上一交易日结算价的±4%
合约交割月份	1～12月
交易时间	周一至周五上午9：00—11：30　下午1：30—3：00
最后交易日	合约交割月份的15日(遇法定假日顺延)
交割日期	最后交易日后连续五个工作日
交割品级	标准品：锌锭，符合国标GB470－1997标准中Zn99.995规定，其中锌含量不小于99.995%。
交割地点	交易所指定交割仓库
最低交易保证金	合约价值的5%
交易手续费	不高于成交金额的万分之二(含风险准备金)
交割方式	实物交割
最小交割单位	25吨
交易代码	ZN
上市交易所	上海期货交易所

◆ 黄金

　　金是人类较早发现和利用的金属。由于它稀少、特殊和珍贵，自古以来被视为五金之首，有"金属之王"的称号，享有其他金属无法比拟的盛誉，其显赫的地位几乎永恒。它被视为财富和华贵的象征，并被用作金融储备、货币、首饰等。随着社会的发展，黄金的经济地位和应用在不断地发生变化。它的货币职能在下降，在工业和高科技领域方面的应用在逐渐扩大。

　　黄金的主要需求和用途有三大类：用作国际储备、用作珠宝装饰、在工业与科学技术上的应用。

　　黄金具备有独一无二的完美的性质，这种性质是任何一种金属都不具备的，它具有极高的抗腐蚀的稳定性、良好的导电性和导热性；黄金的原子核具有较大捕获中子的有效截面，对红外线的反射能力接近100%；在黄金的合金中具有各种触媒性质；金还有良好的工艺性，极易加工成超薄金箔、微米金丝和黄金粉；黄金很容易镀到其他金属和陶器及玻璃的表面上；在一定压力下金容易被熔焊和锻焊；黄金可制成超导体与有机金等。正因为有这么多有益性质，它广泛应用于最更要的现代高新技术产业中去，如电子技术、通讯技术、宇航技术、化工技术、医疗技术等。

世界的主要产金国主要有南非、前苏联、加拿大和美国。其他主要产金国还有非洲的津巴布韦和加纳,拉美的巴西和哥伦比亚,亚洲主要有中国和菲律宾,大洋洲的澳大利亚和巴布亚新几内亚。

当今世界上主要的黄金交易市场有英国伦敦、瑞士苏黎世、美国的纽约和芝加哥、中国香港、日本东京和新加坡,这些黄金交易市场在运作中各有特点。伦敦是世界黄金交易的中心。苏黎世黄金市场是现货交易中心,其在国际黄金市场的地位仅次于伦敦。而美国的纽约和芝加哥黄金市场是 20 世纪 70 年代中期发展起来的,目前纽约商品交易所(COMEX)和芝加哥国际货币市场(IMM)不仅是美国黄金期货交易的中心,也是世界上最大的黄金期货交易中心。两大交易所对黄金现货市场的金价影响很大。香港黄金市场已有 90 多年的历史,其形成以香港金银贸易场的成立为标志。东京和新加坡黄金交易市场起步相对晚些,东京黄金市场于 1982 年成立,是日本政府正式批准的唯一黄金期货市场。新加坡黄金所则成立于 1978 年 11 月,目前时常经营黄金现货和 2、4、6、8、10 个月的 5 种期货合约,标准金为 100 盎司的 99.99% 纯金,设有停板限制。

黄金期货标准合约

交易品种	黄　金
交易单位	1000 克/手
报价单位	元(人民币)/吨
最小变动价位	0.01 元/克
每日价格最大波动限制	不超过上一交易日结算价的±5%
合约交割月份	1～12 月
交易时间	周一至周五上午 9：00—11：30　下午 1：30—3：00
最后交易日	合约交割月份的 15 日(遇法定假日顺延)
交割日期	最后交易日后连续五个工作日
交割品级	金含量不小于 99.95% 的国产金锭及经交易所认可的伦敦金银市场协会(LBMA)认定的合格供货商或精炼厂生产的标准金锭。
交割地点	交易所指定交割仓库
最低交易保证金	合约价值的 7%
交易手续费	不高于成交金额的万分之二(含风险准备金)
交割方式	实物交割
交易代码	AU
上市交易所	上海期货交易所

◆ 螺纹钢

螺纹钢是热轧带肋钢筋的俗称。普通热轧钢筋其牌号由 HRB 和牌号的屈服点最小值构成。H、R、B 分别为热轧（Hotrolled）、带肋（Ribbed）、钢筋（Bars）三个词的英文首位字母。热轧带肋钢筋分为 HRB335（老牌号为 20MnSi）、HRB400（老牌号为 20MnSiV、20MnSiNb、20Mnti）、HRB500 三个牌号。

细晶粒热轧钢筋其牌号在热轧带肋钢筋的英文缩写后加"细"的英文（Fine）首位字母。如：HRBF335、HRBF400、HRBF500。

有较高要求的抗震结构适用牌号为：在已有牌号后加 E（例如：HRB400E、HRBF400E）。

主要用途：广泛用于房屋、桥梁、道路等土建工程建设。

主要产地：螺纹钢的生产厂家在我国主要分布在华北和东北，华北地区如首钢、唐钢、宣钢、承钢山西中阳钢厂等，东北地区如西林、北台、抚钢等，这两个地区约占螺纹钢总产量 50％以上。

螺纹钢与光圆钢筋的区别是表面带有纵肋和横肋，通常带有二道纵肋和沿长度方向均匀分布的横肋。螺纹钢属于小型型钢钢材，主要用于钢筋混凝土建筑构件的骨架。在使用中要求有一定的机械强度、弯曲变形性能及工艺焊接性能。生产螺纹钢的原料钢坯为经镇静熔炼处理的碳素结构钢或低合金结构钢，成品钢筋为热轧成形、正火或热轧状态交货。

螺纹钢常用的分类方法有两种：一是以几何形状分类，根据横肋的截面形状及肋的间距不同进行分类或分型，如英国标准（BS4449）中，将螺纹钢分为Ⅰ型、Ⅱ型。这种分类方式主要反应螺纹钢的握紧性能。二是以性能分类（级），例如我国现行标准（GB1499.2—2007）中，按强度级别（屈服点/抗拉强度）将螺纹钢分为 3 个等级；日本工业标准（JISG3112）中，按综合性能将螺纹钢分为 5 个种类；英国标准（BS4461）中，也规定了螺纹钢性能试验的若干等级。此外还可按用途对螺纹钢进行分类，如分为钢筋混凝土用普通钢筋及予应力钢筋混凝土用热处理钢筋等。

螺纹钢是中型以上建筑构件必须用钢材，我国每年都有一定进口批量。主要生产国和地区为日本、西欧。出口螺纹钢的数量近年有所增长，国内主要出口生产厂家为北京、天津、上海、武汉、四川、辽宁等省市的钢铁企业。输往地区主要为港澳地区及东南亚地区。

进口螺纹钢的横肋几何形状主要为普通方形螺纹或普通斜方形螺纹。国产螺纹钢的横肋几何形状主要有螺旋形、人字形、月牙形三种。螺纹钢的定货原则一般是在满足工程设计所需握紧性能要求的基础上，以机械工艺性能或机械强度指标为主。

上海期货交易所螺纹钢期货标准合约

交易品种	螺纹钢
交易单位	10 吨/手
报价单位	元(人民币)/吨
最小变动价位	1 元/吨
每日价格最大波动限制	不超过上一交易日结算价的±5%
合约交割月份	1～12 月
交易时间	周一至周五上午 9：00—11：30　下午 1：30—3：00
最后交易日	合约交割月份的 15 日(遇法定假日顺延)
交割日期	最后交易日后连续 5 个工作日
交割品级	标准品：符合国标 GB1499.2－2007《钢筋混凝土用钢 第 2 部分：热轧带肋钢筋》HRB400 或 HRBF400 牌号的 φ16mm、φ18mm、φ20mm、φ22mm、φ25mm 螺纹钢。 替代品：符合国标 GB1499.2－2007《钢筋混凝土用钢 第 2 部分：热轧带肋钢筋》HRB335 或 HRBF335 牌号的 φ16mm、φ18mm、φ20mm、φ22mm、φ25mm 螺纹钢。
交割地点	交易所指定交割仓库
最低交易保证金	合约价值的 7%
交易手续费	不高于成交金额的万分之二(含风险准备金)
最小交割单位	300 吨
交割方式	实物交割
交易代码	RB
上市交易所	上海期货交易所

大连商品交易所上市商品

◆ 大豆

▽ 大豆概述

大豆别名黄豆,是重要的粮油兼用作物,富含蛋白质、脂肪和各种维生素,其蛋白质与热量比牛、猪、鸡肉都高,所以号称"植物肉"。作为油料作物,大豆是世界上主要的植物油和蛋白饼粕的提供者,每吨大豆可以制出大约 0.2 吨豆油和 0.8 吨豆粕。大豆按其播种季节的不同,主要分为春大豆和夏大豆,但以春大豆占多数。春大豆一般在 4～5月播种,9～10 月收获,11 份开始进入流通渠道。

多年来,世界大豆的产量一直居各类油料作物之首。大豆的主要产地为美国、巴西、阿根廷、中国,四国产量合计占世界产量的近 90%。

世界大豆的总进口量也呈逐年增长的趋势。欧共体是最主要的大豆进口地区,每年进口量在 1500 万吨上下;亚太地区是仅次于欧共体的世界第二大豆市场,其中日本每年进口约 500 万吨。

大豆是一种价格剧烈波动的国际性商品,在国际市场上大豆价格呈现出明显的季节性和周期性,从收割期的低价开始,逐步上升到来年春天的高价。影响大豆价格的因素是多方面的,其中播种、生长和收获季节的气候条件是重要因素,供求状况、进出口和政府农业政策也是重要因素。在国际市场上,芝加哥期货交易所、东京谷物交易所都进行大豆期货交易。

▽ **我国的大豆情况**

我国大豆种植区域主要分布于东北三省,内蒙古、河北、山西中北部、陕西北部及西北各省区。夏大豆大多在小麦等冬季作物收获后再播种,种植区域主要分布于黄淮平原和长江流域各省。秋大豆通常是早稻收割后再播种,当大豆收获后再播冬季作物,我国浙江、江西的中南部、湖南的南部、福建和台湾的全部种植秋大豆较多。冬大豆主要分布于广东、广西及云南的南部,但播种面积不大。

大豆供应呈现季节性变化。北方春大豆 10 月份收获,但由于刚收割的大豆含水分较高,需要晾晒后才可外运,故大宗外运要比当地批发零售迟一个月左右。同时,粮食部门或其他粮食经营单位根据当年产量丰歉及价格变动趋势会有囤积或急售现象,给贸易市场价格带来难以预测的变化。但基本规律是:供应充足或产量较多的年份,11～1 月市场大豆较多,以后月份相对较少;供应短缺或生产量相对减少时,11～1 月份市场大豆相对较少,以后月份供应相对均匀,这是囤积的作用引起的。

大豆一年四季都有消费,而且消费量较大,消费需求随人民生活水平的提高有较大幅度的增长,一般在 7～9 月大豆的需求量相对较大。

大豆价格季节性变化规律是:11 月由于新豆开始上市,价格不断下降,到 1 月份由于新豆继续上市,价格下降到最低,此后价格开始逐渐回升,正常年份每月以 3％左右的速度上升;若减产年份,9～11 月份大豆价格上升较多。所以大豆贸易最关键的月份是当年 9 月至次年 1 月份,交易量大,价格变化也大,若不了解大豆的产需情况,风险也大,同时,这几个月份对全年大豆价格起着主导作用,显示着价格变动趋势。

我国大豆期货合约在大连商品交易所交易。1995 年以来,美国开发了抗除草剂能力较强的转基因大豆,产量已占 50％以上。由于这种转基因大豆对人体的危害尚不明确,各国对其使用都有一些规定和限制。为配合国家对转基因产品的管理政策,大连商品交易所对大豆合约进行了修改,推出两种合约,其中黄大豆 1 号合约标的物是非转基因黄大豆,黄大豆 2 号合约标的物是转基因大豆和非转基因大豆。

黄大豆 1 号(2 号)期货合约

交易品种	黄大豆 1 号(2 号)
交易单位	10 吨/手
报价单位	人民币元/吨
最小变动价位	1 元/吨
涨跌停板幅度	上一交易日结算价的±3％ （上一交易日结算价的±4％）
合约交割月份	1、3、5、7、9、11 月
交易时间	周一至周五上午 9：00—11：30　下午 13：30—15：00
最后交易日	合约月份第 10 个交易日
最后交割日	最后交易日后 7 日（遇法定节假日顺延） （最后交易日后第 3 个交易日）
交割等级	标准品：三等黄大豆 替代品：一等黄大豆；二等黄大豆；四等黄大豆 （符合《大连商品交易所黄大豆 2 号交割质量标准（FB/DCE D001－2004)》)
交割地点	大连商品交易所指定交割仓库
交易保证金	合约价值的 5％
交易手续费	4 元/手
交割方式	实物交割
交易代码	A (B)
上市交易所	大连商品交易所

黄大豆 2 号与 1 号期货合约交割质量标准差异

合约名称	黄大豆 2 号期货合约	黄大豆 1 号期货合约
合约定位	榨油用品质	食用品质
可交割商品	转基因大豆和非转基因大豆	非转基因大豆
参考标准	大豆国家标准和进出口粮油检验标准	现行大豆国家标准
核心定等指标	粗脂肪含量（含油率）	纯粮率
水分要求	≤13.0(11、1、3 月合约<15.0，5、7、9 月合约≤13.5，有扣价，无升价)	≤13.0(11、1、3 月合约<15.0，5、7、9 月合约<13.5％，有升扣价)
杂质要求	≤2.0％(无升扣价)	≤1.0％(<2.0％允许交割，有升扣价)
不完善粒要求	有	无

◆ 豆粕

　　豆粕是大豆除去油脂后得到的一种产品,豆粕作为一种植物高蛋白,是牲畜与家禽饲料的主要原料,大约 85％的豆粕被用于家禽和猪的饲养,豆粕内含的多种氨基酸适合于家禽和猪对营养的需求。豆粕还可以用于制作点心、健康食品以及化妆品和抗菌素原料。

豆粕的供给量与大豆的产量关系密切,产量主要集中于美国、巴西、阿根廷、中国这几个大豆生产大国。世界上豆粕进口国主要是欧盟各国、东欧各国、大部分东亚国家等。从历史上看,豆粕的价格受各种因素影响而波动剧烈,具体有大豆供给情况、豆粕产量与库存、国际政治经济形势、其他饲料替代产品的价格变化、各国的进出口政策等。由于豆粕保质期较短,豆粕的价格更为扑朔迷离。

豆粕价格波动频繁,使其非常适合期货交易。国际上的豆粕期货交易主要集中在美国的芝加哥期货交易所和中美洲商品交易所。我国的豆粕期货交易在大连商品交易所进行。

豆粕期货合约

交易品种	豆粕
交易单位	手(10 吨/手)
报价单位	人民币元/吨
最小变动价位	1 元/吨(10 元/手)
涨跌停板幅度	上一交易日结算价的±3%
合约月份	1、3、5、8、9、11 月
交易时间	每周一至周五上午 9:00—11:30 下午 13:30—15:00
最后交易日	合约月份第 10 个交易日
最后交割日	最后交易日后第 4 个交易日,遇法定节假日顺延
交割等级	标准品符合《大连商品交易所豆粕交割质量标准(F/DCED001-2002)》中规定的标准品
交割地点	大连商品交易所指定交割仓库
交易保证金	合约价值的 5%
交易手续费	3 元/手
交割方式	实物交割
交易代码	M
上市交易所	大连商品交易所

◆ 玉米

玉米为稻科一年生植物,与小麦、大米并称世界三大谷物。玉米主要用于饲料、食品的生产,其中饲料用的比重最大。可以说,玉米与畜产有着紧密的联系。

目前,全世界每年种植玉米 1.3 亿多公顷,总产量 6 亿多吨,约占全球粮食总产量的 35%。最主要的玉米生产国是美国、中国、巴西以及阿根廷。这四个国家玉米总产量约占全世界总量的 70% 以上。

黄玉米期货合约

交易品种	黄玉米
交易单位	10 吨/手
报价单位	元(人民币)/吨
最小变动价位	1 元/吨
涨跌停板幅度	上一交易日结算价的 ±4%
合约月份	1、3、5、7、9、11 月
交易时间	周一至周五上午 9：00—11：30 下午 13：30—15：00
最后交易日	合约月份第 10 个交易日
最后交割日	最后交易日后第 2 个交易日
交割等级	符合《大连商品交易所玉米交割质量标准(FC/DCE D001—2004)》
交割地点	大连商品交易所指定交割仓库
最低交易保证金	合约价值的 5%
交易手续费	不超过 3 元/手
交割方式	实物交割
交易代码	C
上市交易所	大连商品交易所

◆ 豆油

豆油是大豆加工的油脂产品的总称,豆油按其加工程度可分为大豆原油和成品大豆油。在我国,大豆原油(也称毛油)主要为工厂的中间产品,目前我国进口的大豆油也全部是大豆原油。豆油主要是用于食用,经过深加工,在工业和医药方面的用途也十分广泛。

2004 年世界豆油产量与棕榈油的产量相当,位居所有植物油的前两位。豆油贸易量占世界植物油总贸易量的 23%,居各类植物油的第二位。美国、巴西、阿根廷、中国是世界主要的大豆生产国,2004/2005 年度四个主产国的产量占到世界总量的 91%。

豆油期货合约

交易品种	大豆原油
交易单位	手(10 吨/手)
报价单位	元(人民币)/吨
最小变动价位	2 元/吨

续表

交易品种	大豆原油
涨跌停板幅度	上一交易日结算价的±4%
合约月份	1、3、5、7、8、9、11、12月
交易时间	周一至周五上午9：00—11：30　下午13：30—15：00
最后交易日	合约月份第10个交易日
最后交割日	最后交易日后第3个交易日
交割等级	大连商品交易所豆油交割质量标准
交割地点	大连商品交易所指定交割仓库
交易保证金	合约价值的5%
交易手续费	6元/手
交割方式	实物交割
交易代码	Y
上市交易所	大连商品交易所

◆ 棕榈油

棕榈油是从油棕树上的棕果中榨取出来的。棕榈树原产西非,18世纪末传到马来西亚,逐渐在东南亚地区广泛种植。目前,东南亚、南美洲、非洲的很多国家都种植棕榈树。棕榈果经水煮、碾碎、榨取工艺后,得到毛棕榈油,毛棕榈油经过精炼,去除游离脂肪酸、天然色素、气味后,得到精炼棕榈油(RBD PO)及棕榈色拉油(RBD PKO)。根据不同需求,通过分提,可以得到24度、33度、44度等不同熔点的棕榈油。棕榈油具有丰富的营养物质及抗氧化性,在食品工业以及化学工业领域均有广泛应用。

棕榈油期货合约

交易品种	棕榈油
交易单位	手(10吨/手)
报价单位	元(人民币)/吨
最小变动价位	2元/吨
涨跌停板幅度	上一交易日结算价的±4%
合约月份	1~12月
交易时间	周一至周五上午9：00—11：30　下午13：30—15：00
最后交易日	合约月份第10个交易日
最后交割日	最后交易日后第2个交易日
交割等级	大连商品交易所棕榈油交割质量标准
交割地点	大连商品交易所指定交割仓库

交易品种	棕榈油
交易保证金	合约价值的 5%
交易手续费	6 元/手
交割方式	实物交割
交易代码	P
上市交易所	大连商品交易所

◆ 塑料(LLDPE)

线性低密度聚乙烯(LLDPE)为本色、圆柱状或扁圆状颗粒。线型低密度聚乙烯消费量中 76% 用于生产薄膜,是支持农业生产的重要原料。目前,我国线型低密度聚乙烯进口依存度高达 48%,LLDPE 的主要应用领域是农膜、包装膜、电线电缆、管材、涂层制品等。

线形低密度聚乙烯具有较高的抗张强度、较好的抗穿刺和抗撕裂性能,主要用于制造薄膜。2005 年世界 LLDPE 消费量为 1617 万吨,同比增长 6.4%。在消费结构中,薄膜制品仍占最大比例,消费量为 1190 万吨,占总消费量的 73.6%;其次为注塑,消费量为 114.8 万吨,约占 LLDPE 总消费量的 7.1%。

2005 年,我国 LLDPE 和 LDPE 消费总量为 598 万吨,其中 LLDPE 消费量为 355 万吨,同比增长 25.4%,占 LLDPE/LDPE 消费总量的 59.4%;LDPE 消费量为 243 万吨,同比增加 0.7%,占 LLDPE/LDPE 消费总量的 40.6%。

线型低密度聚乙烯期货合约

交易品种	线型低密度聚乙烯
交易单位	手(5 吨/手)
报价单位	元(人民币)/吨
最小变动价位	5 元/吨
涨跌停板幅度	上一交易日结算价的 ±4%
合约月份	1~12 月
交易时间	周一至周五上午 9:00—11:30　下午 13:30—15:00
最后交易日	合约月份第 10 个交易日
最后交割日	最后交易日后第 2 个交易日
交割等级	大连商品交易所线型低密度聚乙烯交割质量标准
交割地点	大连商品交易所指定交割仓库
交易保证金	合约价值的 5%

续表

交易品种	线型低密度聚乙烯
交易手续费	不超过 8 元/手
交割方式	实物交割
交易代码	L
上市交易所	大连商品交易所

◆ 聚氯乙烯

聚氯乙烯(PVC),本色为微黄色半透明状,有光泽。PVC 是由液态的氯乙烯单体(VCM)经悬浮、乳液、本体或溶液法工艺聚合而成,其中悬浮工艺在世界 PVC 生产装置中大约占 90% 的比例。在世界 PVC 总产量中均聚物也占大约 90% 的比例。PVC 是应用最广泛的热塑性树脂,可以制造强度和硬度很大的硬质制品如管材和管件、门窗和包装片材,也可以加入增塑剂制造非常柔软的制品如薄膜、片材、电线电缆、地板、合成革、涂层和其他消费性产品。硬质制品目前占 PVC 总消费量的 65%～70%,今后 PVC 消费量进一步增长的机会主要是在硬质制品应用领域。目前 PVC 在建筑领域中的消费量占总消费量的一半以上,建筑领域是 PVC 树脂增长最快的市场。使 PVC 行业容易受到经济的波动影响。

PVC 树脂可以采用多种方法加工成制品,悬浮聚合的 PVC 树脂可以挤出成型、压延成型、注塑成型、吹塑成型、粉末成型或压塑成型。分散型树脂或糊树脂通常只采用糊料涂布成型,用于织物的涂布和生产地板革。糊树脂也可以用于搪塑成型、滚塑成型、蘸塑成型和热喷成型。

发达国家 PVC 树脂的消费结构中主要是硬制品,美国和西欧硬质品占大约 2/3 的比例,日本占 55%;硬质品中主要是管材和型材,占大约 70%～80%。PVC 软制品市场大约占全部 PVC 市场的 30%,软制品主要包括织物的压延和涂层、电线电缆、薄膜片材、地面材料等。硬质品 PVC 树脂近年来增长比软制品快。

大连商品交易所聚氯乙烯期货合约

交易品种	聚氯乙烯
交易单位	5 吨/手
报价单位	元(人民币)/吨
最小变动价位	5 元/吨
涨跌停板幅度	上一交易日结算价的 4%*(当前暂为 5%)
合约月份	1～12 月
交易时间	周一至周五上午 9:00—11:30　下午 13:30—15:00
最后交易日	合约月份第 10 个交易日

续表

交易品种	聚氯乙烯
最后交割日	最后交易日后第 2 个交易日
交割等级	质量标准符合《悬浮法通用型聚氯乙烯树脂（GB/T 5761－2006）》规定的 SG5 型一等品和优等品
交割地点	大连商品交易所指定交割仓库
最低交易保证金	合约价值的 5％＊（当前暂为 7％）
交易手续费	不超过 6 元/手
交割方式	实物交割
交易代码	V
上市交易所	大连商品交易所

＊1. 根据《大连商品交易所风险管理办法》第十条规定,对同时满足本办法有关调整交易保证金规定的合约,其交易保证金按照规定交易保证金数值中的较大值收取;

2. 豆油、聚乙烯和棕榈油实行手续费优惠,具体方案参照《关于继续执行豆油、聚乙烯和棕榈油合约交易手续费现行标准的通知(大商所发〔2008〕140 号)》;

3. 根据《关于在 2009 年"十一"休市期间调整交易保证金和涨跌停板的通知(大商所发(2009)141号)》调整各品种交易保证金和涨跌停板标准,该标准从 2009 年 10 月 9 日结算时起开始执行。

郑州商品交易所上市商品

◆ 小麦

▽ 小麦概述

小麦是世界上最重要的粮食品种之一,可按生产季节分为冬小麦和春小麦。冬小麦的播种季节在秋天(一般在 9 月初到 10 月底),来年夏季收获;春小麦的播种季节在春季(一般在 4 月中旬到 5 月底),待夏末秋初即可收获。依据小麦含角质或粉质的多少不同,小麦还可分为硬麦和软麦,含角质粒 70％以上的小麦称为硬质小麦(简称硬麦),含粉质粒 70％以上的小麦称为软质小麦(简称软麦)。

小麦的主要产区在北半球,欧亚大陆和北美的栽培面积约占小麦种植面积的 90％以上。我国是小麦的最大生产国。美国、加拿大、澳大利亚、印度、俄罗斯、法国、阿根廷等国的小麦产量也比较高。

小麦商品率高,质量、规格简单,易于标准化;小麦供求较稳定,需求弹性小,但小麦价格经常受到气候、库存、进出口量、政府的农业政策等因素影响,因此非常适合期货交易。交易者可以从各种影响因素中预测价格发展趋势。小麦期货交易主要集中在美国,芝加哥期货交易所的小麦期货行情对国际小麦市场价格影响较大。

▽ 我国的小麦情况

我国是小麦的最大生产国,以种植冬小麦为主,种植分布 10 个产区,产量最大的是黄淮冬麦区,其中河南、山东、河北三省硬冬白麦产量占全国总产量的60%左右。

郑州是我国最大的粮食中转枢纽和粮食流通集散中心之一,我国的小麦期货选择在郑州商品交易所上市。2000年2月1日,郑州商品交易所推出了普通小麦期货合约,合约标的物为硬冬白小麦,即种皮为白色或黄白色的麦粒不低于90%、角质率不低于70%的冬小麦。新合约以1300元/吨的基准价正式挂牌上市。

2003年3月28日,郑州商品交易所又推出优质强筋小麦合约。强筋小麦是指面筋数值较高、筋力较强的小麦,主要用于制作面包、拉面和饺子等要求面粉筋力很强的食品。

普通(优质强筋)小麦期货合约

交易品种	小麦(优质强筋小麦)
交易单位	10吨/手
报价单位	人民币元/吨
最小变动价位	1元/吨
每日价格最大波动限制	不超过上一交易日结算价的±3%
交割月份	1、3、5、7、9、11月
交易时间	周一至五上午9:00—11:30 下午1:30—3:00
最后交易日	合约交割月份的倒数第7个交易日
交割日期	合约交割月份的第一交易日至最后交易日
交割品级	标准品:二等硬冬白小麦,符合GB 1351—1999,替代品及升贴水见《郑州商品交易所交割细则》 替代品:一、三等硬冬白小麦,符合GB 1351—1999 (标准交割品:符合郑州商品交易所优质强筋小麦期货交易标准(Q/ZSJ 001—2003),二等优质强筋小麦,替代品及升贴水见《郑州商品交易所交割细则》)
交割地点	交易所指定交割仓库
交易保证金	合约价值的5%
交易手续费	2元/手(含风险准备金)
交割方式	实物交割
交易代码	WT (WS)
上市交易所	郑州商品交易所

注:优质强筋小麦合约条款与普通小麦大部分相同,不同部分在后面括号中注明。

◆ 棉花

棉花是主要的经济作物,在我国的种植周期大致为4月上中旬至10月底11月初,先后经过播种出苗期、苗期、现蕾期、花铃期和吐絮期,总共持续200天左右时间。

我国是世界最大的棉花生产国,年产棉花500万吨以上,占全球总产量的25%左右。棉花在我国播种较广,新疆、黄河流域和长江流域是我国三大主要产区,其产量各占总产量的 1/3 左右,国内主要种植在新疆、河南、山东、河北、江苏,安徽、湖北、安徽等地。同时,我国也是最大的棉花消费国和进口国,年消费棉花近 700 万吨,进口 150 万吨左右。国内主要消费地区有江苏、山东、河南、湖北、浙江等地。

棉花品级以棉花的成熟程度、色泽特征和轧工质量等为指标共分七级,一级至四级可用于期货交割,其中一号棉花合约以三级为标准级;长度级指的是棉花纤维长度,实际测量长度向下取整归入从 25mm 到 31mm 的七级长度等级,一号棉花合约以 28mm 为标准级,27mm(含)以下不允许交割;马克隆值是以仪器检验对棉花的纤维强度等物理指标做出鉴定,具体划分为 A、B、C 三个等级,B 级为一号棉花合约标准级,C 级不允许参与交割。

一号(二号)棉花期货合约

交易单位	5 吨/手(公定重量)
报价单位	人民币元/吨
最小变动价位	5 元/吨
每日价格最大波动限制	不超过上一交易日结算价的 ±4%
合约交割月份	1、3、4、5、6、7、8、9、10、11、12 月
交易时间	周一至周五上午 9:00—11:30 下午 1:30—3:00
最后交易日	合约交割月份的第 10 个交易日
交割日	合约交割月份的第 12 个交易日
交割品级	基准交割品:328B 级国产锯齿细绒白棉(符合 GB1103—1999) 替代品及其升贴水,详见交易所交割细则 (基准交割品:228B 级国产锯齿细绒白棉(符合 GB1103—1999)替代品及其升贴水,详见交易所交割细则)
交割地点	交易所指定棉花交割仓库
最低交易保证金	合约价值的 7%
交易手续费	8 元/手(含风险准备金)
交割方式	实物交割
交易代码	CF (CS)
上市交易所	郑州商品交易所

◆ 白糖

食糖是天然甜味剂,是人们日常生活的必需品,同时也是饮料、糖果、糕点等含糖食品和制药工业中不可或缺的原料。白砂糖(以下简称"白糖")几乎是由蔗糖这种单一成分组成的,白糖的蔗糖含量一般在 95% 以上。我国是重要的食糖生产国和消费国,糖料种植在我国农业经济中占有重要地位,其产量和产值仅次于粮食、油料、棉花,居第四位。

在国际期货市场上,食糖是成熟的也是较活跃的交易品种。世界上第一份食糖期货合约从诞生至今已有 90 年的历史。世界上很多国家开展食糖期货、期权交易,最主要的食糖期货市场是纽约期货交易所(NYBOT)和伦敦国际金融期货期权交易所(LIFFE),分别交易原糖和白砂糖,其形成的期货价格已被世界糖业界称作"国际糖价",成为国际贸易定价和结算的依据。2006 年 1 月 6 日,白糖期货正式在郑商所挂牌上市。

白糖期货合约

交易品种	白砂糖
交易单位	10 吨/手
报价单位	元/吨
最小变动价位	1 元/吨
每日价格最大波动限制	不超过上一交易日结算价的±4%
交割月份	1、3、5、7、9、11 月
交易时间	周一至周五上午 9:00—11:30　　下午 1:30—3:00
最后交易日	交割月第 10 个交易日
交割日期	交割月第 12 个交易日
交割品级	标准品:一级白糖(符合《郑州商品交易所白砂糖期货交割质量标准》(Q/ZSJ002—2005));替代品及升贴水:见《郑州商品交易所白糖交割细则》。
交割地点	交易所指定交割仓库
交易保证金	合约价值的 6%
交易手续费	4 元/手(含风险准备金)
交割方式	实物交割
交易代码	SR
上市交易所	郑州商品交易所

◆ PTA

化纤是纺织纤维的一类。纺织纤维分为天然纤维和化学纤维。纺织纤维是指用来纺织布的纤维。纺织纤维的特点是:具有一定的长度、细度、弹性、强力等良好物理性能,还具有较好的化学稳定性。

化学纤维是用天然的或合成的高分子化合物作原料,经过化学和物理方法加工而制得的纤维的统称。因所用高分子化合物的来源不同,可分为人造纤维和合成纤维两大类。一般是将高分子化合物制成溶液或熔体,再从喷丝头细孔中压出,即成为纤维。

产品可以是连绵不断的长丝,也可以是未曾切断的丝束和切成一定长度的短纤维。

合成纤维是石油化工工业和炼焦工业中的副产品。涤纶、锦纶、腈纶、维纶、丙纶、氯纶等都属于合成纤维。

世界化纤产量的增长速度远高于天然纤维。亚洲在世界化纤生产中占据重要地位,而中国是亚洲最大的化纤产量大国。近几年中国化纤工业仍高速发展,2002 年中国化纤产量占世界总产量比例的 23.6%,占中国纺织纤维总产量比例达到 64.8%。2003 年化纤产量达 1181 万吨,占世界总产量 37.4%,占中国纺织纤维总产量的 66.8%。2004 年中国的化纤产量达 1386 万吨,占世界总产量的 40.1%。2005 年中国化纤总产量达到 1629.2 万吨,占世界总产量 4400 万吨的 37%。

精对苯二甲酸期货合约

交易品种	精对苯二甲酸(PTA)
交易单位	5 吨/手
报价单位	元/吨
最小变动价位	2 元/吨
每日价格最大波动限制	不超过上一交易日结算价的 ±4%
交割月份	1～12 月
交易时间	每周一至周五上午 9：00—11：30　下午 1：30—3：00
最后交易日	交割月第 10 个交易日
交割日期	交割月第 12 个交易日
交割品级	符合工业用精对苯二甲酸 SH/T 1612.1－2005 质量标准的优等品 PTA
交割地点	交易所指定交割仓库
交易保证金	合约价值的 6%
交易手续费	不高于 4 元/手(含风险准备金)
交割方式	实物交割
交易代码	TA
上市交易所	郑州商品交易所

◆ 菜籽油

菜籽油俗称菜油(以下通称菜油),是以油菜的种子(油菜籽,以下简称菜籽)榨制所得的透明或半透明状的液体,色泽金黄或棕黄。菜油是我国主要食用油之一,也是世界上第三大植物油,和豆油、葵花籽油、棕榈油一起,并列为世界四大油脂。菜籽含油率高,可达 35%～45%,其主要用途就是食用。

菜油除直接食用外,在工业上用途很广,可以用于制造人造奶油等食品,也可以在铸钢工业中作为润滑油。一般菜油在机械、橡胶、化工、塑料、油漆、纺织、制皂和医药等方面都有广泛的用途。

菜油是世界四大植物油品种之一,产量仅次于棕榈油和豆油,在植物油中居第三位,据美国农业部海外农业机构统计数据显示,2005—2006年度,世界植物油总产量为1.153亿吨,其中豆油产量为3372万吨,棕榈油产量为3507万吨,菜油产量为1665万吨,葵花籽油产量为1004万吨,其他植物油产量为1982万吨左右。菜油产量占植物油总产量的14%左右。

欧盟、中国、印度、加拿大是世界菜油四大主产国(地区),2005/2006年菜油产量分别占世界总产量的36%、29%、13%、8%,四国(地区)产量之和占世界菜油总产量的86%。其他如日本、墨西哥、美国、巴基斯坦、澳大利亚和孟加拉国等六国产量之和占世界总产量的14%。

菜籽油期货合约

交易品种	菜籽油
交易单位	5吨/手
报价单位	元/吨
最小变动价位	2元/吨
每日价格最大波动限制	不超过上一交易日结算价的±4%
交割月份	1、3、5、7、9、11月
交易时间	每周一至周五上午9:00—11:30　下午1:30—3:00
最后交易日	交割月第10个交易日
交割日期	交割月第12个交易日
交割品级	基准交割品:符合《郑州商品交易所期货交易用菜籽油》(Q/ZSJ 003—2007)四级质量指标及《郑州商品交易所菜籽油交割细则》规定的菜籽油。替代品及升贴水:见《郑州商品交易所菜籽油交割细则》。
交割地点	交易所指定交割仓库
交易保证金	合约价值的5%
交易手续费	4元/手(含风险准备金)
交割方式	实物交割
交易代码	RO
上市交易所	郑州商品交易所

◆ 早籼稻

早籼稻是生长期较短、收获期较早的籼稻谷,一般米粒腹白较大,角质粒较少,米质疏松。由于耐贮藏,早籼稻是各级储备粮的首选品种。早籼稻用途广泛,既可食用,也可饲用,还是米粉、酒精、味精、医药等的主要加工原料。早籼米消费市场大,农民、部分低收入的城镇居民和打工者以食用早籼米为主,饲料用粮、工业用粮对早籼稻的需求量也较大。由于早籼稻是当年种植、当年收获的第一季主要粮食作物,因此早籼稻已经成为国家政策是否扶持粮食生产、农民种粮积极性高低的试金石。

▽中国早籼稻种植及贸易流向

早籼稻种植地区分布在湖南、江西、广西、广东、湖北、安徽、福建、浙江、海南、云南、四川、贵州、重庆等 13 个省、市、自治区,湖南、江西、广西、广东、湖北、安徽、福建、浙江是全国早籼稻的主产省(区),其中湖南、江西、广西、广东是全国早籼稻种植面积最大的四个省(区),产量都在 500 万吨以上,播种面积占全国的 80%,加上湖北和安徽,六省播种面积和产量占全国 90% 左右。

2001—2008 年我国早籼稻播种面积和产量 （单位:千公顷,万吨）

年份	播种面积	占稻谷比例	产量	占稻谷比例
2001	6388.32	22.20%	3400.26	19.10%
2002	5872.70	20.80%	3028.90	17.30%
2003	5590.30	21.10%	2948.40	18.30%
2004	5947.00	21.00%	3221.60	18.00%
2005	6027.90	20.90%	3187.40	17.60%
2006	5990.00	20.40%	3186.80	17.50%
2007	5742.00	19.90%	3152.00	17.10%
2008	5820.00	19.93%	3158.00	16.71%

▽世界稻谷生产、消费和贸易

稻谷是世界上最主要的粮食作物。据美国农业部报告显示,2006/2007 年度全球稻谷产量为 4.20 亿吨,估计 2007/2008 年度全球产量为 4.30 亿吨,预计 2008/2009 年度全球产量为 4.33 亿吨。

世界稻谷产区主要集中在亚洲,其稻谷播种面积占全球的近 90%,产量占全球的 91%。其次是南美洲(3.2%)、非洲(2.9%)、北美洲(1.4%),中美洲、欧洲和大洋洲合计仅占 2.5%。

近年来,世界稻谷消费逐年增加。据美国农业部报告显示,2006/2007 年度全球稻谷消费量为 4.21 亿吨,估计 2007/2008 年度全球消费量为 4.27 亿吨,预计 2008/2009 年度全球消费量为 4.30 亿吨。

世界稻谷的主要消费地区也集中在亚洲,据美国农业部统计,近年来世界稻谷消费量排名前五位的国家分别是中国、印度、印度尼西亚、越南和菲律宾。除泰国以外,世界稻谷消费国的排名与生产国的排名基本一致,目前泰国是世界稻谷的最大出口国。

世界稻谷的出口国主要是泰国、越南、印度、巴基斯坦、美国、中国和埃及,这七个国家的稻谷出口量占世界出口量98％左右。泰国是世界最大的稻谷出口国,其年出口量占世界出口量的35％左右。世界稻谷进口主要集中在中东、菲律宾、尼日利亚、欧盟、印度尼西亚和巴西等国家和地区,其稻谷进口量占世界进口量的90％左右。

▽**影响早籼稻期货价格的主要因素**

- 供给和需求
- 产业政策
- 收购市场竞争
- 与其他大宗农产品的比价关系
- 成本和收益比较
- 运输等流通环节成本
- 天气、自然灾害和心理
- 国际市场价格

早籼稻期货合约

交易品种	早籼稻
交易单位	10 吨/手
报价单位	元(人民币)/吨
最小变动价位	1 元/吨
每日价格波动限制	上一交易日结算价±3％及《郑州商品交易所期货交易风险控制管理办法》相关规定
合约交割月份	1、3、5、7、9、11 月
交易时间	每周一至周五上午 9：00—11：30　下午 1：30—3：00
最后交易日	合约交割月份的倒数第 7 个交易日
交割日期	合约交割月份的第一个交易日至倒数第 5 个交易日
交割品级	基准交割品:符合《中华人民共和国国家标准 稻谷》(GB1350—1999)三等及以上等级质量指标及《郑州商品交易所期货交割细则》规定的早籼稻。替代品及升贴水见《郑州商品交易所期货交割细则》。
交割地点	交易所指定交割仓库
最低交易保证金	合约价值的 5％
最高交易手续费	2 元/手(含风险准备金)
交割方式	实物交割
交易代码	ER
上市交易所	郑州商品交易所

参考文献

1. 中国期货业协会.期货市场教程.北京:中国财政经济出版社,2003

2.李一智.期货与期权教程.北京:清华大学出版社,2003

3.杨玉川,邵七杜.期货市场原理与实务.天津:南开大学出版社,1998

4.李辉.期货市场导论.杭州:浙江大学出版社,2002

5.郭鸿.期货市场运作与投资.北京:中国物价出版社,2002

6.杨玉川.现代期货期权创新与风险管理.北京:经济管理出版社,2002

7.吴航.国际期货市场的理论与实务研究.北京:中国物价出版社,2001

8.杨玉川.金融期货期权市场研究与策划.北京:经济管理出版社,2000

9.[日]木原大辅.期货.北京:科学出版社,2004

10.申觅.外汇期货投资.广州:暨南大学出版社,2004

11.陈洪辉.利率期货投资.广州:暨南大学出版社,2004

12.杨丹.股指期货投资.广州:暨南大学出版社,2004

13.曲立峰.中国农产品期货市场发展研究.北京:中国社会科学出版社,2004

14.[美]哈尔·迈索瓦.商品期货中的价值投资.北京:机械工业出版社,2003

15.[美]John C. Hull.期权、期货和其他衍生产品.北京:华夏出版社,2003

16.[美]迈克斯·安斯拜切.新型期权市场.北京:中信出版社,2002

17.门明.金融衍生工具原理与应用.北京:对外经济贸易大学出版社,1999

18.褚捆海.中国期货市场风险研究.北京:中国财政经济出版社,2002

19.张书帮.中国期货市场规范化发展研究.成都:西南财经大学出版社,2000

20.WTO与中国期货市场课题组.WTO与中国期货市场.北京:中国财政经济出版社,2002

21.张纪康,郭根荣.期货市场与交易谋略.上海:上海科学技术出版社,1994

22.段文斌,王化栋.现代期货市场学.北京:经济管理出版社,2003

23.邢天才.证券投资分析.北京:中国财政经济出版社,2001

24.徐国祥.证券投资分析.上海:上海三联书店,1999

25.罗孝玲,张扬.国内期货业发展亟需改善宏观环境.中国证券期货,2002(8)

26. www.shfe.com.cn

27. www.czce.com.cn

28. www.dce.com.cn

后　记

十多年前，我有幸成为国内交易所最早的期货红马甲之一，并数年从事会员单位期货高层管理工作。期间有成功的喜悦，也有失败的沮丧，诸多场景至今历历在目。而今，虽转入学界，仍未停止过对期货行业的热切关注，尤其是朝夕面对求知若渴的莘莘学子，使自己一直想编著期货实务书籍的愿望越来越强烈。

为了编辑好本书，课题组成员放弃大量的休息时间，数月深入期货行业一线进行了深度的调研，整理收集了大量的期货资料及实务案例。值得一提的是赵巧英对书稿的理论审核及修改做了大量的具体工作以至难以好好照顾幼子；身为期货公司董事长的胡军在繁忙的工作之余，也亲自负责有关案例的整理收集及课题的协调工作。

本书从期货市场与交易、期货价格与交易策略、金融期货与期权市场以及期货市场管理等方面共编著了九章内容。全书围绕期货的基础知识、基本原理，收集并筛选了近130个生动而贴切的案例，力争做到概念清楚、深入浅出、分析透彻、生动可读，给读者以更多的启发。本书的第一章、第六章由黄海沧执笔，第二章、第七章由赵巧英执笔，第三章、第四章由赵巧英和胡军执笔，第五章由杨树林和黄海沧执笔，第八章由蔡茂祥执笔，第九章和附录由金晓燕和周邦瑶执笔。蔡茂祥负责全书的图文处理，杨树林、周邦耀负责全书的文字校对。全书由黄海沧拟定大纲并总纂。

国务院发展研究中心金融研究所副所长巴曙松博士在百忙之中为本书作序，国信证券有限责任公司经济研究所姚鸿斌先生、浙江金融职业学院金融投资系主任王静副教授和浙江大学出版社袁亚春副社长给本书提了许多建设性的意见，同仁陶永诚和张为群也为本书提供了无私的帮助。同时本书得到了浙江金融职业学院和浙江天马期货经纪有限公司的大力支持。在此一并致谢！

虽然本书编著组成员既有专业理论知识颇见功底的专家，也有实战经验比较丰富的行家，但由于时间紧迫及案例素材收集的难度，本书肯定会存在诸多的不足之处，欢迎专家和广大读者批评指正。

黄海沧